エーリッヒ・フレーゼ著

組織デザインの原理

〜構想・原則・構造〜

清水敏允 監訳

井藤正信・宮田将吾・山縣正幸・柴田　明 訳

文眞堂

GRUNDLAGEN DER ORGANISATION

by

Erich Frese

© Betriebswirtschaftlicher Verlag Dr. Th. Gabler GmbH, Wiesbaden 2000
Lektorat: Jutta Hauser-Fahr / Renate Schilling
Der Gabler Verlag ist ein Unternehmen der Fachverlagsgruppe BertelsmannSpringer.

Japanese translation rights arranged
with Betriebswirtschaftlicher Verlag Dr. Th. Gabler GmbH, Wiesbaden, Germany
through Tuttle-Mori Agency, Inc., Tokyo

目　　次

第 8 版への序文 …………………………………………………… vii
第 1 版への序文 …………………………………………………… vii
日本語版への序文 ………………………………………………… ix

第 1 部　分業による意思決定システムの組織構造……… 1
　　　　　～本書の理論的構想の概説～

第 2 部　意思決定志向的組織理論の根本要素 ………… 37

A．個人間分業の場合の調整……………………………… 39

I．決定論理的基礎構成要件 ………………………………… 39
　a．意思決定と情報 ……………………………………………… 39
　　1．意思決定のモデル ……………………………………… 39
　　2．問題に適した情報構造 ………………………………… 43
　　3．意思決定と不確実性 …………………………………… 48
　b．複合的意思決定問題の解決 ……………………………… 49
　　1．行為集合の制限 ………………………………………… 51
　　2．形式目標の変更 ………………………………………… 52
　　3．情報構造の変更 ………………………………………… 52
　c．意思決定と分業 …………………………………………… 53
　　1．意思決定の構造化 ……………………………………… 55
　　2．意思決定の細分化 ……………………………………… 56
　　3．意思決定間の相互依存 ………………………………… 57
　　　3.1　意思決定相互依存の諸形態 ……………………… 57

　　　　3.1.1　実現プロセスの逐次結合 ………………………… 58
　　　　3.1.2　意思決定の場の重複 ……………………………… 60
　　　3.2　意思決定相互依存の決定論理的帰結 ……………………… 64
　d．意思決定の調整 ………………………………………………………… 67
II．権限システムと計画策定システム ……………………………………… 70
　a．意思決定権限 …………………………………………………………… 71
　　1．意思決定権限の構成要件 …………………………………………… 72
　　　1.1　場の要素 ………………………………………………………… 72
　　　1.2　行為要素 ………………………………………………………… 72
　　　1.3　目標要素 ………………………………………………………… 73
　　2．意思決定権限の範囲限定 …………………………………………… 74
　　　2.1　構造化の観点 …………………………………………………… 74
　　　2.2　細分化の観点 …………………………………………………… 75
　b．意思決定自律性の認容 ……………………………………………… 78
　　1．決定論理的開始状況 ………………………………………………… 78
　　2．意思決定自律性の規定値 …………………………………………… 81
　　3．意思決定自律性と集権（分権） …………………………………… 83
　　　3.1　文献上の集権（分権）概念 …………………………………… 85
　　　3.2　選り抜きの測定コンセプト …………………………………… 87
　　　3.3　集権（分権）度の問題性 ……………………………………… 90
　c．計画策定システム ……………………………………………………… 91
　　1．意思決定権限のシステムと計画策定システム …………………… 91
　　2．計画策定システムの構成 …………………………………………… 95
　　3．組織的視点からみた計画書作成 …………………………………… 97
　　　3.1　相互依存と計画策定手順 ……………………………………… 97
　　　3.2　逐次原則と並行原則 …………………………………………… 99
　　　3.3　計画策定法と組織形態 ………………………………………… 101
III．コミュニケーション・システム ……………………………………… 107
　a．コミュニケーションの要素 ………………………………………… 107
　b．コミュニケーションの種類 ………………………………………… 108

c．情報自律性の認容 …………………………………………109
　　　　1．垂直的情報自律性 ……………………………………109
　　　　2．水平的情報自律性 ……………………………………113
　　　　　2.1　細分化と相互依存 ………………………………114
　　　　　2.2　相互依存と情報自律性 …………………………116
　　　　　　2.2.1　無制限の情報自律性 ………………………117
　　　　　　2.2.2　情報自律性の制限 …………………………119
　　　　3．自律性コストとコミュニケーション・コスト ……122
　Ⅳ．情報技術投入の組織的含意 …………………………………126
　　a．情報技術の発展 ……………………………………………127
　　b．組織的帰結 …………………………………………………136
　　　1．情報アクセスと情報技術的潜在性としての問題解決支援 …137
　　　2．デザイン・オプション ………………………………138
　　　　2.1　コミュニケーション・オプション ……………139
　　　　2.2　構造化オプション ………………………………142
　　　　2.3　細分化オプション ………………………………145

B．企業目標に一致した行動をとるための動機づけ ………153
　Ⅰ．取引メカニズム …………………………………………………155
　　a．基礎としての認知的動機づけモデル ……………………155
　　b．インセンティブのデザイン ………………………………158
　　　1．職務デザイン …………………………………………159
　　　2．計画策定 ………………………………………………161
　　　3．リーダーシップ行動 …………………………………164
　　　4．報酬および賃金支払システム ………………………169
　　c．インセンティブ効果の把握と位置づけ …………………171
　　d．企業で実施されているインセンティブ・コンセプト …172
　Ⅱ．変換メカニズム …………………………………………………181
　　a．統合的因子としての企業文化 ……………………………183
　　b．企業文化の影響 ……………………………………………186

Ⅲ．行為期待と動機づけメカニズム …………………………………190

C．内部市場 〜企業への市場原理の移転 ………………195
Ⅰ．内部市場現象の理論的整理 ………………………………195
Ⅱ．意思決定志向的視点から見た内部市場 ………………198
Ⅲ．内部市場の構成要素 …………………………………………203
　ａ．プロフィット・センター 〜市場志向的成果報告のための動機づけとコントロール ……………………………………203
　　１．歴史的発展と現在の普及状況 ………………………203
　　２．プロフィット・センター・コンセプトの目標設定と限界 ……206
　　３．組織的デザインに対する諸要件 ……………………211
　ｂ．振替価格 〜相互依存部門の調整と分断 …………216
　　１．振替価格の目標設定と組織的意義 …………………216
　　２．プロセス相互依存の調整のための最適振替価格 〜Hirschleiferのアプローチ ……………………………218
　　３．振替価格と企業戦略 …………………………………222
　　４．振替価格の調整機能と動機づけ機能間の目標のコンフリクト …225
Ⅳ．内部市場の現象形態 …………………………………………230
　ａ．実在的内部市場 …………………………………………230
　ｂ．擬制的内部市場 …………………………………………234

D．目標に一致した組織デザイン ………………………239
Ⅰ．意思決定問題としての組織的デザイン ……………241
　ａ．組織的デザインと不完全情報量 ……………………241
　ｂ．調整規定的デザインの発見的方法 …………………244
　ｃ．下位目標による複合性の縮減 ………………………251
Ⅱ．調整効率と動機づけ効率 …………………………………256
　ａ．効率基準の導出 …………………………………………256
　ｂ．調整効率 …………………………………………………261
　ｃ．動機づけ効率 ……………………………………………269

Ⅲ．戦略志向的デザインの発見的方法 …………………………275
  a．戦略と組織構造 ……………………………………281
  b．戦略依存的不確実と調整コスト ……………………285
  c．自律性コストの戦略的意味 …………………………287
Ⅳ．デザイン発見的方法のえり抜きの適用例 ……………………294
  a．国際企業のデザイン …………………………………295
    1．付加価値連鎖の地域別構成の組織的帰結 ………295
    2．付加価値の焦点が国内関連の場合と多国籍関連の場合 ………299
    3．現地子会社に求められる組織的要件 ……………302
  b．内部会計制度の分離独立 ……………………………307
    1．内部会計制度の組織的次元 ………………………307
    2．行為欠陥、行為コントロールおよび行動志向的情報デザイン …311
    3．行動志向的デザイン用具の概念統合 ……………320

E．構造を特徴づけるデザイン原則 ……………………………332

Ⅰ．単一人的構造化または多人数的構造化 ……………………333
  a．個人的意思決定と集合的意思決定 …………………333
  b．効率的集団作業の原則 ………………………………336
  c．ライン‐スタッフ原則による単一人解決の根拠づけ …………340
Ⅱ．一次元的構造志向または多次元的構造志向 ………………349
  a．組織構造の諸次元 ……………………………………349
  b．一次元的組織構造 ……………………………………353
    1．場志向構造 …………………………………………353
    2．行為志向構造 ………………………………………355
    3．目標志向構造 ………………………………………356
  c．多次元的組織構造 ……………………………………357
    1．多次元的構造志向の原則 …………………………357
      1.1　職務の重複構成 ………………………………357
        1.1.1　スタッフ原則 ………………………………357
        1.1.2　マトリックス原則 …………………………359

1.2　職務の分離構成 ……………………………………………364
　　　1.3　調整と動機づけの観点 ………………………………………366
　2．多次元的組織構造の現象形態 ……………………………………367
　　　2.1　概要 ……………………………………………………………367
　　　2.2　プロダクト・市場・顧客マネジメント …………………369
　　　　2.2.1　定義づけ ………………………………………………369
　　　　2.2.2　組織の諸形態 …………………………………………374
　　　　2.2.3　調整と動機づけの論理的帰結 ………………………381
　　　　　2.2.3.1　調整 ………………………………………………382
　　　　　2.2.3.2　動機づけ …………………………………………387
Ⅲ．インターフェースの観点：統合モジュール …………………………392

記号説明 …………………………………………………………………………398
参考文献 …………………………………………………………………………400
監訳者あとがき …………………………………………………………………435
用語索引 …………………………………………………………………………441

第8版への序文

　第7版との違いは、新しい文献を採用し、章を厳選し変更を加えた点である。したがって"企業目標と一致する行動をとるための動機づけ"の章では、取引メカニズムの叙述を追加し、手を入れた。また、内部会計制度の分離独立の章を新たに加えたが、そこでは特に、動機づけコンセプトの重要性とデザイン哲学の意義を強調した。とりわけ Maria Engels, Patrick Lehmann, Marc Lehnen, Oda Schiebusch-Jacob, Dr. Ludwig Theuvsen および Sylvia Valcarcel らの助力に対して感謝したい。

2000年8月、ケルンにて
Erich Frese

第1版への序文

　本書は、意思決定理論志向的な基本構想に基づき、企業における組織構造の形態化（以下、デザイン）と結びつく諸問題をまとめて叙述したものである。本書は、読者に対し分業システムにおける意思決定関連と情報関連の分析を通じて理論・実践両面における組織的問題提起に対し筋道をつけたものである。

　組織理論の現状に関するこのような広範な取り組みは ～*Grundlagen der Organisation*（『組織デザインの原理』）として上梓するが～ もし、私がさまざまな形での助言や支援が得られなかったら、恐らくは実現しなかったであろうと思う。

　特に私の恩師、エルヴィン グロッホラ教授（Prof. Dr. Dr. mult. ケルン大学）に対して深甚な謝意を表したい。師は、組織理論的諸問題について私の関心を呼び起こして下さり、つねに私の学問的作業を支援して下さった。このことは、とりわけ私が1970年にケルン大学経済・社会科学部に対して提出した教授資格論文について云える。そしてその論文の成果が本書の重要な基礎になっている。

私の協力者達に感謝しなければならない。とりわけ私の助手達，Rolf Franken 数学修士，Horst Glaser 博士，Helmut Mensching 商学修士，Ernst Friedrich Schröder 博士（Oetker-Gruppe, Bielefeld 本社管理本部）および Dierk Schwarz 博士（Deutsche Außenhandels- und Verkehrsschule, Bremen）に対してお礼を云わなければならない。かれらは積極的に作業に加わり，無数の原稿草案に目を通し，弱点を発見し貴重なヒントを与えてくれた。Hans Claus 工学修士および経済工学修士，Ulrich Hemmert 工学修士および経済工学修士は，図表類の作成など，手数のかかる仕事を引き受けてくれた。Gerda Hogen 夫人は，原稿を根気よく入念に入力して下さった。心からお礼を申し上げたい。

Erich Frese

日本版への序文

　組織構造は，人間の行為の結果としての人工的産物である。それゆえ計画的デザイン行為の可能性および限界が，組織構造の生成と変革のためのあらゆるアプローチの根本主題になる。もっとも，デザインの側面が持つ有意性は，さまざまに異なる説明のアプローチの仕方如何によって大きく異なっている。特徴的なことは，デザイン・プロセスの組織構造を説明する最も纏まりの良い理論のなかで細かく区別される点である。それゆえ"状況的アプローチ"は，状況に条件づけられた（限定的な）適応の仮定を以ってデザインすることを説明要素として大幅に含めることを断念した。生物学的選択過程（組織生態学）に倣い組織構造の生成や変革を解釈する立場は，広範囲にわたりその適応能力さえも，またそれに伴う組織的システムの計画的デザインをも否定している。取引費用アプローチは，たしかに組織構造をミクロ経済学の限界分析的方法手段に基づき何らかの費用算定法に還元しようとした。その限りではデザインの意思決定の説明が核になる。しかし，デザイン・プロセス自体は 〜たとえそうであっても〜 極めて包括的な仕方でしか説明し得ない。

　デザインのこの関心事を大きく軽視する判断の立場に立てば，個人行動と社会的相互作用の説明および予測を主題とする組織理論は，極めて脆い経験的土台の上に立つものと考えなければならない。行動関連的システム・デザインの経験に裏づけられた理論は，ようやくその緒についたところである。経験的研究を通じ現在の認識状況の持続的改善を期待するか，それとも，ともかく人間行動に対するある種の規則性（"準法則"）の存在は明らかにできる，という認識状況を確かなものと考えるかどうかはどうでもよいことで 〜最終的に主観にのみ根拠づけるようなデザイン哲学に頼ることなく〜 現時点では組織的デザインの実践的措置を根拠づけることができない状態にある。このような理論的文脈のなかで日本語版のために上梓した私の手引書『**組織デザインの原理**』（第8版）が，企業における組織構造のデザインのために学問的にも根拠づけられ，かつ実用的にも有意義な手引書となることを願っている。

　本書が組織的デザインの問題性に関し読者の理解力を高め，読者のデザイン

問題の実践的解決に際し，判断が容易にできるような方法手段の仲介役を引き受けることができればと思っている。

　この『組織デザインの原理』は，意思決定志向的である。本書は，組織構造に関する意思決定のための方法的基礎を発展させたものであるが，その際規範的意思決定論を使用した。したがって意思決定は，予め与えられた何らかの規範に向かって方向づけられるものと考える。

　組織構造に関する意思決定は，どのように下されるべきか，について言明されるのであって，組織構造が導入される際，現実にどのように意思決定されるかについては言明できない。それゆえ，本書の関心事は，次のように簡潔に言い表すことができる。企業の経営管理（者）は，企業目標ができるだけ高いレベルで達成できるように，利用可能な組織デザインの道具間で選択できるような状態を作るべきである。その手掛かりの核心になるのが，調整用具の投入と動機づけの投入を区別することである。

　調整措置は職務志向的である。その措置は，すべての対人間分業が上位の企業目標の追求を妨げる固有情報の分裂を伴なう，という問題と取り組むものでなければならない。動機づけ措置は，どの企業においても従業員の個人目標と上位の企業目標との間に，何らかの緊張関係があるがゆえに必要なのである。

　通例，導入された組織構造と当該企業が目指す目標，例えば企業利益との間の直接的因果関係を説明することは不可能である。それゆえ，使えるような代替目標に頼らざるを得ない。このような理由から，組織デザインに関するあらゆる意思決定は，つねに複数の目標を考慮しかつ個々の目標のウエイトづけの問題を解決していかなければならない。それぞれのウエイトは，当該企業が追求する競争戦略から導き出される。組織理論のこのように重要な戦略−構造の関係を，本書のデザイン・アプローチにおいて方法的に厳密に意思決定理論に基づいて発展させた。この方法では例えば競争戦略の場合，費用効率を考えた資源利用目標を強調しかつ職能志向的組織構造を優先し，差別化戦略の場合は，プロセスの促進を強調して製品志向的組織構造が優先されることを説明した。

　以上のように要約されるデザイン・コンセプトには，三つの主要なデザインの仮定が根底にある。第一の仮定：コミュニケーション活動の内部化，つまり

或るシステム内の意思決定の調整は，重大なインターフェースの回避を通じてすべての関与者の協働的行動を促進する。第二の仮定：動機づけ諸問題の解決，つまり，個人行動を上位の企業目標に方向づけることを，コンセプトの中心値が結果目標の基準となり，その目標を，実現した結果値と比較するようなコンセプトの範囲内で優先して行なう。それゆえ，結果の偏差に良いタイミングで気づき，その偏差の原因を，迅速に識別することが極めて重要になる。第三の仮定：複合したデザイン問題の解決は，逐次的，反復的に部分解決から行われる。この意思決定志向的デザイン・アプローチは調整関連的な部分解決を伴い，問題解決のプロセスをスタートさせ，動機づけ措置を導入し側面を固めていく。この調整重点主義が，調整要求を明確に強調する組織的解決策の創出を促す。

　本書は，以下の章でここでは概略説明に止めておくが，意思決定志向的組織理論のコンセプトを詳細に述べることにする。しかしその場合，さまざまな組織形態について，例えば事業部制化，最高経営層レベルの各種委員会やプロジェクト組織の諸形態自体を論じることが関心事ではない。それらについてはすでに広範囲にわたる文献がある。むしろデザイン原則，多様な形態およびそれらの評価を体系的に明確にすることを主目的とする。以下の章の叙述は，個人間の分業によってもたらされる根本的組織的諸要求の充足に合わせた調整用具と動機づけ用具の投入の説明から始めた。プランと（内部）市場を使用し企業活動を目標志向的にコントロールする二つの原則的メカニズムを採用した。

　さらに目標志向的デザインの重要問題を詳細に論じた。その答えから，企業目標ができるだけ完全に達成できることが実証できるはずである。組織構造と利益目標間の直接的関連づけはできないので，方法的に説得力のある代替目標を導き出すことが決定的な意味をもつ。なぜ，経営資源・市場・プロセス効率の基準が組織措置の評価の際，高い位置価値を持つかを根拠づけることができるからである。この文脈のなかで競争戦略と組織的デザインの関連を検討し，かつ実務への選択的適用の帰結のなかで，とりわけ国際企業の組織に関して，また会計部門の細別化について分析を行った。第三部では，さまざまな形の構造，すなわち単一人構造と多人数構造，および一元構造と多元構造志向の場合を論じた。これらの叙述により，多様な実践形態への直接的アクセスの道が開

けると考える。

　清水敏允名誉教授に対する深甚なる謝意をもって，私の日本版への序文を締めくくりたい。「"Grundlagen der Organisation, Konzept-Prinzipien-Strukturen, 8. überarbeitete Auflagen"『組織デザインの原理～コンセプト・原則・構造～』(第8改訂版)を翻訳し，日本の広範な斯界の人々にも利用してもらえるように願っている」との清水氏の意図・提案を私は非常に名誉あるオファーだと思った。私が非常に評価する一人の同僚が，かなり大きな労力をこのように贅沢で困難なプロジェクトのために費やしてくれたことを大変有難く思っている。同僚である清水氏は，そのような企画のためのあらゆる前提条件を備えた人だと思っている。彼自身，組織理論の分野において研究を重ね，特にドイツ経営経済学の発展については最も深く精通している。私は，氏を，氏が1960年代にケルン大学に研究滞在していた頃より良く知っており，個人的・学問的に密接なコンタクトを保持してきた。翻訳上の協力関係に必要なあらゆる前提条件は満たされていたと思う。また，翻訳に協力された井藤正信氏，山縣正幸氏，宮田将吾氏，柴田明氏にも感謝したい。ドイツのガープラー出版社および日本の文眞堂出版社には特に深謝申し上げる。これら両社の寛大なるご配慮によって，この目標が達せられたことは言うまでもない。

2009年6月

　　　　　　　Professor Dr. Erich Frese, Universität zu Köln

第 1 部

分業による意思決定システムの組織構造
〜本書の理論的構想の概説〜

「20年前，私が，地方自治体組織における二三の問題について，それもとりわけ，レクリエーションや余暇の担当部局を，教育庁かそれとも市当局の直接の管轄下に置くべきかについて，また，市の計画策定業務はどのように組織されるべきかなどの問題について解答を模索していたとき，これらの問題の解答の手掛かりになる理論が無いことを確認せざるを得なかった。私はこうして，人間の選択行為に対し組織が影響を及ぼす方法の分析を行うようになったのである。しかし私はこの新たな問題群に対し何ら満足できるような解答を見出せなかった。このことから合理的意思決定の理論の精査が必要だと思った[1]」。*Herbert A.Simon*は，この一文を1957年，云うまでもなく組織理論の最も重要な作品の一つであるかれの著作 *Administrative Behavior*『経営行動』第2版の序文において述べている。

この問題分析を意思決定志向的に捉える見方とともに，組織構造のデザインを厳格に学問的に取り上げることが始まる事態が確認できれば，このことは決して誇張ではない。1930年代の末に提起されたこれらの問題を首尾一貫追求するという決断が，一つの研究プログラムの始まりとなり，そしてそのプログラムの今までの成果が，分業システムの構造とその機能に関するわれわれの知識を拡大してきたと云える[2]。*Simon*が長年，主として個人心理学的諸問題に専念し，組織理論的諸問題に関して発言することがごく稀であったことを考慮すれば，まず第1に上述の，この評価を意外に思うであろう。表面的には組織問題に貢献した著作ではなかったが，その組織理論的重要性は極めて大きく，刊行後50年以上経過した『経営行動』に関する以下の回顧的特徴づけを通じて明確になるであろう。「それは，私のあらゆる学問的諸活動の核を意味する二つの相互に結びつく命題に基づくものである。(1) 人間はきわめて限られた程度にしか合理性を実現し得ない。したがって(2) 制約の認識の結果として人間は副次目標を目指すようになる。私は，もし人が，私のすべての学問的著作を，これらのアイディアが先ず最初に定式化された『経営行動』の内容に対して，大部分を論評として（正確を期する余りかなり様々に異なる論評として）特徴づけるとしても，私はそれに対して異議を唱えるつもりはない[3]」。

本書の組織理論的コンセプトの基礎には二つの仮定があるが，それらの仮定

は筆者の見解であるが，*Simon* の組織理論的諸研究の方法上の基本形をも特徴づけるものである。

- 組織理論的分析は，分業システムにおける諸活動をその意思決定の核の部分に限定し，したがって情報の収集，伝達および加工に限定する。
- 組織理論的分析の出発点は，個人の意思決定行動である（方法論的個人主義）。組織的デザインの発見的方法の諸原則も，したがってデザインの結果としての組織構造も，個人の認知的限界から導き出されたものである。

両方の仮定には，より詳細な説明が必要である。

意思決定の観点からだけの考察は，両方の仮定から見れば展開すべき理論の言明内容に潜在的条件を殆どつけないことを前提にする。すべての分業システムにおける行為は実現していく行為のなかで区別できる。例えば，一つの製品の組み立て作業は詳細な行為基準に基づいて区別され，また意思決定行為においては，例えば，相応しい基準の確定が可能である。実現行為は前段階の（組織的にはしばしば上位の）意思決定を通じて規定される。その限りでは一貫して，制度における諸行為の理解と（諸行為のデザイン）に関する手掛かりが意思決定の観点から当然摸索される。しかし当該組織が純粋な実現行為から考察されない限り，この進め方は一つの制約となる。もっともこの帰結は決して重大なことではない。なぜなら意思決定概念を厳格に使用する場合（以下ではそれを行なうが），分業システムにおけるどの行為にも，多少なりとも意思決定されるべき事柄が残されているからである。それゆえ，例えば前述の製品の組み立て作業の場合でも，個々の行為のステップごとに意思決定が行われなければならない。

組織構造を個々の意思決定単位の質的・量的キャパシティにおいて制限することは，一つの前提として極めて広範囲な帰結をもたらす。これは，とりわけ個人的諸要因に基づく社会的諸現象の説明を巡る社会科学の古典的論争に関係がある。云うまでもなく個人の意思決定行為に焦点を合わせることは，'社会的な'多種多様性に適応できない一つの極端な簡略化を意味している。しかしいずれにしても組織構造のデザインの（応用関連）問題を学問的に分析する場合，この点は問題とはなり得ない。むしろ問われている点は，個人の意思決定

行為に適用する組織理論が実践行為に対して，はたして，より高い'合理性'を与える言明となり得るかどうかという点である。

　もっとも個人の意思決定に焦点を合わせる考え方は，より高度な合理性を可能にすることが困難なので，必ずしも結論的な判断を下すことはできない。結局，本書全体は，意思決定志向的観点の可能性の証明を目指している。その際，特定の組織的諸現象の把握が，本書が主張する理論的立場を前提にすれば，不可能か可能であっても極めて限られていることを見落としてはならない。それゆえこの序論の結びのところで本書が主張するデザイン・アプローチの二三の限界を指摘しておきたい。その二三の限界がこのコンセプトの実践への応用可能性にどの程度影響を及ぼすかの問題に対する答えについては，ある程度，読者の評価に委ねなければならない。

　意思決定志向的観点のほかに経営経済的見方が，本書が注目している組織理論的コンセプトである。本書の意図は，一方では，支配的な経営経済的認識関心，つまりデザイン行為の準備措置の叙述であり，他方では，経済単位としての経営体，または外部需要充足のために経営体の形を採る企業という認識対象の叙述にある。

　（基本的に財／サービスの売買契約の形で）市場取引を経由し，広範囲に及ぶ分業体制のマクロシステムと結びつく企業の組織構造に重点を置くと，完全に固有な構造が要求されることになる。企業の成功，つまり，存続能力の確保は市場取引の評価に左右される。したがって，あらゆる活動を市場で成功するように方向づけていくためには，必然的に重要な行為の観点を選択することになる。しかし，この市場効率を求める行為は，しばしば社会的効率目標，つまり企業構成員個人の能力開発の可能性を保証し，かつ促進する目標と相反することになる。この矛盾の理論的・実践的克服を巡る議論が，組織理論全体の発展史を貫いてきたのである。詳細に見ると，企業の三つの特徴が経営経済的組織理論の基本構造を規定してきた，と確認できる。

- 企業は市場志向的意思決定システムである。

  企業において意思決定が下される。情報が収集され，処理され，実現行為が実施されそしてコントロールが実行される。意思決定は個別企業のなかでは，経済的にさまざまに異なる対象と関係している。

- 意思決定は目標に方向づけられている。
  企業は，中核集団が正当化した'公式的'な達成すべき状態を描いた目標の実現を目指す。
- 個人間分業が支配している。
  目標に方向づけられた市場志向的な意思決定システムとしての企業の組織問題は個人間分業を通じて発生する。情報収集と情報処理のための個人の能力は限られているから，一定規模までの企業の全体業務を，一人一人の意思決定者が完全にその問題を解決するには複雑であり過ぎる。すべての意思決定職務を処理可能な部分問題に分割し，かつ職務遂行に必要な一定権限をその都度，備えていなければならないような様々な意思決定単位にその部分問題を割り当てることが不可欠である。

したがって分業システムには強い差別化の傾向が内在する。しかしその差別化はつねに全体目標の達成の妨げになる。なぜなら，個々の組織単位の意思決定が，企業におけるその他の部門に対して影響を及ぼすからであり，つまりさまざまな組織単位が，相互依存関係を通じて互いに結びついているからである。この状況は，近年，企業が小規模単位に分割される過程のなかでたとえ部門間の相互依存関係を極力回避する努力を強めていても，現実はどの分業システムにおいても特徴的に見られるものである。部分意思決定間には相互依存関係が存在しているから，部分意思決定を一致させるためには適切な規則が必要であり，それゆえその規則を通じて企業全体の目標ができるだけ完全に達成できるのである。分業による意思決定を，上位の全体目標に合わせる諸規則のシステムと見る組織構造のデザインは，それゆえ，つねに全体職務を取り扱い可能な部分職務に細分化する必要性と，〜つまり自律性コストを発生させる意思決定自律性の認容と〜 同じくコストを伴う相互依存関係に在る部分諸単位の調整（統合）のための必要条件との間の緊張の場において変化する。すべての部分意思決定を完全に一致させることは，つまり個人のすべての意思決定自律性を止揚することは，分業システムのなかでは実現することはできない。〜そのような解決は言外に，成員の能力は限られるという前提と，したがって分業の必要性を止揚するであろうことを意味している。それゆえ完全に一致させることは，経済的諸基準（統合コスト）を考慮に入れると，近似値を求めるとい

う仕方でしか実現し得ない一つの理想の姿である。統合の不完全さは，すべての組織的規則の特徴である。

　組織的なデザイン行為は複合的であるために，発見的方法の原則に立ち戻りデザイン問題の単純化を目指すこと以外に策はない。

　ドイツ語圏の経営経済的組織論において慣例のように行なわれてきた構造組織とプロセス組織の区別[4]は，組織的デザインにおける複合性縮減の古典的原則と見ることができる。構造組織には以下のあらゆる問題提起が包摂される。すなわち，複合した意思決定職務の垂直・水平方向への分解に関連する問題，範囲を定めた職務複合の各組織単位への割り当て（職務設計）の問題，さらに，これらの諸単位間の指示関係とコミュニケーション関係のデザインに関する問題などである。このようにして'静態的'組織の基礎構造が作られ，その基礎構造のなかで，処理すべきあらゆる企業の職務遂行過程の全体が機能している。これに対して個々のワークステップを，複合した（ビジネス）プロセス（例えば製品開発とかオーダー処理）に組み合わせるとか，時間的・空間的観点からプロセス内部の調和とかプロセス横断的な調和を図ることが，プロセス組織の職務領域に分類される。ここでは，'動態的'考察方法が支配的である。

　本書で注目するアプローチの場合，構造組織の観点が中心になっている。したがってプロセス組織の問題は副次的に指摘した。もっとも，そのような重点の置き方はもっぱら理論的なもので，組織的デザインを両方の領域のどちらか一方に限定し得ないことが容易に理解できるであろう。構造組織とプロセス組織の問題提起を切り離して取り上げることは，もっぱらデザイン・プロセスのさまざまな局面において部分問題だけを斟酌することであり，実践では組織構造はデザインの結果であり，それはつねに構造組織的要素とプロセス組織的要素を含んでいる。

　複合性縮減の第二の重要な原則は，調整次元と動機づけ次元を思考上区別することである。調整次元の観点では，組織規則がどの程度まで個々の職務内容およびフォーマルな特性，ならびに競争戦略の特徴から導かれる職務論理的な企業活動の諸要求に応えられるかどうかによってのみ組織規則は判断される。意思決定者の個人的態度および行動の特徴は大幅に度外視される。したがって従業員の目標達成度不足や意識的逸脱行為は，この考察からは除外する。この

ような企業成員の個人的行動特性と，かれらが組織規則を通じて目標に沿った行動をとるように影響を及ぼしていく方法については，本書の構想の場合動機づけ次元の項目のなかで明確にテーマにする。動機づけ措置の属性として当然，組織デザイン用具のなかには調整を支援する補助的な機能が含まれる。

これに関連し，調整次元の枠組みのなかに行動の諸仮定を含めるという点から明確にしたい。調整次元と動機づけ次元を区別する場合，調整観点に個人の態度特性や行動特性を含めることを大幅に拒否することが以前は強調された。行動の観点を完全に度外視する応用志向的組織理論は，任意主義の批判に晒される。組織規則は決して直接ではなく，むしろつねに，行為する個人の行動への影響を介して，その時々のデザイン目標の達成（または不達成）に作用することが分かれば[5]，この点は明白である。この調整観点を踏まえれば，意思決定志向的アプローチの決定的デザイン原則は，特に重大な相互依存を内面化するという提案のなかに，つまり，そのような相互依存を一つの組織単位の内部において一体化するという提案にその本質を求めることができる。

この提案は，個人的意思決定者の情報行動およびコミュニケーション行動に関する仮定に基づいており，特にコミュニケーションと相互依存の調整が異なる部門間よりも部門内部のほうが，より一層スムーズに行なわれるという経験的に検証された認識に基づいている。そのように定式化された*協働の命題*の基礎には，さまざまに異なる組織単位の成員よりも，一つの部門の成員のほうがその部門内の社会化プロセスの結果として統一的な問題の理解ができるし，かつまた類似の目標観が持てるので，部門成員のほうが，非生産的なコンフリクトにより影響されないむしろ建設的な問題解決ができる，という認識がある。したがって，調整次元と動機づけ次元の関係は，従業員の行動属性を含めた視点から，次のように具体的に説明することができる。すなわち，調整次元の範囲では，意思決定者が企業目標もしくは行動期待に反していれば，意思決定者個人の態度および行動の観点は度外視される。このケースでは，その考察と影響については動機づけ次元のところで論じてある。以下で動機づけ次元の補助的性格を理由づけするが，条件づきのこれらのコメントは注目されてよい。

企業存続の確保のための必須の条件は，市場職務の達成である。この関連では組織規則には，企業の物的目標を顧慮し多くの個別意思決定を調整し，市場

に対する物的財あるいはサービスの提供を調整するという職務が含まれる。これについては意思決定職務をさまざまな組織単位に対し，その内容を特定化する必要がある（組織規則の目標誘導機能）。このことは例えば，一定の機能的職務（例えば，ある製品の生産）は，一つの部門に任せることにより，またこの職務の達成に必要な経営資源（機械および治工具）の供与を通じて遂行される。したがって，意思決定者に対する行動期待の定式化が組織規則の中心的課題である。動機づけ措置では，この職務の達成はできない。すなわちその措置では，行動期待と意思決定者の実際行動との間の潜在的不一致が単に克服できるに過ぎず，したがって決して行動期待そのものの内容基準を決めることはできない。上記の例に関して云えば，このことは適切なインセンティブ・システムを実装化することにより，'製造'部門の管理者がその方向に向かってかれの部門目標，または企業目標を達成していくように給付努力を高め，場合によっては，目標から逸脱する個人の目標設定を退けていくようにすることを意味する。しかし，そのような措置を通してかれの意思決定枠組みを束縛するような定義づけはできない。したがってこの目標誘導的機能は，もっぱら調整諸用具の投入を通じてのみ利用できるものである。

　現時点では，統一的動機づけ理論は存在しない。むしろ異質な，目下のところ矛盾した，経験的に限定的にのみ証明された行動科学的諸事象に関する個別言明の一つの集成物が広範囲に無関係に並存しているに過ぎない。この理由から動機づけ措置を応用する場合，道具の投入と実践におけるマネジメントの判断のなかで従来実証されてきた行動の影響との関連に関する個別的仮定に頼ることだけが可能である。しかしそのような仮定は個別ケースでは，的を得ていないことが証明されている。以上に提示したこのような制約があるが，動機づけ措置の投入は，組織構造のデザインに当たり不可欠である。調整諸用具の投入を介し，さまざまな組織単位に対する意思決定職務のあらゆる構成要素を完全に基準設定することは，現実には，〜上位単位の情報収集能力や情報処理能力が限られているため〜 不可能である。むしろあらゆる単位に対して一定範囲内で意思決定の自律性が与えられているに過ぎない。それゆえ適切なインセンティブ・システムを使い，または基本的価値観や規範の内面化によって，従業員の意思決定裁量余地および行動裁量余地を企業目標に一致させるようにし

ていくことが保障されなければならない。

調整システム

　調整とは，一般に分業システムにおける個別活動を上位の全体目標に方向づけることをいう。

　調整次元の中に包摂される措置を考慮すると，二つの異なる広い概念の解釈に区別される。

- 狭義の見方では，もっぱら調整の統合的観点が重視される。その際，調整措置機能の本質は，先行する職務細分化の結果を意味するような分業によって処理される複合的部分職務を全体企業目標の達成の観点から一致させることにある。
- 広義の概念理解に基づけば，組織的行為のさまざまに異なる基本職務として差別化と調整を分離することが，必ずしも意味のあることとは云えない。なぜなら，職務分解原則の選択と組織諸単位への意思決定権限の相応の委譲にはその際発生する相互依存の，その時々の現われ方を介し調整要求に対する直接的影響が含まれるからである。このような理由から，差別化措置にも調整の観点があり，したがって差別化措置も調整次元に含めることができる。本書ではこのような，より広範囲な観点から検討してみたい。

　調整措置は，一方では意思決定権限（意思決定次元）の定式化を対象とするが，他方では組織諸単位間のコミュニケーション関係の確定（コミュニケーション次元）を対象にする。この意思決定次元は，一つの意思決定複合を部分意思決定の階層に分解する場合その時々の進め方に関係して，またコミュニケーション次元は，意思決定問題の解決を託した単位間で情報交換が行われる場合の規則を意味している。

　意思決定権限の確定を通じて一つの意思決定単位に，その都度割り当てられる意思決定職務の構成を通じて設けられる枠組みのなかで，意思決定を下す権利が委譲される。意思決定権限の基準は，その権限内容と権限裁量余地を対象にしている。権限内容は，与えられた意思決定職務を，ある程度まで相互に依存しない部分意思決定（横方向）に細分化することによって確定される。その

際，意思決定権限の配分は原則として三つの細分化原則に沿って行われる。すなわち，意思決定の行為要素，その目標要素あるいはその場の要素に方向づけられる。

　行為志向（仕事志向）の細分化の範囲では，所与の行為集合が，さまざまに異なる部分行為複合に分割される。つまりその際，同種の行為は一つの分野にまとめられる。この方法で，例えば企業の第二階層レベルにおいて，'調達'，'製造'および'販売'部門に対する権限が発生する。このようにして発生する企業の基本構造を職能別組織と呼んでいる。

　目標志向的細分化措置は，達成しようとする行為の結果（物的目標）に方向づけられる。ある特定の部分目標 〜普通は個々の製品または製品群〜 の達成を目指すすべての意思決定が，この原則が適用される場合，一つの部門にまとめられる。そのような区分の一つの結果として製品志向部門別に構成される一つの事業部制組織が誕生する。

　企業の意思決定の場に方向づける場合，特定の経営資源または外部環境の領域，とりわけ市場に関するすべての意思決定は，一つの部門に割り当てられる。経営資源関連の細分化の場合は，使用できる経営資源の性質により制約を受ける意思決定の問題が発生する。一例として，投入される生産設備の種類に基づく製造部門の構成が挙げられる。より現実的な企業全体の市場志向的細分化のケースでは，地域的市場部門または固有な得意先グループに関わるすべての意思決定を一つの組織的領域に束ねる場合が挙げられる。実践では地域別組織が，場志向の細分化の最も顕著な例として挙げられる。

　構造化を通じ，つまり徐々に（縦方向へ向って）意思決定職務を細別化することにより，下位の組織単位の権限裁量余地は規定される。構造化は権限委譲の中心的要素を意味する。すなわち或る上位単位の意思決定はある程度まで下位の諸単位の裁量余地を制限する。しかし意思決定職務のそれ以上の細別化は当該の下位単位に任される。意思決定職務がより詳細に決められるほど，当該単位の決定自律性は少なくなり，また当該単位が意思決定を行う際，それはますます強く制約される。権限裁量余地は，例えば，調達部門が一定の原材料購入に当たり，どの市場価格までなら購入決定ができるかという確定に表れる。

　構造化と細分化は，決して二者択一的なデザイン用具ではない。なぜなら，

意思決定内容の基準に関して権限を定式化したり，あるいはその都度，もう一方の用具投入を断念し裁量余地を詳細化しても，決して目標誘導的な調整効果は発揮できないからである。むしろ，すべての意思決定問題を徐々に分解し，さまざまな意思決定単位に割り当てて，〜つまり，企業の組織的枠組み構造のデザイン化は〜 つねに構造化措置と細分化措置を組み合わせて行われるものである。

構造化と細分化により発生する部分意思決定複合は，極めて稀なケースでしか相互に依存しない。通常，組織諸単位は相互依存関係と縦方向の指示関係を通じて相互に結びついている。また付け加えれば，経営資源の潜在性あるいは市場の潜在性は分割することができる。このような理由から，コミュニケーション構造を構築するときは一致させることが必要である。

コミュニケーションとは，組織諸単位間の情報の交換を指す。分業システムにおいてはコミュニケーションは，基本的に情報の発生場所または情報の記憶場所，および情報要求のある場所が，ばらばらなときに必要になる。企業では，コミュニケーションは垂直方向の場合上位・下位単位の間において，また水平方向においては階層的関係が存在しない単位間において行なわれる。

コミュニケーション過程の組織的デザインの範囲内では特に

- 何らかのコミュニケーションを誘発する出来事，
- 何らかのコミュニケーションを送る単位（'発信者'），
- 何らかのコミュニケーションを受け取る単位（'受信者'），
- コミュニケーション媒体，
- コミュニケーション経路そして
- コミュニケーション内容が確定されなければならない。

コミュニケーション過程のこれらの要素には，コミュニケーションの種類に応じて様々に異なる役割がある。原則的に，コミュニケーションは意思決定により左右されるものと，左右されないものとに区分される。意思決定に左右されるコミュニケーションの範囲内では，Aの意思決定活動の結果をBに伝える情報が単位Aから単位Bに伝えられる。一方，意思決定に左右されないコミュニケーションの場合，情報を伝える単位の意思決定活動を通じてそれが直接行われることはない。

意思決定に左右されないコミュニケーションの規定化は，特に困難である。なぜなら，ある単位に与えられるどのような情報が，他の単位の意思決定の質の改善のために転送されるべきかどうかが先験的に分からないからである。組織的デザインは，ここでは潜在的に重要な情報を，さらに先へ送ることができるようなインフラ構造が使えることに限定しなければならない。具体的ケースでは，それぞれの単位が実質的観点から意思決定に左右されない情報を，はたして他の単位へ伝えられるかどうかを決めなければならない。

これに対して，相互依存関係にある単位間の意思決定上重要な情報の伝達に限界があるのは，まず第一に経済的考察を通じて根拠づけられる。なぜなら，コミュニケーション・コストが規定の厳しさが高まるにつれ超過比例的に増大するからである。実務ではそれゆえしばしば相互依存が存在していても，コミュニケーションのインフラ構造の実装を断念する。したがってこのケースでは参加する単位に対して，（少なくとも制限された）情報の自律性を認容する。

組織単位間に相互依存が存在し，かつ市場の潜在性や経営資源の潜在性が分割されていると，分業による職務遂行が負の帰結をもたらし得ることをすでに上で指摘した。

二つの単位が相互依存関係によって互いに結ばれているのは，単位Aの意思決定が単位Bの意思決定の場を，目標に影響を及ぼすくらい変化させる場合である。具体的に云うとこれは，Bが，Aの意思決定によって変化した経営資源状況（資源相互依存：例えば，複数の部門が使っている機械設備を自由に使える使用時間）とか，内部環境の変化（プロセス相互依存：例えば，前工程の製造部門からの中間製品のオファー）とか，あるいは変化した外部の市場条件（競合する部門を通じて顧客の需要を満足させる）などに直面していることを意味する。これらのケースでは，単位BはAの意思決定を知ることなく，場合によっては相応しい意思決定について完全な情報を持つ場合と異なる別の行為を選択し得る。選択的な組織的枠組み構造は，その都度，特有な相互依存の構成を示す。具体的ケースにおいて，どのような相互依存が成功を危ぶむものと判断すべきか，したがって，高い調整要求が求められるかは，企業がその都度，追求している競争戦略を背景にして初めて決定できることである。

相互依存の発生のほかに関連する意思決定複合を細分化すると，資源潜在性や市場潜在性の分割を引き起こすし，さらにそのような潜在性の効率のよい利用を阻み得る。資源潜在性の分離の例としては，同種類の機械設備を複数の製造部門に設置するというケースが挙げられるが，このケースは，場合によっては規模の低減効果の利用の断念を意味する。例えば，二三の製品部門（事業部）が独自に調達決定を行い，つまり，一箇所の納入業者に対して共同発注しても，より一層有利な購入条件が引き出せないような場合，市場の潜在性を十分に利用したことにはならない。

潜在性の分離の特別な問題性は，発生する非効率が一つの部門を越えた問題視点をもつ単位によってのみ認識できるという事実に基づくものである。このような理由から潜在性分離の負の結果は，階層上位の単位を挿入することによってのみ，つまり多次元的組織構造を採用することによってのみ回避することができる。

調整システムのデザインのための措置モデル

問題の複合性が高まることにより，組織構造の調整次元のあらゆるデザイン媒介変数を実際には同時に決めることはできない。このような理由から，調整システムを実装する場合，二段階に分けた措置が有意義である。

第一段階では，〜企業の組織的枠組み構造の確定〜 企業の職務を構造化と細分化の措置を通じて部分職務に分解し，その職務処理のために，企業職務をさまざまな組織単位に割り当てていく。このようなデザイン・ステップの結果としての枠組み構造が，その構造に特有な意思決定権限をもつ組織単位の一つの写像を生む。

これに関連し，一つの枠組み構造の確定のなかで生まれる単位に対し，直接割り当てられないような職務の組織的確定が一つの特別な問題を生む。例えば，'コントローリング'や'人事'あるいはプロセス基準によって区分される職務の束，例えば，オファーの作成とかオーダーの社内展開などの横断的職能が挙げられる。これらの職務もしくは部分職能は，部門包括的な性格をもつ。その際，原則的に枠組み構造への組織的分類が，選択される細分化基準に左右されず，つねに吟味されなければならないような職務（例えば，コントローリ

ング，人事）と，単に特定の枠組み構造のなかで部門包括的な部分職能を意味するような職務は区別されなければならない。したがって例えば，事業部制組織におけるオーダーの内部展開は部分領域内部（一つの事業部内）において実行される。他方，職能別組織では，つねに二三の職能部門がオーダーの内部展開に参加している。

　枠組み構造を部分職能志向的に修正するには二つの重要な課題がある[6]。まず，詳細な職務分析と関係分析から出発し，果たして考察対象の部分職能が領域に左右されることなく，独自の組織単位のなかに固定（集中）すべきか，それとも当該部分職能を全体のなかに，あるいは個別的な職務要素別に差別化し，既存の領域に分類すべきかどうかを明らかにしなければならない。引き続き，一人以上の意思決定者が担当する部分職能または部分職能要素を他者に任せる場合は，かれらの内部組織的役割について問わなければならない。

　第二のデザイン・ステップに入る前の分析の局面では，このような仕方で調整の必要のあるインターフェースが確認できるように，それぞれの枠組み構造に存在する相互依存と潜在性の分裂状況を調べてみなければならない。二つの単位間に一つの潜在的調整要求があるときには，何らかのインターフェースが存在する。さらに分業による意思決定活動を目標に向かって一致させるためには 〜狭い意味の調整のための〜 インターフェース・マネジメントの諸用具が投入される。インターフェース・マネジメントの概念には，相互依存および潜在性分裂の機能障害作用を減少させ得るような，あらゆる措置が含まれている。

　インターフェース・マネジメントの具体的な役割は，三つの問題領域に関係するが，以下においてその点に関し概略述べておく。
　1．基礎意思決定：インターフェース・マネジメントの措置投入に関する必要性の判断；
　2．使えるインターフェース・マネジメントのなかから適切な措置の選択；
　3．インターフェースを一致させる職務を担当する単位の決定。

　1について：インターフェース・マネジメントに関するあらゆる考察の出発点は，いつも以下の設問を意味する。これに関連する選択肢としては，積極的なインターフェース・マネジメントの放棄を念頭に入れなければならない。こ

の点を判断する決定的基準は，両方のケースでその都度，発生する自律性コストと調整コストの合計額である。したがって以下のような事情の場合は，インターフェースの調整の断念にも意味がある。つまり一方では，当該のインターフェースに特に問題がなくしたがって自律性コストを'不作為の代案'として選択する場合でも無視できると考えられる。他方では，参加している単位の調整が費用のかかる調整コンセプトの実装化を介してのみ可能であるような状況が考えられ，したがってそのことによって発生する調整コストが，減少する自律性コストを過剰に補償する。

　2について：基礎意思決定の範囲内で，考察対象のインターフェースの調整が支持されれば，次に利用するあらゆる調整用具のなかから適切な道具を選択しなければならない。構造的調整措置つまり，～職位の構造，もしくは一定のコミュニケーション諸関係のなかで読み取れる措置～ のほかに，いわゆる'テクノクラート'の調整用具を投入できる。この'テクノクラート'の道具には，例えば，インターフェース単位の行為の可能性を明示的に制限するプランや予定表が含まれる。これら両者の作用の仕方を見ると，特に以下で区別して論じなくてもよい位に[7]　'テクノクラート'の調整措置が'構造的'な措置に似ている。

- 相互依存の問題性をさらに少なくするには，下される意思決定について情報を与える（コミュニケーションの規定化）義務を一つの単位に負わせるか，または相互依存関係に在るその他の単位が情報を受け取るという形で，その目的を達成する。コミュニケーション措置の投入には，既成の枠組み構造を変えずに余分なデザイン経費を，ほどほどに抑えるという利点がある。もっとも，コミュニケーション規定化の効率の観点から，当該諸単位の全体目標に沿った調整が ～特に部門目標が対立している場合～ 確保できないことを条件付きではあるが指摘しておかなければならない。

- インターフェース・マネジメントの枠組みのなかでは，コミュニケーション・コンセプトを介するよりも構造化を介するほうが，より一層広範囲な調整プロセスの規定化ができる。コミュニケーション・プロセスにおいては，その都度その他の単位の計画行為や，すでに行なわれた行

為について参加する単位の情報量を多くしようとするが，一方で，構造化措置の実施の根拠を，（例えば，階層上位の単位に調整問題を'再委任'するとか，インターフェース当事者達による共同決定委員会を作るなどして）参加する当事者達の意思が一致して行く傾向をより一層強化することに求める。調整上重要な情報を単に入手して，後はそれを蔑ろにするというのではなく，むしろそのような情報を積極的に意思決定発見の当該プロセスのなかに取り込んでいかなければならない。

- 結局は，考察対象の階層レベルにおいて追加的細分化基準を使うことにより，～つまり多次元的組織構造を作ることによって～ 分野包括的な問題視点を意思決定プロセスのなかに持ち込むことができる。その結果，'分野音痴'は少なくなり一致の確率は高くなる。定義に拠れば，インターフェース・マネジメントのなかの細分化措置に基づいて作られる単位は，意思決定準備の部門では主として権限だけを持っている。もしそのような単位に独自の意思決定権限を与えれば，採用した術語に基づけば枠組み構造を修正するか，または完全に新しくデザインするということになる。

3について：適切な調整用具の選択と並行し，どのような単位にインターフェース調整の職務を任せるかを明らかにしなければならない。この関連では，自己調整と他者調整という二つの理念型コンセプトが考えられる。

自己調整には，既存の構造枠組みのなかか，または特別合意を得るために設けた合議機関（委員会）に代表者を派遣し，当該単位が直接相互作用を目指すというインターフェース・マネジメント措置が含まれる。他者調整とは，階層上位の単位（権限職位）または統合単位がインターフェース・マネジメントのなかに含まれていて，しかもインターフェース当事者と何ら人的同一性がない場合をいう。

動機づけシステム

多くの考えられる，～そして実際にも採用されている～ 動機づけ措置は，企業目標の達成と一致するような行動様式に，従業員を動機づけるやり方にしたがって，基本的には変換措置と取引措置に区分される。

全体目標に合わせる従業員の動機づけは，変換措置を使用する場合，企業成員が企業の根本的価値および規範を内面化することによって行われる。つまり個人の目標を企業の目標と一致させることである。取引措置が採用される場合は，企業が従業員にインセンティブを与える。そしてインセンティブと引き換えに，企業目標達成のために労働力の形でかれらからできるだけ高い貢献を確保する。インセンティブはその際，企業の諸目標とそれらが必ずしも一致しない企業成員の個人的諸目標との間で'橋渡し'の役割をする。

　プロセス関連の動機づけ理論　〜例示としてここに紹介した *Vroom* の認知的動機づけモデル〜　は，取引手段の理論的基礎と見なすことができる。所謂，内容志向の動機づけ理論，〜例えば *Maslow* の欲求階層説や *Herzberg* の二要因モデル〜　に対しプロセス関連説は，どのような方法で一定の行動がとられそしてその行動の展開のなかでそれが制御されるかを説明しようと試みている。

　Vroom のモデルによれば，一定の活動を遂行する人間の動機づけは，乗数的に相互に結びついた二つの要因に左右されるという。

- 行為が実行されれば一定の結果が実際に実現できるという個人の主観的期待の態度，および
- これらの結果が，個人の上位目標の達成にどの程度貢献し得るか，という評価。

　両方の要因は，考察対象の個人の行為結果の価値に影響するから，したがって結果を出すために個人の活動の必要な動機づけに影響を与える。

　これらの考察から，実際の動機づけを促進するインセンティブ・デザインのための二三の重要なヒントを引き出すことができる。

- 与えられたインセンティブが行為結果をもたらすなら，結果と，その結果の基礎にある諸活動との間に明確な因果関係が存在するはずである。そうでなければ，インセンティブを与えること自体が直接，実行される行為に方向づけられなければならない。もっともそのような行動は，相応しい行為が観察できて，しかも前以って詳細に具体的に明記できることを前提にする。
- インセンティブは，行為結果と個人の上位目標との間に一つの関係をつけなければならない。

● 具体的なインセンティブ・システムをデザインする場合，個々の従業員のそれぞれの動機づけ行動の個性を考慮しなければならない。

インセンティブ・システムを，従業員の動機づけを高めるために寄与し得るあらゆる措置と見なす場合，インセンティブ・デザインの極めて多面的な，しかし取扱困難な道具が使用される。特に動機づけ目的のために投入される措置のほか，必ずしも一義的に従業員の動機づけ向上を意図しないような多くの別の経営経済的手段が考えられるが，これらには動機づけの観点から見てプラスまたはマイナスの副次的効果が含まれる。したがって，例えば職務デザインの分野で一定の原則に注目すると動機づけの促進効果が発揮できる。特に委嘱された職務の多様性や分離に対して，また適切な職務の定式化を通じ自律性を容認し，さらに達成した成果に関するフィードバックに対してもプラスの動機づけ効果が要請される。同時に，動機づけの観点を含め，とりわけ計画値や計画策定プロセスの行動に及ぼす影響を考慮することが，計画策定のなかでは不可欠である。企業において支配的なリーダーシップ・スタイル（考えられる極端な形は，権威主義的か参加的かのスタイル）も結局は，大きく動機づけを促進するか，または動機づけを妨げる作用をしている。これらの分野の問題を具体的に考える場合，結局は，〜止むを得ないあらゆる事情に注目し〜 従業員の動機づけを促進し，かつ従業員の動機づけに役立つような上述の諸道具の安定的投入をも保障するものでなければならない。

もっぱら従業員の動機づけ向上を図るという見地から投入される措置（狭義のインセンティブ・システム）について云えば，組織的デザインは何らかのインセンティブ・システムのあらゆる根本要素に及ぶものでなければならない。詳細は以下の通りである。

● 与えられるインセンティブの種類（例えば，金銭的報酬，または非金銭的報酬）；
● インセンティブを与える根拠となる査定基礎（例えば，市場成果，または計画達成）；
● インセンティブを査定基礎に結びつける割増の働き（例えば，その時々の目標達成度に依存するインセンティブの比例的変化）。

実務では，何らかの適切なインセンティブ基礎の選択問題が関心の的になっ

ている。原則としてインセンティブの査定は，方向づけられる指標が企業成員の実際の給付行動をできるだけ客観的に反映するものでなければならない。この条件は，とりわけ評価する側の期待市場成果ないしは計画達成に関わる特徴を満たすものである。それゆえ，市場志向的インセンティブ・システムと計画志向的インセンティブ・システムとは区別される。

　市場志向的インセンティブ・システムは，市場成果の潜在性と考察対象の単位が実際に実現した市場成果との比較に基づいている。インセンティブを与えることについては，金銭的な職位の成果ないしは金銭的な部門成果（例えば，利益，貢献利益，投資利益率）だけが重要である。当該の組織単位に対しては，目標達成のために必要な道具の投入を決める際には比較的広範囲に亘る裁量余地が与えられる。実務で最も重視される市場志向的インセンティブ・システムの例として，現在盛んに採用されているプロフィット・センター・コンセプトが挙げられる。プロフィット・センターの業績評価はその都度，部門に固有な費用規模と収益規模の割り当てを通じて行われる。基本的に，プロフィット・センター・コンセプトの導入が成功するためには，二つの条件が満たされなければならない。

- プロフィット・センターとして運営される部門は，成果の構成要素が直接差引計算できるように直接市場にアクセスできなければならない。
- プロフィット・センター・マネージャーは，部門成果に及ぼす影響が起点となるすべての要因を自己責任でコントロールできる状態でなければならない。その限りでは，意思決定自律性に関するあらゆる制約が 〜特にその他の部門との相互依存について〜 プロフィット・センター・コンセプトのインセンティブ機能を低下させる。

　以上に挙げた諸条件が満たされない場合，〜このことは現実に通常，起こり得るが〜 '人工的な'方法で独自の市場アクセスルートをもつ自律的なプロフィット・センターを作る必要性が生じる。この目的のために振替価格形成の方法が用いられる。しかし，相応の振替価格の設定を行っても，そのことによりプロフィット・センターに対する'自律性の幻想'が生まれる。

　計画志向的インセンティブ・システムの導入により，上述の諸問題は大幅に回避できる。インセンティブを与えることは，このケースでは全体計画から導

かれる計画基準値もしくは予算基準値および実際に発生する実績値との差が問題になる。その際，考察単位の行為裁量余地は市場志向的インセンティブ・システムの導入に比べ，比較にならないほど強く制約される。計画志向的インセンティブ・システムの主要な利点は，非金銭的基準も（例えば，当該販売部門のために一定の市場占有率を達成するとか，製造部門における所定の品質標準を維持するなど）インセンティブ供与に利用できるという点である。'目標による管理'（MbO）は，最も広く普及した計画志向的インセンティブ・システムを示す。

　しかし，市場志向のインセンティブ・システムや計画志向のインセンティブ・システムは，純粋な形では実際のところ極めて稀にしか現実化していない。したがって通常，現実のインセンティブ・システムには，市場関連要素だけでなく計画関連要素も含まれる。

組織構造の効率判断

　応用志向的組織理論の関心事は，基本的な組織的諸関連の提示とか，使用されるデザイン用具のシステム化の提示のみがすべてではない。さらに，組織的諸規則の職務論理的影響や代替的組織構造の相対的有利性の客観的判断が，組織的デザインの中心的な部分課題である。この点と一見対照的な関係にあるのが，しばしば成功した競争相手の組織革新を熟慮不十分なまま借用し，また昨今，企業のコンサルティング活動で宣伝され，多くの企業で十分検討されないまま模倣されているケースなどである。しかし，このようなアプローチの方法から企業の問題意識の不足を概括的に結論づけることはできない。むしろこの事態の原因を，特に組織的解決のために有利と判断される二つの難点に還元できる。

- 通常，実装された組織構造と最上位の企業目標（例えば利潤極大化）と，その目標の達成度との間に直接的因果関係を作り出すことは不可能である。その限りでは，より一層操作し易い下位目標に立ち戻らざるを得ない。
- 組織的諸規則の判断を行う手掛かりになる下位目標を，無理やり論理的に上位の企業目標から導き出すことはできない。それゆえ相応な下位目標の定式化が，極めて本質的な基礎的組織理解とそのデザイン・コンセ

プトによって規定される一つの経験的問題を意味する。

まさにこのような問題性のゆえに，一方では高い普遍妥当性を持ち，つまり特定の企業グループにのみ関係するのではなく，また他方では個々の企業に特有な状況，とりわけ企業の競争戦略的基本志向性を考慮できるようなコンセプトを実務に提供できるような学問が求められる。そのような目標に合致した組織デザインのモデルを以下で簡単に述べてみたいと思う。すでに複合性縮減の観点から，しかし特に方法的理由から組織構造の効率評価の枠組みのなかで，調整次元と動機づけ次元の区別をしておくことが有意義であろう。どのように区分するかについては，調整効率の基準を決定論理志向的な個人間分業コンセプトに方向づけて導き出すことができる。したがって動機づけ次元については，実践において証明されてきたその場限りの仮定に，単に立ち戻ることも可能である。

調整効率の評価は，形式的には代替的組織構造に結びつく自律性コストと調整コストの比較の形で捉えることができる。上述のごとく，分業による企業の職務遂行の強制により，直接，下位単位に意思決定の自律性を委譲する必要性が生じる。下位単位は，意思決定の視野が制限されているため委譲側の単位に比べると問題に対する思慮は，より浅い。同時的に策定される総合計画のような理論的理想型に比べ，部分最適な分業による個別意思決定の結果として自律性コストが発生する。例えば，企業経営者がさまざまな部分職能（調達，製造，販売など）に関する決定権限を部門マネジャーに与えることが仮定される場合，この事態を説明することができる。このケースでは，例えば製造マネージャーは，もっぱらかれの部門目標の最適化の目線から意思決定を下すであろう。その限りでは，かれは調達部門および販売部門と一致することを強要されない。そのような意思決定は，'製造'マネージャーの意思決定計算のなかには入らないマイナスの帰結に結びつき得るので，〜少なくとも可能性として〜企業全体の視点から見て決して最適な目標達成は保証されていない。

自律性コストの大幅な削減は，調整措置を講じることによって可能であるが，もっともこのことは，調整コストの発生という犠牲を強いられる。この点に関する例として，販売予測に基づく次期生産量の最終的な確定前に販売部門と調整する製造マネージャーの義務を挙げることができよう。

それゆえ最適な調整強度は，自律性コストと調整コストから構成された総コストの最小値にある。自律性コストの構成に比べより低い非現実的な水準を示す効率基準を使うことによってのみ，直接現実的な組織構造の論理的帰結の判断が可能なことが分かる。このような理由から細分化措置と構造化措置より発生する調整要求に基づき，より一層徹底した自律性コストのシステム化を行うことが必要である。このようにきめ細かく捉える調整要求を，さまざまに異なる調整効率の基準に分類することができる。

市場効率の対象になるものは，潜在性の広範囲な利用と調達市場および販売市場における相互依存の回避である。高い市場効率を上げるためには，顧客と原材料供給業者間の接触を部門包括的に企業全体の目標に方向づけることが必要である。市場効率の不足の兆候は，特に販売機会を逃すとか，市場取引を進める際の不利な条件に見られる。

経営資源効率は，人材，機械設備および非物的資源（例えば，ノウハウ）など潜在性要因の広範な（コスト効率の良い）利用に関係がある。高い経営資源効率が保証されるためには，部門の境界を越え，企業全体の目標に経営資源利用を方向づけなければならない。このことが首尾良く進まなければ，例えば中間倉庫の存在や問題の多い経営資源の配分について考慮してみなければならなくなる。

給付プロセスの開始から契約履行までのデザインがプロセス効率の核になる。高いプロセス効率を達成するためには，すべての付加価値創出段階において，給付プロセスを企業全体の目標に合わせる必要がある。通常，中間倉庫が存在したり，工程期間が長い事態はプロセス効率が十分でないことを示している。

権限委譲効率は，実現された組織的解決がさまざまに異なる階層レベルの情報および意思決定の潜在性を，どの程度可能にするかを反映している。調整効率を追求する場合，すべての階層上位の単位は下位単位の情報量や方法，ノウハウを持つか，または入手できることから出発する。また上位単位は，或る意思決定が下位単位の複数の単位に及ぼす影響を見積ることができる。したがって上位単位は，より高次な問題思慮ができる。しかし，すべての意思決定をできるだけ高い階層で固定するという一方的な問題思慮の捉え方は，権限委譲の

問題性を短絡化し，したがって許されることではない。つまりそのような進め方の場合，意思決定上重要な情報が上位の階層レベルだけでなく，下位の階層レベルにおいても発生し得る事態が無視されるかも知れない。この理由から，委譲効率の評価のなかに，場合によっては必要な情報処理コストや，情報の垂直方向への転送コスト（調整コスト）を含めなければならない。委譲効率の不足は，通常，問題を孕む経営資源の配分の仕方のなかに現われる。

　動機づけ効率の基準を，必ずしも論理的かつ理論的に推論されるコンセプトから導き出すことはできない。もっとも，組織構造の動機づけ作用の判断を，これを根拠に断念することは現実的でないと思われる。なぜなら，調整規定には，つねに従業員の精神的気分や，実際の給付行動に対する直接的帰結が含まれているからである。動機づけ効果は組織構造の調整効率を強化したり，弱めたり，極端なケースではそれを完全に妨害することすらある。

　次に自己責任の基準，総合判断の基準および市場圧力の基準など，三つのコンセプトを取り上げてみたい。というのは，文献でも実務でも動機づけ関連の視点から，時の経過のなかでつねにこれらのコンセプトが際立って強調されてきたからである。その際，まず，官僚主義的構造や官僚主義的行動様式の伝播に起因する企業の機能障害現象を退化させる努力が，これらのコンセプトに比べると遅れていることが分かる。この官僚化の傾向は，例えば企業のために何の利益ももたらさない仕事を求めたり，またそのような活動を行ったり，過剰な経営資源を使ったり，面倒なコミュニケーション行動をとり，明らかにリスクを回避し，従業員の革新意欲を低下させたりする結果に表れている。脱官僚化の原則は，以下で述べる動機づけの効率基準の一つの'中心思想'である。

　自己責任基準の首尾一貫した変換によって意思決定の権限委譲は強調される。つまり'現場の'意思決定裁量余地は拡大されるべきである。従業員を高く動機づけする有利な前提が存在するという考えから出発すると，さらに従業員がかれらの仕事を有意義であると体験し，仕事の成果に対する責任を感じれば，かれらの給付意欲は，傾向として上位者がかれらの意思決定裁量余地を拡大するにつれて増大する。それと同時に細かく制限した職務基準を放棄すれば，迅速かつ自己責任をもった行為が促進される。これにより，従業員の創造

的潜在性はよりよく利用され，その時々の職務環境に対してより一層精通するようになる。

概観可能性の基準は，できるだけまとまった職務複合の構築であり，またできる限り小規模な単位を作り，そしてそれに結びつく場所的集中の可能性が動機づけを促進する働きをする，という仮定から出発している。一つの領域が分離できるということは，他の領域との相互依存（特に内部的結付結合）が無いか，〜もしそれがあっても，できるだけ少ない相互依存しか無い〜 ということを意味する。このようなケースの場合概観可能性は高くなる。なぜなら職務の関連性を他の部門にまで多様に細分化して捉える必要がないからである。

概観可能性の基準に基づくプラスの動機づけ効果を，以下の関連において説明することができる。

- 分離することは，共通の準拠対象への方向づけを可能にし，かつこの方向づけによって当該職務との同一視および集団の凝集力を促進する。
- 従業員間のコミュニケーションと部門内部のコミュニケーションが単純化される。
- 分離された部門の構築は，インセンティブの観点から見てもプラスに評価すべきである。基本的に個々の組織単位へのインセンティブの付与が完全であればあるほど，インセンティブの効果は上がるということから出発し得る。分離は，行動期待の定式化と成果の正確な計算のための一つの重要な前提である。

市場圧力の基準に従えば，従業員の行動の裁量余地を企業目標に一致させるためには，できるだけ多くの企業活動を市場の各種選択肢と間接的に取り組ませることが必要である。外部市場とコンタクトを持たない企業部門にも市場関連情報を入れることにより，'ベンチマーキング'の意味での比較可能性を生み出せる。根底に在る効果の仮説とは，企業や個々の職場の存続を危うくしかねない市場選択肢の有ることについて従業員が敏感に意識することにより，行動と構造を効率に基づき精査する意欲を高めていくことをいう。

効率判断の際，レベルが異なると評価基準間にコンフリクトの可能性が有ることを見落としてはならない。したがって以下のコンフリクト・レベル間の違いを区別しておくことが賢明である。

1. 規範的コンフリクト： 優先するのは市場効率か，それとも社会効率か；
2. 次元を越えたコンフリクト：優先するのは調整効率か，それとも動機づけ効率か；
3. 次元内部のコンフリクト： 調整効率もしくは動機づけ効率内部の判断基準間のトレードオフ。

1 について：基礎的意思決定の意味から選択的組織構造の効率作用について本来議論する前に，市場効率と社会効率間の潜在的コンフリクトを，どのような方法で解決できるかという問題を個々のケースについて解決しなければならない。つまり，従業員の利害を重視する経済的企業目標に重点をおく場合のケースと異なり，別の組織デザインの提案を優先すべきだとすれば，どのような構造上の規定を選択するか，という問題である。原則としてこれについては，理論的 - 概念的説明に直接立ち入らないような，むしろ‘総体的見方からの’規範的 - 倫理的考察に分類できるような問題範囲が取り上げられる。しかし，研究対象である‘企業’の性質から見ると，比較的大まかなレベルでは次のような組織デザインの原則が導き出せる。すなわち，企業は制度的に存続が保証されていないし，市場効率が結局その生存能力を決めるから，組織構造を従業員の利害を優先して方向づけることは，企業がそのことによって自らの存続が脅かされていない場合にのみ有意義である。従業員の利害に方向づけることが支配的であるような組織デザインは，場合によっては極めて問題が多いことを，ブラジルの機械メーカー Semco 社の倒産が説明している。この会社は，長年，一義的に社会効率の観点から運営され，成功を収めた企業の典型例として評価されてきた[8]。その点では，少なくとも満足できる市場効率が保証されていることが当然強く求められた。この点を別としても，個別ケースにおいて‘生存能力の確保’という目標設定を通じて定める枠組みのなかで，従業員の要望を入れた組織構造の何らかの修正がつねに検討されなければならないわけで，〜企業実践の多くの例が示しているように〜 確かにしばしばそのような修正が行なわれてきた。

2 について：しかし，市場効率を原則重視することが，調整効率と動機づけ効率間のコンフリクトが，その重視によって解消できたと解釈することはでき

ない。調整視点と動機づけ視点という逆方向の組織デザイン提案を，'委譲効率'と'自己責任強化'という効率基準を使って明らかにすることができる。できる限り多くの意思決定が階層上位の単位において下されるとき，高い委譲効率が達成される。これに対し'自己責任の強化'の基準に方向づけられる場合，多くの意思決定権限は，より低位の階層レベルに移される。結局，どの基準を優先すべきかについては，個別ケースを知ることによってのみ判断される。上述の調整措置と動機づけ措置の関係に関する判断に似ているが，もっともこの関係の判断の場合，動機づけ次元には補助的性質を与えたが，原則的には一義的に調整効率に従い代案選択が行われることを起点にしなければならない。

　3について：しかしコンフリクトの問題性は，次元を越えたところにおいてだけでなくむしろ多様なトレードオフの関係が，とりわけ調整効率の基準間において存在する。それゆえ確かに職能別構造は高い市場効率を有するが，その構造のプロセス効率は，どちらかと云えばネガティブに判断される。したがってさまざまに異なる調整効率基準は状況に応じて重みづけをする必要がある。併せて，組織デザインに際し特に注目しなければならない問題を含むインターフェースと潜在性の識別が，複合性縮減のためにも不可欠である。この関連で云うと考慮すべき状況変数の全体からその都度，追求される競争戦略が特に重視される。

　企業が競争相手に対してどのような方法で競争の強みを発揮しようとするかというときに何らかの競争戦略が生まれる。*Porter*の競争戦略論を拡大解釈すれば，それは外部戦略次元と内部戦略次元に区分される。それぞれの特徴から競争の強みを確保するために四つの基本的選択肢が分類された。すなわち，見込生産の場合のコスト・リーダーシップ戦略と，注文生産の場合のコスト・リーダーシップ戦略，および見込生産の場合の差別化戦略と注文生産の場合の差別化戦略である。内部戦略次元の確定は，果たして求める競争の強みが一義的に明確なデリバリーサービスや高品質の製品，または，コスト面の利点の実現に基づくべきかどうか，という問題に基づいている。外部次元の範囲では，個々の顧客をどの程度，給付生産プロセスのなかに組み込むべきか，つまり顧客の影響をどの程度，製品設計の段階で考慮し，どの時点までなら万一の変更

要求に対応できるか，ということを明らかにしなければならない。

その都度追求する競争戦略と，組織構造の調整次元のデザインとの間にはいろいろな点で複数の影響関係がある。

- 競争戦略を通じ，－複合性と力動性－　という不確実[9]な両方の構成要素は標準的に規定されるが，その際，組織諸単位の調整に求められる要件は複合性と力動性の特徴に左右される。不確実が規模に及ぼす最も重要な影響は外部の諸次元からもたらされる。つまり顧客が給付生産に及ぼす影響の可能性が顕著であればあるほど，傾向として考慮すべき不確実は大きくなる。したがって調整経費とそれに伴う調整コストは，顧客個別に設計生産される企業のほうが，不特定市場に対し標準品を生産する企業に比べると，結果的により大きくなる。
- さらに，その時々の競争戦略の裏づけが有る場合にのみ，特に調整上重要な重大な相互依存と潜在性の識別が可能である。
- さまざまな効率基準についてトレードオフの関係が有ることはすでに指摘した。個別ケースにおいて，どのような効率基準に組織的デザインを方向づけるべきかを決めるためには，同じように競争戦略に立ち戻ることが必要である。

以下では例示として，二つのタイプの競争戦略が組織的にどのような帰結をもたらすかについて述べてみたい。

見込生産におけるコスト・リーダーシップ戦略を追求する場合，企業競争の強みは競争相手に比較しより有利な総費用構造をもつかどうかに還元できる。提供品や提供サービスを大幅に標準化し，経常活動を販売市場から意識的に引き離すことにより〜顧客にとっては給付生産プロセスに及ぼす影響可能性は少なくなるが〜不確実性は相対的に低くなり，原則的に三つのすべての効率基準に対して調整が行なわれるようになる。同時に調整を細かく規定化できる。見込生産においてコスト・リーダーシップ戦略の実行を成功させるためには，特に内部プロセスの観点（例えば，資本拘束コストを回避するために中間倉庫を撤去する），調達市場の潜在性を広範囲に利用する（例えば，調達をまとめる），あるいは利用する経営資源の潜在性を合理的に使用する（例えば，規模の経済を実現するために製造オーダーをまとめる）などが重要である。このよ

うな状況の事態のもとでは,以下の効率基準が最優先されなければならない。
- マテリアル・フローに関連するプロセス効率,
- (調達) 市場効率,
- 経営資源効率。

　注文生産で差別化戦略が追求される場合,当該企業は顧客が個々の顧客に対し製品設計,製品の納期およびその量的準備について大きな影響力を留保していると判断するようにしながら競争相手との差別化に努める。この理由から,調整は一貫して販売市場関連の外部要求に方向づけられなければならない。とりわけ外部関連のプロセス視点(例えば,納期の遵守),(販売)市場の相互依存の広範囲な配慮(例えば,価格決定に関する配慮),ならびに要求の多い顧客固有のノウハウを備えた経営資源の準備(例えば,設計ノウハウ)などが挙げられる。

　こういう状況のもとでは,次の効率基準が最も重視されなければならない。
- 顧客関連のプロセス効率,
- 相互依存関連の(販売)市場効率。

意思決定志向的組織コンセプトの限界

　組織現象の多層性および組織デザイン業務の複合性に直面し,応用志向的組織研究は 〜多くのその他の社会諸科学と同様〜 一つのディレンマに陥っている。一方では,組織理論はその研究対象を,可能な限り現実を忠実に表現できるような言明を生み出す目標設定の追求に置かなければならない。他方では,当然組織デザイン論における理論的コンセプトの操作性が保証されていなければならない。つまり,推敲される行為提案は企業の実践では組織デザイナーが追体験できて,かつ実務の問題解決に使えるものでなければならない。現実に即していることと,複合性の縮減との間の緊張関係が主要なモチーフとなって組織理論の発展史が形成されてきたが,その際,科学理論的観点だけでなく実用主義的観点からも詳細に論じられてきた。*Weick* および *Daft* は,人々を冷静にさせる次のような総括的結論を引き出した。「組織は膨大な複合体であり,まとまりがなく,捉えどころがない,かつ多次元的である。研究者は,組織について仮説を立てなければならないが,不完全であっても組織を理解するため

にはなんらかの見方を採用しなければならない。研究者が見る組織についての見方は，報告される理論や判断基準のなかに典型的に反映されている。」[10]

　組織理論的アプローチには，そのアプローチの視野に限界があることから，つねに誤りがあるというこの一般的な見解に，はたして従わなければならないかどうかは決められない。組織理論の言明力は，その理論の要求するところと，その理論の，それぞれの目標設定に基づいて初めて評価できるものである。もっとも Weick や Daft の見解には，一定の研究観点があるため，現実の現象をその全体で捉えるとき，つねに理解できない点があり，説明できない部分があるという前提のもとで賛成できる。

　どのような研究視点を選択し，どのような内容重点が設定されるかについては，その理論的根拠づけを通常のケースでは行うことができない。個々の学者は，かれの学問についての理解と，その時々の認識関心によって特徴づけられた独自の評価を行うという必要性に迫られている。原則としてこの関連では，相互に無関係な二三の問題について答えておかなければならない。

- 研究関心：　当該の理論的アプローチをもって，どのような主張をしているかについて；'組織行動'の視野という意味での説明言明，もしくは'組織デザイン'論という意味でのデザイン提案を行うべきか。
- 外部的観点：研究対象の中身の範囲設定；　組織的に重要などのような現象を考察に含め，どのような現象を含めないか。
- 内部的観点：研究対象の概念把握；　研究対象をどのようにモデル化すべきか。どのような変数またはどのような関連について詳細な分析を行い，そしてどのような変数や関連をフェードアウトするか。

組織理論的アプローチの研究可能性についての批判的取り組みは，原則として以下の二つの方法で行なわれる

- 批判の対象は，一方では理論的準拠枠組みの一貫性，つまりその中身のもっともらしさであり得る。テストされるものは，研究対象の変数の操作化，効果の仮定の追体験可能性および立論の論理的厳格さである。それに反して，さまざまに異なる組織現象の洞察を可能にするような言明

を生み出せる全体コンセプトの適性の根拠を明らかにすることはできない。
- 結局この点については，つまり研究対象のアプローチが（組織デザインの）観点をテーマにするかしないかの問題は，組織理論的コンセプトに関する批判的検討の第二形態のなかでテーマにしたい。その際，まさに組織分野はつねに流行の影響を受け[11]しかも，はたしてそれがちょうど最新のデザインのトレンドに関わる言明を含むかどうかということで，理論的アプローチの説明能力を量ることはできないという点では一つの困難な冒険と言える。このような理由から，学問と実践において長期に亘り組織的デザインに対して重要な意味をもってきた見方を優先的に含めることは有意義であるように思われる。

次に，本書が主張するデザイン・コンセプトを後者の意味で批判的に検討してみたい。そうすることによって読者が関心を寄せる問題提起について，このアプローチの言明内容が読者側からより十分に評価してもらえるであろう。

本書において紹介したアプローチの場合は，一方では，当該の研究対象の境界設定（外部的観点）に限界があり，他方では，組織デザイン提案の演繹と評価に基づく仮定（内部的観点）に限界がある。それゆえ，この区別をデザイン構想の説明力を分析する場合の出発点にすることが望ましい。

外部的観点の考察の立場に立つ意思決定志向的アプローチの認識対象は，〜上述のごとく〜 企業の組織構造を目標に合わせてデザインするというものである。さらに個々の企業に対して与えられた何らかの存立使命が仮定されている。ここから三つの問題提起が導き出されるが，これらは近年盛んに注目されているが，組織デザイン・コンセプトの枠組みのなかでは全くテーマにされないか，もしくは少なくとも明示的にテーマとされることはない。

- 利益達成を優先し行動する企業に焦点を当てると，結果的に利益以外の目標を志向する制度としてのデザイン提案が，限られた妥当性しか持たなくなる。例えば，この関連で言えば，まず社会または公共を志向した目標設定を追求する非営利組織を挙げることができる。もっとも，非営利組織における経済性に対する配慮の意味が高まるにつれ，上記の制約条件の重みは失われる[12]。

- もっぱら企業の内部構造が研究対象になる場合である。このケースでは企業内部の分業による職務遂行の効率的規定化が考察の中心になる。したがってここでは現在，集中的に論じられている企業を越えた提携（例えば，戦略的ネットワーク，バーチャル企業）の問題は考察から除外される。

- この分析は，もっぱら企業の与えられた存立使命の仮定を背景にし，重要になるような組織的観点に立って行われる。確かにアウトソーシングやインソーシングは，戦略的視点から見てマネジメントの重要な行為オプションと見なされる。活動を市場に移転するか，それとも特定の活動を企業のなかで統合するかは，意思決定志向的デザイン・コンセプトの視点からは'組織以前の措置'である[13]。もっとも，アウトソーシングおよびインソーシングの判断に際し，何らかの役割をする目標設定が極めて異質であるため（例えば，取引コストや生産コストの考察，リスクの移転またはコア権限の保証など），およそ唯一の理論的アプローチに基づいて包括的でかつ意義のあるデザイン提案が引き出せるという考えは疑わねばならない[14]。

内部的観点について選択の意思決定と評価の意思決定に基づく意思決定志向的構想の限界を見ると，本質的に'構造は戦略に従う'というデザイン提案を導き出すための命題がもつ特別な意味に還元できる。 *Alfred D. Chandler* は，このデザイン原則を，彼が実施した企業の多角化戦略と実装される組織構造との間の諸関係の縦断分析との関連のなかで初めて定式化した。'構造は戦略に従う'という *Chandler* の仮説は，ここで主張するデザイン・コンセプトの枠組みのなかでは企業戦略ではなく，むしろその都度追求される競争戦略を中心とした枠組み条件を定義するという意味で修正された。その際，その枠組み条件を背景にして組織構造の目標志向的デザインが行われる。さまざまな競争戦略と組織的デザイン間の関係についてはすでに言及した。外部的観点についてはすでに指摘したごとく，内部的観点からの考察の場合も三つの観点に区別されるが，これらはここで述べるアプローチの言明力を損うものである。

- 競争戦略は， *Porter* の考察に従えば，つねに現実の市場状況および競争状況を考察することによって立案される。これを基礎にして戦略展開

が時間の経過のなかで'個々の競争戦略の段階的連続'[15]として明らかにされ，そしてその競争戦略の内容の基本的特徴が，計画時点に内在する当該企業の内部の強みと弱み，および環境のチャンスとリスクに方向づけられる。それゆえ，競争戦略の展開は静態的視点に基づき進められる[16]。このような戦略理解は，組織的デザインにとり，とりわけ組織構造の効率判断に対して重要な帰結をもたらす。

　組織構造は，意思決定志向的アプローチの視点から，組織構造が追求される競争戦略に基づく重大なインターフェースを，その都度，支配的な効率基準に従い，少なくとも満足できるように調整することに役立つなら有効である。この意味ではその静態的戦略理解は組織的デザインに反映する。このような理論的コンセプトのなかで，根本のところで組織システムの変革能力の保証を狙った，より新しいこの種のアプローチによる考察が，恐らく少しは受け入れられると思われる。

　もっとも組織の学習，または学習する企業[17]の多様な観点を巡る理論的考察の現状を見るとき，学習の観点を応用志向的デザイン構想のなかに網羅的に含めることが果たして有意義かどうかは疑わしい。関連文献を一瞥すると，すでに意見の不一致が学習現象の概念的把握および構想の理解について存在することが分かる。それゆえ，内容的に十分練り上げた提案を，'学習する企業'の組織的転換のために近い将来，期待することはできない。さらに根本から吟味して見て，組織的学習のまとまりのある理論が開発できるとは思えないし，とりわけ企業レベル，もしくは集団レベルの学習の先例を見ると，長期的かつ目標志向的にデザインされた計画策定プロセスの結果ではなく，むしろ大幅な，影響されない試行錯誤のプロセスの結果と見なされる。

● 組織デザインの範囲における静態的観点と動態的観点の関係についてはすでに言及したが，もう一つの観点は，戦略と構造間の影響関係の方向を根本的に論じたものである。意思決定志向的アプローチは，もっぱら競争戦略が組織構造の基本的特徴に及ぼす影響を考察しているが，逆方向においても影響の関連が存在する[18]ことを決して誤認してはならない。例えば，選択された部門の境界設定によって意思決定者の注意を，

一定の現実の一端に集めることから出発しなければならない。戦略的チャンスやリスクは，事情によっては利用されないか，またはその時々の部門の状況の影響を受け，異なった解釈を生む。言い換えると，組織構造に合致した戦略的な行為オプション（意図した戦略プロセス）の数は，原則的に使える行為の可能性（自律的戦略プロセス)[19]に比べて遙かに小さい。果たしてこの事態が，ここで支持するデザイン・コンセプトの言明力を損うかどうか，一般的でなく個別ケースを知った上で初めて決められることである。

- 競争戦略の特別な意味は，意思決定志向的デザイン・コンセプトの言明が，特に企業の事業部門レベル（第二階層レベル）において本源的な付加価値創出活動の組織のために有効性を求め得るという点である。追求する競争戦略に基づく重要な効率基準のウエイトづけは，とりわけ実現間近の，〜つまり'戦略からは遠い'〜意思決定を考察する際，その意思決定は通常，企業の下位階層レベルにおいて，またはいわゆる間接部門において下されるが大きな困難さを伴う。このケースの場合，組織的デザインは，'意思決定の質'あるいは'意思決定プロセスの期間'などの一般的なフォーマルな判断基準に方向づけられなければならない。

以上の叙述から，本書において展開したアプローチが，'一般的な'組織理論を叙述するという主張をもって踏み出すことができないことを明らかにしたし，また一般論を筆者は望んではいない。組織の問題提起のあらゆる変動幅を理論的にカバーし，かつその成功を期待する戦略は'中間理論'の発展のなかにのみ存在し得るが，これらの理論は，外部的観点だけでなく内部的観点においても，その到達範囲が限られるという特徴をもつ。その限りでは，*Daft* と *Lewin* に同意することができる。かれらは，組織科学誌の 'Editorial Essay' のなかで，次のような相応の要請を行った。"われわれ組織科学者は中間事象を観察する際に，もっとも大きなインパクトを受ける。多分これは中規模の組織形態の一部を意味するが，それはリーダーシップであり組織プロセスであり，また構造，規模あるいは情報技術などの観点であるかも知れない。一つの研究でもってまったく新しい問題を引き受けることはもちろん不可能である。"[20]

注

1) Simon [Behavior] XIII／XIV 頁。
2) 詳細は Frese [Organisationstheorie] 258 頁および次頁以下を参照。
3) Simon [Life] 88 頁。
4) 基本的には Nordsieck [Grundlagen]; Kosiol [Organisation]。仕事のプロセス組織については特に Gaitanides [Prozeßorganisation] を参照。
5) これについては，本書の 241 頁および次頁以下をも参照。
6) 部分職能組織の方法上の進め方についての詳細は Noel [Geschäftsfeldstrategie] 115 頁および次頁以下を参照。
7) これについては Frese／Hepper [Ersatzteilversorgung] 65 頁を参照。
8) リーダーシップ・コンセプトについては Semler [Managen] を参照。
9) '不確実性' と '不確定性' は，この部分および以下では同意語として用いる。
10) Weick／Daft [Effectiveness] 72 頁。
11) この点については，例えば Kieser [Moden] を参照。
12) 例えば，Streibl [Organisationsgestaltung] による地方自治体管理の組織設計に対する意思決定志向的考察の転用を参照。
13) 一つの異論については例えば，Picot／Dietl／Frank [Organisation] 31 頁以下を参照。
14) 意思決定志向的アプローチを，アウトソーシングの議論に持ち込めるとした掘り下げた概説があるが，それについては Frese [Anmerkungen] を参照。
15) このように *Porter* は分析しているが，例えば，競争戦略の有利性をさまざまに異なる部門別ライフサイクルの段階をもって差別化している。Porter [Wettbewerbsstrategie] 273 頁および次頁以下を参照。
16) もっとも Porter は，1990 年代の初めにはかれの競争戦略的構想を動態化する試みを行っている。Porter [Theory] を参照。
17) Frese [Strukturkonzepte] の概要を参照。
18) この観点については，本書の第 6 版に対する Osterloh および Frost が書評のなかで指摘している。Osterloh／Frost [Buchbesprechung] 216 頁以下を参照。
19) '意図した戦略プロセス' と '自律的戦略プロセス' との区別については Burgelman [Ecology] 241 頁を参照。この区別に基づき Burgelman は，Intel を例とし企業ではどのような方法で，戦略的な新しい方向づけのための自律的プロセスおよび意図したプロセスを始動させ，かつコントロールできるかを論じている。
20) Daft／Lewin [Theories] ii 頁。

第 2 部

意思決定志向的組織理論の根本要素

A. 個人間分業の場合の調整

I. 決定論理的基礎構成要件

　分業による意思決定システムの組織構造の研究には，決定論理的基礎構成要件の叙述が求められる。本節の初めに，'行為'と'意思決定'の概念および行為と意思決定との間の関係について明らかにしておきたい。

a. 意思決定と情報

1. 意思決定のモデル

　行為とは，現実の与えられた状態（開始状態）を変化した状態（終結状態）に移行する行動様式をいう[1]（図1を参照）。

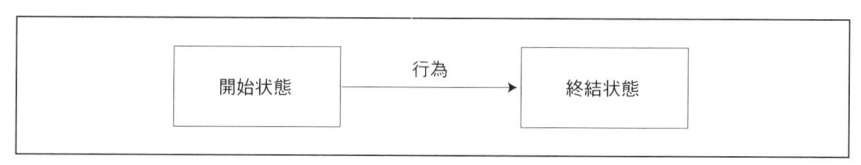

```
┌─────────────────────────────────────────────┐
│                       行為                     │
│    ┌──────────┐  ────────▶  ┌──────────┐    │
│    │ 開始状態 │              │ 終結状態 │    │
│    └──────────┘              └──────────┘    │
└─────────────────────────────────────────────┘
```
図1　行為

　通常，行為者のために，かれが選択的に追求できる可能な多数の行為がある。

　それゆえ行為する単位に対して，選択すべき行為の実現の前段階で行われる情報収集と情報処理のプロセスを通じ，解決しなければならない何らかの選択問題が発生する。一定の目標に従い諸行為間で行われる選択を意思決定という（図2を参照）。

```
┌─────────────────────────────────────────────────┐
│    ┌──────────────┐                             │
│    │  意思決定    │         ┌──────────┐         │
│    │ －情報収集   │────▶    │  実  現  │         │
│    │ －情報処理   │         └──────────┘         │
│    └──────────────┘                             │
└─────────────────────────────────────────────────┘
```

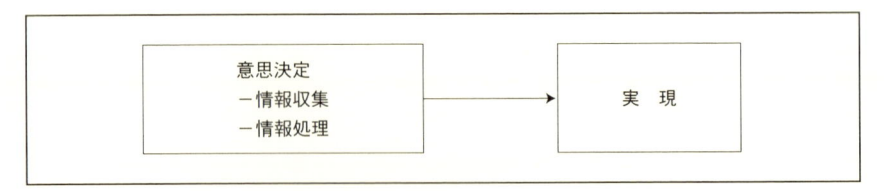

図2：意思決定と実現

　さらに考察を進めるためには，'意思決定' と '実現' の概念を精緻化する必要がある。意思決定は，後に位置する実現を確定することに方向づけられた情報収集および情報処理の行為を前提にする。'実現' は，これを背景にして，先行する意思決定に従い，一つの行為が実行されることを意味する。したがってどの実現も先行する意思決定を通じて限定される。つまり，実現には裁量余地が無いこと示している。このことが実現を意思決定行為から区別し，その意思決定行為には確定しなければならない実現に関し，必然的に何らかの裁量余地が存在することになる。

　実現すべき行為の確定に方向づけられる情報収集および情報処理のプロセスは，以下の意思決定構成要素に関わっている。

意思決定の場

　意思決定の場は，行為時点における現実の状態，つまり開始状態を表している。意思決定単位の処分権に基づき，意思決定の場は '経営資源' と '環境' とに分類される。経営資源は，当該単位が物的与件または法的与件に基づき処分できる意思決定の場の範囲を形成するが，その範囲はその単位の処分権能の影響下にある。一例は，機械設備である。環境には，当該意思決定単位の意のままにならない場の範囲が含まれるが，しかしその場の範囲は，部分的にその構造が当該意思決定単位によって変更されるか，もしくは影響を受け得る。意思決定の場の環境のなかには，例えば当該企業の販売政策的措置を通じてある程度影響を及ぼし得る購買層の行動[2]が含まれる。

　組織の部分単位の視点から見ると当該単位が意のままにできないようなあらゆる組織内の要因，〜例えば他の単位の意思決定行動のような要因〜 を含む内部環境と，組織全体の裁量範囲外に在る市場のような外部環境とは区別され

なければならない。

　通常，或る意思決定単位が意思決定をする場合には，考えられるさまざまな意思決定の場を考慮しなければならない。それゆえ，現実の意思決定状況を表現するためには，考えられる経営資源状況 R ($\rho \in R$) の集合と，考えられる環境状態 X ($\xi \in X$) の集合を当該の意思決定モデルのなかに含めなければならない。

行為

　行為 ϑ ($\vartheta \in H^*$) は，経営資源の組合せ行為 〜例えば掲示板にポスターを貼るなどによる一つの宣伝行為〜 を介して特徴づけられる。行為はすべて経営資源の自由な使用を意味する。意思決定単位の行為能力に関するその単位の情報量は，手元にある経営資源に関する知識と，これら経営資源の組合せの可能性に関するその時々の技術的知識によって規定される。

行為の帰結

　所与の環境状態 ξ ($\xi \in X$) の場合における或る行為 θ の帰結が，終結状態 η ($\eta \in E^*$) を規定する。例えば，所与の競争状況下における広告宣伝措置に基づくある特定製品の販売量を規定する。終結状態の演繹（予測）は，行為関数 $\tau : X \times H^* \to E^*$ をもって表示される。さらに考察を進めるとつねに，行為関数 τ に関して完全情報が成り立つ[3]，と仮定される。

意思決定目標

　企業の現実的意思決定状況の記述には，物的目標と形式目標の区別が必要である。

　物的目標 Sa ($Sa \subset E^*$) は，当該意思決定単位が追求するすべての終結状態 η ($\eta \in E^*$) の集合を記述する。一つの物的目標を決めること，〜例えば，ある製品の一定のマーケットシェアを確保すること〜 により，意思決定に当たり考慮すべき行為集合 H ($H \subset H^*$) が限定される。つまり考えられる環境状態 ξ の場合，当該の物的目標の達成に寄与し得る （$\vartheta \in H \cap \exists \ \xi \in X : \tau(\xi, \vartheta) \in SA$) ような行為 ϑ ($\vartheta \in H$) のみが含まれる。

形式目標 F ＝ ((Z,≦), v) 〜例えば，利潤極大化目標〜 は，選択ルールの定式化の基礎を意味し，その定式化のなかで代替的最終結状態に対する当該意思決定単位の選好（Z,≦）が明らかになる。個々の終結状態の評価は，効用関数 $v: E \rightarrow Z$ の指示に従って行われる。形式目標を，経験的に規定することは極めて難しい。一人一人の個人が意思決定に当たり，形式目標を明確に仕上げることは通常の場合まったく不可能である。しかし，個人間分業が行なわれる行為システムにおいて必要な個人行為の相互調整を保証するためには，形式目標の操作に際し，間主観的に追体験できるように定式化することが避けられない。

意思決定構成要素の定義に続き，その他の組織理論的な言及に有効な意思決定モデルをここで明らかにしておきたい。図3のなかで表したように一つの意思決定問題のなかに含まれる構成要素は，場の要素，行為要素，または目標要素である。場の構成要素は，経営資源Rの集合と，考えられる環境状態Xの集合を伴い当該意思決定の場を示す。行為要素には，所与の物的目標 Sa に基づく重要な行為Hの集合が含まれる。それゆえ，意思決定モデルのなかで考慮された行為集合Hは，経営資源状況に基づき技術的に可能な行為H*（H⊂H*）の部分集合を意味する。それに応じて，終結状態 E（E⊂E*）の集合は，許容し得る行為Hの所与の集合と，環境状態 X の所与の集合から生じ得るあらゆる行為の帰結から成り立っている。通常，必ずしもすべての終結状態 $\eta \in E$ が物的目標 Sa と一致し得るわけではない。すなわち Sa⊂Eが成り立つ。この事実は，ある一定の環境状況 $\xi \in X$ の場合，当該の物的目標と一致しないような終結状態 $\eta \notin Sa$ をもたらすような行為 $\vartheta \in H$ があることに原因がある。

図3で示した意思決定モデルは，周知の'古典的'意思決定モデルとは区別される。古典的意思決定モデルのなかでは，考慮すべき行為が自由に使用できる経営資源や定められた物的目標の構造に依存することが，必ずしもはっきりとは証明されない[4]。しかし企業においては，経営資源の配分や企業の使命から導かれる個々の意思決定単位に対する部分的物的目標の基準が，考慮すべき行為のための基本的な規定要因となる。予め定められた物的目標の構造と手元にある経営資源の特徴から，ある意思決定に基づく行為によって満たさなければならない許容範囲の基準が生まれる。行為は，所与の経営資源に基づき実

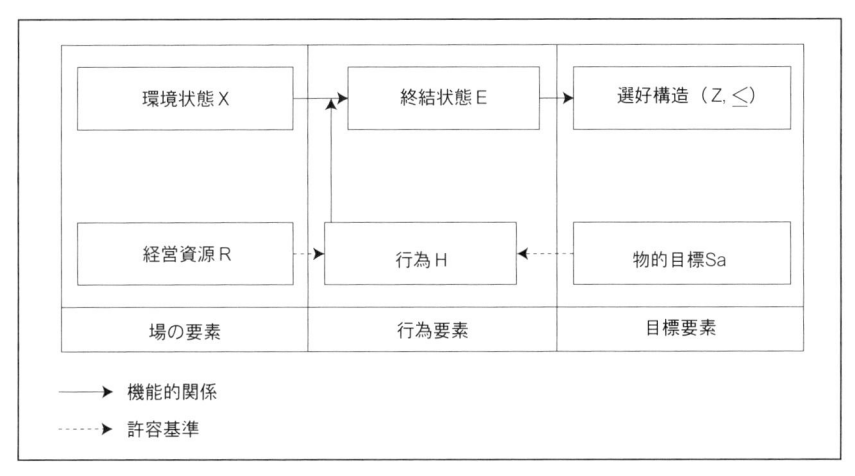

図3：意思決定モデル

行可能でなければならないし，物的目標に関して重要でなければならない。

2．問題に適した情報構造

前項で，意思決定モデルが開発される場合の意思決定単位の構成要素に関して述べたが，それについては意思決定単位は '情報' を持たなければならない。この確認が行われたとしても，その情報がいかに '正確で' なければならないかは未解決である。通常われわれは，情報の '正確さ' の問題を意思決定の不確実度の問題と同一視する。しかし，そのような一般的な形ではこの考え方を支持することはできない。

意思決定単位は，その単位によって選択する行為が実現される時点で現実の精確な状態に関する情報がなくても，まったく完全情報のもとで（確かである，という前提で）意思決定を下すことができる。このような事態を，J. Marschak[5]が考案した '問題に適した情報構造のコンセプト' に依拠しながら述べてみたい[6]。

Marschak は，当該意思決定はあらゆる可能な環境状態および行為の集合を分離した部分集合に，つまり当該単位が意思決定に当たり行為の実現の時点で

一つの部分集合が有効であると同定できるような分離した部分集合に分割できるという仮定から出発した。すべての可能な状態の集合の分離した部分集合への分割は，形式的には以下のごとく説明できる。

もし，Xが現実のあらゆる可能な環境状態 ε の集合を表すとすれば，ある意思決定単位の情報構造は，集合Xの分割 $\rho(X)$ によって説明される。

(1) $\rho(X) \subset P(X)$ は $\cup_{\chi \in \rho(X)} \chi = X$ および
$\forall \chi, \chi' \in \rho(X): \chi \cap \chi' \neq \emptyset \cap \chi = \chi'$.

この分割の要素 χ は，当該意思決定単位から区別できる可能な状態の部分集合である。

したがって，すべての可能な分割の集合は，状態集合Xに関するあらゆる理論的に可能な情報構造の集合に相当する。仮に，ある意思決定単位が当該環境に関するさまざまな情報を，〜例えば異なる情報源から〜 得ることができれば，その単位に対してさまざまな情報構造間の比較および選択の問題が発生する。

情報構造の比較のために直ぐに思いつく一つの基準が，情報の'正確さ'（精緻性）である。もっとも，必ずしもすべての情報構造をこの基準の観点から比較することはできない。相場師はかれが関心をもつ株式の相場が，最大で一貨幣単位（GE）上昇し，あるいは下落し得ることを知っている。またかれが，ある情報源から相場変動が半分の GE よりも大きいか，またはそうでないかを知ることができる場合，そして別の情報源から当該相場が上昇するか，または上昇しないかを知り得る場合，かれは両方の情報構造を，正確さまたは精緻性の基準に従って比較することはできない。

一つの情報構造は，それが他の情報構造と比較され，それが少なくとも事象から同じように区別される場合にのみ，より精緻であると呼ぶことができる。

(2) ある情報構造 $\rho_1(X)$ は，どの要素 $\chi_1 \in \rho_1$ に対しても，ある要素 $\chi_2 \in \rho_2$ が $\chi_1 \subset \chi_2$ を伴って存在する場合，$\rho_2(X)$，$\rho_1 < \rho_2$ よりも，より精緻であると云う。

提起された問題に対して何らかの解決策を見出すことを職務とするような意思決定単位は，その単位の情報活動をできるだけ少なく抑えようとするとき，当該の比較基準だけでは何も始められない。当該単位は，その単位の問題に合わせた，適切な情報構造を必要とする。意思決定問題が精確に解決されるため

には，環境に関する情報がある程度精緻であることが必要である。その程度はどの行為であっても，すべての環境事象 χ ($\chi \in \rho$ (X)) が区別できる場合に，何らかの一義的結果を生むという特徴をもつ。すなわち，次のように表される。

(3)　　$\forall \vartheta \in H \quad \forall \chi \in \rho \chi (X) \quad \forall \xi, \xi \in \chi : \tau(\xi, \vartheta) = \tau(\xi, \vartheta).$

われわれのここまでの考察の中心は，可能な環境状態Xの集合の分割にあった。可能な行為Hの集合には，相応の考察が有効である。あらゆる環境状態に対して区別可能なすべての行為は，何らかの一義的結果を生むという限りにおいては，行為も差別化されなければならない。それゆえ全体として見ると，環境状態Xの集合と行為Hの集合の一組の分割（ρ(X), ρ(H)）が求められるが，このペアの場合，すべての行為複体 h $\in \rho$(H) はすべての環境結果 $\chi \in \rho$(X) である場合何らかの明確な結果を生む。

(4)　　$\forall h \in \rho(H) \quad \forall \chi \in \rho(X) : \tau(\chi, h)$ は，単要素的である。

　　　ただし，$\tau(\chi, h) := \bigcup_{\xi \in \chi} \bigcup_{\vartheta \in h} \{\tau(\xi, \vartheta)\}$ の場合。

環境および行為に関する情報の精緻さが十分であれば，意思決定単位に対してこのような意思決定構造をもつ当該単位の意思決定問題の原則的解決の可能性は保証される。しかし情報が十分精緻であっても事情によっては，環境事象間で区別したり，あるいは行為複体間で区別することにより意思決定単位を守ることはできない。もっともこの区別は，この差別化の場合必要のないことである。このケースでは，これらの情報が精緻であり過ぎる。すなわち，

(5)　　$\exists \chi_1, \chi_2 \in \rho(X) \quad \forall h \in \rho(H) : \tau(\chi_1, h) = \tau(\chi_2, h)$ もしくは

　　　$\exists h_1, h_2 \in \rho(H) \quad \forall \chi \in \rho(X) : \tau(\chi, h_1) = \tau(\chi, h_2)$ である。

Marschak が示したように[7]，確かに，明確な結果を保証するほど十分に細かな情報構造をもち，かつ先に示した意味で決して過剰な情報を与えない程度に十分ラフな情報構造をもつような結果的に重要な一対の分割（ρ(X), ρ(H)）が存在する。それゆえ，完全に解決可能で決定論的な，どの意思決定問題のためにも問題に適した情報構造が存在する。

前述の考察を分かり易く説明するために，前述の株式市場の例を今一度，取り上げてみたい。ある相場師が時点 t_0 に，ある特定企業の株式10株を所有し，この時点で同じ銘柄の株式を，さらに10株，買い増しできるように相応

の資金を使うとする。時点 t_0 で，その相場師が所有している株式は，t_0 または時点 t_1 で売却される筈である。買い，もしくは売りの意思決定は，相場の差が時点 t_1 と t_0 の間でプラスかマイナスかによって左右される。利益が出るか，損になるかは，時点 t_0 に対する時点 t_1 における持株な資産価値の比較によって算出される。その際，時点 t_0 における相場の推移に関する精確な情報は，株式仲買人から得られるものと仮定する。

まず始めに，相場師は，かれ個人の関心状況に基づき可能な行為をすれば，以下のようになるかどうかを知ることに関心が向くということを起点にすれば，

- かれは利益が得られるか（e_1），
- かれは損失を甘受しなければならないか（e_2）それとも，
- かれの資産価値は変わらないか（e_3），したがって

次のような何らかの情報構造が考えられる。

$\chi_1 \in \rho(X) \equiv$（相場は下がるであろう），
$\chi_2 \in \rho(X) \equiv$（相場は同じままであろう），
$\chi_3 \in \rho(X) \equiv$（相場は上がるであろう）。

また，以下の行為に対して考えられる。

$h_1 \in \rho(H) \equiv$（売る），
$h_2 \in \rho(H) \equiv$（何もしない），
$h_3 \in \rho(H) \equiv$（買う）。

さらに，さまざまな環境事象の場合の行為の結果は，次の結果マトリックス（表1を参照）のなかで理解できる。

	h_1	h_2	h_3
χ_1	e_3	e_2	e_2
χ_2	e_3	e_3	e_3
χ_3	e_3	e_1	e_1

表1：結果マトリックス1

A. 個人間分業の場合の調整

'何もしない'（h_2）という行為と'買う'（h_3）という行為は，個々のどの環境状態に対しても同じ結果を生む．それゆえ，行為の区別は結果にとって取るに足りないことであり，したがってそれらは重要な情報構造のなかでは'何もしない'の行為か，または'買う'の行為のどちらか一つの行為にまとめられる．

以下の重要な情報構造が明らかになる．

$\rho(X)$　　従来どおりである，

$\rho'(H) = \{h'_1, h'_2\}$ は次を伴う

$h'_1 \equiv$　　（売る），

$h'_2 \equiv$　　（何もしないか，または買う）．

その場合には，結果マトリックスは次の内容になる（表2を参照）．

	h'_1	h'_2
χ_1	e_3	e_2
χ_2	e_3	e_3
χ_3	e_3	e_1

表2：結果マトリックス2

相場師が最後にかれが儲かるかどうか（e'_1），あるいは損をするか（e'_2）どうかにのみ関心があることが分かれば，かれの重要な情報構造は次式に簡略化される．

$\rho'(X) = \{\chi'_1, \chi'_2\}$ および $\rho'(H) = \{h'_1, h'_2\}$ ただし，

$\chi'_1 \equiv$（相場は上がらないであろう）　および

$\chi'_2 \equiv$（相場は上がるであろう）．

その結果マトリックス（表3を参照）は，次の形になる．

	h'_1	h'_2
χ'_1	e'_2	e'_2
χ'_2	e'_2	e'_1

表3：結果マトリックス3

3．意思決定と不確実性

現実には意思決定は通常，意思決定要素に関して不完全な情報のもとで下される筈である。つまり，不確実な状況下での意思決定が問題になる[8]。

不確実は，次の要素について存在し得る。
- 場の要素,
- 行為要素,
- 目標要素。

目標要素についての情報不足は，通常，'不確実下における意思決定' の問題範囲には分類されない。この除外は，目標要素に関する不確実の特有な性質を考慮するときに正当化される。場の要素や行為要素に関する不完全情報量は，基本的に経験的な情報収集措置を介して改善されるが，目標情報が不足すると情報活動を通じては改善されない。むしろここでは，個人であればその選好構造を明らかにし，かつ，追求する物的目標のプロセスを辿らなければならない。

もう一つ別の次元には，個々の意思決定単位に対して階層上位の単位から目標を，前もって定めるような分業システムにおける目標の不確実性の問題が含まれる。目標が不確実である事態は，ここでは，権限を有する意思決定単位によって物的目標と形式目標が操作できるように定式化される過程のなかで解消される。

場の要素と行為要素については，情報量の状態が記述される際，次元をさまざまに区別することができる（一覧表1を参照）。その時々の情報量の状態，つまり不確実のその時々の程度は，まず表現の正確さによって規定される。大まか過ぎない表現は完全情報状態の実現を可能にするが，大まか過ぎる表現は，若干の考えられる行為にも，またあらゆる考えられる行為からも明確な結果が得られないという意味で，不確実な意思決定に結びつく。第二の次元は，当該の意思決定単位が，例えばおよそ考えられる環境状態または行為について展望を持つかどうか，あるいは当該の意思決定単位が必ずしもすべての，およそ考えられる環境状態とか行為について周知していないのではないか，という

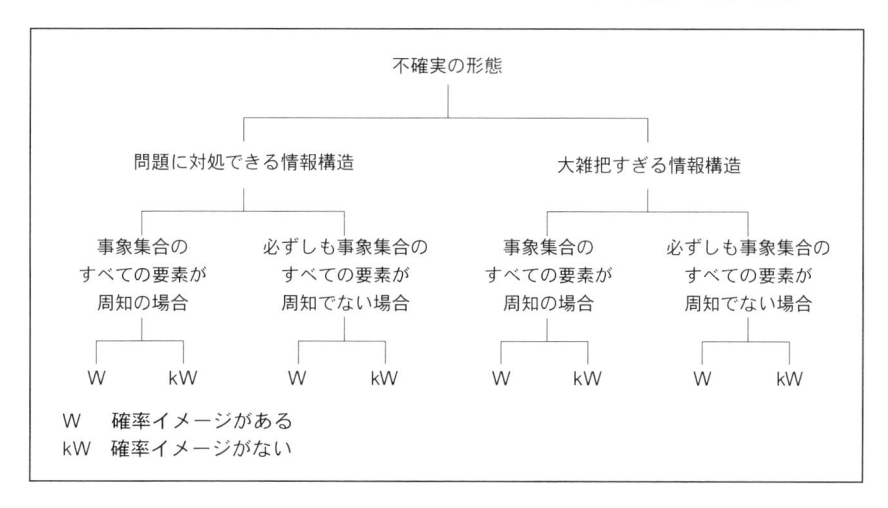

```
                        不確実の形態
                ┌───────────┴───────────┐
        問題に対処できる情報構造          大雑把すぎる情報構造
        ┌───────┴───────┐           ┌───────┴───────┐
   事象集合の      必ずしも事象集合の    事象集合の      必ずしも事象集合の
   すべての要素が   すべての要素が     すべての要素が   すべての要素が
   周知の場合     周知でない場合     周知の場合     周知でない場合
   ┌───┴───┐   ┌───┴───┐     ┌───┴───┐   ┌───┴───┐
   W      kW   W      kW    W      kW   W      kW

   W   確率イメージがある
   kW  確率イメージがない
```

一覧表1：不確実の形態

問題に関するものである。

不確実の形態いかん，そして考察する意思決定要素（場の要素，または行為要素）の形いかんによって，不確実のもとでの意思決定が，当該の意思決定結果ないし実現の結果に対して次のような影響を及ぼす。

1. 一つの行為に関し多値的終結状態が予測される。
2. 考えられる行為が考慮されない。
3. 技術的に実行できない行為を考慮する。
4. ある行為を実現する際，期待した終結状態から偏差が生じ得る。

以上の叙述から意思決定状況における不確実性は多様な形で現われ，意思決定に対し，さまざまに異なる影響を及ぼし得ることが明らかになる。特に分業システムにおける意思決定の調整を極めて困難にする一つの事態が示される。

b. 複合的意思決定問題の解決

個人的意思決定単位の意思決定問題は，～まず分業のケースは別として～重要な行為集合のなかから行為が実行される場合，実現された終結状態の期待効用が，予め定められた形式目標の基準の意味で最適な行為を選択することに

本質がある。実際の多くの意思決定プロセスで，この要求に応える試みがなされているが，情報収集および情報処理活動が余りにも広範囲に亙るため，当該意思決定単位の能力に限界があることから意思決定単位の重荷になっている。それゆえ，企業における意思決定問題の解決に関する現実的な論議のなかでは，意思決定問題の構造を当該の意思決定単位の限られた能力に合わせられるような原則の考慮が求められる。

　意思決定理論や企業の実務において考案された豊富な適応原則[9]を考察してみると，これらの原則は，つねに意思決定問題の制限に関連している。すなわち，意思決定問題が簡略化されれば意思決定単位に対する情報収集および情報処理の要求が減少するという点である。

　意思決定問題を減少させるためのさまざまな原則を詳細に述べる前に，意思決定問題を限られた意思決定単位の能力にすべて適応させるような根本的・決定論理的帰結について指摘しておかなければならない。意思決定問題を減少させるためのあらゆる方策は，結果として本来の意思決定問題のために存在する最適解の発見を保証できなくする。

　意思決定問題の削減は，まず意思決定要素の変更（行為集合の制限，形式目標の変更）を行うか，または意思決定要素の情報上の表現を変えること（情報構造の変更）によって達成できる。結果として，考慮しなければならない情報量も減少する。このような進め方は別として，他方，情報処理に対する方法上の要求を，例えば簡略化した解決法の導入によって減らすことができる[10]。

　次の叙述では，前者の観点に限定する。その際，われわれは一つの意思決定単位を考察するが，その単位は意思決定の結果として直ぐ実現できる行為を確定しなければならない。実現可能な意思決定問題の解決は，以下のような性質をもっている。すなわち，実現しなければならない行為に関する情報は，実現に当たり投入すべき経営資源が直接識別できて，かつあらゆる部分活動の直接的実施が可能なぐらいに細分化される。このように定式化された意思決定結果は，これ以上の情報収集や情報処理の仕事をすることなく，思考上予め準備した行為を実行に移すだけである。

　決定論理的視点から削減の原則は，以下の三つに区別される。
1．行為集合の制限。

2．形式目標の変更。
3．情報構造の変更。

1．行為集合の制限

当該の意思決定単位が，最適行為を選択しなければならないと考えられる行為集合は，以下の方法によって削減される。
- 考察対象の行為集合の削減を介して直接的に，
- 経営資源状態を介して間接的に，
- 物的目標の構造を介して間接的に行われる。

行為集合の直接的削減は，経営資源状態に基づき実行できるかも知れない行為は意思決定計算のなかには含めない，という仕方で行われる。つまり例えば，原則的に宣伝活動実施の可能性があるにもかかわらず，ある販売単位が問題の簡略化のために宣伝活動の検討を断念する，というケースである。

経営資源状態を介する場合は，もともと存在する経営資源の投入が，行為の可能性を規定する際，考察のなかに含めないとすれば，考慮される行為集合は制限される。もっとも，この種の削減は行為集合の直接的制限に比べると比較的実践的な意義は低い。

物的目標の定式化は，目指すべき終結状態の確定を通じて重要な行為の集合に影響を及ぼす。その理由から考慮すべき行為集合の削減が物的目標の制限を通じて行われる。一例としては，ある自動車メーカーのトラックの製造をストップさせるという意思決定が挙げられる。この場合，重要な行為選択肢の数は減る。もっとも情報活動の削減が，必ずしも物的目標のあらゆる制限に結びつくわけではない。事情によっては，経営資源状態に基づき，考えられる行為のうちのどれが重要でないかを，おそらく物的目標の構造から直接推論することはできない。

行為集合の削減は，しばしば考慮すべき環境状態の集合に影響を及ぼす。しかしトラック製造の断念が，必然的に従来の販売市場の特定分野の意思決定にとり重要でなくなることを意味してはいない。行為範囲と環境範囲間の関連に左右されることなく，意思決定単位は意識的に特定の環境セクターの考慮を断

念することができる。しかしそのような制限は，所与の行為のもとで生起する終結状態を予測するとき，確実性を犠牲にすることがあり得るのである。したがって，考えられる終結状態の集合ではなく，むしろ最適な終結状態への到達の確実性は低下することになろう。

2．形式目標の変更

　情報活動をさらに制限することは，何らかの適応により形式目標の構造のなかにおいて可能である。つまり，評価尺度（選好構造）を，より粗くすることである。例えば，要求水準を採用する形[11]で行うことができる。本来もっと細かく評価されるものを，二段階，つまり'十分である'および'十分でない'のスカラーに縮小する。その際，当該意思決定単位は，'十分である'と評価したすべての結果を同じ価値のものと見なすから，その意思決定単位は或る行為が'十分である'と分類される結果になるように，すべての行為可能性を精査する前に，情報収集のプロセスを中断することができる。こうして意思決定単位は，残りの，まだ検討されていない行為選択肢の考察をしないで済ませる。要求水準が本来のスケールで見て非常に高いか，それともむしろ低い範囲内にあるかによって，少ない情報収集・情報処理コストをもって意思決定問題の一つの解決の機会が変わる。

3．情報構造の変更

　以上で考察した削減原則は，つまり行為集合の制限および選好構造の変更は，意思決定構成要素の適応に起因することが分る。これに対し本項で取り上げる第三の削減原則を適用する場合，情報構造に関する，つまり意思決定構成要素の情報の表現の精確さに関する情報活動の規模は小さくなる。
　まず，細か過ぎて問題に不適切な情報構造が，或る単位の意思決定活動の基礎になっているケースを考察してみる。例えば前述の相場師の場合，かれが利益をあげられるか，あげられないかにだけ関心があるにもかかわらず，つまり結果マトリックス3（表3）が問題に適したかれの情報構造であるにもかかわ

らず，前掲の結果マトリックス 1 （表 1）のなかで示した情報構造を基礎にしている。表現の精確さに対応しようとすると，情報活動の範囲を狭めるであろう。

表現の精確さを低下させることは，たしかに情報処理に必要な活動を消極化させるが（どのような相場になっても最適行為は決められないが），しかし情報収集の規模を縮小することにはならない，というこの事例に対しては反論が出るかもしれない。つまり，相場の推移を大まかに記述することは，その時々の相場の精確な観察が前提になる。その論拠は，ここで挙げた事例の場合明らかに正しい。しかし一般的な妥当性はない。多くの組織上の問題提起に対しては当て嵌まるが，例えば，情報が他の単位から一括して伝達される場合には情報収集の範囲は狭くなる。従来の状態が，〜例えば'相場は上がる'という状況が〜変わるとき，連絡する側の単位から何らかの知らせがあれば情報収集の範囲は狭くなる。しかし情報収集における経費の削減は，当該の意思決定単位が自ら情報を集める場合には可能である。例えば，新製品導入について意思決定を行う場合，想定される売上高推移の説明の精確さが落ちれば市場調査活動の努力は低下する。

もし，問題に適した情報構造の代わりに，あるいは精緻過ぎる情報構造の代わりに大まかな情報構造を選択すれば，当該意思決定単位はその情報活動を削減するために不確実ななかで意思決定を行わなければならない。

c. 意思決定と分業

情報活動を，制約された意思決定単位の能力に合わせる問題についての従来の議論の場合個々の単位だけが考察された。一方現実を見ると，それに比べて分業されたプロセスとしての複合的な意思決定が行われている。その分業システムでは，複数の意思決定単位が，独自にかつある程度までお互いが別々に部分的意思決定を下している。

一つの意思決定複合を部分に分割することは，複合した意思決定問題を分業によってすべてを解決しようという試みである。意思決定問題の分割は，垂直方向では上位および下位の部分意思決定を組織化することによって，また水平

方向では，同レベルの部分意思決定を組織化することによって行われる。垂直方向の分割を構造化と呼び，水平方向の分割を細分化と呼ぶことにする[12]。

構造化と細分化により，さまざまに異なる組織単位が下さなければならない部分意思決定に対して一つの意思決定複合が分解される。個人間分業の論理のなかには，個々の部分意思決定を相互に切り離して考察することが，ある程度まで不可避であるという論理がある。

もっとも，組織的デザインを行う場合はその都度選択される構造化と細分化の解決がもたらす経済的帰結が考慮されなければならない。さらに詳細に説明されているように[13]，とりわけ一つの構造化措置の場合，上位単位の問題解決能力がどの程度活用されるか，の問いに答えることを意味している。細分化については，以下の二つの問いが吟味されなければならない。

- どのような相互依存が特定の細分化形態と結びつくか？
  相互依存は，ある単位の意思決定が別の単位の意思決定状況に影響を及ぼすときに発生する。3節において示すが[14]，その影響の原因は，経営資源の相互依存，プロセスの相互依存および市場の相互依存に帰することができる。
- 潜在性をどのように分離すれば特定の細分化形態と結びつくか？
  職務のどの分類にも，経営資源の割り当てや〜市場関連職務が問題である限り〜市場の割り当て（販売市場および調達市場）が含まれる。その限りでは，すべての細分化に潜在性の分離が結びつく。

相互依存効果と潜在性効果は，まず細分化基準が選択される際に考慮されなければならない。形式的に見ると，両者の効果に違いはない。相互依存を考慮する努力もしくは潜在性の分割の影響が後まで残らないようにする努力を通して発生する調整の必要性を調査し，かつ企業目標に応じて，とりわけ競走戦略目標に応じて調整の必要性を評価する[15]。したがって，目標を危うくする相互依存や潜在性の分離の原因になるような細分化の調和は当然である。所与のものとして細分化が仮定される場合，経常的調整に関しては相互依存効果および潜在性効果がそれぞれ異なる要求をする。

相互依存は一つの単位の意思決定状況を変化させる。相互依存は不確実ななかで意思決定を生む。調達単位の意思決定が，製造単位の最終製品に影響を及

ぼすとき（プロセス相互依存），もし製造単位が調達単位から情報が得られなければ不確実ななかで意思決定を下すことになる。これは，とりわけ物的経営資源の結合やプロセスの結合がある場合，後々までも影響が残る。また製造意思決定の事例では，資材不足のため調達意思決定に関する情報が不足すると製造中断という結果も起り得る。

　潜在性を分離しておくと，傾向的に相互依存としての日常的な調整要求が少なくなる。もし，二つの製品分野にその都度，全く同じタイプの製造設備が供給されると，より大きいキャパシティをもつただ一つの設備の共同利用から得られる考えられるメリットを放棄することになるが，しかし調整は簡単になる。物理的な調整の必要はない。もちろんこのことは，経営者が領域を越えたキャパシティ均等化のメリットを利用する目的で，両部門間のキャパシティ配分の調整を必要と考えることを否定するわけではない。

　相互依存があり，かつ潜在力が利用される場合，調整の必要があるから，両者には明らかに違いがあるが，ここでも（細分化基準の確定の場合と同様）形式的に見れば調整のルールは同一である。追求される目標設定の視点から調整の必要性はその都度評価され，かつ調整用具の投入について決定されなければならない。それゆえ，以下の意思決定の構造化と細分化の説明に続いて，相互依存の問題性の分析を行うことにする。

1．意思決定の構造化

　意思決定問題の構造化は，一歩一歩経過するプロセスとして進められその結果として実現準備の整った解決が得られる。意思決定構造化の根本問題は，意思決定単位 E_1，E_2 および E_3 のモデルを使って明らかにできる（図4を参照）。

　意思決定単位 E_1 は，限られたキャパシティしか持たないので，当面の意思決定問題に対してすぐ実現できるような解決策を描けない[16]。E_1 は，許容し得る行為の集合を直接，間接に制約することによって直接，下位単位の意思決定問題を制限（'構造化'）する。その場合，意思決定結果を細かなところまで規定することはできない。つまり多かれ少なかれ大きな裁量余地が残されている。こうして発生する問題はさらに構造化のために意思決定単位 E_2 に委ねら

```
        E₁
        ↓
        E₂
        ↓
        E₃
        ↓
       実現
```

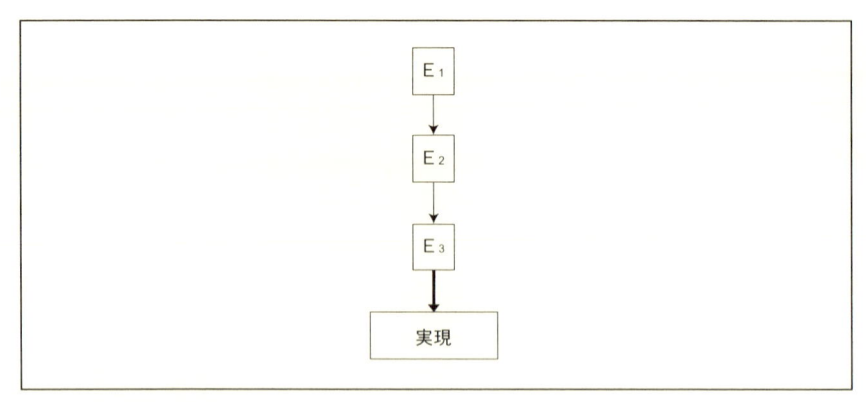

図4：意思決定の構造化

れる。このプロセスは，実現間近の解決を進展させるプロセスを完結させる意思決定単位 E_3 のもとで繰り返される。

　ここで記述した構造化モデルによれば，'意思決定' は，或る組織単位が持つ所与の意思決定問題の構成要素を，より強く構造化するために貢献する形で現れる。意思決定プロセスの或る段階においてこのような方法で行われる意思決定構成要素のあらゆる構造化は，問題解決の余地を小さくし，かつ下位段階での選択肢を広げる余地を制限する。意思決定問題は，実現間近の何らかの行為が定式化されているときに解決される。

2．意思決定の細分化

　意思決定の構造化問題について議論する場合，考察対象の意思決定問題は垂直方向で分割される問題解決が，それによって規定された行為結果を伴う実現間近の行為の確定と見なされる限りにおいて分割できないものと見なされた。しかし現実には，意思決定問題が垂直方向だけでなく，水平方向にも分割される。基礎にある意思決定複合は，この細分化を通じて複数の意思決定単位に分割されるので，これらの意思決定単位は或る程度まで相互に無関係に相応の部分成果をあげる部分行為を確定する（図5を参照）。

　全体意思決定の部分意思決定への細分化は，場の要素，行為要素または目標

A. 個人間分業の場合の調整　57

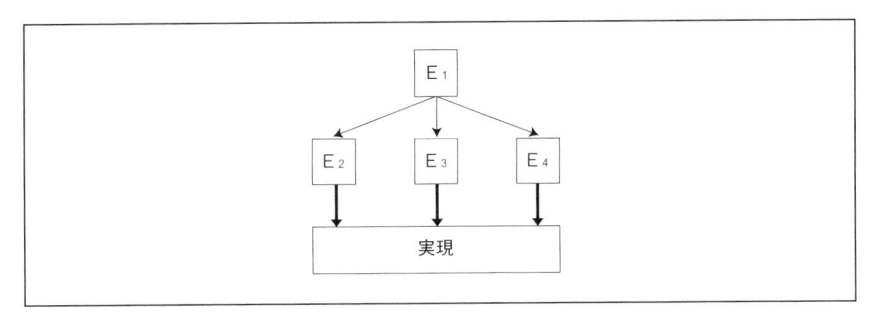

図5：意思決定の細分化

要素に方向づけることができる[17]。

3. 意思決定間の相互依存

3.1 意思決定相互依存の諸形態

意思決定の構造化と細分化を叙述する際に，下される部分意思決定間の諸関係を 〜これらの諸関係を組織理論では意思決定相互依存と呼ぶ〜 十分には考慮していなかった。この項では意思決定相互依存の概念と，そのさまざまな形態について述べることにする。

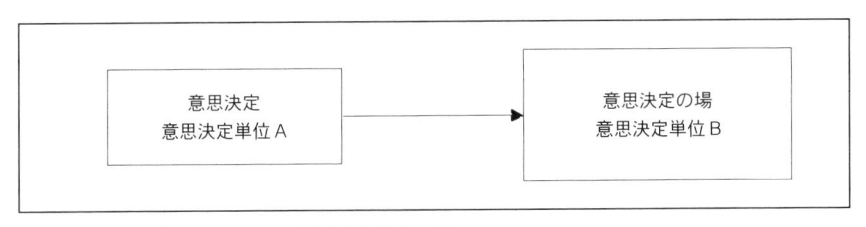

図6：二つの単位間における意思決定相互依存の例

次の状況で一つの意思決定状況の特徴を説明してみたい。互いに階層上関係のない二つの意思決定単位AおよびBを考察してみる[18]。単位Aは，かれの意思決定を実現するとき，単位Bの意思決定の場を，すなわち単位Bの経営資源状況，内部環境または外部市場を，目標に影響を及ぼすほど大きく変える場合は相互依存の根拠になる（図6を参照）。この場合，単位Bは，Aの意思

決定について知識が無く，Aの意思決定に関する十分な情報がある場合とは違った別の最適行為を選択すると思われる。単位AとBとの間に何らかの相互依存がある場合，両者自体が'相互依存している'と云える。

相互依存は，採用した定義によれば，或る単位の意思決定の場における別の単位の意思決定活動が引き起こす変化に起因している。その際，意思決定相互依存の原因を基本的に次の二つの要因に求めることができる。

- 考察対象単位が確定しなければならない実現プロセスの逐次結合の要因，および
- 意思決定の場の重複の要因。

3.1.1　実現プロセスの逐次結合

実現プロセスの逐次結合は，企業目標が達成される場合，さまざまな単位間に経営内的な給付結合が存在するという事実を示している。経営内的給付結合に起因する意思決定相互依存は，〜以下ではプロセス相互依存と呼ぶ〜或る単位の意思決定が目標達成を左右するほど，別の単位の内部環境（オファーおよび受注の状況）を大きく変化させるという特徴をもつ。以下の考察を明確にするために実現の連鎖，つまり調達‐製造‐販売を考えてみたい[19]。

いま挙げた連鎖において経営資源の結合が説明できる。調達部門は，製造部門に対し経営資源，例えば原材料を供給し，製造部門は，その部門サイドで準備された物を加工・処理／組立て，その後，完成品の形で経営資源を販売部門へ供給する。企業内給付結合に基因する意思決定の相互依存が存在するという根拠は，例えば，調達単位と製造単位との間で見ると，調達単位がその意思決定を行うことにより製造単位の内部環境を，このケースではこの単位のために存在する供給状況を，目標達成を左右するぐらい大きく変える場合に明らかである。したがって最終的にこの調達の意思決定が，製造単位の経営資源状況に影響する。例えば，或る調達意思決定により経営資源の搬入が遅れた場合，この遅れに関する情報が発信されたかどうかによって，この事実がその都度，製造単位の異なる意思決定を生む。図7でこの関連を示しておいた。調達意思決定に基づき期待される終結状態は，それが実現されるときに製造単位の意思決定の場に影響を及ぼす。

A．個人間分業の場合の調整　59

　いま，実現プロセスの結びつきを経営資源の流れとは逆方向で，例えば或る製造単位と或る調達単位間の関係で見た場合，この視点も意思決定相互依存の根拠づけのためには重要である。前工程の単位はその機能を後工程単位の経営資源の需要量から導き出すから後工程の意思決定が〜目標の重要性を前提に

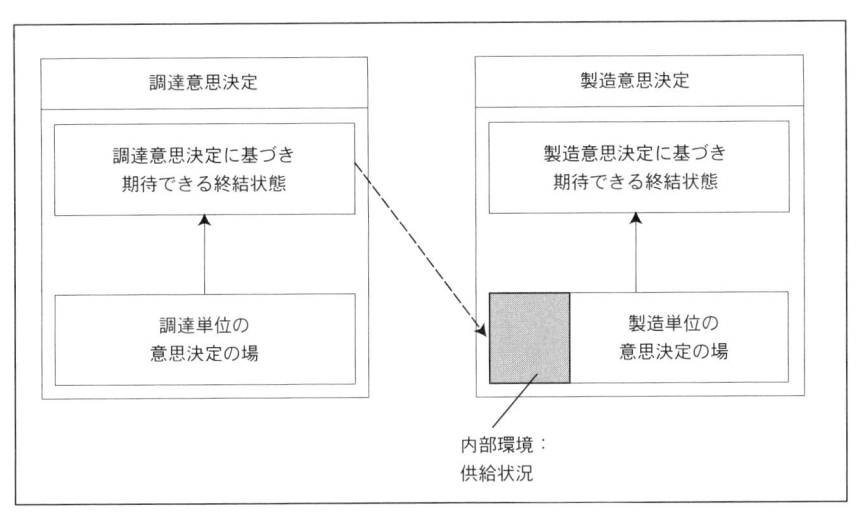

図7：経営資源の流れの方向で見るプロセス相互依存

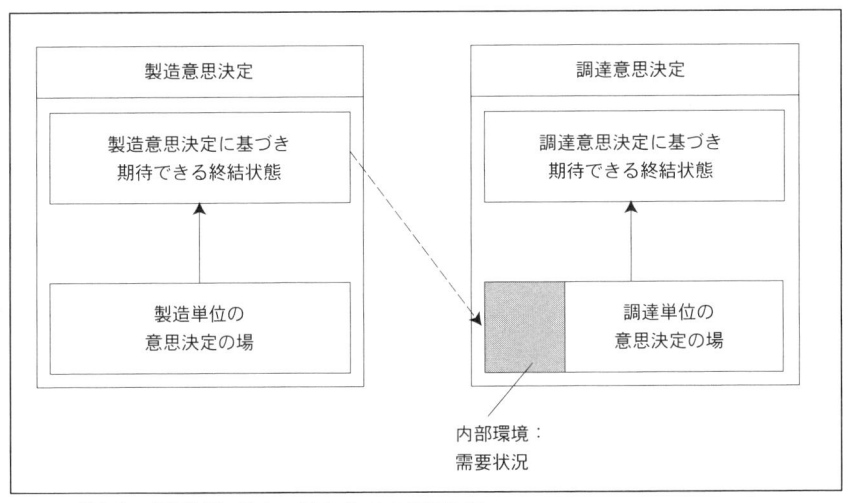

図8：逆方向の経営資源の流れで見るプロセス相互依存

して～ 前工程の意思決定に影響を与える。この状況が見られるのは，例えば産出量に関する或る製造単位の意思決定が，調達量の確定を或る調達単位を通して決める場合である。調達単位が生産量の拡大について知っている場合は，この変更に関する情報がない場合とは異なる別の調達決定を下すであろう。図8には，経営資源の流れとは逆の相互依存を示した。製造単位（後工程）の意思決定は調達単位（前工程）における内部環境，つまり需要の状況に影響を及ぼす。この関係は個々には次のように説明できる。すなわち，当該の製造単位が到達しようとする終結状態がその単位の経営資源要求を決める。この経営資源要求が，そのサイドにおいて調達単位の需要状況を規定する。したがって，調達単位は自らが追求する終結状態を製造単位の経営資源要求に合わせなければならない。

　企業内の給付結合に基因する意思決定相互依存は，結論的に図9のように表される。

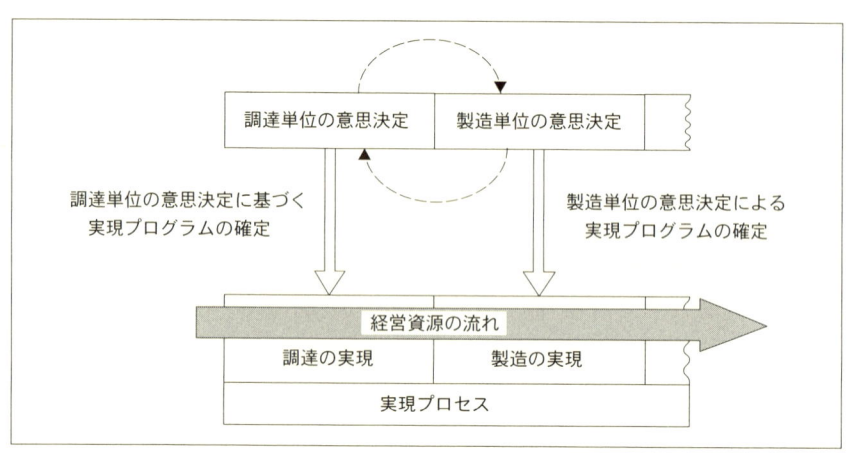

図9：企業内の給付結合に起因する意思決定相互依存（プロセス相互依存）

3.1.2　意思決定の場の重複

　意思決定の場の重複は，単位Ａの意思決定の場の或る構成要素が，同時に単位Ｂの意思決定の場の構成要素である場合に発生する（図10を参照）。

　さらに或る単位の意思決定は，別の単位の意思決定の場の変更をもたらし，

```
        ┌─────────────────────────────────────────────┐
        │      ╭─────────╮   ╭─────────╮              │
        │     ╱ 単位 A の ╲ ╱ 単位 B の ╲             │
        │    │  意思決定分野 ×  意思決定分野 │          │
        │     ╲         ╱ ╲         ╱              │
        │      ╰─────────╯   ╰─────────╯              │
        │              分野範囲の重複                  │
        └─────────────────────────────────────────────┘
```

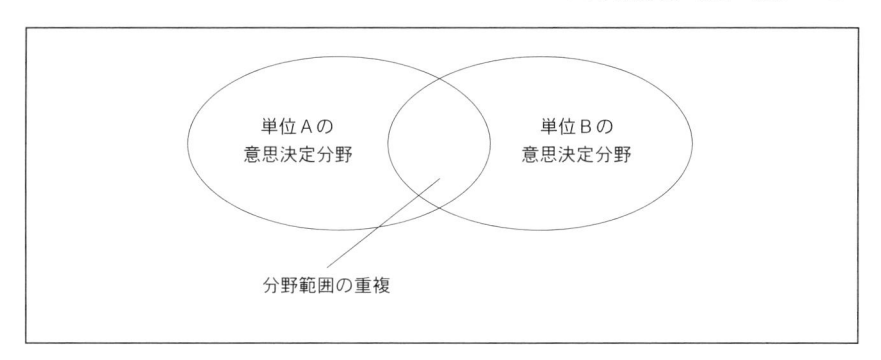

図10：意思決定分野の重複

かりにその変化が目標を左右するような大きな変化であれば，意思決定の相互依存を誘発する。

　重複は，'経営資源'，'市場' および '内部環境' などの場の領域に関して発生する。

　経営資源の重複が起こるゆえの意思決定の相互依存（経営資源の相互依存）は，希少経営資源が共同使用される場合に発生する。一例は，二つの意思決定単位がかれらの意思決定により共同利用と定めたキャパシティ不足の製造設備を使う場合の状況に見られる。或る単位の意思決定は，それが下されることによって他の単位のために使用可能な生産能力を制限し得る。市場の重複に起因する意思決定の相互依存（市場の相互依存）が発生するのは，考察対象単位の活動が同一市場セクターに向けられている場合である。この種の市場相互依存の発生は，例えば二つの単位 A と B が，かれらのその時々の製品をもって同じ買い手層を巡り競合する場合である。さらに A の販売政策措置は，B の市場条件を変え，またその逆のケースもある。しばしば A（B）の意思決定によって，B（A）の意思決定の場が目標達成のために変更されるかどうか，つまり，相互依存が存在するかどうかを入念に分析する必要がある。部門 A と部門 B が同一納入業者から同一資材を仕入れ，かつ納入業者のストック量が限られている場合，A の仕入れ意思決定は B の意思決定の場を目標達成のために変更するかもしれない。したがってそこには，（調達）市場の相互依存が存在する。もし A と B が一致することなく同一納入業者のところで仕入れ，

かつ納入隘路がなければ仕入れ量の共同購入を断念するとき，価格の値引き（潜在性効果）は期待できない。

経営資源の重複と市場の重複のほかに第三の可能性として内部環境範囲の重複が考えられる。その重複は，内部の需要状況の重複と内部の供給状況の重複に区別される。前者のケースの一例を説明してみよう。或る企業の二つの製造単位 A および B が，同一販売部門に同種類の製品を供給しているとする。当該販売部門が或る期間に受け取る製品量は市場の当面の販売状況から見て限られている。このような事情のもとでは，製造単位 A が販売部門の具体的需要に基づき下す供給意思決定は，その意思決定の場を，つまり単位 B の需要状況を変えるかもしれない（図 11 を参照）。

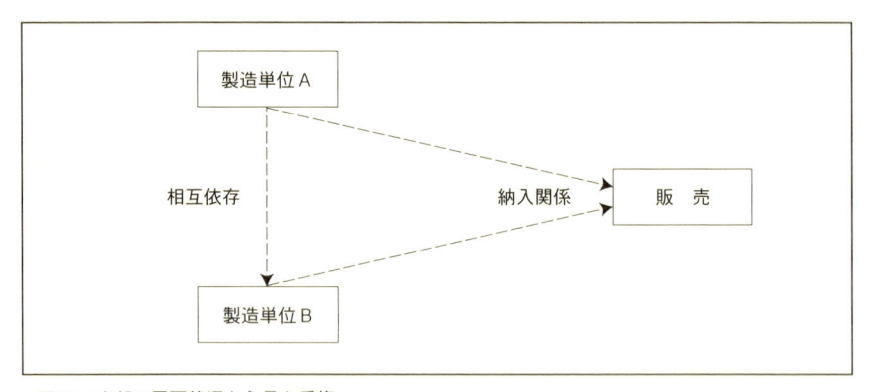

図 11：内部の需要状況から見た重複

その決定論理的基本構造を見ると，この，場の重複のケースはすでに述べた市場の重複ケースに相当する。このような状況から発生する調整の諸問題に関する詳細な議論は本書では行わないが[20]，これ以降の考察を考慮して，外部および内部の需要状況が重複するケースについて市場相互依存の概念のなかにまとめておく。

内部の供給状況に関する場の重複という第二のケースについて，同じように一つの例をもって明らかにしてみたい。或る製造単位が二つの販売単位 A および B に製品を納入するとする。その際，製造の生産能力には隘路がある。つまり，両方の販売単位から要求のあった製品を量的に完全に供給することが

できない。このケースでは例えば，生産能力の負荷を超えた製造単位の供給量を受け入れるか受け入れないかについての販売単位 A の意思決定が，販売単位 B の供給状況，つまり販売単位 B の 〜内部環境〜 を，目標との関連で変更することができる（図12 を参照）。前述の相互依存形態の経済的問題性は，すでに取り上げた経営資源の重複に起因する相互依存に相当する。すなわち，両方のケースにおいて使用しなければならない経営資源が不足しているから相互依存が発生するのである。その違いは，当該単位がその経営資源にアクセスできるかどうかにある。経営資源重複のケースでは，当該単位はその経営資源を直接使用することができる。したがって経営資源使用の意思決定が，その時々の意思決定権限の構成要件となる。

両方の販売単位は，間接的にのみかれらの引き取りの意思決定について経営資源使用に関する影響力をもつ。以下の考察では，経営資源の不足が原因で起こる相互依存の両形態が，'経営資源相互依存'の概念にまとめられる。

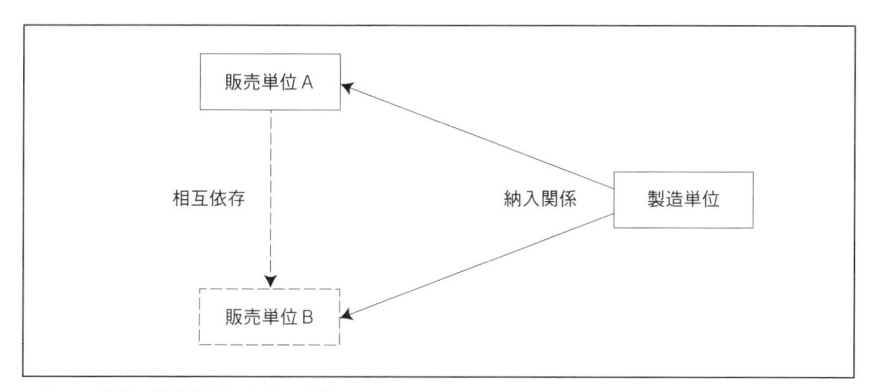

図 12：内部の供給状況から見た重複

したがって全体として見ると，本書では意思決定の相互依存が以下の三つの形態に区分される。
1．プロセス相互依存
2．経営資源相互依存
3．市場相互依存

3.2 意思決定相互依存の決定論理的帰結

これらの形態に関する意思決定相互依存の概観を行ってきたが，引き続きこれらの決定論理的帰結について簡潔に述べておきたい。いまＡの意思決定がＢの意思決定の場を変え，目標に影響を及ぼすＡ，Ｂ両方の意思決定単位を考察してみると，Ｂにとっては意思決定の相互依存が一つの予測問題の理由になる。意思決定に際しＢは自らの意思決定の場が，考えられるＡの意思決定に基づき，どのような構造になるかを予測しなければならない。すなわち，ＢはＡの意思決定に関して情報が無いことを前提にするので，不確実な状況のもとで意思決定を行うと思われる。Ｂの情報量の不完全さはＡおよびＢ間の情報の交換，つまりコミュニケーションを通じてのみ取り除くことができる。したがって，意思決定の相互依存とコミュニケーションは共に密接に結びつく組織的構成要素である。

相互依存の構造と決定論理的帰結の分析を終えるためには，二つの補足的注釈が必要である。

第一の注釈は，本書では相互依存概念を意思決定間の水平関係に限定したことに関わるものである。しかし誤解を避けるために，～前述の限定とは逆に～簡潔であるが垂直方向の意思決定関係を概念上考慮する必要性の証拠として使えるかもしれないという一つの状況に言及してみたい。或る企業における調達意思決定の複合が，'購買'と'在庫管理'という部分意思決定に細分化されているとする（図13を参照）。

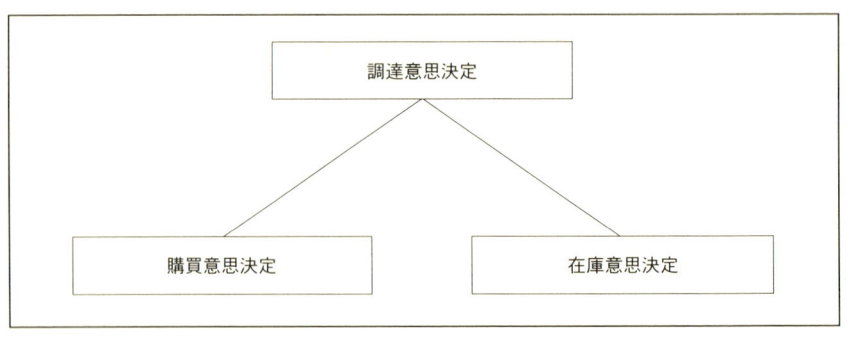

図13：調達意思決定の細分化例

調達部門のマネージャーは，かれのその他の職務のほかに購買意思決定のすべてを担当し，特定の資材管理に関する意思決定のみを下位の単位に任せると仮定しよう（図 14 を参照）。このような条件下では調達マネージャーの意思決定は，〜例えば，原材料価格が安いのでより多くの数量の原材料を好んで仕入れるという意思決定は〜 資材管理の意思決定の場に目標を左右するほどの影響を及ぼし得る。ここでは疑いもなく，所与の意思決定権限の行使を通じて発生する垂直方向の意思決定の相互依存が問題になる。もっとも，この垂直的関係はその性格から，企業内の給付結合に基づく水平方向の意思決定相互依存に相当する。また，すでに述べた'不均等な'意思決定複合の分割によって生じる何らかの'隠れた'水平的相互依存が存在する。水平的意思決定相互依存に関する言明は，基本的にこのようなケースに転用されるからこの関係形態を相互依存概念の拡大に利用することはない。

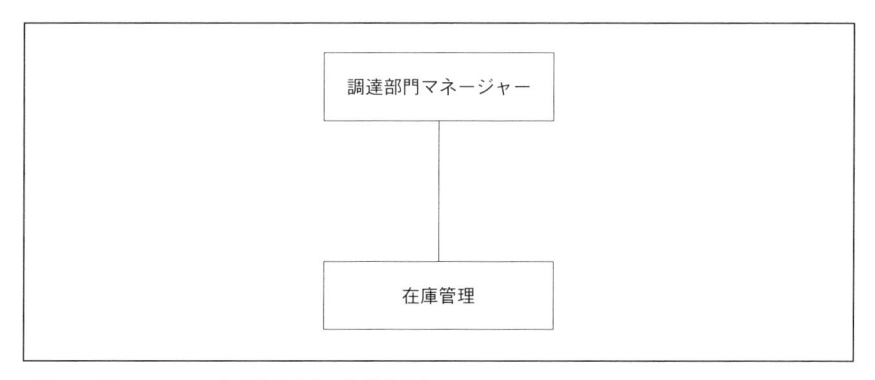

図 14：図 13 に示した部分意思決定の組織的分類

第二の注釈は，ここで主張しているアプローチが，Thompson[21]が展開し，組織理論的文献のなかで幅広く借用されてきた 〜しかし必ずしもつねに正確ではない〜 相互依存形態の体系化と比べて，どの程度一致するかという問題である[22]。かれの著書には相互依存概念の明確な概念がないので，ここではThompson が導入した三つの相互依存形態を例示的にパラフレーズし，原文に忠実に再現してみたい[23]。

"組織は，相互に依存する諸部分から構成されるという仮定は，すべての部分が直接，他のすべての部分に依存するとか，あるいは，他のすべての部分を

支援するということを必ずしも当然のこととして含意するわけではない。或る企業のタスカローラ事業部は，もしかするとオシュコシュ事業部と取引関係がないかもしれないし，両事業部のいずれもコーコモ事業部と関係はない。しかしすべての事業部が，どの事業部においても見合った成果をあげられない場合，企業全体の発展が損なわれるという意味で相互に依存している。われわれはこの状況を次のように記述できる。すなわち，すべての部分領域は企業全体に対して限定的に貢献しており，すべての領域が企業全体から支援を受けている。われわれはこの状況を共同的相互依存（pooled interdependence）と呼んでいる。

相互依存は逐次的形態でも発生し得る。例えばキーオカク部品工場は，あとでチューカムカリ組立工場で組み立てられる中間製品を製造する。この場合，両工場は企業全体に貢献し，かつ企業全体から支援を受ける。つまり，共同的相互依存の前提がそろっている。しかしさらに両者の間には，直接的相互依存もあり，それを次のように説明することができる。キーオカク工場は，チューカムカリ工場が活動できるように仕事をしなければならないが，もしチューカムカリ工場が活動できなくなるとキーオカク工場は自らの産出問題を解決することはできない。われわれはこの事態を逐次的相互依存（sequential interdependence）と呼ぶ。しかし，そこでは対称関係が問題にならないことを確認しておかなければならない。

第三の形態は，相関的相互依存（reciprocal interdependence）と特徴づけられるものである。この形態は，すべての単位の出力量が同時に別の単位の入力量であるようなケースである。この状況は，フライト・オペレーションと整備工場を含む或る航空会社の例で明らかにできる。整備工場のサービスは，整備される航空機または修理される航空機の形でフライト・オペレーションに対する入力量となる。

つまりフライト・オペレーションの結果として，整備または修理の必要な航空機の形で整備工場への入力量が発生する。それゆえ相関的相互依存のケースでは関与する単位同士が相互に結びついている。もちろんこの状況の根拠には共同的相互依存もある。また逐次的相互依存の構成要件も満たされている。というのはこの場合，或る航空機はまず或る部門の活動の対象であり，また別の

部門活動の対象になるが，結局再び最初の部門活動の対象になる。しかし基準を区別することは，相互依存の相関的性格を示すものであり，それは諸部門の活動が相互に関連するという結果を伴う。"

Thompson は，必ずしも明確にこの意思決定の関連を考察したわけではない，という事実を度外視すると，ここに挙げた形態を用い本節において採用した相互依存の概念に従えば，特に実現プロセスの逐次的結合に基づく相互依存形態 ～つまり単純な（逐次的）給付結合と，環状の（相関的）給付結合が考えられる。共同的'相互依存'は，*Thompson* の漠然とした説明を根拠にして，本書で主張する相互依存概念とは比較することはできない[24]。

d. 意思決定の調整

調整は，分業システムにおける個別活動を上位の全体目標に合致させることを意味する。調整の必要性は，分業システムが抱える根本的ジレンマをもって特徴づけられる。

すなわち，組織単位の限られた質的・量的能力が，一方では，複合した全体の問題の分割を求め，またある程度まで問題を切り離して部分解決することを前提にする。上位の全体目標を極力広範囲に亘り達成させるための努力を，また他方ではあらゆる部分活動の統合的な一致を求める。全体目標の達成度は，実現プロセスの構造に依存し，そのプロセスはそのサイドにおいて先行する意思決定プロセスを通じて規定される。それゆえ，調整措置は意思決定システムに組み込まれなければならない。つまり，調整は意思決定の一致を目的とする。

調整措置は二つの範囲に及ぶ。すなわち，それは意思決定権限の定式化とコミュニケーション関係の確定に及ぶ。調整措置のデザインのためにその手段が投入される際には，それに応じて意思決定次元とコミュニケーション次元が区別される。意思決定次元は，或る意思決定複合が部分意思決定の階層に分割される場合，その時々の進め方に関係し，またコミュニケーション次元は，意思決定問題の解決を委託された単位間で行われる情報交換の規定化に関係する。これら両者の次元は，相互に独立してはいない。つまり，複合した意思決定問題の部分問題への分解の仕方が，ある程度までコミュニケーション関係を規定

するのである。

　調整手段の投入は，意思決定権限の範囲設定とコミュニケーション関係の構築を介して，組織におけるさまざまに異なる個別活動を，上位の全体目標の観点から考慮し一致させるという要求に方向づけられなければならない。調整の断念は自律性の認容に現われるから，調整の問題は，分業的意思決定システムの諸単位にどの程度，自律性 〜意思決定自律性と情報自律性〜 を認めるべきかという問いに簡略化される。以下では，しばしばこの考察方法に立ち戻るであろう。

　調整問題は，非常に多様な専門分野において研究されてきた。経営経済学[25]および国民経済学（マクロ・ミクロ経済学，[訳者の解釈]）のほか，ここではとりわけ政治学[26]が指摘される。専門分野の多様性はその方法的見解においても多様である。つまり中心になるのが決定論理的アプローチと行動科学的アプローチである。決定論理的アプローチの特徴は，複合した問題を部分問題に分解し，それを統合する優れた原則を発展させる問題と，意思決定単位の限られた能力を考慮しながら，企業の全体目標をできるだけ強く顧慮できるような仕方でコミュニケーションができるように結びつけていく問題である。決定論理志向的アプローチの場合，意思決定単位がその限られた能力の視点から優先的に考慮されるが，個人の行動と分業システムの行動は，実証的・行動科学的アプローチが中心である[27]。本章では，調整の決定論理的次元を優先的に論じることにする。組織の行動的観点，とりわけその動機づけ観点は，次章において別個に検討する。

注
1) 開始状態と終結状態の確認についての特殊ケースをこの定義を行なう際に含めておきたい。
2) 意思決定理論では，'環境'は，しばしば行為者の目標を考慮すると変更できないか，または変更が避けられない意思決定範囲の部分として，影響され易さの基準に従って範囲限定される。しかしここでは，この定義には従わない。なぜなら，〜原則的に販売政策措置を通じて影響を及ぼす〜市場の部分が，環境に分類できるとは思えないからである。
3) したがって予測の不確実性は，行為の可能性もしくは既存の環境状況についての情報不足に起因している。
4) 例えば，Bamberg / Coenenberg [Entscheidungslehre] 14 頁および次頁以下 ; Dinkelbach [Entscheidungsmodelle] および Eisenführ / Weber [Entscheiden] 16 頁および次頁以下を参照。
5) Marschak [Description] を参照。
6) Marschak はかれの論文のなかで，行為の集合が所与であることを仮定している。それゆえ経

A. 個人間分業の場合の調整　69

営資源と物的目標は，明示的には考慮されない。説明を簡略化するため，ここでは経営資源情報と物的目標情報に関するモデルの拡大を断念する。所与の行為集合が，経営資源および物的目標を通じ限定される許容基準に一致することを仮定している。

7) Marschak [Description] 722 頁および次頁を参照。
8) Semler の経営理念についてはかれの [Managen] を参照。
9) 意思決定問題が，意思決定単位の，限られた能力に対し求める適応の基本問題に関しては，Frese [Entscheidungsstrategien] および Laux / Liermann [Grundlagen] 53 頁および次頁以下を参照。心理的観点をも含めた幅広い概観は，MacCrimmon / Taylor [Decision] が与えてくれる。
10) これについては，とくに問題構造と適用される解決方法との関連，Frese [Entscheidungsstrategien] 285 頁および次頁，を参照。
11) 目標定式化に対する要求水準の意義については March / Simon [Organizations] 140 頁以下を参照。
12) 以下の叙述では，構造化と細分化の問題性については説明を簡潔にした。詳しい分析は，いろいろな調整原則を取り上げる次節において行う。
13) 本書 77 頁および次頁以下を参照。
14) 本書 57 頁および次頁以下を参照。
15) この問題は，本書 249 頁以下で論じる。
16) ここで試みた構造化の問題性を叙述するに当たり，意思決定準備のためのスタッフや委員会の設置の明確な可能性については考慮していない。これに関しては本書 91 頁ならびに本書 340 頁および次頁以下を参照。
17) Frese の [Strukturkonzepte] の概説を参照。
18) したがって本書では，相互依存概念を意思決定単位間の非階層的（'水平'）関係に限定した。たしかに相互依存概念は，原則的に相互に階層関係（'垂直関係'）に在る単位にも拡大できると思われるが，別の調査で分かるように，調整の問題性について議論するためには垂直方向の相互依存概念を導入することは不要である。文献のなかでの相互依存概念に関する議論は，ここでは断念した。この点については Cordes [Problem] 15 頁および次頁以下，Laßmann [Koordination] 34 頁および次頁以下および Laux / Liermann [Grundlagen] 195 頁および次頁以下を参照。
19) もちろん，その他非常に多くの連鎖が存在している。例えば，メンテナンス - 製造の連鎖が挙げられる。
20) 調整問題分析における内部的環境の意義については，Noetel [Geschäftsfeldstrategie] を参照。
21) Thompson [Organizations] 54 頁および次頁以下。
22) Thompson の相互依存のコンセプトについては，Laßmann [Koordination]（34 頁および次頁以下）による叙述および批判と，Hüsch [Angebotsabwicklung] 78 頁および次頁以下を参照。
23) Thompson [Organizations] 54 頁以下。
24) ところで，*Thompson* の命題，すなわち，調整の難しさは共同的相互依存から逐次的相互依存を経由し相互的相互依存に至るまで次第に高まり，その都度，特別な調整形態を前提にする，という命題は疑わしい。*Thompson* は，ここで，*March* および *Simon* に従い，調整形態を，'標準化による調整'，'計画による調整' および '相互補整による調整' とに区分した Thompson [Organizations] 55 頁および次頁以下を参照）。不確かなこれらの調整形態の範囲限定を度外視すれば，'調整の難しさ' とは何かを正確に定義し，かつ共同的 '相互依存' のケースにおいてどのような調整問題が考察されるかが未解決である限り，この考え方を跡付けることはできない（この点については，Laßmann [Koordination] 36 頁および次頁以下および Hüsch [Angebotsabwicklung] 78 頁および次頁以下を参照）。

II. 権限システムと計画策定システム

　意思決定職務を個々の単位に委譲することが，つまり権限裁量余地の制度化が調整の核心的要素である。その場合，意思決定職務の範囲設定は，構造化（権限裁量余地）および細分化（権限内容）を通じて行われる。所与の意思決定問題を個別意思決定の階層に，垂直および水平方向に区分することが分業による意思決定調整の決定論理的基本原則である。すべての意思決定状況に内在する不確実が，細かな意思決定権限の確定の制約になることを詳しく根拠づける必要はない。それゆえその構造化と細分化は，まず概略基準の形で行われ，その後その概略基準が経常的な指示を通じて詳細化される。この規定化は，一方では，分業システムにおける職務範囲の確定が或る程度の安定性をもつことを必要とし，他方では，日常発生する意思決定問題が不確実なため，一定度の柔軟性が求められるという事実の表れでもある。このような理由から，中期的・短期的職務の割り振りを通じて，職位職務の長期的確定が行われる。

　組織の実践で意思決定権限の範囲設定を行なう場合，‘永続的規定’の形で職務を長期的に確定する方法と，この方法で作られた枠組みを短期的‘指図’を通して当該枠組みを固めていく方法とに区別される。しばしば，前者の観点だけが‘権限確定’と呼ばれている。その意味では，宣伝部門のマネージャーの権限範囲は，つまり，かれの権限範囲が職務記述書のなかでどのように記載されるかは，日常の販売政策の結果として生じる活動，〜例えば，一定の広告キャンペーンをするという‘指図’を考慮せず[1]大雑把にのみ記述される。それゆえ，実務の意思決定単位に対する意思決定職務は，さまざまに異なる時間的視野から定式化される。権限委譲のもっとも短期的な形態は，個々の意思決定課題を与える方法である（‘個別指図’）。予め設定される意思決定要素の詳細化の程度はさまざまに異なるが，その程度の違いは貨幣的経営資源を考察すれば明らかである。すなわち，長期性をもつ職務画定の場合，原則として自由に使える資金の限度制限は行われないが，中期的な権限確定の場合は，すべての

活動全体に対して，しばしば資金的な枠が決められ(総額制限)，また，個別的意思決定問題が与えられる場合は，問題に関連した何らかの制限が加えられる(小額制限)[2]。

指図による意思決定権限の日常的厳密化は大変な仕事である。その際指図のなかでその都度，或る期間有効な企業の事業予定計画が明らかにされる。この厳密化は，権限システムのほかに別個の計画策定システムのなかで行われる。たしかに，(構成要素としてのさまざまな部分計画を含む)すべての企業計画の作成は概念上，構想上，当該の権限システムを通じて理解できるかも知れない。しかし，教育的理由から調整上の諸関連を考察する場合には当該の権限システムを，実務上特別な仕方で制度化した計画策定システムを求めて補っておくと有意義である。計画策定システムは，その場合いわば権限システムに対する'施行規則'を意味する。

本節では，意思決定権限システムの定式化のために計画策定システムの特別な意義を考慮しておいた。まずここでは意思決定権限の構成要件として，場の要素，行為要素および目標要素を採用した。引き続き，意思決定権限の範囲限定について検討するところでは，分業システムにおける意思決定権限の配分について取り上げた。また，権限定式化にとって特に重要な意思決定自律性の委譲の分析を行った後，計画策定システムの構造および計画書作成の原則を取り上げる。

a. 意思決定権限

意思決定権限の確定によって，その都度任ねられる意思決定職務の構造から作られる枠組みのなかで意思決定を下す権利が一つの意思決定単位に対して与えられる。意思決定権限の範囲設定を行えば部分意思決定が全体目標に先ず方向づけられる。

本書では'意思決定権限'の概念を，もっとも広い意味で使っている。すなわち，意思決定問題の割り当てはすべて，意思決定権限の何らかの定式化を意味する。以下では意思決定権限の調整機能について論じるが，二つの観点に区別することにする。

1．個々の意思決定権限の構成要件。

2．さまざまな意思決定権限相互の範囲設定の問題。

1．意思決定権限の構成要件

すべての意思決定問題は，場の情報，行為情報および目標要素を通じて規定される。或る意思決定権限が定式化される場合，しかるべくこれらの三つのすべての意思決定要素が含まれ得る。

1.1 場の要素
場の要素は，以下の事柄を通じて明確化される。
- 経営資源の配分，
- 環境範囲もしくは市場範囲の指定。

経営資源の配分により，意思決定単位が意思決定を下す際考慮すべき行為に対して直接影響を及ぼす。どの意思決定も経営資源の自由な使用を前提にしているから，使用できる経営資源の範囲限定が実務で広く普及している意思決定権限を確定する手段になる。特に差異化の進んだ調整モデルは，貨幣性資源の理論と実践のなかで使われてきた[3]。この現象の根拠を，〜この種の経営資源の広範な可分性が，その配分を容易にするという事実を別にして〜 すべての企業にとり重要な財務的均衡の確保が，個々の単位が自由に使える資金を制限することによって初めて実現される，ということに見出すことができる。

市場範囲の指定によって，意思決定単位が収集しなければならない環境情報が，企業のあらゆる意思決定の場の或る特定領域に制限される。この種の権限の範囲限定は直接，市場に関連する意思決定に対してのみ重要である。一例を挙げると，販売部門を市場地域別に構成する場合である。

1.2 行為要素
許容される行為集合の制限が，使用可能な経営資源に基づく原則可能な行為を制約する。この種の調整措置は，さまざまな形で存在する。

資金は，あらゆる経営資源のなかでも行為裁量余地をほとんど制限しないから，調整措置は，特に貨幣性資源の割り当てとの関連で証明される。

行為要素は，許容範囲の活動をリストアップするか，または許容できない活動を確定することによって明確化できる。第一のケースは，例えば，予備品の購入に関するあらゆる意思決定を一つの単位に委譲する場合である。行為を除外する第二のケースの一例として，製品別事業部の販売マネージャーから'製品デザイン'の職務を取り上げて，いわゆる'本社部門'にその職務を移す場合である。

　細分化された行為確定の形態は，意思決定プログラム[4]の基準値を前もって設ける行為を事前に調整するというものである。ここでは，〜いままでの考察のような〜 行為を前もって定めたり，除外したりはしない。むしろ行為は，別の行為であれ，その他の事象であれ，何らかのオペレーションと結びついている[5]。意思決定プログラムにおいては，何らかの情報によってイメージされた事象に手続き規則の体系を合わせる。企業の，考えられる意思決定プログラムは，個々の点では異なっている。ルーティンや繰返しの作業に関係した規定を持つプログラムもある。つまり，刺激を与える情報だけでなく，スタートさせなければならないプログラムランも細かく確定する。そのほか，一回限りの状況や新種の状況に備えた規定もある。その際，情報とプログラムランとの結び付きおよびプログラムラン自体はただ一般的に確定する。プログラミングの範囲は，問題解決に関わる特別な検索プロセスの関与の割合のなかで明らかである。意思決定単位が，自主的に行わなければならない情報収集と情報処理行為の関与の割合は，プログラミングが増大するにつれて減少する。

1.3　目標要素

　組織のなかでは，目標基準値を通じて行為を間接的に確定する努力が行われる。意思決定の基本モデルについて議論される場合，物的目標と形式目標の区別がなされてきた。

　物的目標は，意思決定単位にとって努力目標とすべき状態を示す物的構造を意味している。したがって期待される実現結果が，多かれ少なかれ細かく説明される。

　形式目標に従って，物的目標を通じ設定された枠組みにおける行為選択肢間の選択が行われる。その際，何らかの効用価値が，期待される実現結果に対し

て割り当てられる。その時々の効用価値は，〜例えば経済的成果の形で具体化される〜 経営資源の投入とその投入をもって実現される市場成果の評価は，売上げ総収益の結果を意味している。区別された各意思決定部門に対して，すべての意思決定複合を分割すると，〜例えば職能別に調達意思決定，製造意思決定および販売意思決定に分割する場合〜 しばしば，すべての構成要素を含む個々の部門別成果目標の定式化が行われなくなる[6]。その結果，費用要素と収益要素の基準値が関連づけられなくなる。つまり直接，市場に関連した意思決定が下されなくなるため[7]，製造部門で形式目標値に収益値が含まれない事態が生じる。収益値は直接，市場に関わる組織単位においてのみ定式化できるが，費用基準のほうは，すべての単位に対して定式化される。なぜなら，どの単位も希少経営資源に依存しているからである。

　調整の視点から見ると，この物的目標は重要な目標次元を意味している。形式目標だけでは，分業されたさまざまに異なる意思決定単位間の調整はできない。実現すべき業績予定計画の内容・仕方に関する情報がなく，'利潤極大化'の形式目標だけしかもたない企業では，個々の行為を一致させることはできない。形式目標の明確な基準設定を断念すると，経済性原則に沿わない意思決定が下され，また物的目標の明確な基準設定を断念すると，複合した問題の分業による解決が排除される。

2．意思決定権限の範囲限定

　これまでは意思決定権限を他との関連なしに考察し，その記述の可能性を場の要素，行為要素および目標要素に分けて検討した。以下では，分業システムにおいて意思決定権限がどのように配分されるか，つまり，どのような基準が権限の範囲限定を決めるか，という問いについて論議を広げたい。意思決定権限は構造化措置と細分化措置の結果である。それゆえ，その都度使われる構造化原則と細分化原則が，権限の定式化およびその範囲限定を規定する。

2.1　構造化の観点

　構造化の過程において意思決定単位の権限裁量余地，つまり意思決定自律性

が確定される。意思決定要素の定式化がより詳細になされるほど，当該意思決定単位は行為確定の際，より強く制約を受ける。

　構造化観点の特徴は権限定式化の仕方如何によって異なる。一般に特に個別問題に対し権限の範囲限定が行われる場合，その時々の裁量余地の厳密な制限が確認できることが分かる。一例は，限られた数の従業員が一定期間内の予め決められた予算を守りながら，或る特定の設計問題の解決に取り組むという職務がある。しかし，長期的な職務設計の枠組みのなかで権限確定が行われる場合でも，時として権限裁量余地の厳密な制限が行われる。一例は，融資に関する意思決定を金額で制限し，かつ職務記述書のなかで定めるという金融機関の慣例的規定である。

2.2　細分化の観点

　細分化とは，所与の意思決定複合を水平方向に分割することをいう。したがって，意思決定単位の権限内容はこの方法で確定される。権限裁量余地は通例，委譲された意思決定問題の記述が厳密になればなるほど重要になるが，他方の細分化基準は，職位の職務が確定される時にすでにその特徴が分かる。意思決定権限の分割は，場の要素，行為要素および目標要素に方向づけることができる[8]。

場志向の細分化

　或る意思決定複合が場志向で分割されると，経営資源もしくは市場の特徴に従って部分意思決定の範囲限定が行われる（図15を参照）。

　経営資源関連で細分化が行われると，使用できる経営資源の性質により規定される意思決定問題が発生する。一例は，投入される生産設備の種類に応じて製造部門の構成が決まる場合である。

　市場細分化が行われる根拠は，～例えば，地域市場別販売部門の構成で見ると～　特定の市場分野に合わせた意思決定の問題にある。場志向の細分化基準は，実務では主として部分領域が下位段階に位置づけられるときに　～例えば，製造課と販売課に細分される場合～　用いられる。

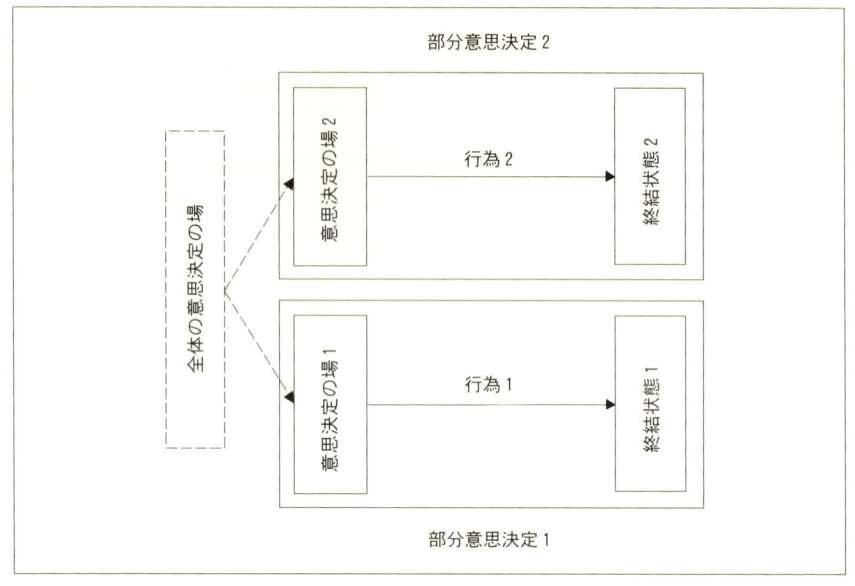

76   第2部 意思決定志向的組織理論の根本要素

図15：場志向の細分化

行為志向の細分化

　行為志向の細分化の場合，同質性基準に従い所与の行為集合を行為クラスに分解する。たしかにこの細分化の場合，さまざまな基準が考えられるが，実現プロセスの段階で行われる職能別構成 〜例えば，調達‐，製造‐および販売の意思決定〜 がもっとも大きな実践的意義をもっている。この実現プロセスを志向する細分化原則を，'職能別原則' と呼びたい。こうして生まれる意思決定範囲は，行為プロセスの行為順の分解に基づくものである。したがって或る先行する部分行為の結果が後続の部分行為の開始点を意味する。一つの行為を通して実現される終結状態は，それに続く単位の開始状態（意思決定の場）になる。図16は，職能別原則による細分化を示している。

A．個人間分業の場合の調整　77

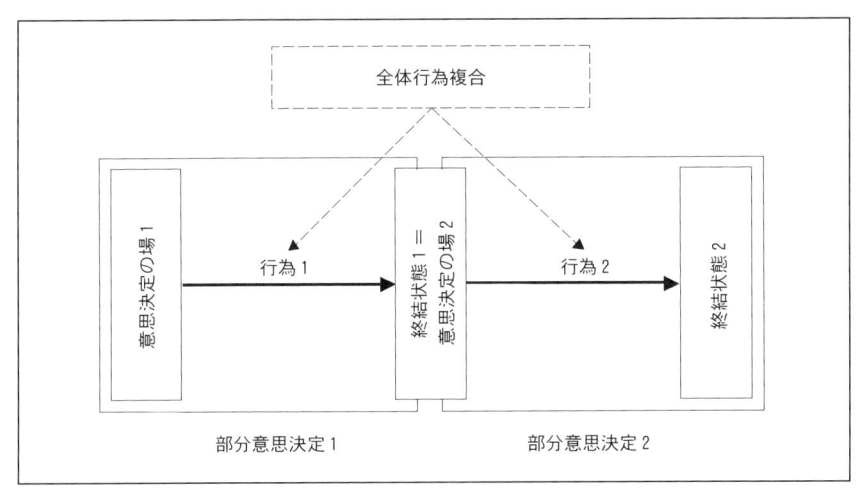

図16：行為志向の細分化

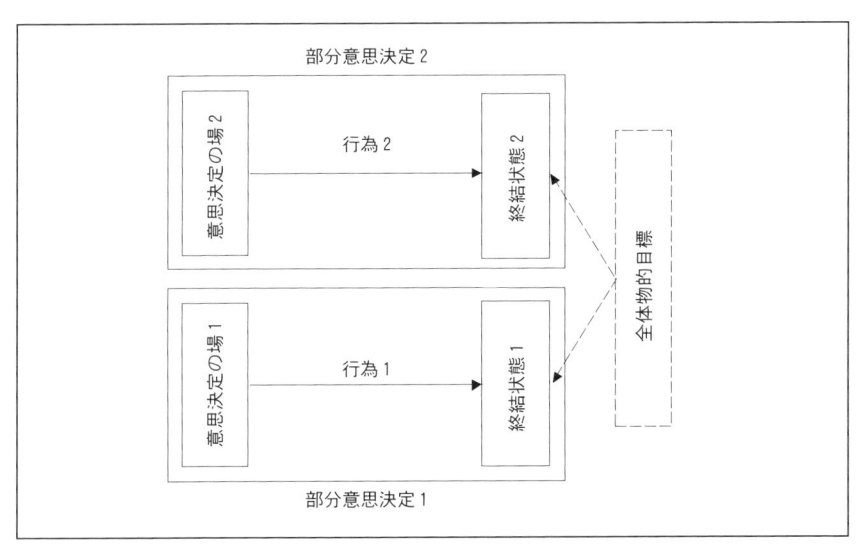

目標志向の細分化

目標志向の細分化は物的目標に沿って行われる。形式目標は，意思決定を物的に分割することには向いていない。物的目標複合の細分化は，追求する行為

図17：目標志向の細分化

結果の集合（終結状態）の部分結果への分割を意味する。例えば、或る製品群を個別製品に分割する場合である（図17を参照）。

こうして発生する意思決定問題は、その時々の物的目標の達成に必要な行為の確定に方向づけられる。

b. 意思決定自律性の認容

意思決定自律性認容の形態とその規定因子を分析する前に、意思決定問題の～すでに前節で、その本質については述べたが～ 分業による解決についてより詳しく検討してみたい。その意図は、意思決定自律性の問題分析のための決定論的開始状況を考察する点にある。

1. 決定論的開始状況

意思決定問題を分業により解決する場合、意思決定プロセスは、解決が実現間近になるまで複数のレベルにわたり段階的に進められる。全体問題の解決に最高位で関わる意思決定単位は、自らが実行すべき行為を規定しない。その単位は下位の単位に対し場の要素、行為要素および目標要素を制限することによって当該意思決定問題を限定する。つまり意思決定問題が構造化され、そして細分化される。こうして限定された問題をさらに構造化するために、また事情によっては細分化のために問題はさらに次へ送られる。

以下では、この段階的に進められる意思決定プロセスを検討したい。その際、考察対象を構造化に絞る。構造化経過の叙述のための出発点として、或る複合した意思決定問題[9]に直面した意思決定単位の行為結果（終結状態）を、前もって細かく決められない場合を仮定してみる。この単位の観察結果は、可能な終結状態Eの集合の部分集合と解される。そのような部分集合 $e \subset E$ は、当該意思決定単位が可能な結果として限定し得るもので、結果値域と呼べる。その意思決定単位によって観察されるすべての結果値域の集合 $E \subset P(E)$ は、その値域の結果のイメージを示している。

以下では、当該意思決定単位の結果イメージが、可能な終結状態 E の集合

の或る分割 $\rho(E)$ により特徴づけられると仮定する。すなわち結果イメージは完全であり，例外的結果のみを考慮するとする。この前提のもとで行為と環境状態の集合の分割を通じ $\rho(E)$ を結果集合と見る意思決定単位に対する問題に適した情報構造が規定される。或る要素 $e \in \rho(E)$ にまとめられるあらゆる終結状態 η 間では意思決定単位による区別はされない。

こうして値域設定された結果値域の間において意思決定単位が，その形式目標に応じ最高の効用価値をもつ値域を選択する。提起された意思決定問題の解決策は，その後制限された新たな物的目標として結果値域の確定のなかで示され，場合によっては，その解決策はその他の意思決定要素の相応の構造化のなかで示される[10]。

われわれが E_1 と呼ぶ，いままでに考察してきた意思決定単位の解決への貢献が，下位単位 E_{11} の意思決定活動のなかに前提条件として入ってくる。つまり前提条件が，E_{11} によって解決されるべき意思決定問題を規定する。意思決定単位 E_{11} は，場の－，行為－および目標要素の分割をより細かくすることにより，前もって定めた制限値域のなかで当該の問題をさらに構造化していく。E_{11} はその意思決定の結果として，下位単位 E_{111} に対して一つの意思決定問題を定式化する。形式的にはこの分業による意思決定プロセスを，次のように表現できる（図18を参照）。すなわち，単位 E_{11} の意思決定活動を通じ，細かさ ρ_1 を有する情報構造を通じて表現される要素をもつ意思決定問題は，細かさ ρ_{11} を有する情報構造を通じて記述され，そして本来の意思決定値域の，制限された値域に関わる一つの意思決定問題に変換される。その場合，$\rho_{11} < \rho_1$ [11] が適用される。それゆえ，単位 E_{11} の意思決定への貢献は，〜意思決定値域の細分化と制限を度外視すれば〜 一つの意思決定問題が，より細かく分割され

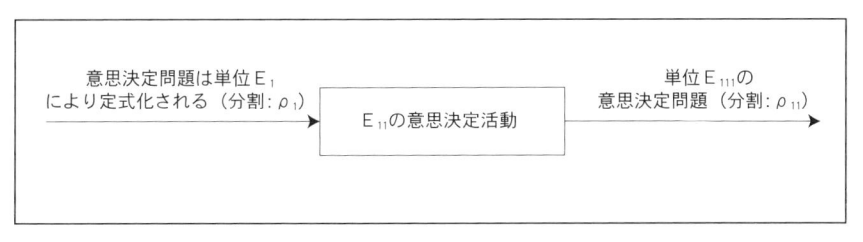

図18：分業による意思決定プロセスの部分図

意思決定問題は単位 E_1 により定式化される（分割：ρ_1） → E_{11} の意思決定活動 → 単位 E_{111} の意思決定問題（分割：ρ_{11}）

ることを意味する[12]。

　情報構造 ρ_1 を基礎に単位 E_{11} に対する意思決定問題が定式化されることによって単位 E_1 の意思決定問題は解決される。この定式化は，意思決定要素のより詳細な図に比べた場合，どうでもよいことである。

　E_{11} の意思決定活動は，ごく大ざっぱに定式化された意思決定問題を直ぐ解決できるように定式化するか，または直ぐ解決できるような定式化に近づけられることを条件にしてスタートする。この職務を履行するためには，自律的な探索プロセスのなかで場の−，行為−および目標要素について，より細かな情報の収集が必要である。その際，構造化への寄与，つまり意思決定要素の構造化が行われる情報構造の細かさは，意思決定単位 E_{11} のキャパシティによって決まる。仮にこの単位の所与の意思決定キャパシティが直ぐ実現できるように十分定式化されていれば，すべての意思決定要素が確定されている（複数の）行為が直接実現できるように，構造化される。現有能力をもってすぐ実現できるような定式化ができない場合は，さらに意思決定要素の構造化が行われる。

　すでに述べた意思決定問題の段階的構造化の場合，そのプロセスのどの段階においても意思決定要素はますます精緻に表現されなければならない。必要とされる情報が企業にある限り，この事実から，現に保有する情報量をつねに，より細かく編集整理するプロセスが必要である。問題になる情報が企業で入手できないとすれば，各意思決定単位は情報処理措置のほかに独自の検索プロセスを実施しなければならない。

　以上において考察した構造化プロセスを以下のように纏めることができる。複合した意思決定問題の解決は，意思決定要素の構造化が漸進するなかで明らかになる階層的意思決定のシーケンスの連続のなかで段階的に行われる。それゆえ'意思決定'は，組織においては一つの単位が所与の意思決定問題の構成要素を，より強く構造化するなかで行われるものである。この方法で当該意思決定プロセスの一つの段階において行われる構成要素のすべての構造化が問題解決の余地を減少させ，そして下位段階における選択肢の発生の余地を制限する。意思決定問題は，一つの行為が直ちに実現できると確定されれば解決されたと見なされる。つまり，その後において意思決定問題のすべての構成要素は完全に構造化される。

階層的意思決定シーケンスのモデルが，論理的理由から妥当な分業による意思決定プロセスの一つの基本構造を記述するものであることは疑いない[13]。

　上位単位からあらかじめ定められた意思決定要素に方向づけられなければ，企業目標の実現に対して何ら貢献し得ない。もっとも現実では階層上の意思決定シーケンス・モデルが，さまざまに異なる特徴をもつことを見落してはならない。この点に関しては次の二つの事態を指摘しておきたい。

　一つの事態は，問題に適した情報構造の定式化に関するものである。実際の経験や実証研究[14]によると，すべての意思決定単位が問題に適したそれぞれの単位の情報構造を示し得る，という仮定は否定される。問題に適した何らかの情報構造が存在するという数学的証明は，それだけではこの種の分割の規定化のために実際に役立つ道は開けない。このような理由から必ずしもつねに問題に適した情報構造が，分業による意思決定問題の解決の基礎とはならないことが想定される。さらに，つねにすべての意思決定要素が明確に証明できるわけではないことと，証明されたと見なされる要素についての情報も不完全であることが考えられる。

　もう一つの事態は，実際に普及している意思決定準備のための単位，特にスタッフや委員会形式で用いられている単位である。二つの下位単位 E_{11} および E_{12} のために意思決定権限を定式化する単位 E_1 の意思決定は，この考察の場合，情報収集と情報処理を職務とする単位を通じて準備される。これらの問題は，次節の計画策定システムを論じるところで再び取り上げることにする。

2．意思決定自律性の規定値

　或る単位の意思決定自律性は，意思決定問題の解決に際しどの程度まで当該考察単位が制約から自由であるかを示すものである。意思決定単位の自律性を明らかにし，かつ自律性の規定因を探るどの試みも，その時々の意思決定権限から出発しなければならない。

　或る意思決定権限の定式化および基準をもって，すなわち場の－，行為－および目標要素の確定をもって或る単位に対して許容される行為集合が規定される。もし意思決定要素の調整が不完全であれば，許容される行為集合は行為を

最も強く制約する要素をもって定義される。

　一般的に以下の点が確認できる。或る単位が自律性をもち得るのは，許容される行為集合に行為選択肢が残されているからであり，その場合にのみ何らかの意思決定問題が存在する。したがって，意思決定権限が定式化されると必然的に意思決定の自律性が認容される[15]。したがって意思決定自律性が存在しなければ，当該の意思決定問題は解決されており，重要なことはその意思決定が実行されることである。

　さて，意思決定自律性の決定値に関する問題を，企業における最上位の両方の階層レベルにおける権限配分を背景に明確にしてみたい。まず，経営者は大まかな総合計画の枠組みのなかで複合した意思決定問題を，構造化と細分化によって下位単位の'調達'，'製造'および'販売'に分割する，と仮定する。調達部門のマネージャーは，その際，特に自社で製作する機械の組立てに使う市場の複数の企業からオファーされたユニットの調達について意思決定しなければならない。経営者は意思決定権限の定式化の際どの価格までなら，かれがユニットの調達について決定し，そしてどの価格以上になれば，かれの意思決定自律性を取り上げるかの判断権能を，調達マネージャーに委譲すべきかという問題に直面する。

　決定論理的観点から見ると上述の状況のもとでは，経営者がその調達意思決定に基づき期待できる終結状態について，もはや無関心でおれなくなるとき'臨界'価格に達する。それゆえ臨界価格の高さ，つまり当該単位の意思決定自律性の程度は，経営者が行う構造化の程度に依存する。この臨界市場価格を超えると，経営者は調達マネージャーとは異なる別の意思決定を下すかも知れない。事情によって経営者は，従来購入していたユニットを自社で造るかも知れない。あるいは従来外製であった計画を改め，内製に切り替えるかも知れない。

　以上の考察は，次のように一般化することができる。すなわち，一つの意思決定単位の意思決定自律性は，その時々の上位単位の問題に合った情報構造が，どの程度精緻であるかに依存する。上位単位サイドの意思決定結果に関し差別化能力が明確であればあるほど，下位単位の意思決定自律性はそれだけ少なくなる。上位単位が問題に合った情報構造を大まかにすることによって，つ

まりかれらの限られた情報処理能力に順応しなければならないとすれば，下位単位の意思決定自律性は拡大する。こうして意思決定は'下方へ'委譲される。これに対し上位単位が，キャパシティの蓄えがあるか，または意思決定準備単位の組み込みを理由に，問題に対してより細かで適切な情報構造の構築を意思決定の基礎にする可能性をもてば，下位単位の意思決定自律性は低下する。

最後に，以上で考察した'上位単位'の性質についてコメントをしておく。上位単位の場合，つねに個々別々の意思決定単位を問題にするわけではない。意思決定自律性は，当該単位が所属し得る委員会のような集合的意思決定単位を介しても確保することができる。上述の例ではこの場合，調達マネージャーの意思決定自律性は，自己調整の過程で調達－，販売－および製造部門のマネージャーが属する委員会を通じて限定されるかも知れない。

この種の委員会の利点は明らかである。委員会は，簡略化されたコミュニケーション条件のもとで調整されなければならない単位の専門分野の知識を直接利用することができる[16]。しかし他方では，調整委員会設置の重大な難点を見落としてはならない。集団による解決の若干の問題は別として，この種の調整手段の問題解決能力が，事情によっては個々の成員の部門エゴによって損なわれる場合があるという点である[17]。

3．意思決定自律性と集権（分権）

前節において導入した意思決定自律性の概念は，確かにあらゆる分業による意思決定システムの根本的事態を説明するものであるが，組織単位の意思決定自律性を直接，対象とした組織理論的論考は見出せない。これに対して，組織全体に関係した集権と分権の程度を論じる場合には，意思決定自律性の現象が大きく注目される。集権（分権）の程度の問題性について論じる前に，まず，個々の意思決定単位の意思決定自律性がどのように説明され，比較されるかという問題を検討してみたい。したがって以下の考察対象は，自律性の程度の説明とその程度の言明力にある。その際，序数的自律性の程度と基数的自律性の程度が考えられる。

分かり易い序数的自律性程度は包括関係に従う。すなわち，単位 E_{11} の許容

し得る行為集合は，単位E_1の許容し得る行為集合の一つの部分集合である場合，E_1の意思決定自律性はE_{11}のそれに比べるとより大きい。しかし，このように構想される序数的自律性程度は，特定意思決定単位間の比較にしか使えない。図19を見ると，たしかに単位E_0，E_1，E_{11}およびE_{111}は上下相互に比較できるが，しかし例えば，単位E_1と単位E_{21}の比較はできない。しかし，ますます枝分かれしていく意思決定階層のなかで'一本の線上に'配置された単位なら比較できる。これらの単位間でのみ包括関係を基礎とした意思決定自律性の程度についての比較はできる。

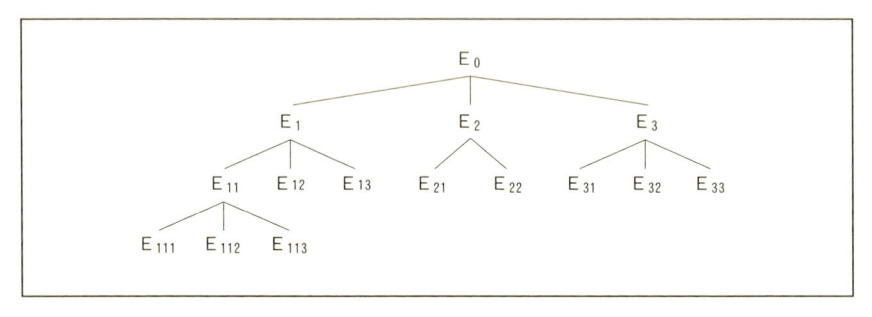

図19：階層的に配置された意思決定単位

　包括基準に従って配置された或る一定数の意思決定単位を見てみると，意思決定自律性の制限が強まるにつれ，所与の複合した意思決定問題の段階的解決が進むのが分かる。意思決定自律性の程度を見れば，解決すべき意思決定問題の実現の成熟度が分かる。意思決定問題の定式化が実現に向かい成熟するにつれ，先行した意思決定に基づく意思決定問題解決を付託された単位の意思決定自律性はますます減少する。

　以上の考察から序数的自律性の程度を通じ，その時々の意思決定自律性の程度について，意思決定単位の限られた比較が可能になることが分かる。それゆえ図19に見られるように例えばE_1とE_{21}間をも含め，すべての意思決定間の比較に有意な基数的自律性の程度の定式化が可能かどうかの問いが提起される。

　例えば，販売のマネージャーと倉庫の管理人を調達部門において許容できる行為の数で比較するとき一つの基数的程度が生まれる。しかしこの基数的程度

は，とりわけ二つの問題を投げかける。第一の問題は，一つの行為集合は無限数の行為選択肢を含み得るということから発生する問題である。この状況は，例えば製造部門において，或る製品が分割可能なため産出量が常に変動するときに発生する。このような事情のもとでさまざまな意思決定間で比較することは疑問である。第二の根拠は，難しさの行為集合がいろいろと異なる分割の仕方で比較される必要性にある。販売マネージャーの許容される行為集合は，情報構造が大まかなため調達部門の倉庫管理人の基本的なより細かな行為に比べた場合少ない行為選択肢から成り立っている。このことを根拠にすると，意思決定自律性の測定はまったく意味がないように思われる。この難点は比較可能な意思決定単位の行為集合が，実現可能な細かな集合に変換される場合に初めて回避されると思われる。しかしそのような変換は実行不可能である。

意思決定自律性の基数的測定は，二三の意思決定要素について基数的測定操作が可能ならその測定の問題性から失うものはない。一例は，貨幣的な予算基準や目標基準である。意思決定権限が貨幣的数値を示す意思決定単位の場合ですら，これらの構成要件は通常，意思決定権限の範囲限定が行われる場合，非貨幣的価値との結びつきにおいてのみ用いることができる。したがって宣伝部のマネージャーの意思決定権限には，資金的制約のほかに重要な販売市場や投入すべき宣伝媒体についてその他の制約が加わる。部門マネージャーの場合も相応の規定化が行われていることが確認できる。しかしこれら両者の意思決定単位を貨幣的権限の観点から比較しても，かれらの意思決定自律性のトータルな違いを説明したことにはならない。

それゆえ全体として見ると組織理論的問題提起に対し，さまざまに異なる意思決定単位の意思決定自律性のなかで言明能力のある相違点を明らかにするために，基数的尺度の援用はできないことが確認できる。

このような測定論的考察を背景に，以下では集権度（分権度）の問題性について論じることにする。

3.1 文献上の集権（分権）概念

'集権' と '分権' 概念のほかに，非常に多様な専門分野，例えば経営経済学，マクロ・ミクロ経済学，政治学，社会学および社会心理学などの分野において

比較できるような意味をもつ別の対概念はない。広く行き渡った集権および分権問題に関する議論から，組織理論のなかではこの概念内容については広範囲な合意があるように思われる。しかし文献上の言明を批判的に精査するとこの仮定は論破できる。従来，集権・分権度を使えるようにし，定義する試みは稀であった。このような事情を踏まえると，Fesler[18]の以下の主張は間違いなく広く同意が得られるであろう。"明らかにわれわれは，両極（集権と分権，著者の注釈）間のすべての連続体を表す概念を持たないし，集権化・分権化傾向の均衡を保つ中間領域を示す概念も持たない。"

たいていの概念理解は，本来の言葉の意味に沿い一つの中心への動き，つまり一つの中心に向かって一つの特徴が集中すること（集権），または一つの中心から，あるいは一つの属性が複数の単位に割り当てられる（分権）のことと解釈される。もっともこの解釈の仕方は，定義間の共通点を高い抽象レベルでしか確認できない。この関連で見ると，集権・分権現象がシステム理論的に説明されている。この見解によれば，一つのシステムにおける或る要素の'中心的'ポジションが，どの程度その要素に'指導的役目'としての主要な役割を与えているかに依存する。'中心的'要素の投入サイドに小さな変更を加えることは，全システムに強い影響を及ぼす[19]。この'中心的'ポジションの考え方が，小集団研究の社会心理学的分野で発展した集権概念の基礎になっている[20]。

引き続き，階層システム[21]における意思決定の配分を示す[22]集権（分権）概念に考察を移したい。非常に多様な組織理論的アプローチの基礎にある意思決定の集権（分権）の考えは，次の*Simon*[23]の意訳によってその概要を明らかにできる。すなわち，"組織は，階層の比較的高いレベルにおいて意思決定を下す度合に応じて集権化される。また，最高経営者の意思決定が下位のレベルに委譲される度合に応じて分権化される。" 意思決定の集権（分権）の最も精緻な理解の仕方は数理志向的組織理論のなかに見られる。この方向の典型的研究が，*T. A. Marschak*[24]によって開発された分業による意思決定システムのモデルであり，これは，三つの単位 〜 '本社'と'二つの地域マネージャー'から成り立つモデルである。このモデルでは，'情報収集'，'コミュニケーション'および'意思決定'の活動が考慮されている。本社主体の組織形態の場合，地域マネージャーは情報収集活動とコミュニケーション活動のみを行う。した

がって意思決定行為は本社の責任となる。分権構造を採る場合は，すべての単位が意思決定に参加する。同じように Albach も定義している[25]。"私は，意思決定に束縛された部門の意思決定裁量余地がゼロよりも大きい場合，分権という言葉を使い，逆に指図に束縛された部門が意思決定に当たり自らの裁量余地を持たない場合，集権という言葉を使う"と述べている。

3.2 選り抜きの測定コンセプト

さまざまな集権（分権）度の言明力に関し次項において論じる前に，二つの集権（分権）度に関して，Whisler および Aston グループ のコンセプトの測定論の構造を細かく分析してみたいと思う。

Whisler

Whisler は一連の論文[26]のなかで，組織構造の集権（分権）度の把握のための尺度を，'コントロールの行使'という特性との関連で展開している。'コントロール'とは，或る集団または，或る組織の行動に対して影響を及ぼすためのあらゆる影響の直接的行使，およびそのためのあらゆる原則的措置をいう[27]。Whisler はかれの論文のなかで，影響関係を操作できるような影響概念の厳密な定義を行なったわけではない。完全な集権または完全な分権のケースでは，単なる二つの極端な影響分与の形だけを記述している。完全な集権化の場合，影響行使が一人の人に集中され，完全な分権化の場合，すべての成員が同じような影響行使の可能性を持つ。しかし実践上重要な中間形態のためには，これら両者の極端な形態からは，何の測定処方箋も生まれない。したがって Whisler が同時に提案した間接的測定方法を批判的に評価することも難しい。Whisler は，組織における影響行使を直接捉えず，むしろ'給与・賃金の支払額'などの基準に合わせて，間接的に集権（分権）度を表現した[28]。つまり，給与・賃金の支払額がより上位レベルに多く集中されるにしたがい組織はますます集権度を高める，と言っている。Whisler は，この測定方法を次の考察を通じて正当化した。すなわち，'コントロール'を特定の個人間で割り振るようなすべての組織の規定化は，職務担当者に対して一定の要求を求めている。その要求とは，知能，知識，イニシアチブおよびこれらに類似した属性な

ど個人の特性に関するものである。これらの能力は，個人が個々にもつものであるから一様ではない。しかもその場合，これらの能力を幅広く備えている人は比較的稀である。したがってより高い給与の支払いが必要である，という。

このような能力をもつ人の場合，Whisler によれば或る種の一般的な選好が見られるという。そしてその一般的選好は需要を超えて ～当該企業が影響を及ぼせないような～ 労働市場の価格を決める。したがって，組織の'コントロール'機能に対するその時々の要求から，給与および賃金構造の固有な構成が導き出される。

Whisler の，このアプローチに対して一連の批判的な異議を提起できる。言明力ある分権度と集権度を説明するという問題は別にして，貨幣的数値に限定することは非難されなければならない。給与のほかに採用できる非貨幣的給付について Whisler の論文は考慮していないからである。この事実が問題なのは，特に階層の，より上位レベルにおいて給与や報酬の支給効果の機能を唯一のインセンティブ源であるとする考えが問題だからである。影響行使の可能性と，或る種のステータスを与えることは，すでに金銭支給と競合する代償を意味している。この批判はさておき，給与や報酬の支給を集権させれば，影響行使の程度がさらに逆推論できるということにはならないことを指摘しなければならない。例えば，研究集約型産業の場合，研究・開発部門は全階層の枠組みのなかでその給与構造が独自のルールによって作成される。拡大期の企業政策の場合，賃金・給与構造における時間的延期が期待できるという事実から一層の制限が行われる。拡大措置を準備する場合，まず上位の階層レベルと研究・開発部門における従業員の潜在性の拡大，またはその再構築が行われるという仮定は現実的であると思われる。上位の階層レベルに対して支給される給与の割合は，その他のレベルに比べて成長政策が実施される場合，中・下層レベルにおいても人員の増員が行われるまでは逓増的に上昇すると考えられる。

組織階層における権限配分とその組織成員への金銭的報酬との間に関係があることは疑いない。しかし，これを根拠に組織理論的分析に対する言明力のある集権（分権）度を生み出せるかどうかは甚だ疑問である。

Aston研究グループ

経験的組織研究のさらなる発展にとって特別な意義をもつものが，1970年代のいわゆる *Aston-Group* の研究成果である。この研究グループは，最も注目に値する組織理論的研究プロジェクトを方法的に基礎づけ，実証研究の幅という点でこの時代を通じて活躍した。さまざまに異なる研究成果が他の観点からまとめられ論評されている[29]。ここでは意思決定の集権（分権）を説明するため *Aston-Group* の研究が基礎にしたコンセプトだけを批判的に考察してみたい。

組織構造の意思決定集中を，一つのリストにまとめた37の意思決定職務について意思決定権限を階層上配分することにより測定している。アンケート調査により一つの組織内と，階層レベル数の異なるさまざまな組織間の階層ポストが比較できるように，*Aston-Group* の集権度調査では階層の分岐を一本の'ライン'に減らし，階層レベル数を標準化した。階層段階の標準化は，六つのレベルに確定して行われた。（段階分け：もっとも低いレベル＝0，もっとも高いレベル＝5）。組織構造のそれぞれの集権度は，リストアップされた意思決定に対し調査した段階値の合計から決められた。図20は，*Aston-Group* の方法的進め方をまとめたものである[30]。

Aston-Group の集権コンセプトに対しては，特に以下の異論を唱えることができる。

1. かれらが選択した意思決定のリストでは，或る組織のなかで下された意思決定の一部分だけが考慮されている。したがって，多様な組織の集権

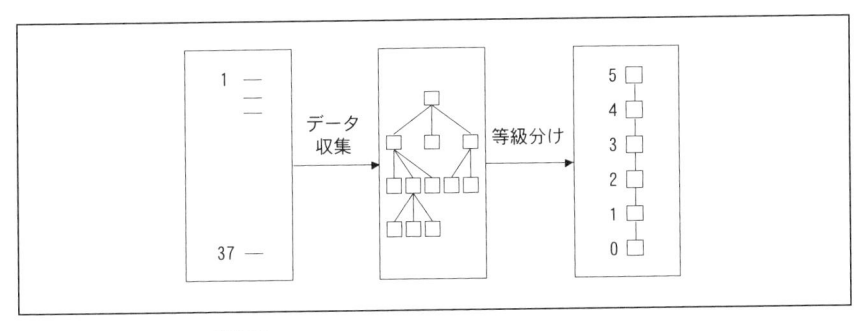

図20：Aston-Group の集権度

（分権）の傾向を表す意思決定をどのように選択するか，という問題が発生する。
2．リストアップされる意思決定は，アンケートのなかで個々の階層レベルに対し正確に分類できるように一義的に定義されていなければならない。したがって例えば，一つの意思決定を，ただ単に'投資の意思決定'として特徴づけることは曖昧過ぎるように思われる。なぜなら，さまざまな階層レベルにおいて範囲の異なる投資意思決定が下されるからである。もっとも構造化度が'平均的な'意思決定職務を定式化することは，本来両刀論法である。したがって一義的な意思決定職務の定式化を求めることは，下位階層における意思決定を強調しすぎることになるかも知れない。
3．集権化度の決定的問題性は，アンケート当時の組織構造について問われた階層ポストを標準化した階層に転用した点である。しかしこの転用の仕方について方法の手引きを著者らは示していない。

3.3 集権（分権）度の問題性

　測定学的問題性について議論する場合，階層システムにおける意思決定権限の配分または意思決定職務の割当に方向づけられた集権（分権）度に限定するとすれば，たいていのコンセプトは暗示的または明示的に，組織における意思決定の自律性の配分から出発する。測定学上の本来の難しさは，組織全体の集権（分権）度の算出のための目標の追求から生まれる。

　全体システムの集権（分権）度を求めるためには，～いかにこの要求に応えるべきかによって異なるが～　事情によっては，あらゆる意思決定単位の比較が必要である。そのような比較の問題性については，すでに意思決定自律性に関する本節の導入部分において指摘した。したがって言明力の有る比較は一定の前提のもとでこれらの考察を行った後，'一つのライン'上に在る単位間の唯一の組織に対して用いられる序数的測定方法を基礎にする場合にのみ可能である。

　いま，このような視点から集権（分権）度を操作できるような定式化のために工夫された測定コンセプトを考察するとき，これらのコンセプトの本来の問題性を意思決定自律性の序数的説明という狭い限界が，追加的な仮定の導入に

よって取り除くことができるという点に求めることができる。この確認は上述の Aston および Whisler のコンセプトから明らかにできる。

 Aston Group は，まず説明しなければならない階層的意思決定システムを'一つのライン'に縮小し，その上で一つの組織内の複数の単位を比較するための条件を満たした。階層段階を標準化し測定等級を導入することにより，さまざまに異なる階層レベル数をもつ組織間の比較のための前提条件を考え出した。Whisler は賃金・給与支払に注目し，間接的に集権（分権）が把握できるように直接，基数的測定尺度を採用した[31]。組織におけるすべての意思決定単位をこのような状況のもとで考察することが可能であれば，全体組織の集権（分権）度を決められるし，さまざまな組織間の比較もできる。

c. 計画策定システム

 本章の始めに述べたように[32]，意思決定権限の定式化と計画策定システムの間には密接な関係がある。それゆえ意思決定の調整のための計画策定の意義を以下においてより詳しく考察してみよう。

1. 意思決定権限のシステムと計画策定システム

 意思決定権限の叙述に際し，投入される階層的意思決定連鎖のモデルは疑いもなく確かに論理的理由から，分業的意思決定プロセスの基本構造を記述するものである。もっとも階層的意思決定連鎖のモデルは，とりわけスタッフや委員会形式の意思決定準備単位の設置により，特別な特徴を持つことになるという点は考慮しなければならない。その際，二つの下位の意思決定単位 E_{11} および E_{12} に対して，それらの意思決定権限を定式化する単位 E_1 の意思決定は，この見方の場合，情報収集および情報処理の職務を行なう単位を通じて準備される（図21を参照）。

 この種の意思決定準備の単位を挿入すれば，一つの単位がこれまで考察してきた階層的意思決定連鎖のモデルに比べると，意思決定問題の構造化に対してより大きく貢献し得ることが分かる。この仕方によって同時に傾向的に必要な

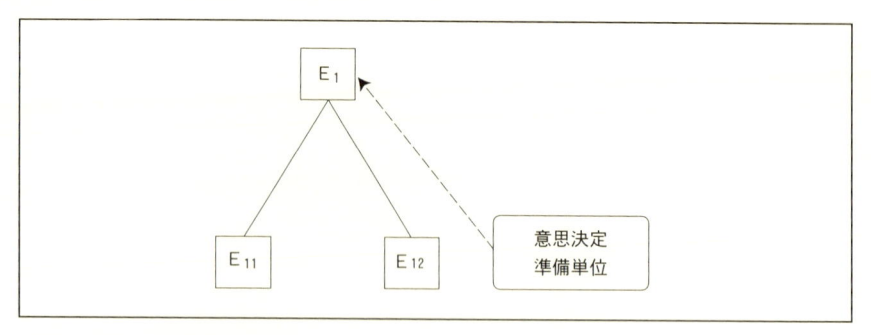

図21：意思決定準備単位の設置

構造化のステップ数も少なくなる。

　意思決定問題が複合している場合は，特に最初の構造化ステップにおいて広範囲な構造化が絶対に必要である。しかし例えば，大企業で一つの製造プラントを追加建設するような極めて広範囲な意思決定問題を下す場合についてみると，その企業の経営者は，限られたキャパシティの範囲内で大掛かりに集めた情報に基づいて仮の意思決定を下すであろうという考えは現実的ではない。或る単位の限られたキャパシティに対して，ここでは当該経営者が制約に対して意思決定活動を適合させるためには説明の精度を相応に粗くしながら，考察対象の経営者は，意思決定のキャパシティを考慮しつつ，当該の形式目標を厳密に区別する能力を任意にいろいろと変えてみる用意がなければならない。このような仮定のもとでのみ問題に適した，より粗い情報構造が導き出せる。このことは極端なケースでは，例えば経営者にできることは'利益'と損失'の両者を区別することか，または'最低８％の採算性'か，または'８％以下の採算性'を区別することぐらいであろう。また利益観の特徴をさらに細かく区別することは，情報活動や意思決定活動によって生じる精神的負担から困難であろう。これに対し形式目標の構造を任意に大まかにはできないという現実的仮定から出発すると，一定のレベルでは意思決定要素の構造化度に対して一つの下限が明示される。しかしこれらの要件を満たすためにその時々の意思決定単位のキャパシティが十分でなければ，必然的に意思決定準備的補佐職の設置が必要になる。

　このような結果になることを避けるため，必要とあれば当該意思決定単位は細かく分割された断片的な持ち合わせの情報を集めながら不確実な状況の下で

の意思決定を余儀なくされるであろう。意思決定単位は確かにこのような仕方で形式目標が大ざっぱになることを避けることはできるが，意思決定構成要素の見積りに信頼が置けなくなる。したがって以下の意思決定連鎖の場合，構成要素間に矛盾が生じ得る。例えば，予め定められた物的目標が経営資源が不十分なため，行為要素または場の要素と一致しないことが考えられる。その場合当該意思決定問題を改めて定式化するためにその都度上位の意思決定単位に差し戻すと思われる。恐らくこのようなやり方は上位の階層レベルに著しい負担を与え，意思決定プロセスに支障を来すであろう。もしこのような帰結を回避するつもりなら，〜このケースを仮定する場合〜 同じように意思決定の準備単位が必要になる。

　分業による問題解決プロセスを省察する場合，細分化プロセスを考察に含めると，部分意思決定はますます枝分かれする体系のなかで一歩一歩構造化される。こういう状況のもとでは，意思決定連鎖順に意思決定を他と関連づけずに行うことが条件づきでのみ可能である。つまり意思決定相互依存の存在が，個別活動をできるだけ広範囲にわたり調整しておくことが求められる。このような要求は，意思決定が比較的高いレベルかまたは委員会を介し相互調整されながら決定が下される場合にのみ満たされる。しかし両方の形態にも問題がないわけではない。意思決定をより上位の階層レベルに移すことも，当該単位を委員会等にまとめることも，所与の情報処理能力に直面し，限られた範囲内でのみ可能だということをまず確認しておかなければならない。

　以上の考察から，分業体制で経過する意思決定プロセスを現実的に観察すると，計画策定の職務は意思決定準備単位に委譲せざるを得ない[33]という結論が導き出せる。そのような計画策定活動の構造と流れを，製品分野が分かれている或る企業の一つの計画策定システムを例に挙げ明らかにしてみたい[34]。

　ここで基礎になっている事業部制組織の枠組みのなかで経過する計画策定活動は，次のように大まかに要約される。すなわち当該企業の各事業部はそれぞれ一年の'事業計画'を作成し，それが執行役会で同意を得て最後に承認される。すべての計画策定活動は，執行役会と執行役会に分属された委員会（例えば，設備投資委員会，人事・厚生労働委員会および研究・生産技術委員会）によって推敲される長期的視野の枠組みのなかで進められる。

企業の総合計画は，企業内諸部門から生まれ，'下から上に向かって'発展する。執行役会参加を考慮すると，部門関連の計画策定の場合，二つの段階に区別される。すなわちいわゆる個々の部門別'新事業目標'の設定段階と本来の計画書の作成段階である。両者は密接に結びついている。新事業目標は計画策定の結果としてのみ定式化され，計画書の作成は新事業目標の実現に役立っている。

　新事業目標は，企業諸部門の計画策定プロセスの第一段階では各部門の計画策定スタッフが仕上げ，執行役会と議論して最後に拘束力をもつものとして取り決められる。また，新事業目標は次の数値と関係がある。受注額，売上高，経常利益，営業利益率，自己資本回転率，外部資金調達額，投資額，棚卸資産および従業員間接費などである。

　取り決めた新事業目標に基づき個々の事業部門の事業計画書が作成される。これらの業務は各事業部門の統括部の計画室において調整される[35]。計画策定終了後各事業部門の計画書は，執行役会レベルの特別な執行役会委員会のなかでプレゼンテーションされ，拘束力を持つものと説明された新事業目標との整合性を考慮して精査される。このやり方で承認された個別計画書が，本社の最高執行役会において議決され企業の総合計画書にまとめられる。

　上述の総合計画策定システムから明らかになることは，経営者は包括的な計画書に基づき広範囲にわたり構造化される意思決定に関与しているという点である。

　まとめると次のことが確認できる。複合した問題に関する意思決定は，広範囲にわたる計画策定の活動の形をとり，意思決定の準備をする単位を挿入して準備される[36]。

　複合した意思決定問題の分業による解決の場合，準備をする計画策定活動の範囲は，組織における垂直方向の自律性の範囲に直接影響を及ぼす。計画化を細かくすればするほど，各意思決定単位に対する意思決定自律性と情報自律性の認容の必要性は低下する。したがって，もし実現すべきすべての行為を一つの包括的な計画書のなかで細かく確定できるとしたら，意思決定自律性のいかなる認容も余計なことになるはずである。つまり，意思決定権限がおよそ委譲できる単位はないはずである。つまり，すべてが計画書によって決められているのである。現実のどの意思決定状況にも存在する不確実を考えるとき，この

ような極端な状況はあり得ない。意思決定単位のキャパシティが限られていると，計画策定の時点において時間的に後続するあらゆるプロセスを詳細に確定することはできない。それゆえ意思決定の自律性と情報の自律性の認容が，分業的意思決定システムにおいては避けられない。

2. 計画策定システムの構成

　実際に採用される計画策定システムの構造は，支配的な共通の特徴として全体システムが或る程度まで自律した部分システムに分解されるという性質をもつ。これは意外な認識ではない。それは，つまり複合した問題の関連を相互に比較的左右されない部分問題に分解することを意味し，経営プロセスを一つのまとまった計画策定システムを通じて説明し，かつそれをデザインする複合した問題を処理する場合の基礎的で，しかも唯一実際に使える進め方である。

　計画策定に関する膨大な文献を見ると，全体の計画策定システムを部分システムに区分する際，注目すべき一致点が確認できる[37]。その際，注目される原則は計画の文脈の階層化である。その基本的考え方は，*Anthony* の計画策定コンセプト[38]のなかに最も簡潔に示されており，しかもかれのコンセプトは，その後の計画化に関する文献に影響を与え続けている。Anthony は，計画策定レベルを以下のごとく三つに区別した。

- 戦略的計画
  "戦略的計画とは，企業の目標に関する意思決定，その目標の変更に関する意思決定，その目標の実現に必要な経営資源に関する意思決定，および経営資源の入手・使用・投入に適用される方針に関する意思決定のプロセスを云う"[39]。*Anthony* によれば，戦略的計画策定の結果が企業に対して重要な帰結をもたらす計画書である。

- マネジメント・コントロール
  "マネジメント・コントロールとは，経営資源が経済的な方法で調達され，かつそれが企業目標実現のために投入されるようにマネージャーが確実にしていくプロセスを云う"[40]。マネジメント・コントロールは，*Anthony* によれば，所与の目標の範囲内でマネージャーの経常的諸活

動のなかでかれに企業目標達成のために影響を及ぼしていくことをいう。つまり，この計画策定の部分は人志向的であり範囲志向的である。
- オペレーショナル・コントロール

"オペレーショナル・コントロール"とは，明細に記述された職務が経済的な方法で履行されるようにするプロセスを云う[41]。オペレーショナル・コントロールは，*Anthony* によれば職務およびプロセスに関わるものであり，それらは広範囲に構造化され，かつそれらの実現に関わる裁量余地はほとんどない。

Anthony が採用した計画策定システムの構成は専門用語を使えば，次のように区別すべきであろう。

- 戦略的企業計画，
- オペレーショナル企業計画，
- 実現関連的プロセス計画。

戦略的企業計画は，収益および経営資源の潜在性の長期的確保を対象にしている。この計画策定が，企業計画の下位に位置する部分諸システムのあらゆる活動に対し長期的に有効な枠組みを設定する。

オペレーショナル企業計画は，戦略的計画を通じて予め定められた枠組みを'経常的な'企業諸活動に方向づける。この計画策定によって，経営資源の製品関連およびプロジェクト関連の調達ならびに経営資源の利用が確定される。時間的範囲の特徴は，中・短期的視野である。オペレーショナルな計画策定は，組織的視点からは意思決定権限の詳細化に対する最も重要な部分計画書である。

実現関連的プロセス計画は，企業計画の諸部分システムのなかでは特別な意味をもっている。この計画策定システムに数えられる活動 ～例えば，工業経営体の製造部門の詳細なフロー計画～ は，とりわけ方法的・組織的観点から，その他の部分システムの計画策定プロセスより或る程度切り離されている。しかしこれが確認されたからと云って，オペレーショナルな企業計画と実現関連的プロセス計画との間の密接な物的関連を疑問視すべきではない。実現関連的プロセス計画にとり，オペレーショナル計画の結果は一つのデータであり，そのデータからプロセスのデザインがスタートする。このことは，とりわけこの計画が所与の経営資源のプロセス関連投入を確定するという事実から説明でき

る。実現関連的プロセス計画については，それが特殊なものであるということで，以下の叙述のなかでは考慮していない。

結論としては個々の企業にはさまざまな異なる計画策定システムがあり，それらがさまざまな概念的・構造的・内容的に差別化されることを指摘しておかなければならない。もっとも戦略的計画とオペレーショナル計画を二分する仕方が，一般的にさまざまな解決法を理解する手掛かりになっている。

3．組織的視点から見た計画書作成

オペレーショナルな企業計画，つまり経常的企業活動の多期間にわたる計画化は企業計画策定システムの核心である。それは，意思決定の調整にとって最も大きな意味をもち，それゆえ以下の考察の中心になる。

3.1　相互依存と計画策定手順

オペレーショナルな企業計画の中心にはその企業の生産もしくはサービスのプログラムがあり，このプログラムから物的・名目的な部分プロセスが導かれる。これらのすべての計画策定活動の場合，販売推移の予測が支配的な意味をもつ[42]。

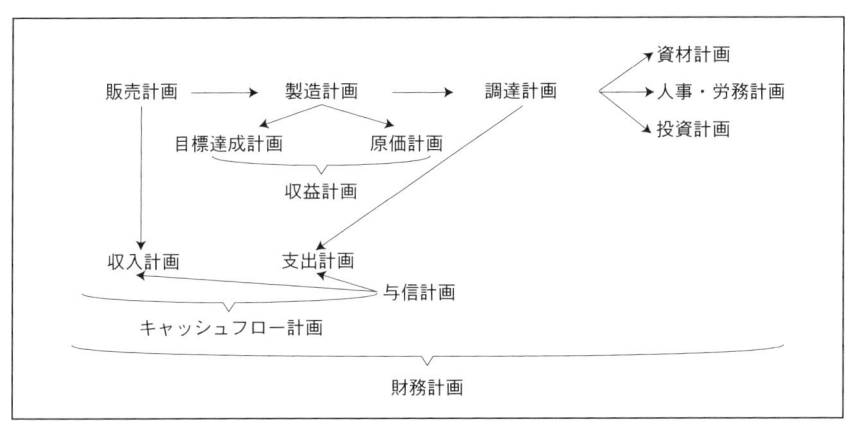

図22：部分計画のシステム（出典：Mag [Planung] 46 頁）

もっともこの企業の部分計画のシステムは，このシステムが個々の部分計画

間に存在する相互依存[44]を明らかにしない限り不完全である。ただでさえ不足がちな資本という経営資源の視点から見るとすべての部分計画が相互に結びつく関係にあることを考えれば，どの部分計画も他のすべての部分計画の前提に影響を及ぼすことは明らかである。

計画策定システムの構想上の本質的問題性は，相互依存構造が考慮される点である。同時的計画策定のアプローチこそが，厳しさ，つまり最適性確保の要求に応え得るものかも知れない。しかし，そのような高い要求に現実で対応することはできない。〜つまり現時点では，企業全体を包括した現実的な計画策定問題の複合性を一つのまとまったモデルのなかで説明し，かつ何らかの最適解を求めることは不可能である。

このような背景を考えると，相互依存の構造の持続的簡略化を可能にし，しかも企業目標ができるだけ完全に達成できるような原則の開発が，高能率な計画策定システムをデザインする際の中心的課題になる，と考えなければならない。とりわけそのような手順の選択とその投入の過程において，企業のなかで実現される計画策定システムは区別される。

その基本問題と根本的計画策定原則を一つの簡単なモデルを使って説明してみたい。

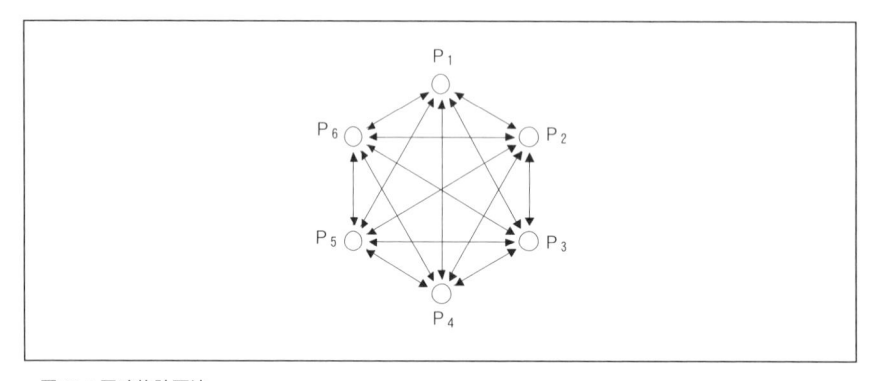

図23：同時的計画法

図23には，相互依存に基づき相互従属関係に在る六つの部分計画モデルを示した。理論的意味で最適解を得るには，同時にすべての相互依存を漏れなく把握できるアプローチが必要であろう。しかし企業の総合計画を実際に作成す

るためには，計画策定の複合要求を簡略化するための原則に立ち戻らなければならないであろう。

以下で詳細に考察する逐次原則と並行原則という原則は，同じ基本的な考え方に基づくものである。すなわち，部分計画は〜事情によっては暫定的に〜別々に作成されるという点である。この部分解決が，その後の計画ステップの前提条件を決める。つまりこの部分解決は仮の意思決定を表し，これが残りの計画策定に対する複合性縮減を意味する。本来の計画策定業務を始める前に，個々の計画策定データを重要データとして構造化する前提条件を予め定めておくことが，この進め方の必要条件である。こうして初めて，総合計画を比較的独立した部分計画に分解することが可能である。とりわけ戦略的計画から導かれる基準値がこの機能の役割をする。戦略的計画がオペレーショナルな計画活動をどの程度前もって特徴づけるかを，現実の企業[45]の計画策定システムの事例が極めてその具体的姿を示している。

販売計画や製造計画は，販売計画の作成後，極端に多額の調整経費をかけることなく，すでに準備された製造計画に合わせられる程度に決まっている。

3.2 逐次原則と並行原則

企業活動を総合計画のなかで確定する場合，大方の進め方は部分計画が逐次的作成と並行的作成の原則に基づいて行なわれる。これら両者の原則を対比するとき，あたかも逐次原則と並行原則のどちらか一方の原則が除外できるもののように解してはならない。大抵の企業では，逐次原則と並行原則の両方が用いられ，どちらか一方の方法が少し多目に用いられているに過ぎない。

逐次原則を用いる場合，部分計画のなかで順位を決めておく。先ず最も高い順位（優先度）をもつ部分計画を作成する。したがってその結果が以後の部分計画書の前提もしくは制約となる（図24を参照）。

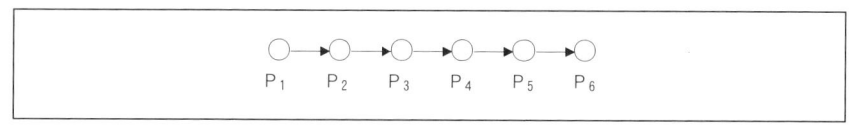

$P_1 \rightarrow P_2 \rightarrow P_3 \rightarrow P_4 \rightarrow P_5 \rightarrow P_6$

図24：逐次的計画策定

逐次的計画法の問題性は、特に部分計画内の優先順位の定式化によって最も高い優先度をもつ計画策定の結果が、その後のあらゆる部分計画の方向を決めてしまうという点である。この方法の場合、必然的に有益な行為選択肢は全く考慮されなくなる。

そこで部分計画を計画グループにまとめ、そのグループ間で優先順位を決める場合に、この逐次原則の一つのヴァリュエーションの形が生まれる。当該計画グループ内部では、そのつど存在する相互依存が全面的に考慮される（図25を参照）。

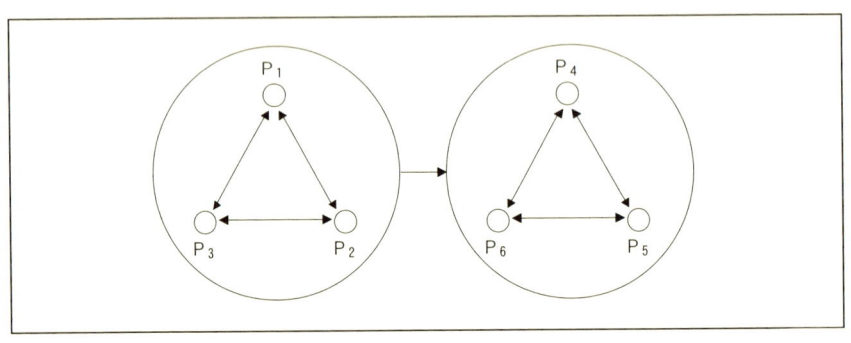

図25：グループ別逐次計画法

実際に使われる重要な二番目の計画原則を並行計画と呼ぶことができる。まず、個々の部分計画を相互に関係なく作成する。したがって他の部分計画の結

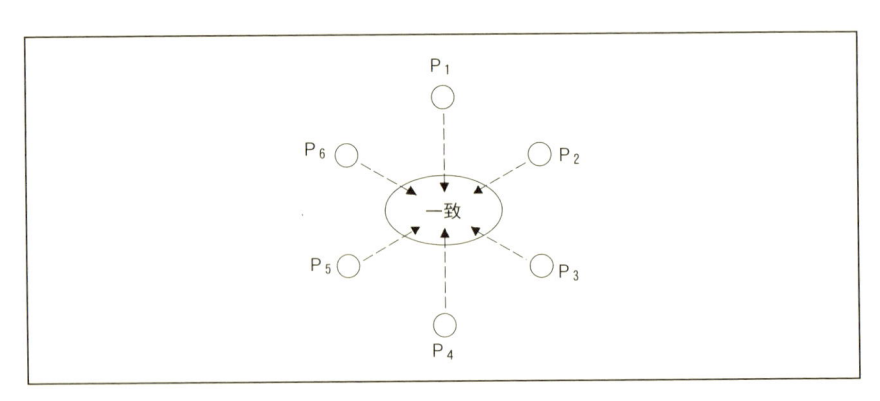

図26：並行計画法

果から制約を受けることはない。第二ステップでは，相互依存を含めてその時々の計画策定結果を一つの総合計画に合わせる（図26を参照）。

このケースにおいても，先ず部分グループ内の限られた数の部分プラン間に存在する相互依存を全面的に考慮するという方法で修正することができる（図27を参照）。

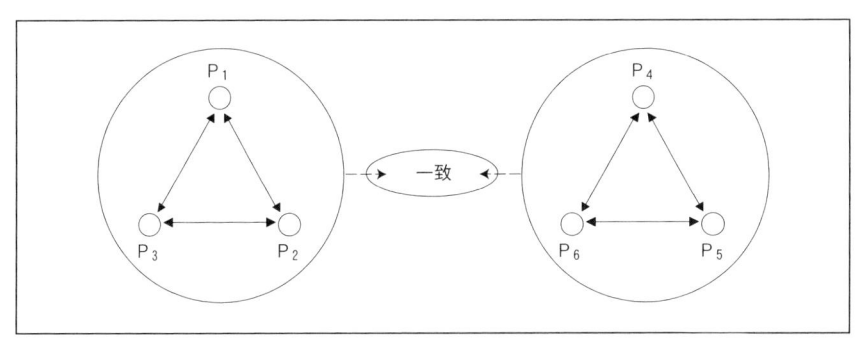

図27：グループ別並行計画法

3.3 計画策定法と組織形態

現実の企業における計画策定プロセスと計画策定システムの構造を分析してみると，〜たとえ稀に見る純粋な形であっても〜 逐次原則と並行原則の二者択一的方向づけがなされていることが分かる。そのつど採用される原則と製造品目の構成または組織形態間には密接な関係のあることが分かる。製造品目の多角化が比較的低度で企業全体が職能別構成を採っている企業の場合，逐次原則が支配的である。一方，製品の多角化が進み，かつ組織構造が製品別ないしは地域別に構成された企業では，並行原則が支配的である。これら両原則の実例として，*Volkswagen* 株式会社（以下，VW社 とする）および *Henkel* 株式合資会社（以下，H社とする）の規程が挙げられるが，両社の規程は1980年代に見られたものである[46]。

VW社 は，事業が自動車工業に集中し製品の多角化程度が低い企業の一つの古典的事例である。つまり同社の組織構造は職能別に編成されていた。前述の逐次計画法の特徴は，製品計画もしくは製造品目計画の作成を重視する点にある。これらの計画の結果が"決定的なデザイン要素として"[47]総合計画のな

かに入っている。その際，典型例はむしろ図 25 のなかで修正して示した逐次原則であるが，基本的には計画グループ I に製品計画が，そして計画グループ II に残りの計画が含まれる。もちろん逐次原則を使った計画フローの記述は，大まかに簡略化したものである。しかし相互依存がはっきりと現われれば，特に内部的給付の結びつきが認識されれば，一方的にベクトルを製品計画に合わせることはできない。それゆえ，日常的な相互調整とフィードバックが必要であり，それらの基礎になるのが委員会等のシステムである。この点については図 28 に示した[48]。

　VW 社 に比べ H 社 は，本質的により幅広い製品プログラムを生産している。企業全体の組織構造は，地域別・職能別に修正された部分を有する製品志向の事業部制の組織として説明できる[49]。直接，市場で活動する事業部と地域別部門が当該計画システムの本来の中心的単位となっている。つまりそれらの部門のために，戦略的計画の枠組みのなかで"目標と行動原則"[50]が定式化される。その際これらの戦略的基準値の実施計画への変換は，比較的相互に無関係におこなわれる。つまり，並行原則がその計画システムの基本的デザイン要素となっている。逐次原則の特徴をもつ VW 社の計画システムと比較すると，H 社 の並行原則への志向性は，計画策定の複合性を，より持続的に減少させる効果がある。明らかにこの事実から，〜VW 社と比較した場合〜 経常的計画策定を担当する委員会が概してあまり普及していないことが分かる。

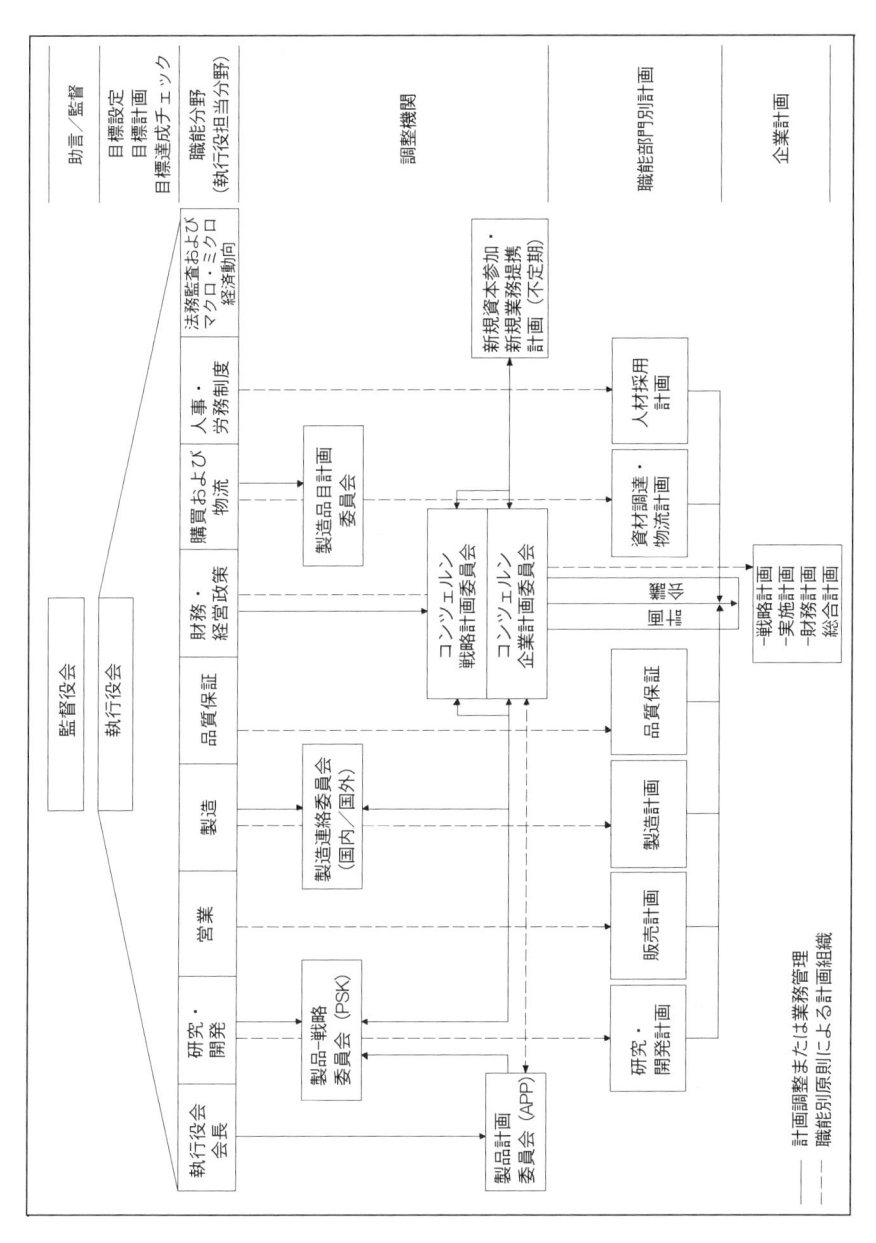

A. 個人間分業の場合の調整　103

図28：Volkswagen 社の計画策定システムとその調整（1984年現在）（資料：Höhn [Einsatz] 523頁）

注

1) 詳しくは Schwarz〔Arbeitsplatzbeschreibungen〕と Thom〔Stelle〕を参照。
2) 貨幣的経営資源の配分については，Schmidtkunz〔Koordination〕84頁および次頁以下を参照。
3) 詳細は，Schmidtkunz〔Koordination〕を参照。
4) March／Simon〔Organizations〕141頁および次頁以下，Albach〔Entscheidungsprozeß〕381頁および次頁以下，Frese〔Kontrolle〕104頁および次頁以下，Hax〔Koordination〕73頁および次頁以下ならびに Luhmann〔Funktionen〕98頁および次頁以下，そして230頁および次頁以下を参照。
5) 事前調整は，文献では特に行為要素に関して論じられている。しかしこの調整形態は場の要素や目標要素の場合にも重要である。
6) これに対しては，本原書（447頁および次頁以下）の事業部制組織の収益目標基準に関する諸条件の叙述を参照。
7) '内部市場'の構築および内部価格による調整の問題は，ここでは除外した。これについては本書195頁および次頁以下を参照。
8) 経営経済的組織論では，ただ単に仕事別構成と対象別構成とに区別された（Kosiol〔Organisation〕49頁および次頁以下を参照）。'対象'という表現は，そこでは場の観点だけではなく目標の観点に対しても用いられている。それゆえ経営経済的組織論では，仕事の対象（例えば，'長い木材'という対象を鋸で細かくひく）と，仕事の結果として発生する'対象'（例えば，対象としての'木板'の製造）は概念上，区別されていない（この問題については Frese〔Aufgabenanalyse〕を参照）。
9) 考察される単位に対し意思決定問題がどのようにして発生するかの問題は，ここでは無視した。
10) ここで考察した段階的構造化の作業は，結局ベストな選択行為が，一般に当初の問題全体にとって最適とは見なされないという結果をもたらす。なぜなら，つねに最高の期待効用を有する結果，場のみが，さらに精緻化されるからである。
11) この確認とこれに次ぐ確認が行われる場合，考察される分割は厳密に云えば，それが基本的出来事の同一集合に関わる場合にのみ比較すべきである，ということを度外視している。
12) 意思決定問題の段階的限定と精緻化については Laux／Liermann〔Grundlagen〕57頁および次頁以下をも参照。
13) *Koch* により定式化された "Prinzip der hierarchisch gespaltenen Unternehmenspolitik"「階層的に分割される企業政策の原則」（Koch〔Globalplanung〕226頁を参照および Emery の研究〔Planning〕）を参照。
14) Witte〔Informationsverhalten〕の概説を参照。Gemünden〔Informationsverhalten〕および Putz-Osterloh〔Entscheidungsverhalten〕。
15) 組織理論的文献では，この事態が繰り返し指摘されてきた。例えば，Gutenberg〔Unternehmensführung〕104頁以下を参照。Mesarovic／Makko／Takahara〔Theory〕50頁および Morgenstern〔Prolegomena〕。この関連では，Osterloh〔Handlungsspielräume〕による行為裁量余地に関する主として労働心理学的分析を参照。
16) *Scott Morton* は，示唆に富む一つの実証研究で，そのような調整委員会のなかで（製造と販売計画のすり合わせを問題にした），現代の情報技術（対話交信）を取り入れた調整が，どのように，より効率的に行えるかという問題と取り組んだ（Scott Morton〔Management〕）を参照。調整を目的としたコンピューター支援の情報システムの一般的意義については本書の126頁および次頁以下を参照。
17) この問題に関しては本書の334頁以下を参照。
18) Fesler〔Approaches〕537頁。

A. 個人間分業の場合の調整　105

19) v. Bertalanffy［Outline］150 頁以下，Hall［Methodology］67 頁以下および Hall / Fagen［System］22 頁を参照。
20) これらのコンセプトの構造については Flament［Applications］および，特に小集団研究のさまざまな集中度の批判については Sabidussi［Centrality］を参照。
21) 広い意味で，経営経済的組織論における集権と分権を職務分類上の一般原則として解釈する場合，その対概念を用いる（Bleicher［Zentralisation］を参照）。アメリカの管理論において広く普及している'分権化'と'事業部制組織の導入'とが同一視されている点については，なお言及したい（本原書の 427 頁を参照）。集権化と分権化に関しては，一般に，Bauermann［Zentralisation］の概説，Schanz［Organisation］214 頁および次頁以下，ならびに Drumm［Paradigma］および Frese［Dezentralisierung］を参照。
22) 階層と分権化の一般的関係について Simon は次のように定式化した。"階層的システムはその本質から或る程度分権化を前提にしている。"（Simon［Automation］103 頁以下）。
23) Simon およびその他［Centralization］1 頁。経験的組織研究におけるその他の定義に関しては例えば，Hage［Theory］294 頁および Hage / Aiken［Centralization］77 頁以下，また経営管理論の文献の場合，例えば Brech［Centralization］9 頁および Dale［Planning］149 頁以下を参照。
24) Marschak［Centralization］。
25) Albach［Koordination］342 頁。集権（分権）と意思決定裁量余地との関連については Zannetos［Theory］をも参照。
26) 例えば，Whisler［Centralization］を参照。
27) Whisler［Centralizaition］315 頁を参照。
28) Whisler［Centralization］317 頁を参照。
29) Frese［Organisationstheorie］111 頁および次頁以下を参照。
30) 集中度の図示のための Aston グループの方法的コンセプトは，多くの実証的組織研究のなかでさまざまなバリエーションを見せている。特に Klatzky［Automation］および Negandhi / Reiman［Environment］を参照。
31) この関連では，その時々の意思決定裁量余地の図示を介して職務要件を把握する Jaques による賃金-，給与および地位の問題に関する意思決定の学問的基礎づけのためのアプローチは興味深い。Jaques によれば，どの活動にも予め定められた職務要素の範囲と裁量範囲の二つの構成要素が含まれる。また彼は，職務要件はもっぱら当該職務がその担当者にどの程度，意思決定裁量余地を与えているかによって決まる，と述べている。裁量余地の大きさを Jaques は，'裁量の時間幅'（時間的コントロールの幅）と呼ぶ尺度を用いて測定した。'裁量の時間幅'は，仕事の開始の時点と仕事の遂行のコントロール時点によって規定される時間幅である（Jaques［Measuremento］を参照）と云っている。これに関しては，Jaques［Praise］の要約をも参照。Jaques のコンセプトの問題点に具体的に言及しなければ，意思決定裁量余地と時間的コントロールの幅との間の明確な関係の欠如が，決定的な弱点と言われるに違いない。このアプローチにおいても，時間的次元を志向した基数的尺度が使用され，序数的測定の限界の回避が試みられている。
32) 本書の 70 頁以下を参照。
33) 計画策定業務の遂行は，これらの単位を通じ，その業務遂行の段階において再び分業の問題を発生させるという事実のみをここで指摘しておきたい。
34) 以下の叙述は，Peisl / Lüttge［Konzeption］の論稿に依拠している。この論稿のなかで，Siemens 社が 1970 年代に採用した計画策定システムが取り上げられている。論者達が述べている原則および手続き方法は本質的に今もなお有効である。これに関しては，Hahn の著作の企業社内誌寄稿論文［Kontrollrechnung］を参照。Bower は，企業の計画策定とりわけ設備投資計

画の組織に対して広範な理論的・実証的研究を行っている（Bower［Managing］を参照）。
35) 計画策定プロセスの流れの詳細については Peisl / Lüttge［Konzeption］358 頁および次頁以下を参照。
36) この確認は，特に上位の階層レベルのマネジメント機能に対して当て嵌まる。この見解に対する一つの確証が，経営管理者の職務範囲に関する複数の経験的研究のなかに見られる。とりわけ *Mintzberg* の研究を参照。かれは，かれ以前の経験的研究を有効活用し，独自の経験的調査の結果と対比している（Mintzberg［Nature］を参照）。
37) 例えば，Adam［Kurzlehrbuch］35 頁および次頁以下，Mag［Planung］34 頁および次頁以下，ならびに Schweitzer［Planung］32 頁および次頁以下を参照。
38) Anthony［Planning］。
39) Anthony［Planning］16 頁。
40) Anthony［Planning］16 頁以下。
41) Anthony［Planning］18 頁。
42) これについては Eliasson［Business］102 頁および次頁以下を参照。
43) 計画モデルに関するその他の例については Adam［Kurzlehrbuch］41 頁および Schweitzer［Planung］32 頁および次頁以下を参照。
44) 語法上簡略化する理由で以下では，部分計画間の相互依存という言葉と，上で定義した相互依存概念（本書 57 頁および次頁以下を参照）が求めるような意味ではなく，部分計画を作成する意思決定単位間の相互依存という言葉を使用したい。計画の相互依存に関するさらに掘り下げた文献として Theuvsen［Beratung］41 頁および次頁以下を参照。
45) Hahn［PuK］821 頁および次頁以下を参照。
46) 組織構造が計画に及ぼす影響を的確に記述したものとして，今日もなおこれらの突合せ計算に関し Hahn［Kontrollrechnung］が記録として残している。
47) Selowsky / Müllmann / Höhn｛Planungsrechnung｝731 頁。
48) Höhn［Einsatz］523 頁。
49) これらの形態については本原書の 450 頁および次頁以下を参照。
50) Grünewald［Planungsrechnung］803 頁。

III. コミュニケーション・システム

　組織的意思決定単位間の情報の交換を，コミュニケーションと解したい。分業システムにおいては，情報が発生したところ，または情報が蓄積されているところ，および情報を求めているところがばらばらになっている場合に，一般的にコミュニケーション行為が必要になる。

a. コミュニケーションの要素

　コミュニケーションの組織的規定化は，とりわけ以下のコミュニケーション・プロセスの諸要素も対象になる。
1. 一つのコミュニケーションを発生させる事象。ここでは，〜意思決定プログラムの場合のように〜 ある事象を一つの行為に，このケースの場合，コミュニケーションの積極的活動に対し条件つきで結びつけることが問題になる。
2. 一つの情報を伝達する単位（'送信者'）。
3. 一つの情報を受ける単位（'受信者'）。
4. コミュニケーション媒体。この分野では，組織的措置が通信工学的道具の選択，もしくは信号搬送波の選択に関係する。
5. コミュニケーション経路。コミュニケーション経路は，送信者，伝達者および受信者として参加する諸単位を通じて定義される。
6. コミュニケーション内容。

　ここでは，コミュニケーション・プロセスが上述のコミュニケーション要素の確定を通じ，どのように組織的にデザインされるかに関して定義的に述べることを断念したい[1]。或るコミュニケーション・プロセスの個々の要素が，その時々の調整条件に依存してどのような意味をもつかについては次節で最も

重要な調整原則を述べる際に検討したい。

b. コミュニケーションの種類

コミュニケーション行為は組織のなかではさまざまな形で行われ，かつ極めてさまざまに異なる機能を果たしている[2]。組織のなかでコミュニケーション伝達の決定論理的分析が行なわれる場合，コミュニケーションは意思決定に依存するものと，意思決定に依存しないものとに区別される。意思決定に依存するコミュニケーションの場合，意思決定単位 A は自らの意思決定活動の結果を伝達する情報を単位 B に対して転送する。その際，コミュニケーションが権限に関連するものか，または相互依存に関連するものが問題になり得る。これに対して，意思決定に依存しないコミュニケーションが，情報伝達を行う単位の意思決定活動を通じて直接行われることはない。

以上に挙げたコミュニケーションの種類を次のように，より細かく説明することができる。

権限関連のコミュニケーション

このコミュニケーションは，垂直方向の分業の枠組みのなかでは，上位の意思決定単位から下位単位に対して意思決定職務の遂行を義務づける委譲という形で現れる。例えば，販売部長から宣伝課長への権限の委譲である。このような仕方で下位単位に対する意思決定職務が成立する。つまり一つの意思決定権限が定式化され，その意思決定活動のための枠組みの輪郭が描かれる。

相互依存関連のコミュニケーション

意思決定職務を権限関連的コミュニケーションによって根拠づける一方，現に有る意思決定職務の遂行に当たり相互依存関連のコミュニケーションが行われる。このコミュニケーションは，相互依存的（階層上独立した）意思決定単位の調整に役立っている。

意思決定に依存しないコミュニケーション

　意思決定に依存しないコミュニケーションの必要性は，これまでに考察された権限・相互依存関係から切り離し，或る組織単位が事情によって或る別の単位の意思決定にとって重要であるような情報を所有する，という事実から生まれる。このコミュニケーションの方法で，一つの組織においてさまざまに分散した情報量の状態や，全体目標の実現のための専門知識が利用できるようになる。意思決定に依存しないコミュニケーションは，方向については束縛されていない。つまり，階層の範囲内はもちろんのこと，階層とは無関係なコミュニケーションも行える。

c. 情報自律性の認容

　ここまで検討した自律性の認容は，意思決定自律性を含め意思決定権限の定式化に限定されていた。この節では，情報自律性認容の規定値について検討したい。その場合，垂直的情報自律性と水平的情報自律性を区別する。

1. 垂直的情報自律性

　垂直的情報自律性では，階層のなかでお互いに下位もしくは上位の関係に在る意思決定単位間のコミュニケーション関係の構造を記述する。垂直的情報自律性のその時々の程度により，一つの意思決定単位が自部門の情報を上位または下位単位へ，どの程度転送しなければならないかを確定する。もし，或る意思決定単位が垂直的情報自律性を持つなら，この単位は'上位'もしくは'下位'に対して，必ずしも発生するすべての情報を伝達する必要はないし，特殊ケースでは全くその必要はない。

　垂直的情報自律性の規定値を分析する前に，決定論理的視点からここで検討する問題提起に対する意義に照らして，さまざまな形のコミュニケーションを再検討したい。伝達する情報の性質によって，〜上で詳しく説明したが〜コミュニケーションの仕方は次の三つに類別できる。

権限関連コミュニケーション

権限関連コミュニケーションの仕方の場合，意思決定単位に対する意思決定権限の構成要素としての意思決定要素が拘束力をもって定められる。したがって，権限関連情報は一方向にのみ向かって，つまり'上'から'下'へ伝達される。権限関連情報に対しては，垂直的情報自律性の問題は無いし，起こらない。意思決定権限の確定が効果的になるのは，場・行為・目標要素の相応の構造が当該単位に伝達される場合だけである。

相互依存関連のコミュニケーション

垂直的情報自律性を論じる場合，この相互依存関連のコミュニケーションのケースは考慮しない。なぜなら，本書では意思決定相互依存の概念が水平的相互依存に限られているからである[3)]。相互依存関連の情報は，当該の意思決定単位間で水平的情報交換が問題を投げかけるような場合[4)]，恐らくコミュニケーションを簡単化するために階層上位の単位へ転送されるであろう。すなわち上位単位へ伝達される情報は，上位単位の意思決定にとっては重要ではない。つまり，上位単位はその情報をただ単に別の単位へ転送するだけである。

意思決定に依存しないコミュニケーション

いままで考察してきた権限・相互依存関連のコミュニケーション活動は，情報伝達側の意思決定を通じて誘発されるが，意思決定に依存しないコミュニケーションは，どの意思決定単位でも入手できるその他のすべての情報に関係がある。例えば，調達部門のマネージャーは特定の原料の調達価格が一定金額に達したことについて経営者に情報を与える。意思決定に依存しない情報の垂直的交換は，したがって，'上から下へ'また，その逆方向へも行える。相互依存関連情報の場合と同じように意思決定に依存しない情報の場合においても，意思決定単位に対する情報自律性の程度を確定するという問題が生じる。

以上の考察から垂直的情報自律性の範囲設定を行う場合，意思決定に依存しない情報だけを考慮しなければならないことが判る。この情報形態に関連して云えば，垂直的情報自律性の分析を行う場合，情報が二つのグループに区別される。

A. 個人間分業の場合の調整　111

　伝送すべき情報の一部分は，自律的意思決定の限界から導き出すことができる。すなわち，上位単位自らに留保した意思決定を誘発する事象は当該の上位単位に伝えられなければならないが，この節の始めに挙げた例[5]では，従来調達してきたユニットの価格が一定額を超えるときは，当該の調達マネージャーは，もはや調達意思決定を下す権限を持たない。つまり，直面する状況に応じて決定しなければならない経営者に対し情報の転送が必要になるからである。考察対象単位の意思決定自律性の圏外において発生する事象に関してのみ，その時々の上位単位[6]は情報を受けなければならない。自律的意思決定の圏内で起こるすべての事象に関して，当該単位は垂直的情報自律性をもつ。上位単位は，自律的意思決定の範囲設定に基づき，この意思決定に関しては無関心である。したがって，垂直的情報自律性の程度は，このケースではその都度認容された意思決定自律性と一致する。

　垂直的情報自律性を考察する場合，考慮される第二グループの情報は，考察対象単位の意思決定権限とは直接関係がない。むしろ‘偶然’，或る単位のところにあってしかも事情によっては，その時々の上位単位にとり重要であるような情報が問題になる。つまり引用した例の調達マネージャーが，当該企業の或る供給業者のほうで何らかの生産能力の拡大を計画し，機械設備の増設を必要としていることを知り得るということである。もし自企業の製造品目のなかに適切な設備があれば，‘上への’何らかの情報が 〜その情報が直接，販売部門へ転送できなくても〜 その企業の経営者の意思決定にとっては重要であるかも知れない。

　一般的に，垂直的情報自律性の限界に関する上記の考察に基づけば，次のような基準が定式化できる。決定論理的に有意義な垂直的情報自律性の程度は，情報を受け取る意思決定単位の個々の情報必要度に応じて規定される。したがって同時に，垂直的情報自律性を制限するための普遍妥当な言明を定式化しようとするすべての試みは失敗すると非難される[7]。垂直的情報自律性の程度は，受信単位へ転送すべき情報をリストアップしてはじめて具体的ケースで範囲設定ができる。受信単位の意思決定能力に応じ，重要な情報量の規模はさまざまに異なる。上位単位が‘自らに取り込む’意思決定量が多ければ多いほど，‘上方へ’転送しなければならない情報量は大きくなる。〜また，下位単位

の垂直的情報自律性の程度も低くなる。分業的意思決定システムにおいては上位単位が，決してすべての意思決定を引き受けることはできないから，組織では，どの意思決定単位も必然的にある程度の垂直的情報自律性をもつ。

垂直的情報自律性の規定因子に関するわれわれの考察を終えるに当たり，意思決定自律性の認容と垂直的情報自律性の認容が，必ずしも，われわれの前述の決定論理的分析に基づき期待されるような関係にはない，という事実を指摘しておかなければならない。それどころか，たびたび意思決定自律性を強めることが垂直的情報自律性を弱めることに，特にコントロールの強化によって結びつくように思われる[8]。このような現象に対して考えられる二つの要因をここで指摘しておきたい。

一つの要因は，不確実性の程度が高い複合的意思決定問題の場合，一つの単位の意思決定自律性の範囲を明確に設定することが極めて困難であるという事実にあると思われる。そのような状況下では，その都度下位単位からの情報転送の義務づけが拡大されるという傾向がそれぞれの上位単位のところで見られる。したがって上位単位は，手元にある情報に基づき意思決定自律性の限界をケースバイケースで確定することができる。

このような事情のもとでは，意思決定自律性と垂直的情報自律性は崩壊してしまう。

考えられる第二の要因を明らかにするためには従来の情報の決定論理的考察を，動機づけの視点から補わなければならない。情報関係が発生するのは'客観的な'決定論理的に根拠づけられた受信単位からの情報要求にのみ根拠があるのではなく，情報は行動に影響を及ぼす一手段でもある。この点は，特に'上へ'コントロール情報を転送する場合に明らかである。コントロール情報は，期待された意思決定の成果が，はたして実際に実現された成果に相当するもの[9]かどうかを示すものである。決定論理的視点からは，意思決定自律性によって定められた枠組みのなかに在る実現成果を'上へ'転送することを必要としない。その点では，意思決定自律性と垂直的情報自律性は，コントロール情報に関しても一致する。しかし実務ではさらに当該の意思決定自律性によってガードされる範囲のなかの事象を表すコントロール情報をも，その時々の上位単位に対して転送しなければならない。

意思決定自律性の範囲を設定する場合，明確さを欠くという問題は度外視するとして，そのような規定化が成り立つ根拠は，コントロールの実施によって業績行動にプラスの影響が期待できるからである[10]。これらの仮定の評価は，〜行動志向的諸措置に関するあらゆる議論と同様〜 結局，一つの経験的な問題[11]である。

2．水平的情報自律性

水平的情報自律性の場合，上位および下位の階層関係にない意思決定単位間のコミュニケーション構造が記述される[12]。その時々の水平的情報自律性の程度により，一つの意思決定単位に対しどの程度その単位が自部門の情報を他の 〜階層上依存しない〜 単位へ転送しなければならないかが決まる。或る意思決定単位が水平的情報自律性を持つとすれば，その単位は，必ずしも発生する情報のすべて（制限された情報自律性）を伝える必要はないし，特殊ケースの場合は，発生情報の（無制限な情報自律性）を'横方向へ'伝える必要もない。

採用したコミュニケーションの種類については，もっぱら相互依存に関連した意思決定に依存しないコミュニケーション活動のみが，水平的情報自律性の問題を論じる場合に取り上げられなければならない。権限関連の情報は，水平的情報自律性の認容によっては規定できない。したがって次の叙述では相互依存関連のコミュニケーションに重点をおく。水平的情報自律性の確定に当たり，意思決定に依存しないコミュニケーションを顧慮し，発生する固有な調整問題についてはその都度指摘することにする。

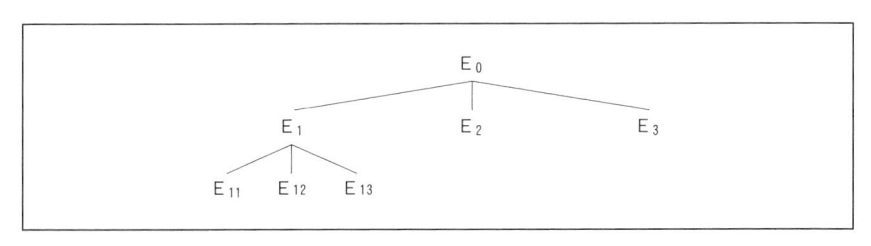

図29：単純な階層的意思決定システム

本節でおこなった水平的次元を，下された意思決定に関する情報交換に限定するが，このことに対して，恐らく視野が狭すぎるという理由で反論があるかも知れない。しかし例えば図29の単位E_{11}は，下した意思決定に関する情報だけを自らの意思決定に基づき，新たな状況に適応しなければならない単位E_{12}に対して転送することはないと思われる。むしろ両単位は，かれらがその都度意思決定を行う前に自律的な調整プロセスを通じて合意できることを考えに入れてよいであろう。一例として，当該単位間で不足する生産能力の利用に関して取り決めをするケースが挙げられる。そのような調整プロセスが実務において重要なことは云うまでもない。もっとも，ここでは意思決定自律性の認容の問題が重要である。すなわちE_{11}およびE_{12}の，その時々の意思決定自律性は，この目的のために作られるE_{11}およびE_{12}から構成された集団的意思決定単位E_1の意思決定を介して確定される[13]。

2.1 細分化と相互依存

　水平的情報自律性の認容は，意思決定権限をもつ単位間の情報交換を規定する。水平的コミュニケーションのための枠組みは，意思決定権限の範囲設定のための構造化および細分化の措置を通じて確定される。水平的情報交換の構造にとり，部分意思決定構築の基礎となる細分化基準は特に重要である。なぜなら意思決定の相互依存の構造が或る程度，その時々の細分化の種類によって影響を受けるからである。それゆえコミュニケーション行為を通じて横方向の調整が行われる場合，はたしてまたどのように既存の意思決定相互依存を考慮するかという問題と取り組む前に，およそどのような意思決定相互依存がその都度選択される細分化基準に依存して発生するかという問題を検討すべきであろう。一覧表2は，細分化と意思決定相互依存の関連の分析に基づき作成したものである。

　この説明では，相互依存をプロセス-，経営資源-および市場相互依存に区別した[14]。細分化の形態については，すでに本書で採用した[15]区分，すなわち，場の細分化（経営資源-，または市場細分化），行為の細分化および目標の細分化に基づいたものである。この一覧表2は，一つの細分化基準に従う場合，どのような相互依存が発生し得るかを示しており，一つの例を使って相互

相互依存の種類	細分化基準		例
プロセス相互依存	場	経営資源	製品は，それぞれの設備の特性に応じ限定されたさまざまな製造部門を通る。
		市　場	或る結合企業体（コンツェルン）は，同じ製造品目を生産する工場を国内市場（工場A）向けと，国外市場（工場B）向けに各一工場設立した。工場Aで生産隘路が生じたため，一時的に工場Bが工場Aに対し前工程製品を供給する。
	行　為		製造部門の日程意思決定は，販売部門の意思決定に影響を及ぼす。
	物的目標		製品志向事業部は，別の製品志向事業部に対して製品を供給する。
経営資源相互依存	場	経営資源	それぞれの製造設備の特性に応じ限定された二つの製造部門が，部分的に同じ技能工に頼らざるを得ない。
		市　場	異なる地域市場に権限を持つ二つの販売単位が，一つの共通の広告予算に依存している。
	行　為		調達・製造部門がかれらの意思決定に当たり，共通使用の倉庫を前提にしなければならない。
	物的目標		製品志向の二つの事業部は，同じ希少な製造設備を利用する。
市場相互依存	場	経営資源	それぞれの製造設備の特性に応じ，限定された二つの製造部門が同じ供給業者から原材料を購入する。
		市　場	国外市場における価格政策は，国内市場における買い手の行動に影響を及ぼす。
	行　為		供給業者（調達部門）は，同時に当該企業の顧客（販売部門）でもある。
	物的目標		二つの製造志向事業部が同じ買い手層をめぐって競う。

一覧表2：細分化と意思決定相互依存の関連

依存関係を説明しておいた。詳細は次の一覧表で確認して欲しい。

　プロセス相互依存と経営資源相互依存は，どの細分化原則においても発生し得る。なぜなら，共同で使用すべき希少経営資源の依存可能性が存在するか，もしくは選択された細分化基準に左右されることなく，何らかの企業内給付関係が存在するからである。

　場合によってはある種の細分化が，比較的弱い相互依存関係をもたらし，また細分化が個別ケースにおいてのみ相互依存を引き起こすことが確認される。

したがって事業部門を製品志向的な形で物的目標志向的に細分化する場合，一つの製品に方向づけられたあらゆる実現プロセスに対し意思決定権限が，一つの意思決定単位に認容されるということが考えられる。それゆえ個々の部門間には，企業内的な給付の結びつきはない。それに比べてこの種の相互依存は，必然的に行為志向的細分化の場合に発生する。

同じように，どの細分化原則の場合にも市場相互依存が発生し得る。市場相互依存は二グループに分類できる。一つは，調達市場における相互依存がそれぞれの供給業者選択の過程で発生する市場相互依存である。すでに挙げた例ではこの状況が，経営資源志向的細分化および行為志向的細分化の場合に当てはまる。もう一つの場合は，当該の販売市場が部分市場に対してどの程度厳密に分割できるか（すでにあげた市場志向的細分化の例を参照），あるいは当該製造品目の多角化度が，相互に依存しない販売市場の構築を保証するかどうか（すでに挙げた物的目標志向的細分化の例を参照）に左右され得るというタイプのものである。

以上の考察から市場相互依存の存在が，どの細分化原則の場合でも除外できないことが明らかである。細分化基準と相互依存形態は原則として相互に関係はない。もっとも，どの細分化基準の場合でも必然的に相互依存が発生する筈であるが，発生頻度はさまざまに異なっている。その相互依存構造のデザインに際しての裁量余地は，疑いもなく場が重複することにより発生する経営資源相互依存の場合にもっとも大きくなる。原則としてここには，常に物理的ないしは組織的経営資源の分離の可能性が存在し得る。物理的経営資源分離のケースでは，すべての単位が自らの経営資源を使用できるけれど，組織的経営資源分離のケースでは，一つの経営資源を複数の単位が使用するが，その使用の割合は固定的で変更ができない[16]。しかし市場相互依存の場合の状況は異なっている。この市場相互依存の場合，通常，既存の相互依存をコミュニケーション活動を通じて考慮すべきか，否か，の問題が発生する。

2.2　相互依存と情報自律性

どの程度，意思決定相互依存の構造が細分化基準に依存するか，という問題についてはすでに議論したので，次に一つの意思決定単位に認容された水平的

情報自律性の範囲を，どのように決めるかという問題について言及したい。以下の叙述では，無制限の情報自律性と制限された情報自律性とを区別し，その際，〜普遍妥当性の条件をつけずに〜　その都度，二つの意思決定単位を考察することにする。

2.2.1　無制限の情報自律性

或る意思決定単位が，他の単位について水平的調整の範囲内でその意思決定単位が自部門からの情報を他の単位に対して転送する必要がない場合，無制限の情報自律性を持つ。意思決定に依存しないコミュニケーションのケースを無視し，相互依存の観点だけを考慮すれば，無制限の情報自律性の原因は次の二つの構成要件に求められる。

1. 或る単位の意思決定が，他の単位の意思決定の場を変えても目標に重大な影響を及ぼすことはない。したがって，そこには意思決定の相互依存は存在しない。
2. たしかに意思決定は，他の単位の意思決定の場に目標を左右する重大な影響を及ぼすが，つまり意思決定の相互依存が存在するが，コミュニケーション・コストを回避するためには，情報の転送を断念し，不確実な状況のもとで意思決定をせざるを得ない。

意思決定の場に影響を及ぼさない構成要件

このケースを明らかにするため一つの簡単な例を挙げる。単位 $I_{P.A}$ は，製品Ⅰのあらゆる製造と販売意思決定のために，また単位 $II_{P.A}$ は，製品Ⅱについて相応の意思決定を行うために権限を持つものとする。つまり，物的目標に方向づけられた細分化基準に従って構成された二つの意思決定問題が有るとする。われわれは意思決定権限の定式化が明確な経営資源の分離に結びつくことを仮定した。この物的目標志向的な細分化の特徴を，事業部制原則と呼ぶ[17]。この原則により製品志向的な二つの経営資源使用について相互に依存しない意思決定単位が生まれる。さらに或る単位の意思決定が他の単位の市場状況に目標を左右するほどの重大な影響を与えず，しかも企業内に給付の結びつきがないとすれば，前述1の構成要件の前提が揃っていることになる。図30は考察

対象の単位間に，何ら相互依存が存在しない状況を示している。

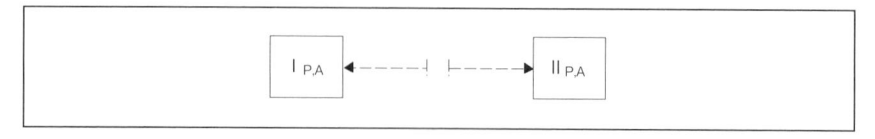

図30：相互に依存しない二つの意思決定単位の例

ここに図示した事業部制原則は，経営資源分離により経営資源の相互依存を避ける極端な形態である。経営資源の相互依存の〜少なくとも一時的にしろ〜解消は，しばしば現有の経営資源をただ単に量的に拡大することだけでも達成できる[18]。二つの単位が，或る希少な経営資源の共同使用により発生する経営資源の相互依存が起こる場合，事情によってはその希少性と，したがってその相互依存を，経営資源の潜在性の拡大によって解消することができる。こうすれば或る単位の意思決定が，他の単位の意思決定の場に対して目標に関わるほどの影響は及ぼさない。プロセスが相互依存関係にある場合は，相応の効果をあげることができる。例えば，後工程との間に中間倉庫を設けることにより，実現プロセスの個々の段階を一定期間切り離すこともできるからである[19]。こうすれば後工程の意思決定が，その期間，もはや前工程の意思決定に依存することはない。

相互依存はあるがコミュニケーションを断念する

この状況を特徴づけるため，以上で考察した例を少し変えてみよう。製造単位$P_{I,II}$は，製品ⅠおよびⅡが共通に必要とする製造設備の投入について意思決定権限を持つものとする。また販売単位$A_{I,II}$は，両製品の販売活動について意思決定を行う。この例では，権限の行為志向的権限の範囲設定を職能別原則をもって記述することにする。$P_{I,II}$の意思決定は，$A_{I,II}$の意思決定の場（企業内の環境）に対して目標に重大な影響を及ぼすかも知れない。例えば$P_{I,II}$は，或る機械の故障により，機械の負荷計画の変更について意思決定を行い，そのため場合によっては特定製品の販売部門への引き渡しが遅れてしまう。その際，$A_{I,II}$に対し目標に重大な影響が及ぶほどの問題となる場合は，両単位間に意思決定の相互依存が存在することになる（図31を参照）。

```
┌─────────────────────────────────────────────┐
│              P_{I,II} <------> A_{I,II}     │
└─────────────────────────────────────────────┘
```

図31：二単位間の意思決定相互依存の例

　コミュニケーション・コストの発生を回避するためには，現に有る相互依存を無視して情報の転送を断念する。特殊なケースでは，水平的コミュニケーションが全く行われないかも知れない。こうなると販売部門は，その都度，場当たり的に製造部門のコミュニケーションの結果に反応する　～それゆえ，この例では製造部門による製品の実際の引き渡しに反応する～　であろう。しかしこうなると事情によってはコミュニケーション・コストを回避するため，例えば中間在庫を設けたり，キャパシティの未使用という犠牲を払うことになる。

2.2.2　情報自律性の制限

　無制限な情報自律性のケースに引き続き，次に或る意思決定単位が別の単位に情報を転送しなければならない状況を考察してみよう。これは当該単位が制限された情報自律性しか持たない場合である。このことは必然的に他の単位との関連で情報の一部分が調整上重要なことを前提にする。単位Aの利用できる情報が単位Bに伝達される際，単位Bの行為選択に影響が及ぶとすれば調整が重要である。調整上重要な情報は，相互依存関連的な事象と意思決定に依存しない事象とに関係している。つまり，前者の情報形態は以下の考察が行われる場合に重要である。

　情報自律性が制限されている場合，コミュニケーションのデザインはとりわけ次の二つの構成要件に及ぶ。すなわち，調整上重要な何らかのコミュニケーションを誘発する事象（情報）の確定と，特に受信者，送信者およびコミュニケーション経路に関わる情報伝達の規定化がそのデザインの対象になる。

　コミュニケーション誘発の問題は，事象選択の問題に密接に結びついている。すなわち，一つの単位に対し或る事象が或る別の単位に対して調整上重要な情報を意味するものであるかどうかを確定しなければならない。垂直的調整の範囲内で行われる情報自律性の限定の場合と同様，水平的調整の場合も調整

上重要な事象の確定基準を定式化する必要がある。調整の重要性は，不確かな事象が他の単位の意思決定の場で目標に影響を及ぼす重要な変更を意味するかどうかの問題に依存している。当該の意思決定問題が，潜在的受信単位に知られている場合にのみ，～すなわち，分業システムにおいて限定的にのみ満たされているような一つの前提がある場合にのみ～　その問題に対する回答が可能である。コミュニケーション・コストが発生し，当面，調整が重要である場合ですら，コミュニケーションが必然の結果でないことを考慮すれば，多くの意思決定単位が情報転送の必要性を自分で判断できる状態にはないことが分かる。それゆえ，しばしば水平的調整の範囲内において伝達すべき情報を詳細にリストアップすることだけの情報交換が行われる。

　水平的調整の組織的規定化が，事情によっては極めて高い要求を意味するという事実に直面し，実務では必ずしも常に詳細なコミュニケーション・ルールが設けられるわけではないという事態に直面しても驚くことはない。このケースでは意思決定単位に対し，恐らく調整上重要であるような事象が発生した場合，その単位がとる行動の問題が発生する。これを背景にすれば，実務で立証しなければならない多様なコミュニケーション原則を検討してみなければならない。

　比較的広く普及しているやり方は，取り扱い方を規定していない情報をその都度，上位単位へ転送する方法である。この方法は，しばしばより広い大局を見る上司の目が‘当該’単位への情報の転送を保証する[20]という仮定のなかに見える。

　しかしこのような解決には限界がある。一つの限界は，問題のある事象については，上司はより優れた見識を持つという決定論理的仮定が問題無しとは云えない点である。もう一つの限界は，このような規定が上位単位に対し追加的コミュニケーション活動を強いるからである。

　もっとも情報を送る部門を決めるだけの別の方法もあるが，それは特にプロセス相互依存の場合に採用される。調整上重要な事象を転送する場合，実施プロセスの段階順に合わせる意思決定単位もある。調達部門は，また例えば部材引渡し遅延に関する情報を製造部門に伝えるが，～同じように関係する販売部門へはその情報を伝えない～。

この比較的簡単なルールは，より複合した調整要求には適合しない。調整要求が強い状況下では情報の転送を，〜事情によっては調整上重要な事象の識別の問題をも〜 特別に設けた調整単位が引き受ける。理論と実践で議論される組織的解決は，〜その解決の概念的特徴も〜 様々である。つまりその方法は，特別な調整部署の形式から委員会設置を含めたマトリックス組織の構想にまで及ぶ[21]。

　コミュニケーションを規定化する場合，つまり水平的情報伝達の範囲内で考慮すべき第二の構成要件の場合，情報の潜在的受信者を決めることがしばしば困難なことが証明されている。垂直的調整の範囲内では情報受信者として階層上位および下位単位のみが問題になるが，水平的調整の範囲内では情報受信者の識別が通常本質的に，より複雑な問題となる[22]。この問題性を一例を用いて明らかにしてみたい。例えば製造部長が，一台の機械に故障が起ったために機械負荷計画の変更を行う意思決定を下すとする。この意思決定によって或る特定製品の完成が二日遅れる。この情報が販売部門の意思決定にとって，はたして重要かどうかが明らかにされなければならない。まずこの問題を販売部長サイドの情報の必要性の視点から見ると，販売部長にとりこの事象の重要性は，かれが抱える意思決定問題の構造化度に依存する。構造化度が高くなればなるほど，必要な情報は詳細でなければならない。製造遅延に関する情報が販売部長にとり重要でなければ，当該販売部長の下位の別の意思決定単位が問題となる事象について情報を受け取るべきかどうかについて検討してみなければならない。情報受信者の指定を，情報伝達側の部署が自主的に或る上位の原則から引き出すことはできない。むしろその指定のためには詳細な組織的規定が必要である。

　情報送信者の指定問題を検討してみると，分業システムでは原則としてすべての単位が，他のどの単位とも意思伝達できると思われる。しかし実際は，特定の単位間においてのみコミュニケーションの関係は成り立っている。存在するコミュニケーション・チャンネルの仮定から出発してみると[23]，その時々の情報送信者の選択は，伝達すべき情報の受信者によって大幅に規定される。送信者および受信者の選択と同時にコミュニケーション経路が確定される。もしも例えば，販売部長が或る特定情報の受信者であって，かつ製造部長と販売

部長との間にのみコミュニケーション関係があるとすれば，製造部門からの情報に対しては必然的に製造部長が情報伝達の単位となる。それゆえ水平的コミュニケーションに対しては，情報発生の場所にもよるが，しばしば前段の垂直的コミュニケーションが必要である。

3．自律性コストとコミュニケーション・コスト

　コミュニケーション活動は，所与の全体問題を部分意思決定に分割する場合疑いもなく全体目標ができるだけ完全に達成できるように何らかの重要な組織的デザイン選択肢を確実に与えてくれる。コミュニケーションがこれらの要求にどのように，またどの程度応えてくれるかという問題に関する以上の議論を踏まえ，結論として相互依存関連のコミュニケーションを例にとり，コミュニケーション措置を通じた調整の基本的問題性を，'自律性コスト'および'コミュニケーション・コスト'の概念を導入し，いま一度まとめておきたい。

　意思決定の相互依存は，組織のなかで行われるコミュニケーション活動の大部分を規定する。さまざまな単位の意思決定間の相互依存度は，特に考察単位が依存する経営資源の希少性の程度とともに大きくなる。現実に資本はどの企業においても不足しているので，少なくともそのことによってすべての意思決定単位は相互依存関係にある。それゆえ厳密に云うなら，どの活動も同時に使用可能な資本を変化させ，それでもってその他のすべての活動に間接的に影響を及ぼす資本引当金のような意味を持つ。

　組織的調整を図る場合，これらの相互依存を完全に考慮に入れる試みは，企業全体に対する同時的計画策定モデルの開発と同じ意味を持つものと思われる。しかしそのような理想形の実現は，意思決定単位の能力が限られているために挫折する[24]。このような観点に立てば組織のなかで実際に採用できる調整原則は，それが自律性の認容に関するものである限り，同時的計画策定の理論的理想形の現実的選択肢と呼ぶことができる。

　これらの調整原則に共通する特徴は，部分意思決定が調整されるとき相互依存の一部分が考慮されなくなる点に見られる。つまり，個々の意思決定単位に対し或る程度の裁量余地が認容されることを意味している。この視点から見る

と組織において採用される豊富な調整原則を見るとき，それらの原則が相互依存を考慮するために本質的にさまざまに異なる形をとる。

　コミュニケーション行為を通じ既存の相互依存を完全に把握する試みを断念することは，必然的に，〜すべての相互依存の同時的計画策定に相当する〜理論的に考えられる最適解の実現を断念することを意味する。理論的に考えられる最適値と，実際に実現される成果との差は，自律性のコストをもって表すことができる[25]。

　自律性コストを削減するためには通常，コミュニケーション・コストの発生原因であるコミュニケーション行為が必要である。それゆえコミュニケーション活動を経済的に進めるためには，コミュニケーション・コストと自律性コストのバランスを取らなければならない。相互依存を考慮すればするほど，コミュニケーション・コストが非常に大きく上昇する，と仮定すると完全な調整

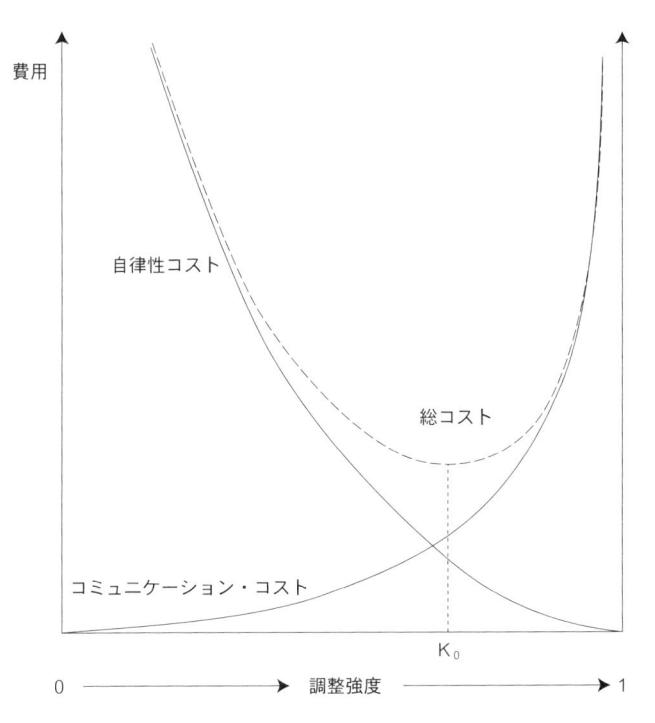

図32：自律性コストとコミュニケーション・コストとの関連

は経済的に有意義ではないということになる。むしろ，既存の意思決定相互依存の一部分の調整を断念するほうが得策であることが分かる。

図32は，自律性コストとコミュニケーション・コストの関連を図示したものである[26]。自律性コストは調整の強度が増大するにつれ低下するが，他方コミュニケーション・コストは上昇する。調整強度の目盛りは，二つの極値の間に限定される。つまり完全自律性の極値（調整強度＝0）と完全調整の極値（調整強度＝1）の範囲内に限られる。調整強度 K_o の最適値（最適な調整度）は，総コスト曲線の最小値（自律性コスト曲線とコミュニケーション・コスト曲線の和）によって決まる。すなわち，この点で両曲線の絶対的勾配は同じになる。もっともこの図の説明をする場合，実際にこの二種類のコストの算出が極めて困難であることを認識しておかなければならない。

注
1） 関心のある読者に対して，ここで関連する膨大な文献のあることを指摘しておきたい。例えば，Coenenberg [Kommunikation] を参照。
2） コミュニケーションの複合した現象に関する網羅的な概観は，Gebert [Kommunikation] および Fischer / Wiswede（[Grundlagen] 291頁および次頁以下）において見られる。近年では，知識の創造と移転に関する研究のなかで，特にコミュニケーション問題が注目されている。Scholz [Organisation] 276頁および次頁以下，Schreyögg [Organisation] 529頁および次頁以下，Krüger / Homp [Kernkompetenzmanagement] 217頁および次頁以下，ならびに Heppner [Wissenstransfer] を参照。
3） これについては本書の57頁以下を参照。
4） これに関しては，次節の本書113頁および次頁以下の叙述を参照。
5） 本書82頁を参照。
6） 疑問のある情報は直接，当該意思決定単位ではなく，その単位に直属する意思決定の準備単位，例えばスタッフ職へ転送することも可能である。このような規定化が容認されるのは，補佐職は通常，情報の評価とか万一の意思決定準備を託されるという事実があるからである。情報受信者の，このような問題とは関係なく転送すべき情報の選択は，意思決定自律性の限度によって規定される。
7） この事実は，'例外による管理'の原則との関連で行われる'例外'の，すなわち，'上方'へ転送すべき事象の確定を巡る議論が，なぜ，何らの成果も生まなかったのか，ということを説明している。この点については，Frese [Management] を参照。
8） これとの関連では，組織の'分権度'の規定因子に関する多くの実証研究が役立つ。具体的には Frese [Organisationstheorie] 116頁および次頁以下を参照。
9） コントロールの本質について Frese [Kontrolle] を参照。
10） コントロールの行動への作用に関しては，Frese [Kontrolle] 75頁および次頁以下，ならびに Frese / Simon [Kontrolle] を参照。
11） 分業による意思決定システムにおける行動次元の問題は，本書153頁および次頁以下の「企業目標に合わせた行動への動機づけ」の節のなかで検討する。
12） 垂直的コミュニケーションと比較し，組織理論関連の文献のなかでは水平的コミュニケーショ

ンについてはあまり集中的に取り上げられていない。例外として，*March* および *Simon*（[Organizations]），そしてその後は，特に *Galbraith* の複数の論稿（例えば Galbraith [Organization] 111 頁および次頁以下）が挙げられる。
13) これについては，本書 83 頁の説明を参照。
14) 意思決定相互依存の形態については本書 57 頁および次頁以下を参照。
15) 本書 75 頁および次頁以下を参照。
16) もう一つの，実際にしばしば見られる組織的分離の形が，一つの部分領域（例えば，センターの一つ）に経営資源を集めて独立させるという形のものである。これにより，二つの単位間に存在する経営資源の相互依存が，これらの単位と新しく設置される単位との間に生じる二つのプロセス相互依存に変化する。
17) この事業部制原則は，部分システム内の相互作用のほうが，部分システム間の相互作用に比べてより強くなるように複合したシステムを分解する一般的な試みを極端に表わすことに特徴がある（このようなデザイン原則のシステム理論的説明については Kossiakoff [Systems] 97 頁および Gagsch [Partition] を参照）。英米の組織理論は，このような状態を '自己充足' と呼んだ（Simon / Smithburg / Thompson [Administration]; Galbraith [Organization] 51 頁以下および Morris [Decentralization] 44 頁以下を参照）。経営経済的組織理論にも '課業関連的' 職務分業と '対象関連的' 職務分類を比較する場合に類似した考察が見られる（とりわけ，Bleicher [Aufgabengliederung] 238 頁および次頁以下を参照）。
18) これに関してはとりわけ Thompson [Organization] 19 頁および次頁以下を参照。
19) この点については Emery [Planning] 26 頁以下を参照。
20) 同時に，上司とのコミュニケーションを通じ '責任' が転嫁できるという考えも，何らかの役割をしていることは疑いない。
21) 特に，Galbraith [Organization] 148 頁を参照。*Galbraith* は一つの極めて示唆に富む実証研究のなかで，水平的調整形態のいくつかに関して分析を行っている（Galbraith [Determinants]）。これらの組織形態の問題性については本書 357 頁および次頁以下で詳細に検討する。
22) この確認は，特に意思決定に依存しないコミュニケーションに当てはまる。この点については，この問題の理論的分析と実証的研究を行った Albaum [Information] および Albaum [Flow] を参照。
23) コミュニケーション経路自体の構築は，また組織的デザインの一つの独自の問題である。
24) これについては，Laux / Liermann [Grundlagen] 26 頁および次頁以下の 'Dilemma der Organisationstheorie' を参照。Laux [Organisationstheorie] 1737 段および次段以下を参照。
25) これに関しては，Emery [Planning] 29 頁および次頁以下を参照。さらにこの点に関連し，不完全な調整の構成要件を *March* および *Simon* に依拠し 'slack resources' の存在と称した *Galbraith* をも参照（Galbraith [Designing] 24 頁および次頁以下を参照）。
26) Emery [Planning] 31 頁に依拠。

Ⅳ. 情報技術投入の組織的含意

　伝統的な生産諸要素と並び，近年特に情報が多くの企業にとり競争上の一つの不可欠な要素になっている。このことは，とりわけ知識に基づく企業および組織への迅速な知識移転に関する集中的論議のなかで明白である[1]。情報やコミュニケーションの重要性が高まる要因は，とりわけより幅広い給付（製品・サービス）プログラムのなかに，また，より複合した特殊な給付のなかに，さらに事業活動の国際志向性や，より一層拡大していく事業規模のなかに，そして加速する技術的・社会的変化のなかに見出すことができる[2]。

　多くの企業では，情報管理という経営の部分職能を設けて，'情報'という生産要素[3]の重要性の高まりを考慮してきた。情報管理の概念には技術支援の情報とコミュニケーションの計画化，デザインおよびコントロールに関するあらゆる職務が含まれている[4]。このような職務の経常的遂行の他に ～戦略的措置の意味で～ 何らかの長期的な基礎構造が確保されなければならない。したがって情報管理は情報技術の潜在性の認識や実現にも責任がある[5]。

　情報の収集，記憶および処理は，企業においては経営の情報およびコミュニケーション・システムの枠組みのなかで行われる。情報およびコミュニケーション・システムの特徴的な属性は，支援すべき職務や組織的埋め込みの形である。膨大な情報の需要と，ますます厳しくなる処理速度に対する要求に基づき，これらのシステムは，技術的補助用具を使うことにより初めて実現される。

　当該技術の投入が組織デザインに及ぼす影響を精査することが当然と考えられるのは，組織構造の効率がある種の状況変数に ～とりわけ投入される情報技術に～ うまく適合しているかどうかに依存する[6]という状況的アプローチの基本的仮定に基づく場合である。特に情報技術の投入により組織的行為余地が変わらず残されるか，それとも制限されるか，あるいは拡大されるかという問題が提起される。

　この問いに明確に答えることは難しい。このことは結局，情報技術の構成要素の市場が比較的まだ新しいということと，この市場が極めて動態的であるとことに帰因する。この動態性は，価格／給付比の絶えざる改善のほか，とり

わけ個々の構成要素の技術的,継続的開発(性能向上,小型化)に現れる。それに応じて組織デザインに含まれる意味も統一的でないことが分かる。それゆえ以下では情報技術の発展を踏まえ,先ず組織デザインに対する本質的含意についてその概略を述べる。その際,確かに情報技術の投入が当面ある種の制約を組織的デザインに課すことになるが,原則的には拡大された行為の裁量余地から出発することが分かる。引き続き行為裁量余地の拡大が組織的形成に及ぼす帰結について詳しく検討する。その際,新しいデザインの潜在性の利用方法の問題をテーマにする。

a. 情報技術の発展

情報技術が組織デザインに及ぼす影響の観点からその発展の分析を試みる場合,大型計算機システム,PCベースのシステム,組織内および組織間ネットワークの諸段階を踏むことが望ましい。この段階区分を行う場合,個々の段階を除外せず,むしろ補完し合う関係にあることに注意すべきである。事実上,多くの企業では幾つかの段階の現象形態,またはすべての現象形態が同時に現われることが実証される。

大型計算機システム

1950年代には,情報技術の企業経営への最初の応用が,もっぱら大型計算機システム[7]の投入によって可能になった。大型計算機システムは,先ず大量のデータを処理する例えば会計制度や賃金・給与計算部門の管理上のルーチンワークの自動化のために投入された。60年代の半ばまでは,そのような仕事はバッチ処理のみで行うことができた。そこではオーダーが,処理される以前に完全に細かく明記されなければならなかった。さらにこれらのオーダーは順を追ってのみ処理できた。データの入力および出力は,場所的に大型計算機の近くで行わなければならなかった。後年,対話処理が導入されてからは 〜例えば資材管理のような〜 手配的機能への適用が可能になった。対話処理の利点は,オーダーが処理される以前にそれを完全に明細化しておく必要がないという点である。むしろ,ユーザーは情報の加工の間に,とりわけ変数データ

をコンピューターと対話しながら入力することができる。さらに時分割方式を採用する企業では，こんにちオーダーがいわば並行して加工できるようになった。

近年の発展状況下では，大型計算機システムの調達には比較的高いコストがかかった。この種のシステムの導入企業ではその上，技術的な専門知識が必要であった。結果として，大型計算機システムは企業の現場では希少経営資源[8]であることが分かった。それゆえ，フルに活用することが一つの必要条件となった。しかもこの条件は，集中的に取り組むことによってのみ達成できた[9]。しかしこのシステムの場合，変化する情報要求に適応することは比較的困難であった。組織的に見ると，このことは情報システムのデザインに当たり決定的な制約条件を意味したのである。

たしかに多数の端末を経由し，この大型計算機システムにアクセスすることはできた。しかし端末は自らの計算能力を使えない。また連続した価値創出プロセスを，計算能力の制約やコミュニケーション能力の不足が原因で説明することができなかった。個々の端末間のコミュニケーションは，その後も必要とあれば間接的に対話処理により，相応の大型計算機を経由し可能となったが，作業グループによる電子工学的支援は極めて限られた程度においてのみ可能であることが分かった[10]。

70年代には価格／処理能力比の改善が進み，いわゆる小型コンピューター[11]が企業事業部レベルもしくは部門レベルにおいて導入された。小型コンピューターは部門計算機として当初は端末装置で，後にPCによる限られた数での使用を可能にした。

PC支援システム

情報技術投入の第二の組織的に重要な段階は，マイクロ・プロセッサー技術の応用を通して70年代の半ばに始まった。マイクロ・プロセッサー技術によりすべての計算・制御論理を一つのチップに集積することが可能になった。マイクロ・コンピューターには，どちらかというと技術的・科学的分野に定着したワークステーションだけでなく1981年に導入されたPCも含まれる。マイクロ・コンピューターのための統合標準ソフトウエアに対する広範なオファーに拠り，専門分野における利用が ～中央データ処理のサービスに依拠するこ

となく～可能となった（いわゆる個人データ処理[12]）。

　著しい性能向上によりPCが，数年前までは大型計算機の守備範囲であった記憶能力と計算性能を使える成果をもたらした。比較的低価格で，広範囲なパレットを有する標準応用ソフトウエアで，使用のフレキシビリティが高く，なおかつ簡単にグラフ操作のできるヒューマン・インターフェース[13]を持つことによって，PCが短期間の内に広く普及した。さらにこのPCの使用は，より利用者本位のかつ性能上の，よりよい開発ツール～特にCASE（コンピューター支援ソフトウエア開発）ツール[14]および第四世代のプログラミング言語～として特徴づけられた。PC使用の強化によりデータと文書処理の統合が行われた。

　80年代におけるマイクロ・コンピューターの普及は，データだけでなく応用の分散化をもたらした。個々のユーザーサイドにおける計算能力の利用可能性を通じ，標準化されてない仕事の支援が可能になった（例えば，文書処理，表計算，発表用グラフィックスの作成）。その上，意思決定支援システムの導入により[15]意思決定の質は改善され，また能力・経験不足および情報不足が傾向として減少した。

　もっとも分散化の結果として，しばしば未調整から発生するグループ制約型解決の問題が生じた。一方では，企業のなかに多数のデータの島[16]が現われ，他方で，個々の部門や事業分野のなかに部分的に異なるソフトウエア・システムが投入された。このことが，情報交換の一貫性や方法に関し些細でない問題を引き起こした。それらの問題は，多くの企業において現在もなお話題になっている。

　同時にデータボリュームが大きい場合，以前同様に投入されてきた大型計算機は性能もよく，かつ融通性がよかった。このような技術的発展の結果としてPCによる分散型解決はもちろんのこと，どちらかと云えば大型計算機システムを用いた中央での問題解決が実現できた。したがって全体的に見れば，情報技術を利用すると行為裁量余地が拡大できることが分かった。

組織内ネットワーク化

　情報技術発展の第三段階は，増大するPCおよび大型計算機のネットワーク化をもって説明できる。この段階は，PC導入後間もなく非常な勢いで始まっ

た。たしかに，それより以前にネットワーク化の可能性はあったが，これらの可能性は主として端末機器（特にターミナルやプリンター）を接続することに限られた。PC 相互のネットワーク化，さらに現有の大型計算機とのネットワーク化など今では広範囲なオプションがあり，それにより，水平および垂直のコミュニケーション関係を情報技術的に説明する多様な可能性が生まれている。とりわけ E メールシステムを使うすべての成員間の直接通信や非同期通信が可能になった。

　ネットワーク化の第一ステップは，PC が大型計算機システムに結びつけられたことを意味する[17]。ファイル転送により，データファイルをホストから取り込み，あるいはホストに転送することもできる。さらに，ターミナル・エミュレーションによって PC が一台の大型計算装置のノーマルターミナルとして使用することができる。しかし，分散されたシステム間のコミュニケーションは，PC 相互間のネットワーク化を介した第二段階になり，ようやく LANs（構内情報通信網）の形で実現した[18]。しばしば，場所的に個別の建物に限定されるローカルネットは，一つのネットグループに広域情報通信網（WANs）を使えば相互にインターコネクトができる（基幹業務ネットワーク）。今日では多くの企業が企業全体に広がるネット 〜いわゆるコーポレート・ネットワーク[19]〜 の構築に取り組んでいる。ネットワークにおける個々の計算機の共同作業は，しばしばクライアント／サーバー原則[20]にしたがって行われる。通信網の連結により，孤立したデータ群や重複の増加など純然たる分散解決の問題を減少させたり，または除去することができる。

　企業への情報技術の浸透の進展に伴い，業務分野を越えた領域への情報技術の投入が重要性を増している。情報フローのシステマティックなデザインが競争上のチャンスとしてますます増えていると見える[21]。このことは，データ処理から情報管理に概念が変化したことにも表れている。とりわけ，80 年代末から強く要求されたプロセス志向の組織原則が，新たな要求を生んだ。それまで，多くのアプリケーション・システムは確かにさまざまな経営の部分機能を支援するように，良く構想されていたが機能全般にわたるそれらの連結は程々にしか行われなかった[22]。この不足部分をカバーするために統合的経営の標準アプリケーション・ソフトウェア[23]の投入の強化が図られた。

部分システムの統合により，一貫した情報の流れが確保された[24]。特に一度入力したデータは，すべての部分システムが統一的に首尾一貫した最新の形で利用することができる。多重入力は不必要である。さらに他のソフトウェア・システム（例えば，テクニカルサポートやオフィス・インフォメーション・システム）との間でデータの読み込み[25]や取り出しのためのインターフェースに支援を求めることができる。

企業の実務では，個別応用ソフトウエアの開発コストや開発期間が比較的多く，かつ長くかかるため ～時として人的資源が不足している場合～ その後，標準アプリケーション・ソフトウエアが支配的になってきた。企業用の標準アプリケーション・ソフトウエアの選択肢は機能，プロセスおよび構造の面で限られている。これらの選択肢はいわゆる参照モデルのなかで記述される。カスタマイジング[26]によって，これらの標準ソフトウエアを，決められた選択肢のなかで企業特有な条件（例えば，国の特異性，企業特有の業務の流れやその構造）に適合させる。組織的デザインに対する各種制約は，存在する選択肢の量の制限から発生する[27]。さらに適合させるためにはそれに相応しいノウハウが前提になり，時間的にも今の段階では極めてコストのかかる問題である。

支援目的の選択肢の量が絶えず増えるという前提から出発することができるが，適当なデザイン制限を完全に止めることを期待してはならない。標準的アプリケーション・ソフトウエアの投入は，まさしく高度に特有な ～特に競争戦略上の～ 業務の場合，問題があるように思われる[28]。特異性のある一回限りの使用は，標準化されたフロー志向的標準アプリケーション・ソフトウエアの構想とは矛盾する。

標準アプリケーション・ソフトウエアの投入が盛んになる傾向と並行し，インターフェースの仕様やコミュニケーション・サービス（Eメール，ディレクトリサービス）の標準化は促進される。メーカーに依存しない標準に基づくいわゆるオープン・システムは，異質なネットのなかでさまざまなメーカーのハードウエアおよびソフトウエア・コンポーネントの共同作業を本質的に単純化する長所が有る。さらにそれは，システム環境（ハードウエアや経営システム）が変化する際，通例新しいシステム環境のために推奨される。いまでも多くの企業でひろく普及している専有的解決方法（レガシー・システム［訳者

注；一世代以上前の旧システム］）の場合，さまざまに異なるアプリケーションの統合がまったく不可能か，またはかなりの経費をかけてはじめて可能になるものであった。このことは，これらのシステムが高額な調達コストと導入コストが掛かる上，インタラクティブが複合しているため他の情報・通信システムと簡単には互換ができないということで問題があった。

しかし，標準化を決して完結したものとして捉えることはできない。一方では，相互に互換性の無いさまざまに異なる多くの標準があり，他方では，任意のアプリケーション・プログラムを世界中のネットのなかで相互に運用する目的のために技術的標準だけでは十分ではないというものもある。むしろこれらの技術的標準は経営経済的標準（例えば，統一的事業対象[29]の定義）などをもって補完しなければならない。これに対する標準化努力は現在進行中である[30]。

全体として見ると組織内部のネットワーク化の段階を含め，慣用的データ処理と情報・通信技術が，ますます密接に一体化しつつあることは明白である。さらにコンピューター電話統合（CTI）のスローガンのもとで，従来，分離して整備されてきた情報システムと電話通信システムのインフラ構造を合体させる試みも進行中である[31]。同じように，文書・音声・映像処理も一体化している。これらのさまざまに異なる情報類型の統合的処理が，'マルチメディア'の名称のなかで包摂される。またさまざまに異なる技術の融合が，価格／給付比の改善のほか，とりわけ最新式の通信ネットワークのデータ転送速度を上げることによって可能となった[32]。技術統合の結果として作業組織に新しい形が生まれている。

ワールドワイドな電子ネットワークは，企業にとって特に人材や経営の機動力の増大を意味する。

80年代の半ば以降は，グループワークの情報技術の支援策がますます増えている[33]。この関連で云えば，特にグループウエア経営システムとかワークフロー経営システム[34]の導入が挙げられる。後者のシステムは，個別ワークの順序を大幅に構造化する書類中心の業務を支援するものである（例えば保険会社の損害処理[35]）。そこで優先される目標は処理時間の短縮である。適切なシステムであれば考えられるフローの情報技術的説明は可能である[36]。意思決定ルールが定義されていれば，ワークフローの自動制御や従業員へのワーク

の適切な割当が実現される[37]。その際，選択的処理法だけでなく並列的処理法もある。理想的ケースは，当該の方法が現有のアプリケーション・ソフトウエアと統合されていれば，一定の処理ステップの自動化は可能である（例えば，クレジット契約締結の際の信用度の格付け）。処理のプロセスは記録にとっておく。さらに，時間的エスカレーター規則の定義によって時間の監視も可能である。

共同的業務遂行の別の情報技術的支援形態は，グループ・ウエアシステム[38]である。このシステムは，あまり構造化されていない問題提起を処理する際に採用されるので場所または時間に左右されないグループワークが可能になる。これらのグループウエア・システムには，例えば，グループ意思決定支援システム[39]，ドキュメント・マネジメント・システム，電子掲示板，グループ計画表，ユーザー参加編集，ビデオ会議ならびに電子メール等が含まれる。もっとも現在のところ，個々のグループウエア・システム相互の統合可能性およびその他のアプリケーション・システムとの統合可能性は，技術的標準が不足しているか，またはそれがさまざまに異なるため問題点の多いことが分かっている。

情報・通信技術的なインフラストラクチャは，～とりわけ既存の通信網が～企業全般の調整のための重要なオプションを意味する。その通信網は，いわば考えられるコミュニケーション関係の規模を決めるものである。それゆえ，コミュニケーションの標準が不足している場合，またはそれが不統一である場合には，制限要因となる。

組織内ネットワーク化

社内のネットワークを補う意味で多くの企業は目下，企業を越えたネットワークの構築に取り組んでいる。そこでは，ネットワークのなかで顧客とサプライヤーを情報技術的に結びつけるだけでなく，当該企業外の従業員をもその面から結びつけることが含まれている。

企業を越えた情報・通信システムは，ますます重要になってきた。なぜなら，それらのシステムが特定形態の企業間の協業（例えば，ジャスト・イン・タイム納入条件，サプライヤーとユーザー間の製品の共同開発）のための重要な前提になるからである。その後技術的な諸前提が，とりわけ効率的なコミュ

ニケーション・ネットワークの構築の可能性が現実のものとなっている[40]。

以下では電子的情報交換の二つの形態についてより細かく考察してみたい。電子データ交換（EDI）と電子的企業間取引所のケースである。前者のEDIは，企業間通信の一つの特殊形態で，参加企業（例えば，サプライヤー，顧客，運送業者，銀行）のコンピューター間で，一定のフォーマットに従って構造化されたデータ（例えば，注文，請求書作成，振込，督促）を交換するものである。例を挙げると，支払流通の場合に採用される国際銀行間通信協会（SWIFT）のシステムおよびオープンな標準化されたデータ・フォーマットEDIFACT（EDI汎用国際規格）またはSTEP（製品モデルの表現・交換に関する国際標準）を使った売買データや製品データの交換がある。電子的にデータが交換される場合は，殊にデータ交換フォーマットが企業間業務提携の一定形式向けに固有な方法で作られてない場合，またオープンな標準規格に合っていない場合は問題が発生する。とりわけ問題が発生すると，将来の協力関係の可能性を制限することになる。

電子データ交換方式の導入を通じて，さまざまな利点を求める努力がなされている。データのより高い処理速度によって，〜すなわち多重データの収集やメディア破壊の回避によって〜 ビジネスケースの，より迅速でより確かな処理が可能になる。顧客にとっては，このことは納期の短縮を意味する。したがって，対応する企業にとっては競争の利点になり得る。さらにEDIは企業間協力の，より新しい形態を可能にする。とくにJITの協業と戦略的ネットワークは，迅速かつ信頼できる情報フローの基礎があって始めて可能になる。さらに在庫量の削減は，より短期的な発注を可能にし在庫コストを削減できる。

電子データ交換の場合と異なり，電子的企業間取引所[41]においては原則的に無数の銘柄の売り手と買い手が存在する。データ交換または情報検索は，一定のデータ・フォーマットに束縛されずに行われる。その通信は，公共電話通信網，オンライン・サービスまたはインターネット[42]を経由して行われる。インターネット・ユーザーの数が著しく増加したため，近年のこの通信形態は非常に重要になっている[43]。もっとも現在のところ，商用アプリケーションは大幅に販売業務面に限られている。

インターネット技術（通信標準およびWWWブラウザ）については，さら

にさまざまな企業の企業内情報システム（いわゆるイントラネット）を，いわゆるエクストラネットに接続することが可能になった。その上，直接通信がインターネット・オプションを通じて新たな販売チャネルに対して開かれている。企業は，その企業の製品の潜在的消費者と直接接触することができる。その際，原則としてインターネットのアクセスを利用する者なら誰でも問い合わせを受けられる。従来の宣伝媒体と異なり，二方向通信つまりインタラクティブな通信ができる利点がある。この通信は製品を顧客の特有な好みに柔軟に合わせていける。さらに，コンサルティングやソフトウエアなどの無形のサービスが物理的にもインターネットを通じて分散利用できる。

　企業の外部者との結合が改善されれば，テレ・コミュニケーションの技術的発展により，さらに従業員のための作業形態をより一層柔軟にできる。言語・データ転送のグローバル化により（とりわけ，モバイルラジオの国際標準や，社内ネットワークの構築，インターネットの普及などを通じて），従業員はますます場所的に，かれらの職場に拘束されなくなっている。相応しい通信技術（例えば，リモートLANアクセス）を使って，かれらは世界の任意の場所から，かれらの職場の情報技術的インフラ（ノートパソコン）にアクセスすることができる。

　データは地球上の，ほぼどの地点からでも世界中のネットを経由し転送できるので，現在位置の変更はますます問題がなくなっている。それゆえ，ノートパソコンやモバイルラジオは，企業の外からでも従業員を結びつける。結果的に非常に異なる形態の（モバイル）テレ・コーポレーション[44]が可能である。対象は，仕事（職務実現の調整のような仕事）の実行だけでなく，テレ・サービスの提供（例えば，遠隔翻訳，遠隔診断）も含まれる。

　要約すれば，情報・通信技術の企業経営への投入は行為余地の拡大をもたらした点が確認できる。新しい構造や流れだけでなく，新しい事業分野，～例えば電子商取引とか電子出版～ が可能になる。情報・通信技術の投入は，組織の限界の融通性をより高くするという結果をもたらす。このことは，職能別部門の境界を拡散させ，よりフラットな階層を実現させ，空間的・地理的拘束力を減少させ，さらに企業外部のサプライヤーとユーザーを自社のビジネス・プロセスのなかに直接，取り込んでいけるということを意味する[45]。

情報技術の投入は，その際，同じように情報収集・処理のような物的給付生産のプロセスに対して影響を及ぼす。情報収集に関して云えば，その応用分野は意思決定準備の管理的職務から処理的職務を経て計画的職務にまで拡大した。

組織的デザインの行為余地が拡大されても，組織的柔軟性[46]に対し明確にプラスの効果が働くと推論できるわけではない。情報技術の投入が増えると，組織的変化の複合性[47]も増大する。組織的変化は，必然的に情報システムの変化もしくは情報フローの変化をもたらす。したがって現在，実務においてしばしば見られる技術的柔軟性の欠如は，組織的柔軟性に対してマイナスに作用する。情報技術の投入が組織的デザイン・オプションに及ぼす作用について一つの概観を示したものが図33である。

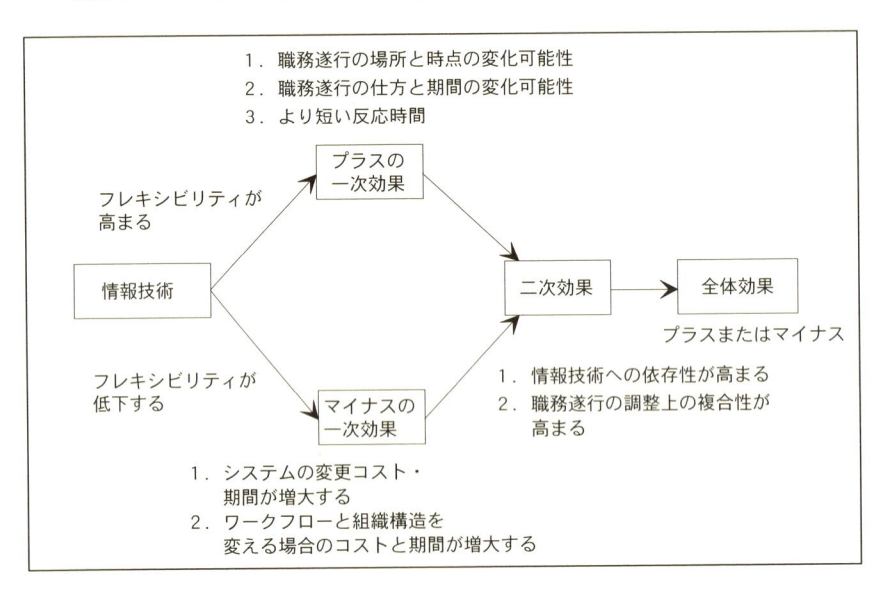

図33：情報技術投入の帰結[48]

b. 組織的帰結

情報技術の組織的帰結に関する学問的論議は，Leavitt および Whisler の初期の頃の命題によって誘発され決定的な役割を果たした。1958年に発刊さ

れたかれらの論文 'Management in the 1980's'[49] のなかで，かれらは意思決定権限の集中の増大を予言した。その集中は，中間管理者層の職務の削減によって誘発されるものだとした。かれらの見解に対し他の研究者達は，コントロール活動が拡大し，それが権限の分散作用に有利に働くと指摘した[50]。多くの経験的研究が，あれこれの命題の矛盾を強調している[51]。したがって今日の段階で，コンピューター支援情報システムの投入から，具体的な構造上の帰結を演繹することはできないし，また個人への影響について確たる言明を行うことも不可能である[52]。

1．情報アクセスと情報技術的潜在性としての問題解決支援

　組織規定は結局，問題解決のための分業による情報収集と情報処理行為として説明される意思決定行為に関係がある。このような視点に立ち，以上では新しい諸技術の特性の概要について述べたが，以下では組織上重要な二つの特性に濃縮して説明してみたい[53]。

1．情報の準備状態の改善

　　現代の情報・通信技術は，まず行為者に情報を与える諸々の方法により質的な飛躍をもたらした。その技術の助けを借りてより大量の情報が蓄積され，より迅速に原則として限りなく離れた所を経由し，通信相手がその場に居合わせるかどうかには（ますます）依存せず，（非同期・通信）伝達もしくはスキャンができるようになった。したがって，情報はより多量に原則として任意の場所で最新のものをいつでも入手できる。

2．問題解決支援の準備の改善

　　新しい技術の潜在性は，情報の問題志向的処理を行うために行為者が追加的キャパシティを持てるようにするために使われる。構造化された問題提起の範囲内における[54]コンピューター支援のほかに，少なくとも当該の職務担当者の目から見て不適切に構造化された問題の解決を容易にするような方法上の技術・技能情報ヘルプ（ノウハウ）の準備を念頭におかなければならない。新しい技術の可能性とは，企業の視点から見ると適切に構造化された問題解決のためのプログラム化された解決のプロセスから，

'ユーザーガイド'の意味でのモデル支援解析の分析ヘルプ[55]を含め，知識ベースのエキスパート・システムに至るまでのものを指している。

2．デザイン・オプション

技術的進歩の初期を考察すると，まず一つの明確なイメージが浮かぶ。企業が情報技術を経済的に利用しようと望むケースでは，価格‐業績比が悪くなるとそれを根拠に特別なデータ処理部門の設置を余儀なくされた。その部門には，もっぱらスペシャリストだけが操作できる大きな装置があり，アプリケーション・エリアのオペレーション・システムのみが稼動していた。当該の管理部門とデータ処理部門との間には給付の結びつきがあったから，両者はしばしば一つの組織単位にまとめられた[56]。

これとは対照的に新しい情報技術は，組織構造を形成するための'柔軟性のない'含意とは結びつかない。'技術的決定論'のこの欠落は，現代の諸技術のその給付範囲が広いこと，その機能に柔軟性があること，その空間移動性が多面的でかつ多くの場所で導入できるという点に起因する。応用に際し，こだわりの無いことが，技術的な可能性を一極集中させれば，満足が約束されるという，もはや原則的に一つの組織的解決法しかない，ということではなくなっている。むしろ，現代の情報技術に特有な特徴は，それをデザインの観点から見ると，組織的デザインのオプション選択の道が開かれたという点である。この点から，根本的にそれが従来の専用データ処理システムから区別されるのである。いままでの単一機能の文書自動処理装置を使うことは，当然高額な調達コストを発生させるだけでなく，必要な装置の稼働率を上げるために本社の文書課に事務作業を集中させるというはっきりとした傾向を見せた。結果的にそこでは通常，組織のデザイン形態だけが技術的に妥当かどうかが検討されなければならなかった。これに対して，ネットワークに接続されたパーソナル・コンピューターの導入は原則，組織的にニュートラルである。

このようなオプションの性格を考慮すると，情報技術の組織的含意は一義的に組織デザインが目指す目標に方向づけられ，新技術の性能特性には二義的にのみ依存し得る。(情報)技術的なデザイン諸条件の制約があまりないことか

ら，現代技術の本来の組織的挑戦が，今日ではもっぱら組織的な在るべき姿の再検討におかれる。この再検討が結果として新技術の導入に際し，従来の組織構造が保持されるべきかどうかの問題となる。このケースは，組織デザインの視点から見ると従来，伝統的に進められてきた過程の単なる'電子化'でしかない。それゆえこの種の技術投入は，ここでは組織的デザインの含意には結びつかず，むしろ 〜予測し得る動機づけの一端として〜 基本的には変わらない[57]職務がせいぜい，より効率的に処理される程度の意味しかない。

これに対して組織的含意が表面に現れるのは，技術導入の過程で組織再構築の措置が採られる場合である。もっとも，上述の新技術の偏見のないデザインに基づく，これらの組織変革は，このことが従来の専用システムの場合そうであったように，一定の組織的目標（例えば，事務作業の合理化）は（自動文書作成装置のような）技術的物的手段を使うだけで達成できて，しかもこれらの物的手段は一定の組織構造（本社の文書課）の範囲内に設置されていてはじめて意味があり，かつ経済的に使用できるということには原則，基づかないという点である。新しい情報技術との関係において成り立つ組織再構築措置は，〜確かな組織的解決策である場合は〜 むしろ，（ずっと以前から，あるいは最近は盛んに，昔は全くか，または不完全にしか実現されなかった）組織構造が情報技術の支援を得て，およそ初めてか，または少なくとも以前と比べて，より良く実現されるようになった，ということと因果関係がある。

以上の可能性の検討は，決定論理の視点から意思決定権限の確定とコミュニケーション関係の規定化という二つの調整用具を使って始めなければならない。意思決定権限の定式化に際し，単位間のコミュニケーションの可能性が予想できるから，これらのコミュニケーションのオプションを初めに紹介しておきたい。その後で構造化と細分化のオプションを取り上げることにする。

2.1 コミュニケーション・オプション

コミュニケーションの目標は，その時々の組織単位に対し意思決定上重要な情報を与えることにある。コンピューター支援の情報システムの利点は，この目標のもとに，データバンク・システムやネットワークを経由し，より多量のデータをより迅速にほぼ任意の遠隔地から伝達し蓄積し，そしてコールできる

点にある。こうして意思決定単位の情報ベースは著しくアップデートされ拡大される。コミュニケーション用具の投入に際し，具体的な可能性の概要について述べる前に，まず以下で，どのような状況のもとでコンピューター支援のコミュニケーション技術の投入が行われるかを明らかにしておきたい。

当該意思決定の根底にある不確実性が減少し，したがって自律性コストが低下するときに意思決定の情報基礎は改善したと見なされる。またコミュニケーションの範囲内にコンピューター支援の情報システムを導入することが有意義であるかどうかは，コミュニケーション・コストと自律性コストをグラフ上で対比してみると明らかである[58]。技術の価格－収益比率は改善されるという前提に立てば，コミュニケーション・コスト曲線は図34の如く移動することが仮定される。これは結果として，コミュニケーション活動が積極的になるこ

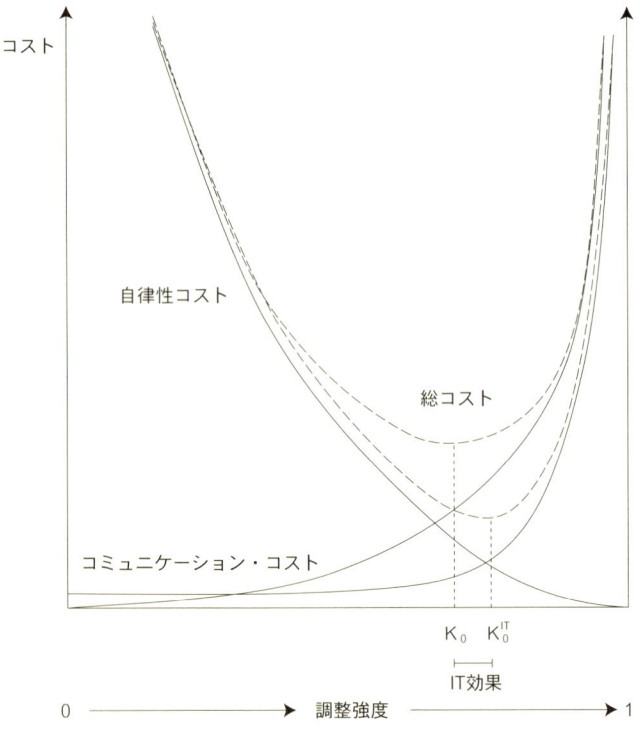

図34：情報技術のコミュニケーション・コストへの影響

とにより自律性コストは低下していく[59]。

　管理者活動に関する研究では，コミュニケーションの改善の組織的重要性が強調されている[60]。管理者の労働時間の大部分が情報交換のために費やされていることが確認された。データバンク・システムや通信技術の導入が予定される場合，交換される情報の種類が，コミュニケートする相手の階層上のポストによって変化するという認識も極めて有益である。下層レベルでは傾向としてむしろ'確かな事実'[61]という情報が支配的である。これらの事実は，大抵は明確な定量化可能なデータとして，通常定数の形で表現される。

　これに対して，最高経営者において交換される'不確かな事実'はむしろ，根底にある問題提起の意味で説明される質的指標の性質をもつ。'確かな事実'は主として明確な情報構造を持つ十分に定義された問題に適しているが，一方のより高い階層レベルの'不確かな事実'はしばしば変化し，それゆえ明確でない情報構造を持つ複合した問題提起の処理に利用される。Daftおよび共著者[62]らは，組織のなかで使用されるコミュニケーション用具に関する研究のなかで，伝達される情報の種類により，その都度メディアが選択されることを確認した。コンピューター支援情報システムは限られた量だけの'不確かな事実'しか記憶できないし，伝達できないことを考慮すべきである。したがって個人的な対話からメールボックス経由の情報交換へ移ると，どんな手振り身振りも選別される。電子的通信メディアは下層レベルにおいて，もっとも広く普及するという経験から，この認識は強くなる。情報は，限られた量だけ定式化されるから[63]，とくに在来のデータバンク・システムの投入の可能性は制限されるように思われる。問題提起の定義づけが少なくなればなるほど，情報収集はますます'より多くの'通信チャネルに集中する[64]。確かに，例えばテレファックスやメールボックス，ビデオ会議などは，'ソフトデータ'の電子的伝達の最初のアプローチではあったが，従来型のコミュニケーション・チャネルも決して意義を失ったわけではない[65]。

　以上の制約を考慮すれば，新しいコミュニケーション用具に対して以下の投入の可能性のあることが分かる。すなわち垂直方向のコミュニケーションの範囲では，行為指示がより頻繁に行われかつより細かく定式化され，状況に応じて下位の単位へ伝達される[66]。

コミュニケーション・チャネルの性能が上がることにより，意思決定の場の複合関係が具体化される[67]。その際，当該組織の内外の諸部門の情報を下位の意思決定業務の前提として使用するなら，柔軟で階層に結びつくネットワークを作ることができる。したがって事情によっては，エキスパートの知識を直接，行為プログラムのなかに入れることができる[68]。たしかに意思決定権限は階層的手段を用いてのみ確定されるが，その定式化に必要な意思決定の場のデータは，他のコミュニケーション・チャネルを通しても流れてくる。同じように，コントロール・データも正規の手続きルートを迂回して集めることができるので，中間管理階層がかれらの機能を果す上で情報伝達者としての負担を軽くすることができる[69]。

コミュニケーション・システムの価格／収益比率の改善により，相互依存を和らげるために情報自律性をさらに制限することが経済的に正当化される。水平的コミュニケーション活動を強化すれば，相互依存関係にある単位はかれらの意思決定の場の変更について情報が得られる。その際，コミュニケーション・チャネルの速度は，製造の工程速度において見られるように給付の結びつきの感度が極めて高い場合，特別な意味をもつ。製品生産プロセスに参加する単位間の調整を改善することによってバッファは撤去できる。

内部のコミュニケーション・オプションと同じく，外部のコミュニケーション・オプションをオプションの組み合わせとして束ねることが可能である。考えられるデザイン選択肢の範囲は，ここでは意思決定上関連のあるサービス・データバンクからの情報の収集に始まり，製品生産・製品サービスの利用過程に参加する企業や家庭のデータの技術的統合にまで及ぶ。その際，目標はさらに外部環境に関する不確実性の縮減をも意味する。

ここで述べたコミュニケーション・オプションをもって，意思決定単位の情報基礎を拡大するための基本的諸前提が作られる。ここから構造化および細分化についてのより大きな自由度が生まれる。

2.2 構造化オプション

構造化の観点で見るとき，まず意思決定単位の負担を軽減するかもしくは，その意思決定単位の問題解決能力を高めるための可能性について指摘しておか

とくに中間管理層レベルは，階層に束縛されないネットワーク化を通じ或る程度まで情報伝達者としてかれらの役割の面で負担軽減されるという効果のほかに，その都度使えるコミュニケーション・メディアを通じて情報調達措置を本質的に容易に講じることができる。さらに，コンピューター支援の手法とモデルを使って情報処理能力を高めること[71]ができる。すなわち一方では，現実に即したルーティンを大幅に自動化し，経費のかかる計算業務をその自動化によって支援することができる。他方では，複雑な科学的手法（例えば，ディシジョン・ツリーや予測モデルなど）を初めてより広範囲に使えるようになる[72]。最後に情報・通信技術のデジタル統合が，伝達される情報をさらに直接処理できるようになるから，経費のかかる変換ステップは無くなっていく。

　スタッフ・コンセプトに類似したキャパシティ拡大のコンピューター支援情報システムは，情報の収集・処理活動に重点を置いている。たしかに，時として技術が原因でスタッフに代役させることがあるが[73]，コンピューターがこれらのスタッフ部門内部で広く活用される[74]という解釈をしてはならない。もっともすでに上でコメントした如く，加工すべき課題の種類に応じていろいろと異なるが，ここで概略述べたキャパシティ増大効果は無くなってしまう[75]。また知識に基づくシステムを利用し，アルゴリズムが使えないような仕事を支援していくという努力も，その部分的な成果はともかくとして取り立てて云うほどのものではない[76]。

　次に，これらの技術的なオプションを構造化の範囲のなかでどのように利用できるかという問題が提起できる。上位単位は明らかに自らが問題解決に，より一層強く関わることができるから相応の解決ステップの委譲が不必要になる。もっとも経験的研究における矛盾した結果が裏付けているように，このオプションが再集中化のために例外なく選択されることはない。根拠づけのためある種の委譲の利点を挙げることができる。情報ベースの改善や下位単位が専門的理解力を持てるようにするためには分権が良い，と度々云われる[77]。さらに競争圧力が高まるにつれ，特に市場に隣接した部門では反応時間の短縮がますます重要になる[78]。その際，自律性コストに現われる権限移譲リスクを二三の仕組みを設けて排除することができる。まず，水平的情報システムの支

144　第 2 部　意思決定志向的組織理論の根本要素

援を受けて，下位の相互依存関係に在る単位間の調整問題を少なくする。さらに，垂直のコミュニケーション・システムを使い下位レベルの仕事を恒常的にコントロールし，場合によっては修正する。硬直的な構造化ではなく，職務を基本的に委譲するが選択して再び集中する[79]。要するに，明らかに大幅に定式化された意思決定権限は，しばしばソフトウエアに組み込まれたプログラムやルールを通じ事前に著しく構造化されていることを指摘しておかなければならない[80]。このことと関連し，職務の根底にある問題提起は，権限が移譲される前に大幅に解決されている[81]。

しかし，コンピューター支援情報システムの投入がどうしても集中につながらない場合，キャパシティを拡大する潜在力をどのように利用するかということは説得力の無いまま未解決である。すでに概要を述べた集中オプションと委譲オプションを並行させて実現する可能性は，階層レベルの削減を意味する。理念型を図 35 に示した。

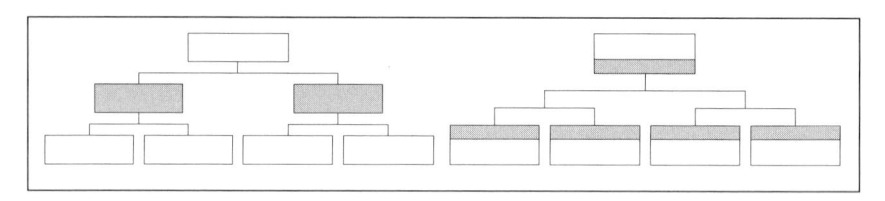

図 35：階層の技術制約的フラット化

いま，中間管理職の職務の一部を再集中し，一方で別の職務を委譲すれば中間レベルの維持は不必要である[82]。たしかにコミュニケーション経路と意思決定経路の数は全体としては減少するが，当該レベルのコミュニケーション・チャネル数は増加する。管理の幅がより広範囲になると，上位単位は指示を与えたり情報を受けたりすることでより大きな負担を負うことになる。しかしこの負担の大きさは，コミュニケーション・メディアの適切な投入により制限することができる[83]。たしかに文献上，しばしば論じられてきた中間階層レベルの間引きによる階層の技術制約的フラット化という命題は，経験的研究では何ら明確な検証は出ていないが[84]，中間管理層では機能が変化する一つの傾向が見られる[85]。

職務効率を高めることは，キャパシティ効果を利用するもう一つの形態であ

る。しかしコンピューターによって影響を受ける 〜たしかに重要でないことはないが〜 諸々の活動に比べて当該職務の遂行には役立たないが，意思決定の迅速化やその質的改善のために情報収集・情報処理措置の効率化を利用することができる[86]。前者の場合，意思決定頻度数は高まるが，後者の場合，問題解決に伴う不確実性は減少する。

結局，意思決定内容の具体的中身の拡大が言及されなければならないが，その拡大については次に述べる細分化オプションのところで取り上げる。

2.3 細分化オプション

細分化の範囲で，一つの意思決定職務は同じ階層レベルの複数の単位に配分される。技術制約的デザイン・オプションを検討する場合，基礎になっている細分化基準のほかに特に専門化度には注目しなければならない。

専門化度の確定によって相応しい職務担当者が遂行しなければならない職務内容の幅が決まる。専門化の傾向は限られた情報収集・情報処理能力から生じるので，職務範囲を比較的狭く定式化すれば決定者サイドで問題解決のためにより大きく貢献できる。技術基礎資料作成の点で云えば，例えば資料作成者自身が必要な図表の照会をすべきかどうかを決めなければならない。その代わりスペシャリストが図面作成を引き受ければ，資料作成者はかれ本来のドキュメンテーションの仕事に専念できる。専門化度は段階的に変えられるので分業のデザイン可能性は継続的に維持される。

細分化基準の選択により，職務の範囲設定の仕方と個々の職務担当者が（根本的に）求める視点が決定される。専門化と異なり職務分類は'配分される'ものではなく，むしろ単純に選択的分類特性（特に職能別・製品別・市場別観点）に従って行われる。

専門化度と細分化基準が，相互に全く関係なく選択できるわけではない。つまり職務内容の幅は，たしかに職能別構成の場合も製品や市場別構成の場合にも拡大できるが，製品別または市場別細分化の場合は任意にその幅を縮小することはできない。なぜなら，'二分の一の'製品とか市場（例えば顧客）は存在しないからである。それゆえ専門化は，製品別職務や市場別職務の場合，傾向として職能別職務の場合に比べると少ない。専門化の観点は，通常，比較的狭

い職務内容を前提にして論じられるから，以下では，支配的な概念理解を合意の上で職能別職務の範囲のなかの（課業の）専門化に限定して考察したい。課業の専門化の利点は，従来の（技術的な）制約があるなかでは，特に経営資源利用の分野で見られるものである。専門化は，一方では，'学習曲線効果'によって委譲される職務要素の点で比較的高い生産性をもたらす。他方では，職務要件の変化により頻繁に切り替えられる場合に必要なさまざまな事情により，空間的に離れたところにいる人，離れたところに有る情報や物的手段へのアクセスの必要性から発生する'段取り費用'を引き下げる。

　それに対して専門化の難点は主として調整と動機づけの問題に本質がある。関連した職務を専門化に特有な分割を行うと，一方では，職務諸条件の予期せぬ変化が起こるときに調整要求が高まり，また前工程の処理段階の欠陥修正が緩慢な場合に生じる個々の職場間の相互依存を強め，他方では，成功に対する責任能力の欠如から労働意欲にマイナスの影響を及ぼし得る[87]。しかし，情報アクセスの段取り費用の削減と方法的支援を通じて結局，包括的な職務複合の委譲のための情報・資格能力の水準は傾向的に低下する。この技術的作用は，原則，同じように専門化と職務分類の分野においても働いている。専門化の観点から見れば，構造化オプションのところですでに述べた問題解決キャパシティの拡大が原則，水平的職務統合への道をも開いている。或る組織単位の職務の幅をそのように内容的に拡大していくことが専門化の難点をカバーすることになる。専門化度を下げる可能性は，同様に専門化度を引き上げる可能性とも対立する関係にある[88]。或る職務の水平分割をより一層強めると，つまり階層上，同じ地位の単位数をより多くすれば，通常，相互依存は増える。相互依存関係に在る単位間の調整を簡単にするためにこの種の技術投入が行われる限り，これらの相互依存を水平的コミュニケーションを通じて考慮することができる。

　同じような方法で職務分類の仕方を，二者択一的な細分化基準の選択により変えることもできる。行為者が，技術的支援を受けながら（初めてか，または，もっと適切に）特定の機能・製品・市場などの課題の情報面の専門的諸要求に応えることにより，初めて適切な職能別・製品別・市場別職務の複合の定式化が現実的な一つの選択肢になる。また，相互依存関係に在る諸単位の通信

技術的統合が促進されれば，組織諸単位の問題解決能力をより強く強調するために行われる相互依存構造の最適化が傾向として意義を失う。

　意思決定権限を確定するに当り，デザイン面の裁量余地を技術的に制約し拡大する場合，現代の情報・通信技術を使用しても情報やノウハウが全く使えないか，または従来有効であったデザイン制限条件を撤廃するというぎりぎりの程度にしか使えないところでその拡大は限界がある。したがってこの限界の成行は，一方では，情報面の職務要件と専門的職務要件に左右され，他方では，情報技術的な潜在性に左右されるから，具体的にはその時々の個別ケースにおいてのみ決定される。しかし職務要件を考察してみると，いずれにしろ（どちらかと云えば），構造化された問題と（どちらかと云えば）構造化されていない問題とに大まかに分類される[89]。構造化された職務の特徴は，職務遂行に必要なワークステップと職務（要素）の量的 – 時間的発生が～少なくとも企業の，たとえ（差し当り）必ずしも無条件でなくてもすべての従業員には～比較的よく分かっているという点である。これに対し構造化されていない職務は，職務遂行のために適した方法手続や職務の発生が（企業の場合も）不透明であるという逆の特徴を示す。それゆえ，構造化された職務の場合は必要な情報とか方法的問題解決支援が，個々の職場の目標に合わせて（システム開発の枠組みのなかで）準備される。これらの職務は主として当該職務の担当者レベルで遂行され，従来から高度に専門化されてきたものとして特徴づけられていたもので，情報技術が持つ組織的含意が，より強い職務統合の形で極めて大きく重要視されるべきものと考えられる。

　これに対し，管理部門に特徴的な構造化されていない職務の場合は新しい統合のオプションが恐らく徹底的に考察されてはいない。その特有な職務の性質から，いずれにしてもここでは戦略を強調しているので，範囲はより狭くなる。したがってこの分野では，例えば昨今の物的資源を使う文書処理作業が，今では'手仕事で'より簡単に片づけられるような担当者レベルの職務を，管理者の職務複合のなかに含めるようなオプションしか残らない[90]。

　技術に誘発された職務構成変革の限界は，一方では同じように，職務上重要な情報や問題解決支援策の準備を遮ぎる複数のバリアーから発生する。しかし他方では，この分野における組織再構築の考察では，専門化問題の場合よりも

148　第2部　意思決定志向的組織理論の根本要素

もっと強く，さまざまに異なる組織形態が持つ一般的な利害得失を十分に検討してみなければならない。とりわけ経営資源利用の細分化依存的な帰結とその利用上の調整は，情報と問題解決能力が十分であったとしても，或る特定の職務分類の際の妨げになるような制限を意味する。例えば，もし（一貫して）市場志向的な構成が手持ちの経営資源の極めて非経済的利用を代償にして行われるならば，その構成自体を一人の担当者が情報だけでなく専門的側面からマスターできたとしてもそれは採用されないであろう。

注
1) Scholz [Organisation] 276頁および次頁以下，Krüger / Homp [Kernkompetenz] 217頁および次頁以下，Heppner [Wissenstransfer] を参照。
2) Picot / Franck [Informationsmanagement] 887段を参照。
3) 生産要素としての情報の分類については，例えば，Rockart [Imperatives] 53頁を参照。
4) 例えば，Hildebrand [Informationsmanagement] 35頁およびMertensほか [Wirtschaftsinformatik] 180頁および次頁以下を参照。
5) これについては，Seibt [Aufgaben] 25頁以下およびBrenner [Grundzüge] 5頁および次頁以下を参照。
6) これに関しては例えば，Frese [Organisationstheorie] 112頁および次頁以下，ならびにKieser [Organisationstheorien] 169頁および次頁以下を参照。
7) 大型計算機は，計算能力の点からメインフレームとも呼ばれるが，接続された多数の端末の点からホストとも呼ばれる。Stahlknecht / Hasenkamp [Wirtschaftsinformatik] 15頁および次頁以下を参照。
8) 例えば，v. Thienen [Client] 9頁およびArthur D. Little [Management] 23頁。
9) 集中の原因と現象形態については例えば，Biermann / Wittiger [Zentralisation] 1308頁を参照。
10) Arthur D. Little [Management] 23頁を参照。
11) Stahlknecht / Hasenkamp [Wirtschaftsinformatik] 16頁以下およびv. Thienen [Client] 9頁を参照。
12) 例えば，Seibt [Datenverarbeitung] 479段および次段以下を参照。
13) v. Thienen [Client] 11頁を参照。
14) 利用の可能性や，CASEツールの導入および利用の際に発生する諸問題の研究は，Mellis [Praxiserfahrungen] 58頁および次頁以下を参照。
15) 意思決定支援システムを通じ特に専門家は意思決定準備に際し支援を受ける。とりわけこれらのシステムは厳密で発見学習的な，確率的で模擬実験志向的なモデルを使い，さらに人工知能の手法を使う。また，これらのシステムは仮説の検証や最適解あるいは近似解を求める場合にも以上のモデルや手法を使う。この点については，例えばTurban [Decision] 73頁および次頁以下を参照。
16) データの島の存在は，とりわけ矛盾するデータベースの問題を引き起こしている。さらに，どの成員も全データベースの一部分にしかアクセスできないものであった。この問題点を改善するため，事業部レベルおよび企業レベルのデータモデルが提案された。さらに，在来型のデータファイル組織からデータバンク・システムへの移行があった。この点については，例えば，B. Rauh / Stickel [Datenmodellierung] 293頁および次頁以下およびDerigs / Ems

A. 個人間分業の場合の調整 149

[Datenmanagement] 1020 頁以下を参照。
17) Huckert [Verbund] 274 頁および次頁以下を参照。
18) 例えば, Kauffels [Alternativen] 79 頁および次頁以下を参照。
19) その際, インターネット技術が使用されている限り, われわれはイントラネットと呼ぶ。
20) クライアント／サーバー・システムとは, 個々のコンピュータ（サーバー）がネットのなかで例えばドキュメントの印刷や, Ｅメールの送信, データバンクへの問い合わせなどの加工, 他のクライアント（コンピュータ）が求める諸々のサービスの提供をいう。クライアント／サーバー原則の変換によってネットのなかに含まれるあらゆるアプリケーション・システムおよび機器の能力の共同利用, ならびにあらゆるデータストックへの共同アクセスができる。この点に関しては, 例えば Stahlknecht ／ Hasenkamp [Wirtschaftsinformatik] 161 頁および次頁以下ならびに Hildebrand [Informationsmanagement] 19 頁および次頁以下ならびに 15 頁および次頁以下を参照。
21) Porter ／ Millar [Information] 151 頁および次頁以下ならびに Hildebrand [Informations-management] 19 頁以下を参照。
22) Keil ／ Lang [Standardsoftware]を参照。
23) Hansen [Wirtschaftsinformatik] 187 頁および次頁以下を参照。
24) 同時に, インターネット技術を使用し, さまざまなソフト・ウエアシステムを一つの統一的なユーザー・サーフェイスに結合する。
25) とくに, 標準化されたデータ交換フォーマット（商用データ EDIFACT, 製品データ STEP, テキストデータ ODA ／ ODIF）が挙げられる。これについては例えば Picot ／ Reichwald ／ Wigand [Unternehmung] 157 頁以下を参照。
26) 例えば Scheer/Hoffmann/Wein [Customizing] 93 頁および次頁以下, ならびに Hansen [Wirtschaftsinformatik] 189 頁を参照。
27) Keil/Lang [Standardsoftware] を参照。
28) Keil/Lang [Standardsoftware] および`Picot/Reichwald/Wigand [Unternehmung] 249 頁を参照。
29) 事業対象とは, ビジネスライフのコンセプトを表す対象を指す。例えば, 受注, 顧客および商品などを云う。目的は, 共通のセマンティクスの利用にある。例えば, Österle [Integration] 17 頁および Keil ／Lang [Standardsoftware]を参照。
30) オープン・アプリケーション・グループ（OAG）には, 相応しい標準を作るために有力なソフトウエア・メーカーが集まっている。
31) すでに相応しい解決策を市場において入手することができる。コンピューター電話統合（CTI）は革新的な通信面の解決を可能にしてくれる。コールセンターは, 例えば, コーラーがコールナンバーの自動認識により識別されるように支援をうける。コンピューターにコールナンバーを伝達することにより, 相応しいユーザー・マスターレコードを自動的に読み込むことができる。ここから担当者の電話番号の検索が可能であり, 引き続き担当者に直接接続することができる。担当者は, 電話信号を使ってかれのモニター上で相応しいユーザーデータを利用できる。CTI については例えば, Pribilla ／Reichwald/Goecke [Telekommunikation] 79 頁および次頁以下を参照。
32) 技術的発展に関しては, 例えば Picot/Reichwald/Wigand [Unternehmung] 137 頁および次頁以下を参照。
33) 文献では相応するコンセプトが, コンピューター支援共同作業（CSCW）の概念でまとめられている。これについては例えば, Borghoff ／ Schlichter [Gruppenarbeit] 80 頁および次頁以下を参照, ならびに Hildebrand [Informansmanagement] 107 頁以下を参照。
34) 例えば, Götzer [Workflow] 60 頁および次頁以下, ならびに v. Thienen [Client] 63 頁お

150　第 2 部　意思決定志向的組織理論の根本要素

　　　および次頁以下を参照。
35)　ちょうど銀行や保険会社では，特定の営業行為の標準化が目立って増えており，これらの企業がワーク・フロー経営システムの最初のユーザーと云える。
36)　事業の流れをモデル化するために，いわゆるアクティビティ・ドラフト・ツールが使用される。事業の流れの組織的変更に対しては，相応に修正を加えた情報技術的説明をもって対応できる。
37)　当該の従業員に対して作成しなければならない書類のほか，実行すべき活動や仕事上必要な資料を電子的に用意する。
38)　これについては，例えば，Arthur D. Little ［Management］41 頁以下および v. Thienen ［Client］67 頁および次頁以下を参照。
39)　これについては，Geibel ［Gruppenarbeit］84 頁および次頁以下を参照。
40)　価格／収益比の絶えざる改善のほか，とりわけテレコムの広域にわたる拡張やデータ転送速度のアップが，立地分散型の作業・組織形態や立地に左右されない作業・組織形態の情報技術的推進力になっている。
41)　これについては，例えば，Schinzer ［Commerce］および Picot／Wigand ［Unternehmung］316 頁および次頁以下を参照。
42)　インターネットは，コンピューター網の世界中に広がる最大の結合体である。これは，統一的な通信プロトコル（TPC／IP，TPC 性能評議会およびインターネット・プロトコル）に基づいている。理論的にはインターネットは限界なく拡張可能である。もっとも，実際には利用者数が増えるにつれ待ち時間が増加し特に商業用には問題のあることが分かる。例えば，Höller／Pils／Zlabinger ［Internet］3 頁および次頁以下を参照。
43)　例えば，Hoppe／Kracke ［Internet］390 頁以下および Hansen ［Wirtschaftsinformatik］423 頁および次頁以下を参照。もっとも現在，高額の検索費用がかかり，データの伝達率は低く，部分的には失望させる内容であるという不都合な点が目につく。さらに注目すべき点は，インターネットが Fetch 原則に従って作業されていること，すなわち，相応の内容を，直接潜在的な受信者に送れないということである。その代わり，受信者は一頁か数頁の 〜一定のアドレスで開かれた〜 インターネット頁（ウエブ頁）から探し出さなければならない。
44)　テレコーポレーションとは，立地が分散した職務担当者（担当部門）と組織単位と各組織間の（立地に拘束されない）メディア支援の分業的給付生産を云う。これについては，例えば，Picot／Reichwald／Wigand ［Unternehmung］372 頁および次頁以下を参照。
45)　Arthur D. Little ［Management］288 頁以下を参照。
46)　組織的柔軟性とは，ここでは組織的変化をなし得る単純さと速さとして定義される。したがって高度な組織的柔軟性は，変化が適度に迅速でかつコストのかからない変化を求める。それと関連し，この定義は特に適切な適応の可能性が 〜つまり何らかの行為余地が〜 与えられていることを暗に前提にしている。柔軟性の概念については，例えば Jansen ［Flexibilitätsmanagement］15 頁および次頁以下を参照。
47)　複合性が高まる原因は，特に，さまざまに異なる情報システムがインターフェースを介して相互に調整されなければならない必要性のなかに見出される。さらに，大きな統合ソフトウエア・システムが数百万のプログラム・コードラインから成り立つことを考慮しなければならない。したがってそのようなシステムのなかの変更は難しい。
48)　これに関しては，Lucas／Olson ［Impact］157 頁および次頁以下を参照。
49)　Leavitt／Whisler ［Management］41 頁および次頁以下を参照，ならびに Grochla ［Diskussion］および Grochla ［Auswirkungen］をも参照。
50)　例えば，Burlingame ［Information］121 頁および次頁以下，ならびに Klatzky ［Automation］141 頁および次頁以下を参照。
51)　Kubicek の［Organisationsforschung］概要 55 頁および次頁以下を参照。

A. 個人間分業の場合の調整　151

52) 情報技術の今日的意義については Scott Morton [Corporation] を参照。
53) 以下の詳述については Frese / v. Werder [Kundenorientierung] をも参照。
54) 情報の組織的処理（例えば，文書処理）の際の支援もこれに含まれる。
55) 例えば，同時分析，感度分析および状況分析などの分析支援がある。
56) また，データ処理部門は，しばしば会計制度分野に分類されてきた。Raubold [Informationstechnologie] 19 頁および次頁以下を参照。インターフェースの問題性については Kieser / Kubicek [Organisation] 350 頁および次頁以下を参照。
57) 〜例えば自動的に送られるシリアルレターなどの〜 一定の職務を部分的，ないしは全面的にコンピューターに移すケースもここに含まれる。
58) 本書 122 頁および次頁以下を参照。
59) Emery [Planning] 31 頁を参照。
60) Culnan / Markus [Information] 420 頁および次頁以下，ならびに Mintzberg [Nature] 199 頁および次頁以下，特に経験的研究の成果 230 頁および次頁以下を参照。さらに，Pribilla / Reichwald / Goecke [Telekommunikation] 158 頁および次頁以下。
61) Mintzberg [Fakt] 86 頁および次頁以下を参照。
62) Daft / Lengel / Trevino [Message] 355 頁および次頁以下を参照。Picot / Reichwald [Bürokommunikation] 43 頁および次頁以下をも参照。
63) Galbraith [Organizing] 99 頁以下を参照。
64) Daft / Lengel / Trevino [Message] 355 頁および次頁以下，もしくは Barrif / Galbraith [Considerations] 15 頁および次頁以下を参照。
65) Huber [Theory] 47 頁および次頁以下ならびに Picot / Reichwald [Bürokommunikation] 44 頁および次頁以下を参照。60 年代に宣伝された経営情報システムは，そのシステムが生み出す情報が問題志向性の少なさゆえに挫折したと想定される。結局，問題に適した情報構造構築の困難さゆえに，経営管理者達は大量の，焦点のない '間違いない事実' に直面することとなった。この 一'情報過多'一 の概念で知られる問題が，むしろ混乱を呼ぶような影響を与えたために，トータルなデータ技術統合に対する陶酔するような期待を持つことにブレーキを掛ける働きをした。Mintzberg [Fakt] 86 頁および次頁以下ならびに Simon [Consequences] 221 頁を参照。
66) Galbraith [Organization] 97 頁および次頁以下を参照。
67) Simon [Conequences] 212 頁および次頁以下，特に 222 頁を参照。
68) Mertens 他に，エキスパート・システムに関連し，数少ない専門家達の特別な知識は '何倍にも増やす' ことができる，と指摘している (Mertens / Borkowski / Geis [Expertensystemanwendungen] 12 頁以下を参照)。
69) 例えば，Huber [Theory] 47 頁および次頁以下，ならびに Picot [Kommunikationstechniken] 43 頁および次頁以下，とくに 71 頁および Long [Office] 195 頁を参照。
70) とくに Georg / King [Examining] 63 頁および次頁以下を参照。
71) 例えば，Huber [Theory] 47 頁および次頁以下を参照。Long はさらに，情報技術の投入により給付の質の改善ができると強調している (Long [Office] 46 頁を参照)。
72) Simon [Censequences] 212 頁および次頁以下，とくに 220 頁を参照。
73) Friedrich / Jansen / Manz [Organisationsmodelle] 16 頁および次頁以下，ならびに Schirmer [Funktionswandel] 353 頁および次頁以下を参照。
74) Rockart / De Long [Systems] 245 頁以下を参照。
75) これについては，本書 147 頁以下の細分化オプションの節の，構造化された職務と構造化されていない職務における差別化の部分を参照。
76) 最近の応用例としては，Mertens / Borkowski / Geis [Expertensystemanwendurgen] がある。

77) 例えば，Barrif / Galbraith［Considerations］15 頁および次頁以下，ならびに Picot［Kommunikationstechniken］43 頁および次頁以下を参照．
78) Huber［Theory］47 頁および次頁以下，ならびに Markus / Robey［Information］583 頁および次頁以下を参照．
79) Applegate / Cash / Mills［Visionen］54 頁および次頁以下，特に 32 頁を参照．
80) Blau 他［Technology］20 頁および次頁以下，特に 32 頁を参照．
81) そのような効果は例えば，銀行業界に見られる．この業界ではエキスパート・システムが信用状態の分析に導入される．従来は，支店の行員が与信の一定限度を処理していた．ある程度の与信規模の委譲になると判定に経験のある本社のエキスパートに権限が留保された．エキスパート・システムの導入によって，支店の担当者は対話のプロセスでこの分析エキスパートにアクセスできる．
82) 中間管理レベルの機能損失については，Schirmer［Funktionswandel］の概要 353 頁および次頁以下を参照．
83) Rockart / De Long［Systems］243 頁および次頁以下を参照．
84) Barrif / Galbraith［Considerations］15 頁および次頁以下を参照．
85) Schirmer［Funktionswandel］353 頁および次頁以下を参照．
86) Huber［Theory］47 頁および次頁以下，ならびに Schirmer［Funktionswandel］353 頁および次頁以下を参照．
87) これについては，本書 171 頁および次頁以下を参照．
88) Huber［Theory］47 頁および次頁以下を参照．
89) 比較可能な職務分類法については，例えば Picot / Reichwald［Bürosysteme］14 頁および次頁以下を参照．
90) 経営管理問題の解決を支援する新しい情報技術の大きな注目すべき潜在性は，経営管理分野における技術的に制約された，より強い職務統合の比較的低い可能性からは区別されなければならない（これについては，ここでは Rockart / De Long［Systems］を参照）．

B. 企業目標に一致した行動をとるための動機づけ

　前節では，組織システムのデザインを調整の観点から考察した。職務関連的な，とりわけ決定論理的諸基準に従う個人行動をコントロールするための基礎構造の輪郭を導き出してみた。しかしこのような分業システムの純論理的分析を行う場合，行動の影響が顧慮できないので結果は不完全なままになるはずである。この事実を，USA の ITT 複合企業の社長 Harold Geneen は次のように述べている。「しかし，組織図は実際のところ一枚の紙切れ以上の何物でもない。一つの静止した物であり，それは複数の職能をもつ上位者の階層を記述したものである。われわれがこれらのすべての人々を関係づけ，かれらに協働を促し，かれらが全体として活力ある人間の相互関係を生み出し，企業の繁栄のために共通の目標を追求し，企業の指導者として設定した目標に向って努力するときにはじめて真のリーダーシップが始まるのである。これが企業を，他のものから区別するあらゆる側面をもつ人間の相互関係である」[1]。この文章は実践の動機づけの分野に，なぜこれほど大きな意味があるのかを想起させる。すべての経営内の業務および行為を前以て詳細に確定することは企業経営者にとって原則不可能であるから，従業員に規則的に，多かれ少なかれ大きな行為の裁量余地が残される。企業経営者が意図する通りその裁量余地を活用するなら，従業員を相応に動機づける必要がある。

　われわれが組織システムのデザインをする場合，動機づけ次元を考慮すれば，マネジメントの諸経験に立ち戻ることのほかに，最後は経験的にのみ根拠づけられる諸理論を含めることが必要である。

　組織構造は，確かに組織成員の職務関連行動に影響を及ぼすという意図のもとで作られるが，個々の従業員の特性，態度および個人行動の諸条件は極めて制限され，比較的遅れて組織理論の問題領域で考慮されるようになってきた[2]。その際，組織構造の行動に及ぼす影響に関する議論は官僚機構の '機能不全'

に対する批判を通じて持続的に起こっている。この議論は，とりわけ組織理論の社会学的方向から出ている。この批判はとりわけ，いわゆる'人間関係論'によって進められた集団現象の経験的研究の結果を通して強化され繰り返された。もっともこの動機づけの経験的研究は，いわば当然の限界にぶつかることになったが，この現象は，"一人の人間を駆り立て，動かし……そしてかれの行動を目標に向けさせる内面的状態を"[3]，記述するが，しかしそれは個人の内面的過程として直接測定できないし，観察もできない。

したがって，例えば以下の事柄を調査することにより間接的にのみ動機づけを理解することができる。

- 個人はいくつかの代案の中から，どれを選ぶか，
- 個人は選択した代案をさらにどのような集中力をもって追求し，かつ
- その際，個人はどのような忍耐力が必要になるかを知ることができる[4]。

たとえ統一的な動機づけ理論がなくても，*Campbell* および *Pritchard* が提示したこれらの動機づけ観点は，今後のさらなる研究のためにも支持し得る基礎であるように思われる。

従業員を動機づけるための措置は，管理者によってさまざまな形で使われる[5]。これらの動機づけ措置を，より細分化して分析するためにはそれらの措置が以下で述べるように，それぞれがもつ潜在的影響力が果たして取引メカニズムを介して発揮されるか，それとも変換メカニズムを介して発揮されるのか，どちらか一方に分類される[6]。

注
1) Geneen / Moscow [Manager] 98 頁。
2) Frese [Organisationstheorie] 266 頁および次頁以下の要約を参照。
3) Berelson / Steiner [Behavior] 240 頁。
4) Campbell / Pritchard [Motivation] 64 頁を参照。
5) Kleinbeck / Quast [Motivation] の概要を参照。Fischer / Wiswede [Grundlagen] 90 頁および次頁以下，ならびに Schreyögg [Organisation] 211 頁および次頁以下を参照。
6) Bass [Leadership]。

I. 取引メカニズム

　取引メカニズムを，誘因‐貢献メカニズムとして特徴づけることができる。その際，企業は従業員に対してかれらがその誘因に反応し，企業目標達成のために貢献するという期待のもとで誘因を与える，つまり，ここでは誘因は一方で企業諸目標間で，他方では必ずしも必要ではないが企業諸目標と一致した目標と個々の成員の選好との間に橋渡しをすることを求めている。その場合，基本的に誘因はこれら従業員の欲求に少なくとも部分的に応えながら，かつ満足がかれらに得られるかも知れないと思わせながら，企業目標の意図するところに沿って，従業員が日々新たに行なわねばならない選択肢評価行為と選択肢選択行為に働きかけていくところから出発する。

　それゆえ，相応な誘因方法が導入された後，企業成員が企業目標に一致した行為をとることが，〜その有効性が前提になるが〜 成員にとってより一層魅力的なものになるのである。もっとも取引メカニズムが効果的であるための前提は，従業員が企業目標とかれら個々人の職務領域に対し導き出された要求事項を知っていて，かれらがそれに合わせて意思決定を行い，かつ行為できるという点である。しかし，まさにこれらの具体的要求事項を一義的に，かつ明確に提示することはいつも限定的にのみ実現可能である。

a. 基礎としての認知的動機づけモデル

　動機づけのプロセス（過程）関連理論を，取引メカニズムの理論的基礎と見ることができる。このタイプの動機づけ理論をプロセス関連的というのは，これがどのように，またなぜ或る特定の行為を生み，維持され，そしてまた中断されるかを説明しようとするためである。そのようなプロセス理論の例として以下では *Vroom* の動機づけモデルを叙述するが[1]，かれのモデルは，動機づけの個人の精神的過程を説明するために思考上の操作に焦点を合わせており，

それゆえ"認知的"と分類される。

　人間の選択行為は，主観的かつ合理的に行なわれるという仮定のもとにVroomは先ず一定の活動を実行しようとする人間の動機づけ，もしくは人間のエネルギー（force，心的力）が，一方では，主観的価値の大きさ（valence，誘意性または誘発性）の積として，他方では，個人の期待（expectancy，期待値）の積として叙述できると定式化した。その際かれは，個人が努力すれば約束される何らかの報酬が得られる誘意性を魅力と解釈した。これと掛け合わせる期待は，約束される結果が或る程度の努力で実際にどの程度達成可能と判断されるかに表われる。言い換えると個人は，それゆえ一方でかれが行為と結びつく報酬を魅力的なものと思い，他方で議論になる行為を実行すればその報酬が本当に得られると持続的に期待するとき，動機づけられていることになる。もし個々の行為が，〜これは実務でありそうなことだが〜個人にとって複数の報酬を意味すれば，具体的な状況に応じた数の個別的な誘意性と期待値を考慮することが重要になるが，その際，誘意性と期待値のそれぞれの積は動機づけ作用のなかで増減し得る。

　個人の期待姿勢は，場合によってはゼロ値も仮定できるから，ある一定の行為帰結の場合，全動機づけ効果が低下すると必然的に何らかの負の誘意性が現われる。そのような負の誘意性を説明するためにVroomは，かれのモデルのなかに道具（instrumentality，手段）という別の値を持ち込んだ。この値から，或る一定行為の直接的報酬が，高目に設定された目標達成のために寄与し得ることを一人の人がどの程度まで信じるかということが把握できる。例えば，−1という値は，ある一定の行為から期待できる直接的報酬が，かれが優先する目標と考える中の（一つの）目標にも完全に反することから出発することを意味する。Vroomがここでは，この道具の導入によって，つまり誘意性の上位／下位の関係から同時に多段階の道具を想定したことは明白である。したがって例えば，部下は，一人の上司の褒め言葉それ自体の価値だけを評価するのではなく，'昇進'というかれにとっての優先目標を考慮しながら，その効果をも考えて評価しているのである。もし，この評価がプラスでなければ，或る特定行為に対する上司の褒め言葉が得られると期待しても，何の動機づけ効果も生まれない。

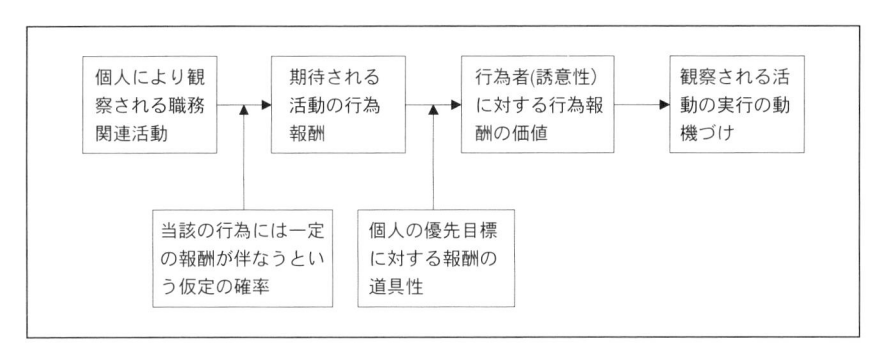

B. 企業目標に一致した行動をとるための動機づけ 157

図36：個人の動機づけプロセス

　Vroom が構想化した個人の動機づけプロセスの本質的手順は上の図のようにまとめられる（図36を参照）。
　本書では Vroom のモデルの全面的評価をしようとは思わないが，差し当たり，かれが人間の認知能力に対して満たすことのできない期待を寄せたことと，かれが考案した数学的定式化の操作化が不可能であることを批判的にコメントできる。Vroom は後者について操作を試みてはいないし，それにもかかわらずかれ自身この関連では，仮説的構成概念[2]について語っていて，かれの叙述の最後の部分において"本書が'それをどのようにするか'に関する書物ではない"と総括している[3]。しかしいま，Vroom モデルを動機づけ問題の発見的方法のドラフトとして見るなら，とりわけ二つの観点で極めて注目に値するように思われる。しかもそれらは学者や実務家にも同じように注目される点である。強調されるべき点は，Vroom の動機づけプロセスとの関連で云えば，一つは，動機づけにより影響因子が相互に作用し合うとき部分的に相殺し合う多数の影響因子があることを明確にした。もう一つは，動機づけ行動における個人的差異の存在を主張した点であり，この点は Vroom のより大きな独創であり，重要な意義を持つものと思われる。モデルを見ると，特に同じ報酬に対して人ごとに異なる選好や，その都度，個人ごとに異なる期待姿勢や道具に対して評価が行われ，誰もが唯一性を狙っていることが分かる。さらに人間は，必ずしも常に一定の選好や期待に縛られるわけではなく，さまざまな時点で同一人物が同じ事態を全く異なったものとして判断し，したがって異なっ

た行為の仕方をとり得る。

それゆえ Vroom のモデルには，実務における動機づけ措置をデザインするための持続的個別化が含意されている。例えばこの個別化は，従業員との対話を頻繁に，かつ集中的に行なうとか，'カフェテリア方式'（選択的福利厚生制度〔訳者注〕）でインセンティブをオファーすることによって達成される。その結果として，企業が従業員に対して一定のインセンティブを'処方する'のではなく，従業員個人の選好に合わせて一定のインセンティブのオファーの中から，かれらが二三の項目を選択できるような状態を作り出すことができる。ここでは例えば，単独作業かまたは集団作業かの選択の可能性とか，出来高給か時間給かの選択の可能性も想定される。

b. インセンティブのデザイン

従業員の動機づけを効果的，かつ永続的に高めるためのシステムのデザインは，極めて複雑で要求の多い大胆な企てである。経営者はその際，原則として広範囲にわたるさまざまに異なる措置，例えば給与・報酬の支払い，または人材開発などの措置を使うことができる。しかし，さらにインセンティブ効果

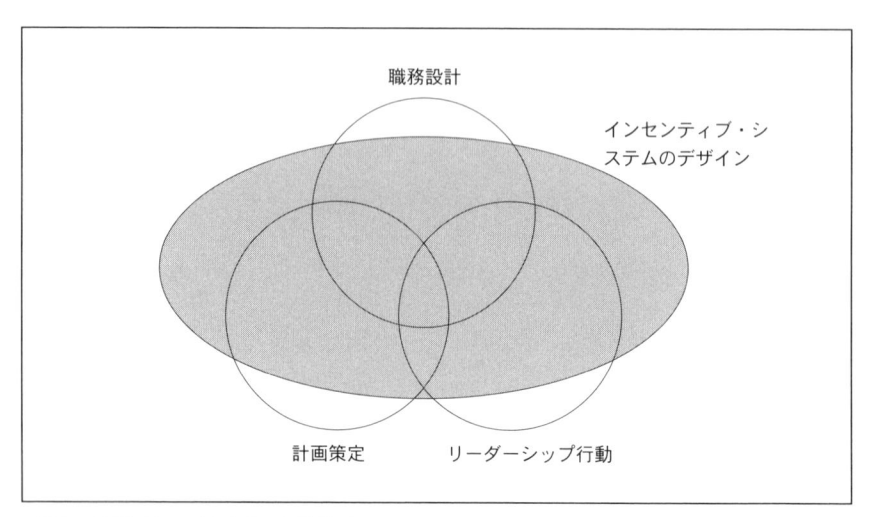

図37：取引メカニズムを介した動機づけのための手段

を，特に動機づけ目的で導入する措置とは別に，その他の豊富な経営経済的諸手段に求めてみることも肝要である。この関連でいうととりわけ職務設計，計画策定およびリーダーシップ行動が挙げられる。従業員の動機づけ向上を顧慮したこれらの 〜異なる経営経済的諸手段が重複する分野に在る〜 措置がどのように貢献し得るかについて検討することから以下の説明を行いたい。引き続き報酬および給与システムについて述べ，従業員の個別的目標と企業の上位目標との間の橋渡しをする目標を直接追求する狭い意味でのインセンティブ・システムのデザインに関する措置を紹介したい。

1. 職務デザイン

　動機づけを促すような職務をデザインするためには何をなすべきか，の問いについてはすでに多くの学者が取り組んできた。例えば *Herzberg*[4]は，従業員は，仕事を通して何か新しいことを学ぼうとする筈であり，同じように何らかの直接的な報酬の印を得たいと思う筈である，と云っている。従業員は，自分達の職務を自主的に割り振ることができるであろうし，誰のために働くかを知っているはずである。そして少なくとも部分領域では唯一の玄人であり，個人的に責任を感じ，さらに特定の方法・手段を自分で自由に使える筈である。結局かれらは，直接，同僚に頼る方法をとるかも知れない。これらの *Herzberg* の言明を評価する場合，かれが，かれの実証研究のなかで260名のエンジニアと会計係りに対し，つまり受けている教育水準が高いという理由で仕事それ自体がそれなりの意味を持つと想定できる従業員集団に対し質問調査を行なったという点を考慮しなければならない。同じ研究構想を持った継続調査の結果も，この方向を示している。すなわち，*Herzberg* の認識は女性教師と共に高学歴の人々に質問調査を行なった際に裏付けられた。しかし一方，工場の女子工員に対する調査では全く別の結果が出た[5]。その限りでは，上で詳しく述べた *Vroom* の考え方が，必ずしもすべての人間が同じ形で同一なインセンティブに反応するわけではないことを証明している。

　Hackman の研究グループも，動機づけを促進する視点から理論的に納得できる言明体系を開発し，かつ実証的に精査する努力をした[6]。その意味で

Hackman および *Lawler* は，以下の三つの *Herzberg* にも見られる命題を定式化し，かつ職務デザインに対するかれらの命題の論理的帰結を指摘した[7]。

1. 組織成員は，かれの職務の有意義な部分に対して個人的に責任を感じなければならない。*Hackman* および *Lawler* によれば，この要求の実現のためには，職務の定義による或る程度の自律性の確保が必要である。
2. 職務の遂行は，社内の報奨制度を通して動機づけるか，または他の理由により個人が努力し甲斐があると思うような結果を生まなければならない。そのような結果を生むためには，職務がどうでなければならないかを一般的に述べることは困難である。しかし *Hackman* および *Lawler* によれば，高レベルの欲求充足を重視する個人に対して，それ相応の職務基準を設定することは可能である。職務デザインの特に二つの選択肢がかれらの見解では問題になっている。

- 第一のデザイン選択肢は，個人の職務が自主的で他と区別できる部分を表し，その遂行がある程度意義を持つという意識を個人に伝えることを狙っている。この狙いを達成するための前提は，*Hackman* および *Lawler* によれば，当該職務が高度なまとまり（task identity 職務同一性）を有していることである。
- 第二のデザイン選択肢は，職務遂行の際，個人が特に高く評価している能力が発揮できるように，その可能性を個人に与えることを狙っている。*Hackman* および *Lawler* は，職務の著しい多様性（variety）を通じてこのことが保証され得るということから出発した。

3. 職務は，それが個人の達成した成果について或る程度のフィードバックが可能になるようにデザインされなければならない。

すべての職務の特徴は，知覚の程度を通して把握される[8]。従属変数として動機づけ，業績，満足度および欠勤率が考えられる[9]。

Hackman および *Lawler* の仮説の核心は，'動機づけ'，'業績' および '満足度' などの変数は，高い価値を実現するけれど，変数 '欠勤率' は，'自律性'，'分離'，'多様性' および 'フィードバック' などの変数が強い特徴を示す場合，低い価値しか実現し得ない，という点である（図38を参照）。

Hackman および *Lawler* は，或る企業の13の異なる職位に関する実証研究

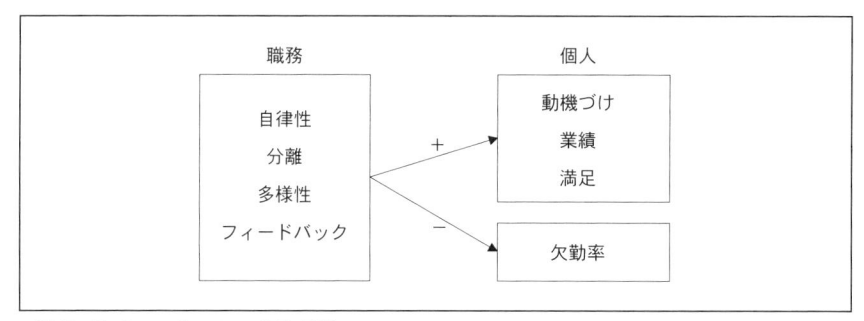

B. 企業目標に一致した行動をとるための動機づけ　161

```
          職務                    個人
    ┌──────────┐          ┌──────────┐
    │  自律性   │          │ 動機づけ  │
    │  分離    │   +  ──→  │  業績    │
    │  多様性   │          │  満足    │
    │フィードバック│          └──────────┘
    │          │   -  ──→  ┌──────────┐
    └──────────┘          │  欠勤率   │
                          └──────────┘
```

図 38：Hackman／Lawler の研究仮説

のなかでかれらの仮説を裏付けている。かれらの研究結果を結論として指摘しておきたい。被面接者において高位の欲求充足努力が示されればされるほど，一方では，'多様性'，'自律性' および 'フィードバックの程度' などの職務諸次元が，そして他方では，行動変数もしくは態度変数との間の相関が高くなるということであった。たとえこの関係が，'職務の分離' という特徴に対して証明できなかったとしても，〜 Hackman および Lawler は，その原因を調査対象職務の特殊性に求めるが〜 ここでも再びインセンティブづくりの個別化が如何に重要であるかが分かるが，しかし，より長期的に見ると必ずしもすべての人間において '高位の欲求' 充足努力が顕著である，とは仮定できない。それゆえ，Hackman はすでに 1975 年に Porter および Lawler と共に，"組織的実践はもっと個別化されるべきである"[10]，と定式化した。

2．計画策定

　時間的に実現の前に在り，行動を思考上準備する情報の収集・処理の一段階として計画策定は合理性の一つの要請である。しかし，計画策定の枠組みのなかでなされる考察を現実に行うなら，これらの活動の動機づけ次元をも同時に考慮しなければならない。その際，計画策定に加わる者の個人的動機や関心，および計画の影響を受ける当事者の個人的動機や関心によって特徴づけられるこのような次元を含めるためには，一方で，予め定めた計画値もしくは目標[17]から生じる行動の影響，他方で，計画策定プロセスのデザインから生じる行動

の影響を考慮する必要がある。行動をコントロールする目標の影響については，とりわけ実証志向の目標研究が取り組んできた。特に *Locke* を中心とした研究グループの経験的研究は，この動機づけ研究の分野に対して 〜この分野の中心的命題は以下のように説明されるが 〜その後長く影響を及ぼした[12]。

目標の特徴を考慮すると経験的研究（現場実験および実験室実験ならびに相関性研究）は，特に目標の要求内容や目標の規定性の程度に注目する。その際，経験的研究は信頼性と妥当性が高ければ次のような認識が得られる。

その要求内容は，業績に対して正の直線的関係にある。一つの目標が強く要求されればされるほど，業績はますます大きくなる。もっとも，目標の要求が実行する者の能力を超えてはならない。個人の能力の可能性の範囲内で要求内容が増えると，業績余力をますます大きく使い果すことになる。大抵の研究においては，この関連が無条件に追認されてきた。二三の研究ではこの関連が条件付きでのみ，例えば特定の職種群の場合とか，職務遂行の枠組みのなかで自分の業績（フィードバック）に関する知識を側面的に役立てている場合にのみ，それが明らかにされる。

同様に，目標の規定性は業績と正の関係にある。細かく決められた要求の多い目標は，単に'最善を尽くすべき'が求められた目標に比べて，あるいは目標の基準値を断念することに比べて，より高い業績を生む。

目標の要求内容と規定性は，動機づけ理論の認識によると次の四つのメカニズムに関わる業績に影響を及ぼす。

- 目標の要求内容と規定性が，注意や行為意欲を一定の方向へ向かわしめ，かつ重要な行為の場を定める（方向づけ効果）。
- 目標の要求内容と規定性が，実行者の集中力，つまり職務遂行努力を強化する（刺激効果）。
- 目標の要求内容と規定性が，職務に専念する粘り強さを促進する（持続効果）。
- 目標の要求内容と規定性が，自分流の職務達成の形式で戦略の開発を促す（戦略効果）。

図39に，推測される因果関係を再現した。

目標の観点から見た業績効果に対しては，目標追求の際，自分自身の業績に

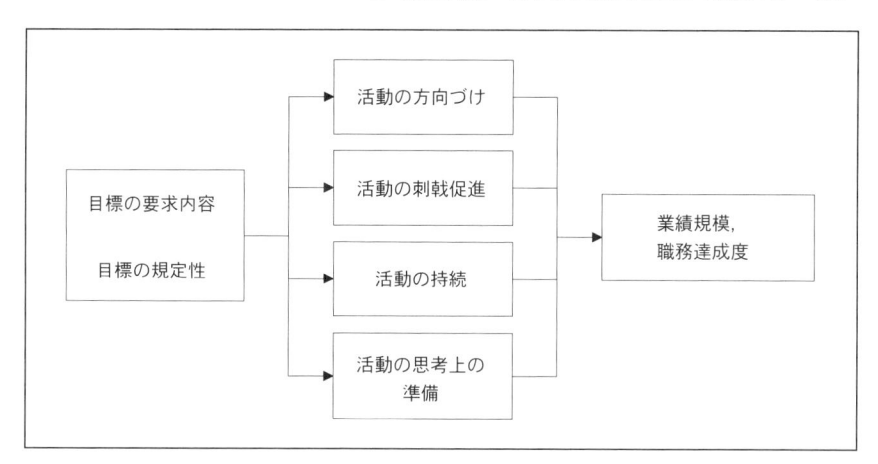

B. 企業目標に一致した行動をとるための動機づけ　163

```
┌─────────────────────────────────────────────────────┐
│                          ┌──────────────┐            │
│                       ┌─▶│ 活動の方向づけ │            │
│                       │  └──────────────┘            │
│                       │                              │
│   ┌──────────────┐    │  ┌──────────────┐           │
│   │  目標の要求内容 │    ├─▶│ 活動の刺戟促進 │            │
│   │              │────┤  └──────────────┘   ┌────────────┐
│   │  目標の規定性  │    │                     │ 業績規模，  │
│   │              │    │  ┌──────────────┐   │ 職務達成度 │
│   └──────────────┘    ├─▶│  活動の持続   │   └────────────┘
│                       │  └──────────────┘            │
│                       │                              │
│                       │  ┌──────────────┐            │
│                       └─▶│ 活動の思考上の │            │
│                          │    準備      │            │
│                          └──────────────┘            │
└─────────────────────────────────────────────────────┘
```

図 39：目標の動機づけ作用

ついての帰還（フィードバック）が一つの重要な役割をする。フィードバックの重要性に関する経験的調査結果は，要求の多い精緻な目標だけでは業績引き上げのために十分とは云えず，むしろ業績に関する適切な知識や職務達成のための自分自身のコントロールが付加されなければならないことを示している。逆にフィードバックだけでも必ずしも業績増幅器とはならず，むしろそれが求める目標と，明確に定式化された目標に結びつけられるときに初めてフィードバックが業績増幅器になる。

　動機づけの観点から計画策定プロセスと目標設定プロセスを考察してみると，前述の Vroom の理論の主要な言明から動機づけを促進するプロセス・デザインに関する手掛かりが得られる。それによれば，とりわけ従業員がその都度関係する目標設定プロセスにかれら自身が参加することがプラスに作用する。なぜなら一方では，従業員の成功報酬期待とか道具性評価の根底に，基本的により確かな，そしてより現実的な知識が有るからであり，また他方では，従業員が高く評価する目標が，かれらにとっては義務的性格を持つものとなるように積極的にそのプロセスに対して影響を与えていけるからである。こうして最終的に確定された目標の受容と，これらの目標を達成しようという従業員の動機づけが高められていく。

　目標設定に関する研究の中心的言明を図 40 にいま一度まとめてみた。'業績'

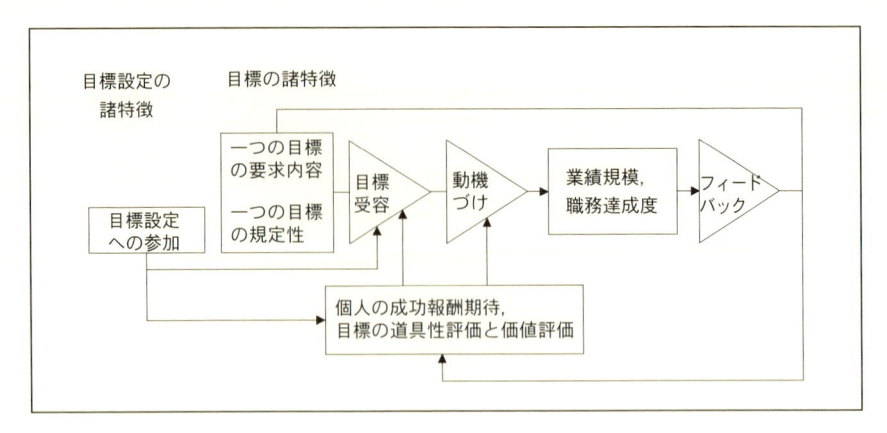

図40：目標作用の全体モデル

　と，'要求内容' および '規定性' という目標の特徴との関係で見れば，'目標の受容' および '動機づけ' という値は，ポジティフには増幅器（もしくはネガティフには抵抗器）として一つの仲介機能の役割を果している。当該の入力信号が或る程度の規模になり（すなわち当該目標の要求が多くかつ明確に定式化され），そして両方の増幅器が活性化している場合にのみ，われわれは当該目標を手段としながら何らかの業績向上の効果をあげることができる。目標の受容と動機づけの増幅器の機能は，とりわけ目標設定プロセスにおける参加とそれによって具体化される個人の成功報酬への期待と，目標達成に関わる個人の評価を通して成立する。業績の目標設定とフィードバックのサイクルが仮定されれば（さらなる目標設定に影響を与えるが），フィードバックが目標設定の媒介変数となり，フィードバックが少なくとも目標設定のプロセスのなかで目標を明確化させる（自分の業績に関する否定的申告も考えられるから，必ずしも要求水準の引き上げには結び付かない）。

3．リーダーシップ行動

　リーダーシップの動機づけ作用は，'目標に関連した個人間行動へ影響を及ぼすプロセス'[13]として定義されるが，それは，その時々のリーダーの行動に強く左右される。それゆえ，経営者は人事の選考や職業教育・再教育の適切な

措置を通して，従業員の考えや行動を企業目標に合わせて行うようにリーダー側の行動を確保していくことに目標を置かなければならない。もっとも，リーダーシップ研究の現状は，その都度管理の諸条件を伴い管理の成果に影響を与え，かつ 〜たとえ条件付きでかつ長い目で見るとしても〜 当該企業経営者がデザイン目的のために自由に使えるもう一つ別の従業員グループが存在することを明らかにしている[14]。

リーダーシップ行動が，訓練されるべきもの，あるいは評価されるべきものとすれば，まずリーダー特有の行動を相応に描写してみる必要がある。リーダーの特別な特徴，例えば能力，特性および姿勢などは，いわゆる'偉大な人物論'に関するリーダーシップ研究の初期の頃は，それらが決定的なものと見なされたように，今日の視点から見ても必要とあれば，リーダーシップ行動を間接的に理解するための指標として利用することはできる。

リーダーシップ成功の解明のためにそのような人物関連の指標が適切だと言われているが，極めて限定的であると見なさざるを得ない[15]。それゆえ，現代の大部分のリーダーシップ論は，当該リーダーの行動が直接描写されている。

リーダーシップ行動の理解とその運用方法に関する学問上の取り組みは，今日までリーダーシップ様式の研究として特徴づけられており，この研究は1930年代のLewinを中心とした集団の研究に始まり[16]，人間関係論のなかでその研究は，強い影響を与え続けた。リーダーシップ論の現状を特徴づける概念は極めて多様であるが，リーダーシップ行動を図示してみると密接な関係にある二つのポイントが確認される。その際一方では，多くの研究のなかで見られる職務志向のリーダーシップ行動と，人間志向のリーダーシップ行動とが区別して論じられ，他方では，その他の大抵の研究に見られる管理される者の当該意思決定プロセスへの参加の範囲が論じられている。

もし職務志向と人志向がカテゴリーとして，しかもしばしばさまざまに異なる概念を用い多くの研究の基礎になっているとすれば[17]，オハイオ州立大学における一つの広範囲な研究プログラムのなかで開発された'配慮'(Consideration)および'構造づくり'(Initiating Structure)に分類する方法が，学問的論議のためには特別な意義があると云える。

この'配慮'と'構造づくり'という特徴を用いたリーダーシップ行動の分類

は，リーダーシップ行動を記述する際に考えられる多くの特徴を統計的手法によって，二三の一般的行動様式に還元するという試みに基づいている。しかしここでは *Fleishman*[18]の定義づけに従った内容記述を行うため，この種の術語の翻訳は避けたい。

"'配慮'とは，リーダーと集団成員間の諸関係を相互信頼，考え方の尊重およびある種の心の温かさによって特徴づけられるような行動を意味する。この行動は個々の集団成員の欲求に対するより深い思い遣りに基づくもので，決して'肩をたたく'とか'俺お前の仲'という表面的な体裁だけのスタイルでは現せないものを意味する。'配慮'には，集団成員の集団意思決定への強い参加と，両者双方のコミュニケーションを促進するなどの行動様式が含まれている。

'構造づくり'とは，集団のリーダーが集団の活動およびリーダー自身の集団との関係を定義し，かつ組織する際の行動を釈義したものである。集団のリーダーは個々の成員に対する役割期待を明確にし，成員に職務を割り当て解決方法を計画しそして説明する。したがって'構造づくり'には，手段目標の達成に合わせた明確に強調された措置が含まれる。"

重要な点は，両者の特徴が統計的に独立していると見なされる点である。したがって例えば，或るリーダーを両方の行動次元で見て高く格付けすることができる。もっともこの見方は，必ずしも通例ではない。むしろ多くの論者は，末端の一方が職務志向で，他方が人志向であるような直線的連続体から出発している。しかしこのことは，一人のリーダーが必ずしも両方の志向性を同時に示し得ないことを意味するように思われる。

従業員参加の程度によってリーダーの行動を分類する第二の要点は，'配慮'と名付けた行動様式のパラフレーズをどのように明らかにするか，というすでに挙げた特徴に関係がある。この関連で云えば，'民主的'，'権威主義的'および'放任的'などの特徴を用いてリーダーシップ行動の特徴づけを行なった *Lewin* ら[19]が大きな影響を及ぼしている。一連の研究のなかではこのアプローチが，経済活動分野にとって，より現実的と思われる'協働的'および'権威主義的'の二分法に簡略化された。

その後，従業員参加の様々な理解を認容するような尺度設定がより多く試み

B. 企業目標に一致した行動をとるための動機づけ　167

```
権威主義的                                              協働的
リーダーシップ  ←——————————————————→  リーダーシップ
様式                                                  様式

┌─────────────────────────────────────────────────────┐
│ 上司の意思決定                                       │
│ 裁量余地                                             │
│                                                     │
│                              集団の意思決定          │
│                              裁量余地                │
└─────────────────────────────────────────────────────┘
  ↑      ↑      ↑      ↑      ↑      ↑      ↑
```

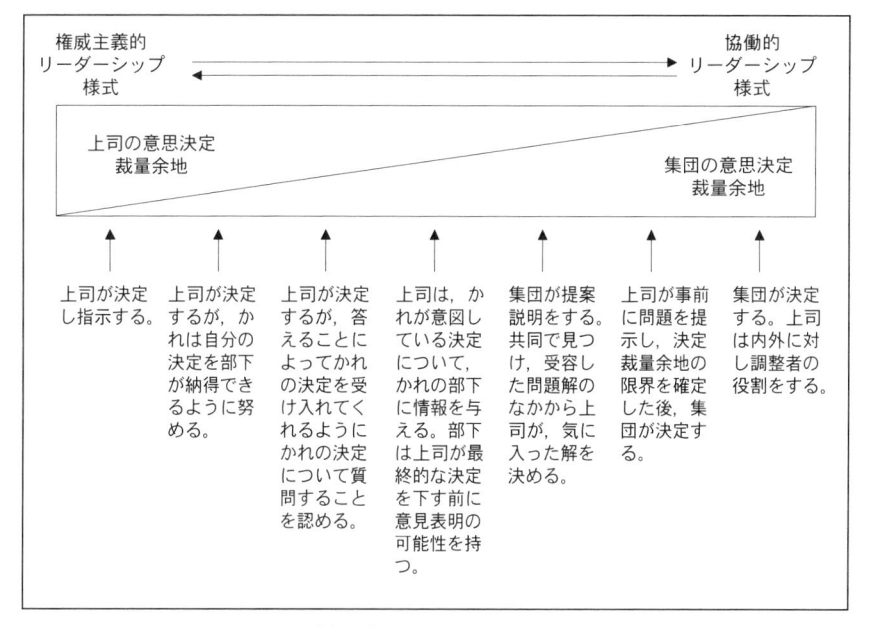

| 上司が決定し指示する。 | 上司が決定するが，かれは自分の決定を部下が納得できるように努める。 | 上司が決定するが，答えることによってかれの決定を受け入れてくれるようにかれの決定について質問することを認める。 | 上司は，かれが意図している決定について，かれの部下に情報を与える。部下は上司が最終的な決定を下す前に意見表明の可能性を持つ。 | 集団が提案説明をする。共同で見つけ，受容した問題解のなかから上司が，気に入った解を決める。 | 上司が事前に問題を提示し，決定裁量余地の限界を確定した後，集団が決定する。 | 集団が決定する。上司は内外に対し調整者の役割をする。 |

図 41：Tannenbaum / Schmidt の参加形態
出典：Zepf［Führungsstil］28 頁

られた。例えば，*Tannenbaum* および *Schmidt* は参加形態を段階づけし，両極端を，権威主義的リーダーシップおよび協働的リーダーシップ様式とした[20]。図 41 は，*Zepf* が一部手直ししたシェーマをここに再現したものである[21]。

リーダーシップ行動の理解についてはいろいろなモデルがあるが，過去数十年間，基本的アプローチが変わらないことは注目に値する。細部における方法上の進め方についてはさまざまに異なるが，この問題性に関する根本的な議論は，依然として古典的リーダーシップ様式の研究方法をとっている。

しかしながら，リーダーシップ行動の'要約的な'考察から離れた二三の研究のなかでは重要な変化が生まれている。つまり大多数のモデルでは，リーダーをかれの行動の観点から同質な組織単位として捉えている。すなわちリーダーは，かれの典型的な時間経過のなかで大幅にコンスタントなリーダーシップ行動をとるものだと記述している。他方，これとは異なる経営経済的視点から見て明らかに，より現実的な解釈としてリーダーは，ケース・バイ・ケース

で遭遇する管理の条件に応じて様々な行動選択肢のレパートリーを持つという考え方がある。この関連で云えば，特に *Graen*[22]のリーダーシップ・モデルが強調できるであろう。かれは，リーダーは様々な従業員集団に対して，その都度異なるリーダーシップ行動を示すということから出発している。親密な関係にある'中心'集団（内集団）に対しては'配慮'型に当たる行動がとられる。一方，'周辺'集団（外集団）とあまり親密でない関係は，逆に'構造づくり'に従った行動を通じて記述される。*Vroom* と *Yetton* のリーダーシップ・モデルでは，リーダーはかれの行動を，厳密に云えばかれの意思決定発見行動をその時々の状況に応じて区別する。つまり，リーダーが下す意思決定に成員が状況に応じて多かれ少なかれ積極的に参加できるようにする[23]。図 3 は，*Vroom* と *Yetton* が 5 通りに分けた行動様式である。

もっとも *Vroom* と *Yetton* に対しては，リーダーが部下の予想される受容行動を予測しなければならない範囲内においてのみ，それぞれの部下がその状況記述のなかでその姿を現すという点で批判的にコメントしておかなければならない。上で明らかになった個人間の大きな相違点，とりわけかれらの態度や要求において異なる個人間の違いが，ここでは大部分考慮されないままになっている[24]。*Vroom* と *Yetton* のリーダーシップ論のなかで構想上十分に考慮されていたかも知れないが，この相違点は残された問題である。もっとも，すべてのリーダーが定期的に行なわれる成員との話し合いのなかで，個々の成員の個性や願望についてイメージすることができれば，実践にとってもそのような修正は意味があるであろう。

参加形態 I：
マネージャーは，それ以上の情報収集活動をせずかれの手元に有る情報量を基礎にして決定する。
参加形態 II：
マネージャーは，かれの部下に追加情報を要求し，その後自分で決定する。部下の役割は必要な情報を伝えることに限られる。つまり，部下は選択肢の開発や評価には参加しない。
参加形態 III：
マネージャーは，決定問題を，別々に個々の部下と審議し，彼らの考えや提案を知る。その後，マネージャーは必ずしも集団の影響を受けることなく決定を下す。
参加形態 IV：
マネージャーは，決定問題を，集団会議のなかでかれの部下と審議し，そして集団の考えや集団の提案を知る。その後，マネージャーは集団の影響を必ずしも受けることなく決定を下す。

> 参加形態V：
> マネージャーは，決定問題をかれの部下に対し，集団会議の席上で説明する。共同で，集団のなかで選択肢を開発し，評価して一致が得られるように努力する。マネージャーはその際，いわば司会者の機能を果たす。かれは，自分の解決策を集団が受け入れるように誘導はしない。むしろかれは，集団から支持されるどの解決策でも受け入れ，遂行する用意がある。

一覧表3：*Vroom* および *Yetton* による集団関連の意思決定時の参加形態（出典：*Vroom / Yetton* [*Leadership*] 13頁）

最後に挙げた選択肢の場合でも，たしかに多くの'個性'は失われるから，*Hackman* は，結局，すべての従業員集団が対応できるようなリーダーシップ問題が自然に展開されるような姿を提案している[25]。かれはリーダーシップの使命を，集団の団結と集団の業績を促進するような余剰性の前提を作り出すことにあるとした。

'余剰な'前提とは，ここではさまざまな活動レベルで本質的にすべての人が同じ目標を追求するような前提を作り出すことを意味する。例えば同時に，仕事の内容の程度をより一層高くしたり，インセティブ・システムを業績連動型にしたり，再教育システムを広範囲な従業員層に対して，より魅力的にデザインすることができれば，最終的に従業員の生産性を高めていくことができる。

4．報酬および賃金支払システム

従業員の動機づけに及ぼす影響から出発するここで選択した道具の説明の締め括りとして報酬および賃金支払システムと併せ，狭義のインセンティブ・システムのデザインのための一つの措置を紹介しておきたい。報酬政策は，報酬と業績を結びつけ，従業員が企業目標に一致した行動をとるようにかれらに刺激を与えることでは大いに適している[26]。理論では，しばしばそれに対応する形で特に優れた従業員の業績に対しては，それ相応の金銭的報酬を与えなければならない[27]ことが求められているが，他方，経験的研究では，そのようにしてデザインされた報酬や賃金支払システムは過去，実際に採用されたケースはごく稀でしかない，と指摘している[28]。それに代わり金銭的インセンティブは，むしろ行なわれた昇進，（勤続）年数または，それぞれの職務内容

を基準にして行なわれる。このような成果中心の報酬・賃金支払システムの控え目な適用は，主として次の二点に原因を求めることができる。一つは，多くのケースにおいて，それぞれの業績の把握可能性と測定可能性が ～もしできたとしても～ 多額の経費をかけることにより初めて可能である，という点である。もう一つは，多くの実務家が，従業員が同僚と比べて不当に評価されていると思うとき，発生するかも知れないコンフリクトを怖れるからである。

　業績志向の報酬システムの実践化に関するこのような疑念があるにも拘らず近年，ドイツの大企業では報酬システムが，より積極的に個別に具体化される兆しを見せている。この傾向は，広範な分権化の努力とリーダーシップの理解の変化という特徴をもつ最近流行のリオーガニゼーションと密接に関係している[29]。このことから従業員が自己責任で埋めなければならない，より大きな個人的行為余地や集団的行為余地が生じる。このような組織およびリーダーシップについての理解の変化が，たびたび経営の報酬システムの再編成をもたらし，しかもそのシステムがいまは昔に比べてより大きく変化する目標の達成に結びつく報酬の構成要件を含むようになった[30]。結局，個人と従業員集団の業績成果と企業全体の成果が，個人の報酬額に直接反映される。業績志向の報酬システムの重要性の増大は，金銭的な業績手当やボーナスの支給が（付帯的な）業績インセンティブを生み出すだけでなく，企業が定めた優先事項やフィードバック情報に対する一つの有効なコミュニケーション手段になる[31]という効果の仮定に基づいている。さらに，目標志向の業績評価システムと報酬システムには，特に高い動機づけ効果があるという指摘を見ると，その際これらのシステムが参加的目標発見プロセスの基礎に基づくものとすれば，この考えは先に論じた職務設計やリーダーシップの経営経済的諸手段だけでなく，計画策定にも矛盾なくつながって行く。

　全体的に，従業員の個人行動に対して効果的な影響を及ぼすためには個々に遊離した措置では達成されないことと，むしろその時々の支配的な調整についての理解と両立し得るような，それ自体一致したインセティブ・システムが必要なことは明らかである。

c. インセンティブ効果の把握と位置づけ

　すでにこの章の冒頭で強調したように，動機づけは，直接観察できない個人の精神面の状態，したがって測定できない個人の内面的状態を記述するものである。このような事態から生じる諸問題の克服を試みようとする場合，理論でも実践でも同じように，従業員を動機づけるための指標として評価し，かつ利用できるような数値が選択される。ここでは例えば，退職率や欠勤率および個人・集団関連の生産性指標が挙げられる。また，生産性の例が示すようにこれらの数値の精確な把握が，部分的に多額の経費を掛けることによってのみ可能か，またはおよそ不可能な場合[32]を別とすれば，ここで特に把握された結果が，およそどの程度個々の動機づけ措置に基づくものかという問題が提起される。一方では，どの企業にも何らかの形で存在する上述の諸手段が個々の措置の動機づけ効果の方向と強さを切り離せない状態で従業員の動機づけに影響を及ぼしている[33]。それゆえ，指標はプラスの動機づけ効果を示すが，同時に個々の手段が動機づけ効果を低下させる働きもすることが十分考えられる。他方では，それは人間の行動に影響を及ぼす意識的にデザインされた動機づけの手段だけではない。つまり，ここではむしろその時々の制約条件の状況が考慮されなければならいが，しかし強く行動に影響を及ぼす作用は，これらの状況から出ていることがあり得る。したがって例えば顕著な失業の時期には，従業員がこの方法で自分が職場を失わないようにするため，何らかの高い動機づけの必要性を認識させられるであろうことは十分納得できる。

　これらの極めて重要な把握の仕方と位置づけの問題の帰結については，一方では，動機づけ理論の説明要求に規則通りに経験的に応えられないものとして位置づけられなければならないと云えるし，他方では，具体的状況や特定の個人を度外視した，したがってそれらの影響を無視した組織デザイン提案は極めて疑わしいものと判断されなければならないと云える。実践にとってこのことは，動機づけ措置が変化する諸条件を背景に繰り返し批判的に熟慮されるべきことを意味している。その際，とりわけ定期的に実施される従業員との細かな対話が　〜個人ごとにさまざまに異なるが〜　動機づけ効果を解明するために役

立つかも知れない。

d. 企業で実施されているインセンティブ・コンセプト

　取引メカニズムに関する前段の叙述のなかではインセンティブ・システムの構築のための模範的な個別措置を紹介し，かつ従業員の動機づけに及ぼすそれらの効果について検討したが，ここではプロフィット・センター構想と'目標による管理'について二つの網羅的に定式化された企業の実際のインセンティブ・コンセプトを詳しく考察してみたい。構想上の出発点は，インセンティブを与えている査定基礎の決定にある。どの企業もその規模に応じ，多かれ少なかれ定式化されたインセンティブ・システムの開発の必要性に迫られているため，適切なインセンティブの基礎が問われる。中小企業では（所有者）企業家が'現場に'居ることと，かれ自身が'事業'の求めるところを隅々まで心得えているから，所与の状況で直接，個人が業績行動に反応する前提を作り出すことができる。それに反して，定式化されたインセンティブ・システムをデザインする場合，われわれは客観化可能でしかも記憶可能な業績行動の特徴にしか頼れない。これらの制約条件が，特に市場の成果や計画の成果を表す指標の役割をしてくれる。

　プロフィットセンター・コンセプトは，市場志向的な特徴を持つ一つのインセンティブ・システムであるが，このコンセプトの前提と効果の脈絡については，'内部市場～企業における市場原理の実践'の節で詳細に論じることにする[34]。ところで，インセンティブ措置は市場の成果に合わせて定められる。つまりその措置は，市場成果の潜在力と実際に実現された市場成果との比較に基づくものである[35]。インセンティブの基礎は，計画志向的システムの場合，コントロールを介して証明される計画値と実績値との差であり，その際，計画基準値は総合計画から導かれる。計画志向的インセンティブ・システムの事例としては，経済性をコントロールするための計画原価計算システムと，以下に述べる'目標による管理'という管理コンセプトがある。

　計画志向的インセンティブ・コンセプトの理論的出発点は，人間行動は目標によって誘導されるという認識である。それゆえ，企業目標に一致した行動を

とるための動機づけを目指す全ての組織コンセプトにおいては，目標の構成要素が中心的意義を持つ。

達成しようとする状態および結果としての企業目標は，企業の計画策定を通じて生み出される。この視点から見ると企業組織は，目標の構築と目標の達成の構造として解釈できる。もっとも計画策定を通じて生み出される目標と，行為を制御するために従業員に基準として示される目標とが同じである必要はない。期待される結果を意味する計画値が，計画されたことが現実となるように個々の従業員を確実に動機づける機能を必ずしも果たしてはいない。この見方は，'計画' と '予算' の概念的区別のなかにも表れる[36]。

目標基準の受容および個人の業績行動に及ぼす目標基準の影響は，目標による管理が，学問と実践の両面で多様な注目を集めた独自の複雑な問題を生み出す規則性に左右されることとなった。しかし結局，この事実は目標値が主要な管理用具であるということを説明した。個々の意思決定者に対する目標基準の設定を行わずして，個別活動を企業の全体目標に合わせることは不可能である。われわれは事情によって，その他の調整措置の投入を 〜つまり目標の定式化とか基準設定を 〜決して断念することはできない。この確認は同時に目標の基準設定による管理が，従業員に対する最小限の制約になることを意味した。すなわち，目標達成のための手段を従業員自身が選択するゆえに，われわれは目標値だけを予め決めておく必要があるのである。

目標のコンセプトおよびそのモデルのなかでは間違いなく '目標による管理' (MbO) は特別な地位を占めている[37]。'目標管理' は，応用志向的な管理コンセプトとして実務で広く普及しているばかりか，行動科学志向的文献のなかでも強く注目されてきた[38]。

'目標管理' の構造に対する最も具体的な要求事項は，管理実践派の支持者によって定式化されてきた。以下の要求事項がその重要な点として挙げられる[39]。

- 他の管理諸用具よりも目標の諸要素を優先する。
  他の行為指示よりも，つまり特に細かな手続規則よりも目標の諸要素を優先すべきである。
- 個別目標を企業目標に一致させること。
  この要求のなかで，目標構想が企業計画策定システムと密接に結びつく

ことが明らかになる。
- 目標基準の明確さと的確さ。

  "すべての管理者は（最高経営者から末端の組・班長もしくは事務系係長に至るまで），明確な目標を必要とする。"[40] *Drucker* のこの簡潔で力強い表現は，たいていの著者らの見解と一致する。特に目標基準の定量化が考究に値するとされる。

- '現実的な'目標基準。

  当該の従業員は，予め定められた目標の実現度が，かれにとって達成できるという感覚を持たねばならないという要求は，'目標管理'の支持者らの間では疑う余地がない。

- '柔軟な'目標基準。

  目標基準を柔軟にもつという組織デザインの提案は，いずれ動機づけの考察を通じて正当化されるであろう[41]。動機づけの観点のほかに，予測の信頼性問題が柔軟性要求を規定する。目標は，持続的にデータの変化に対して適合させなければならない。

- 目標定式化への従業員の参加。

  参加の要求では，上司 - 部下の関係が強く顧慮される。当該の従業員は通常，上司の承認が必要となる目標提案について説明する。

- 自己チェックを優先。

  "すべての管理者は，自らの業績が計れるように必要な測定用具を使わなければならない。また管理者は，望む結果を出すために必要な変更が加えられるような可能性を発揮するため機を逸することなく，その測定用具を使用しなければならない。さらに，このことについての情報は当該管理者自身に届かなければならないが，決してそれを，かれの直ぐ上の上司に伝達する必要はない。つまり，伝達は自己チェックの手段であるべきで，上からのチェックの手段であってはならない"[42]。

"'目標管理'のコンセプトに関する諸経験の報告によれば，このコンセプトは主として中間管理層において実現されるという印象がある。"[43] この事実はわれわれがもし，より上位の階層レベルで目標数値を決める場合，予測の不確実さが大きくなることを考えれば納得がいくように思われる。しかし明確かつ現

実的な目標を引き出すための前提は，このような状態では与えられていない。下位の階層レベルでは目標の構成要素は，その他の調整用具や管理用具に比べると意味がない。特に細かな手続規程による行為のコントロールが，目標による管理の意味を制約する。この事実に対しては二つの理由が挙げられる。一つは，職務を広範囲に組み立てると細かな行為の指示は容易になるが，行為余地は狭くなり，目標のコントロール機能は意味を失う。もう一つは，下位の階層レベルにおいて傾向的に求められる能力は低いので，手続基準を細かくする必要がある。

　調整要求と管理要求の簡略化のほかに管理業務には，'目標管理'導入の際，コントロールの次元と，そのコントロールに伴うインセンティブの潜在性が特別な意味を持つ。目標による管理とそのコントロールとの間の密接な関係は，すぐ理解できる。コントロールは，目標基準の形での測定値がなければ実行はできない。コントロールは特に上司とかれの部下との関係において，それはつねに部下から不信の表明と見なされる危険を伴うため，極めて厄介な道具である。この扱いにくい状況を和らげるために，企業ではコントロールの仕事をできるだけ定式化する傾向が見られる。

　その結果，'目標管理を意味するなんらかの包括的な一般的規則が必要となるシステムが，同時にコントロールの定式化と制度化に役立っている。目標基準と，実際に達成された行為結果との相違分析から，どのようなコントロールの場合でも一つの臨界点に達する。つまりこれは，とりわけ部下の上司に対するかれの'釈明義務'と見られる。

　すでに述べた'目標管理'の大部分のデザイン・ルールは，この過程において'口実を断つ'と書き換えられるような原則により基本的に上司の地位を強化する。例えば明確な目標基準に対する要求を通して，この効果を目指す努力がなされる。この方法の場合，根底にある規範を疑う余地はない。つまり食い違った見解や厄介な解釈が回避されるからである。もう一つの規則，すなわち'現実的'で'理に適った'規範という基準が，設定目標は現実離れしていて達成できそうにないという異議の阻止に役立っている。同じようにデータの変化に柔軟に適応すれば基準の現実的性格は保証される。また目標の確定に従業員が参加すれば，この関連で云うとコントロールの実行を支援する機能にもなり

得る。参加の過程で目標値を自ら提案する従業員は，必然的に基準値と一体化する。実際に実現された行為結果が論議される場合，従業員自身が提案し受け入れた目標基準が，コントロールを比較するための適切な尺度ではないということを論証することはできない。この '立証責任' は逆であろう。

ここで概略述べた '目標管理' のデザイン・ルールの解釈は，このコンセプトの一面的な考え方を示すものである。'自己コントロールの優先' という要請があるにもかかわらず，結局は，このコンセプトは，厳格なコントロール・システムによって圧力を掛けられた従業員がより大きな業績発揮へ動機づけられるという仮定に基づいている。このようなコントロール観は，目標基準を一義的に自己チェックの手段とするような "大人の従業員"[44] 観とは相容れないことを，ここでより詳細に根拠づける必要はない。'目標管理' を実務で適用する場合どのような動機が本当に重要か，ということは一つの未解決な問題である。この点は，具体的ケースでは恐らく極めて強く人柄や状況制約的要因に左右されるであろう。前述の考察から明らかに一つの確認ができる。それは '目

市場志向 プロフィット・センター・コンセプト	計画志向 計画・予算コンセプト
基本原則：包括的利益管理；目標合意は金銭的成果にのみ及ぶ	基本原則：細かな計画統制；目標合意はさまざまな計画基準値を含む。例えば，製品プライオリティ，顧客・市場セグメントごとの販売量，原価・売上予算
コントロール：損益計算；市場に挑戦	コントロール：さまざまな計画値-実績値の比較；計画達成度に挑戦
インセンティブ基礎：金銭的成果をあげる	インセンティブの基礎：計画の実現

一覧表4：市場志向および計画志向の誘因システム

標管理'に対し，しばしば持たれるイメージ，つまり目標管理は企業の要求と従業員個人の欲求を問題なく統合するものだというイメージであるが，これは証明されてはいない。'目標管理'のコンセプトは，支配的なデザイン・ルールを根拠に，どうしても抑圧的で一方的に上司の地位の強化を狙うコントロール用具として用いられ得るということである。

　一覧表4では，市場志向的インセンティブ・システムと計画志向的インセンティブ・システムの一般的特徴を対比してみた。現実には，インセンティブ・システムは通常，市場関連要素と計画関連要素を示す。特に市場志向的インセンティブ・システムの場合，成果の大きさが計画値としてあらかじめ定められるという意味で，つねに計画要素が手元にある。同一事業部門内での類似した問題提起に対し全く異なるインセンティブ・システムが存在し得ることは注目に値する。筆者が1980年代に行なった（刊行されていない）販売管理に関する経験的研究では，コンピューター・メーカーのなかに地域販売単位をプロ

市場志向的インセンティブ・システム	計画志向的インセンティブ・システム
例：ニクスドルフ	例：IBM
計画化の強調度は低い	計画化の強調度は高い
さまざまに異なる計画基準値はない 行為原則：「市場では成果を上げるよう行動せよ！」	比較的細分化された計画基準値で行為枠組を限定する ―優先的に育てる製品 ―市場と顧客のセグメント ―価格政策 ―個々の営業所の活動の範囲設定
コントロール：暗黙のうちに採用された収益性データからの偏差	コントロール：計画基準値からの偏差
収益性基準は（もしあるとしても）評価会議のなかで初めて設定される	予め定めた計画要素に関する評価会議
影響力のメカニズム：漠然とした行為圧力	影響力のメカニズム・計画に沿った行為圧力

一覧表5：コンピューター産業における地域販売単位のコントロール原則（1985年頃の状況）

178　第 2 部　意思決定志向的組織理論の根本要素

フィット・センターとして運営しているメーカーが存在する一方，地域販売を異なる計画基準システムを介してコントロールする別のメーカーがあることが分った。一覧表 5 は，*IBM* 社と *Nixdorf* 社を例示したものであるが，両社に違いがあることが分かる。一般的'企業文化'と実施されている管理様式のほかに，インセンティブ・システムの選択では特に企業計画策定の，その時々の意味が表面に表われる。この関連で特徴的なのは，今のところむしろ懐疑的に見られる経営活動の'計画可能性'が，プロフィット・センター構想の復活に結びつけられている点である[45]。

　インセンティブ・システムの効率の評価は結局，経験の問題である。この関連で云えば，近年，'行動会計'の名のもとに組織理論と会計制度の共通領域において独自の研究領域が定着したことが注目される。これは，組織的文脈のなかで会計制度の行動の諸作用を研究するものである[46]。出版されている論文は極めて広範囲にわたり，それらは多様であり，組織理論的アプローチの広い領域に及ぶ。多くの論文の場合，応用志向的言明力は，しばしば'流行の'理論的コンセプトを，特に'状況的'アプローチを熟考不十分なまま借用しているため限定的である。経験的組織研究の分野で盛んに取り上げられるエージェンシー理論[47]が，この研究デザインの方向に新しいインパクトを与えるかも知れない[48]。この関連ではこの研究の傾向，コンセプトおよび方法がその時々の制度の現実の諸条件に，より強く適合し得ることが期待される。このアプローチのなかでは例えば，*Merchant* の実証研究が際立っている[49]。

注
1)　Vroom［Work］を参照。
2)　Vroom［Work］28 頁を参照。
3)　Vroom［Work］287 頁。
4)　以下については Herzberg［Türke］5 頁および次頁以下を参照。
5)　ハーズバーグの研究構想に対するその他の批判については，Staehle［Management］226 頁を参照。
6)　包括的には Hackman／Oldham［Work］71 頁および次頁以下を参照。
7)　Hackman／Lawler［Reactions］263 頁および次頁以下を参照。
8)　職務の特徴を図示するための尺度の操作上の定義とその開発については Hackman／Lawler［Reactions］267 頁を参照。今までに挙げた職務の特徴を，他の組織成員とのコミュニケーションの頻度と前提を表す次元をもって補っておく。ここではこれらの変数を無視した。
9)　Hackman／Lawler［Reactions］270 頁以下を参照。
10)　Porter／Lawler／Hackman［Behavior］519 頁。

B. 企業目標に一致した行動をとるための動機づけ　179

11) これについては，Eisenführ の要約を参照［Budgetierung］を参照。
12) Locke 他［Goal］を参照。Locke／Latham［Theory］。
13) Staehle［Management］329 頁を参照。
14) Frese［Organisationstheorie］322 頁および次頁以下，並びに Staehle［Führungstheorien］を参照。
15) この点については，Ghiselli［Explorations］の研究を参照。
16) Lewin / Lippitt / White［Patterns］を参照。
17) 例として，Fiedler［Theory］; Likert［Patterns］77 頁以下および Blake / Mouton［Excellence］8 頁がある。
18) Fleishman / Harris［Patterns］346 頁以下を参照。
19) Lewin / Lippitt / White［Patterns］を参照。
20) Tannenbaum / Schmidt［Leadership］を参照。
21) Zepf［Führungsstil］28 頁を参照。
22) Dansereau / Gren / Haga［Linkage］を参照。
23) Vroom / Yetton［Leadership］; Jago［Vroom / Yetton-Modell］を参照。
24) Vroom および Jago による当該モデルの改訂版をも参照［New Leadership］。
25) これに関して，そして以下についても Hackman［Teams］338 頁以下を参照。
26) Ondrack［Entgeltsysteme］を参照。
27) 例えば，Hackman［Teams］325 頁; Baker / Jensen /Murphy［Compensation］613 頁以下または，Lawler［Motivierung］162 頁および次頁以下を参照。
28) これについて，および以下については，Baker / Jensen / Murphy［Compensation］594 頁および次頁以下ならびに Lawler［Design］260 頁を参照。
29) Frese および共著者［Restrukturierungswelle］1995, 302 頁を参照。
30) ドイツ大企業の最近の報酬および賃金支払システムについては，Deutsche Gesellschaft für Personalführung e. V.［Wege］を参照。
31) しかし，業績志向の報酬システムの動機づけ効果は文献上，議論の価値ありとされる。最近では社会心理学志向の研究が大きく注目されているが，それによると，'業績報酬' 制度は，効果が無いだけでなく，従業員の動機づけを台無しにするということである。最近の議論に関しては Frey / Osterloh［Sanktionen］を参照。
32) Baker / Jensen / Murphy［Comensation］596 頁以下を参照。
33) これについては，Lawler［Design］269 頁を参照。
34) 本書の 203 頁および次頁以下を参照。
35) この点については *Govindarajan* および *Gupta* の経験的研究を参照。かれらはその研究のなかで，その都度，企業戦略に関連づけている。Govindarajan / Gupta［Control］を参照。
36) Frese / Mensching / v. Werder［Unternehmungsführung］172 頁を参照。
37) 管理に関する多くの文献のなかで，Odiorne［Management］; Raia［Management］; McConkey［Results］および Albrecht［Management］を参照。
38) これに関しては，Odiorne［Glance］および Frese［Ziele］229 頁以下を参照。
39) これについての叙述，および以下の叙述に関しては Frese［Ziele］を参照。
40) Drucker［Praxis］159 頁。
41) これについては，Odiorne［Management］112 頁を参照。
42) Drucker［Praxis］165 頁。
43) 例えば，Odiorne［Management］61 頁を参照。
44) McGregor［Side］47 頁。
45) この関連では，銀行業界における普及の広がりが目立っている。例えば Süchting

[Verrechnungspreise] を参照。最近話題のリストラクチャリングや，経験的諸研究の結果のなかでプロフィット・センター構想の意味に関する分析を行なったもののうち Frese / v. Werder [Organisation] および Frese [Marktdruck] ならびに本書の 205 頁および次頁以下を参照。

46) Frese の概要 [Organisationstheorie] 294 頁および次頁以下を参照。
47) Frese の概要 [Organisationstheorie] 220 頁および次頁以下を参照。
48) これについては Eisenhardt [Control] を参照。
49) Merchant [Controls] および Merchant / Manzoni [Achievability] を参照。

II. 変換メカニズム

　前節では動機づけが，提案されたインセンティブに対する個人の反応と見なされた。この種のアプローチには明らかに大きな実践的意義がある。しかも経営の実務における具体的な動機づけ努力に関する表面的な論議の場合，あたかも動機づけ措置だけが取引メカニズムに基づくものだという印象しか与えないようである。しかしこれは，動機づけの問題性について不完全なイメージしか与えないという短絡的な視野であると思われる。したがって結局，動機づけは，取引メカニズムだけでなく従業員が持続的に企業の基本的信念とか企業目標を積極的に順守し追求するように，かれらを動機づける変換メカニズムに基づいている。なぜなら，かれら自身のこれに関する考えが企業の基本的信念および目標と大きく一致するからである。それゆえ，動機づけ現象の包括的理解は，基本的信念，価値およびこれらから導かれる行動様式の複合システムを考察のなかに含める場合に初めて可能になる。

　原則的にすべての個人は一定の状況のもとでどのように考え，行動していくべきかというやり方の観点から，かれら自身の目標を設定しかつ要求をして行く社会集団のなかに組み込まれている。社会的規範や社会的価値は，(潜在的)集団成員のなかで行為を誘導し，行為を制限する効果を発揮している。したがってそれらは，個人行動に影響を及ぼす適切な行為期待として説明される。規範に沿った行動は社会化プロセスの結果であり，そのプロセスのなかで個人は一つの社会集団の行動規準と一体化し，そしてその規準を時の経過と共に内面化して行く。その際，社会的に定義された規範や価値の内面化は自己束縛，または自己義務づけの形で行なわれる[1]。

　変換メカニズムに基づく動機づけ措置は，企業の視点からは社会化措置と選択措置を前提にする。前者の場合，企業成員は準拠集団の規範的機能を負い，

共有された価値，規範，心構え，信念および理想などのシステムを構成する。社会的影響化プロセスの支援を得て企業成員は，企業関連の目標達成に役立つ行為を肯定的に評価し，またかれらが目標達成を阻むようなときは，その行為を否定的に評価する動きをする。企業内の社会化プロセスに基づく分業による社会システムの調整および動機づけ問題に対する解決の選択肢として，*William G. Ouchi* は'血縁組織'（Clan-Organization）[2]の概念を考え出した。血縁組織においては，企業成員間に共有される目標と強い連帯感が際立っている。そしてそのような企業成員が，かれらの心構えや行動の基礎を作る。組織理論ではこの現象が，かなり前から'企業文化'の表題で論じられてきた。後者の場合，〜企業の視点からは〜 外部の準拠集団が規範および制裁の権威としての役割を引き受ける。企業の外部において一体感をもたらす社会化機関の場合，まず専門的職業共同体が想起される。したがって大抵の場合，専門家の職業教育は長期間，積極的に一定の職業理想像に向けて行なわれる。専門家の職業組織では，職業行使のために必要な明確な規範を発展させ，当該職業規範集に対する違反の有無を重視する。さらに通例，専門家達は 〜あらゆる企業の境界を越え〜 かれらの職業仲間とフォーマル，インフォーマルな関係ネットワークのなかで結びつく[3]。 相応しい人材のリクルートを行えば，外部で育成された仲間成員の能力，知識，動機および方向づけにアクセスできる可能性が企業に対して開かれる。

　企業目標を含め，組織成員の有益な社会化と自己束縛から出発することができれば，動機づけ問題に言及することが重要であることがすぐ理解できる。企業にとって有益な価値や規範が，企業成員の個人的価値体系や規範体系に受け入れられる程度によって個人行動への外部からの影響は考慮されない。社会的行為期待の内面化は，コントロール機関の内面化を伴う。その点で規範的義務負担がある場合，〜この義務負担が当該企業成員を通じて行使されるか，それとも例えば，何らかの職業共同体を通じて行なわれるかとは関係なく〜 '内的統制'が問題にされる。企業文化のコンセプトが理論と実践において特に注目されてきているゆえ，以下ではそれについて細かく検討してみたい。

a. 統合的因子としての企業文化

'企業文化'の概念は，流行の影響を受けた殆どすべての今日的論議の対象となっているように，つかみどころない形をしている。この多面的テーマ全般にアプローチするためには，心理学的・社会心理学的・社会学的認識を借りなければならない。はたして溢れる刊行物や通俗科学的な叙述のなかでこの必要性がつねに適切に考慮されているかどうかは疑わしい。このことは特に'カルチャー・マネジメント'や'カルチャー政策'などの概念で使われる企業文化のコンセプトの道具的有用性を疑わせる印象を与える論文に当て嵌まる。"'強力'かつ'相応な'組織文化の形成を通じ効率の向上を図る点を論じた近年刊行されたあらゆる出版物は，もしかすると追求している目的如何により組織文化が変えられる，という全く誤ったイメージを与えているかも知れない"[4]。組織文化，もしくは企業文化の意義に関する以下の論議は，企業文化に関するさまざまな見解を批判的に分析することが目的ではなく，むしろ，*Edgar H. Schein* の 1985 年刊行のモノグラフィー '*Organizational Culture and Leadership*' に沿ったものである。したがって Schein の論文が文化コンセプトを社会心理学的リーダーシップ理論に統合することにより，またかれの応用志向的な視野と分かり易い論証から，特に示唆に富むものであると見なされ，かれの論文に限定することがすでに支持されているのである。

Schein によれば，企業文化は，不確実の縮減のための発見的方法原則の体系を通じて特徴づけられる。すべての分業システムは，その際，社会心理学的に考察すると，どの集団も次の二つの複合した挑戦に直面していることが分かる。すなわち，環境への適応に成功しなければならないこと，そして集団成員の内面的統合を実現しなければならないことである。とりわけ企業設立段階で重要な意義を持つこれらの問題を議論する場合，改めて疑問視することではなく，むしろ所与のものとして受け入れる基本的仮定や基本的信念が生まれる。これらの原則は，集団成員が自らを経営内で社会化する過程において'内面化'される。なぜなら，かれらは特に集団の，これらの重要問題を繰り返し確信をもって解決してきたからである。特に企業に迎えられた新人は，当初，企業内

の文脈の習得を強く求められるから，既存の一定の解釈の手本や'ルール'を幅広く受け入れることができる[5]。

　この種の発見的方法は，しばしば部分的に意識し，また部分的に無意識のうちに求められる'教義'のような性格をもっている。発見的方法は，企業環境の諸問題の知覚とか分析に影響を与え，集団成員に対し，複合的諸問題の観念的・情緒的処理のための'正しい'道筋を示してくれる[6]。社会化されるべき人々の不確実性要素が大きければ大きいほど，そのような社会的統合が広範囲にわたって行なわれる。Schein の企業文化コンセプトは，特にいくつかのレベルに類別されるということで際立っている。その際，Schein は最下位のレベルにおける例えば人間の本性に関わるいわゆる基本的仮定を想定し，かつかれはその仮定を所与のものと位置づけ，さらに目に見えない極めて広範囲に及ぶ無意識的なもの，と見なした。中位レベルでは，すでにより一層強く意識された価値観が根づくが，最高位レベルでは目に見える，しかし，しばしば解読できない，より深く根ざした価値観や基本的仮定の顕在が明らかにされる。最高位レベルの企業文化の要素の例として Schein は，特に書き言葉と話し言葉，および目に見える（'公的'）行動様式と殊に地位行動[7]を挙げている。結論として"文化は目に見えないもので，その顕在だけが直接知覚できる"[8]ということである。

　企業文化の主要機能は，直接導入した概念規定から生まれる。その機能は，共通の基本的理解と基本的信念に基づき外部への適応問題と内部の統合問題を構造化し，そしてそれらの問題解決に当たり共通の知覚方法と共通の行動様式にその問題を還元する。

　外部への適応に関しては，その時々の企業文化は企業戦略の主要要素に関するコンセンサスの形で，また当該戦略から導かれる目標に関するコンセンサスの形で，そして投入される諸手段の基本的特徴や発生する偏差のコントロールおよび修正に関するコンセンサスの形で現れる。その際しばしばこれらの基本的解釈の具体的特徴を，企業設立段階の特別な制約条件に求めることができる。Schein は，企業というものの成立段階の意味を企業文化の観点から二つの実例[9]をもって説明した。

　ある企業の好ましい発展と現在の業界順位は，その企業の創業者と創業期の

中核的成員の技術開発のお陰である。つまり発展と順位は，現有する技術科学的専門知識の基礎の上に立ち市場を開拓する製品革新が行われた結果である。

技術的に程度の高い製品の開発・設計・製造を目指すことが，今日に至るまで企業者的考察の核心を規定した。したがって'開発'と'製造'の機能が，例えばマーケティングや販売業務に比べて比較にならないくらい，より大きなウエイトを占めた。明らかにこの方向づけに成功すれば企業経営層においては，開発や製造部門の人々が重要な影響力を持つべきだ，というマネジメントの大方の構成員により共有される確信が生まれるであろう。企業経営層が構成される場合，実際に適用される諸規則のなかに企業にとって効果的な企業文化が現われる。それに対して，*Schein* が考察した別の企業文化は，より強く顧客志向の路線をとる。製造予定計画の内容は，主として顧客が感じ取り，明確に表明された欲求に対する反応として構成される。市場に対するこのような反応姿勢は，ここでも創業期の諸経験にその源泉を求めることができる。マーケット・チャンスの発見は，当該企業の歴史的発展の開始期に見られる。つまり，開発部門を設け調査された需要を具体的製品に技術的に変換することが，マーケティング構想の実現にとって道具的な性格をもつ。技術志向的企業と異なり，企業政策はここでは，マーケティングの考察と優れたマーケティング能力をもつマネージャーによって策定される。

企業成員の内部的統合の課題は，環境への外部的適応と相互関係にある。内部的統合の問題は，本質的には社会システムの構築とその保障および目標志向的方向づけから成り立っている。その際，その時々の企業文化は特に以下の構成要素[10]に関する当該社会システムの機能方式を特徴づける。

- コミュニケーションの構造，特に言葉遣いの習慣，コミュニケーションの行動様式および同僚のような関係，
- 影響力，権力および権限の配分，
- インセンティブ（報奨金，罰金）の採用基準。
- 企業の観念体系。この基本的哲学が明確に理解されることは明らかに稀である。しばしば企業の自画像が反映され，かつ〜特に危機に際して〜外部および内部の諸問題がどのように解決されてきたか，そして今でもどのような解決ができるかが明らかになるような歴史，伝説，儀式

およびセレモニーなどを介し初めてアクセスする道が開かれる。

　企業文化の諸機能と，その企業文化の状況関連的成立や特徴の諸機能を考慮に入れると，われわれは必然的に企業文化を顧慮することなしに，企業の成員の態度や行動を十分に理解することはできない，という実践的に重要な確認ができる。企業戦略や組織システムの根本的変革をするときとか，あるいは合併や企業買収の際，従来の自律的経済単位を新たな全複合体にまとめることが問題になるときに遅くともこの事実は明らかになろう。

b. 企業文化の影響

　企業は創業によって成立する。つまり，企業は一人または数人の創業者の作品である。すでに記述した企業文化の諸機能から直接，企業の創業者達が企業文化の成立に持続的影響を及ぼすことが分かる。創業段階では企業経営者が外部への適応と内部の統合問題に際立ったやり方で向き合っていることが分かる。この期間に積み重ねられた発見的方法が成果を挙げていることが証明できれば，その方法は長期間有効である。こうした状況のもとで企業文化の特徴に関する言明の妥当性を，その他の管理者や従業員によって原則，制約されないように，企業文化の形成に関わるメカニズムを創業者に関連づけて説明することが有意義である。

　Schein は，文化を特徴づける基本的見方について従業員の思考，感情および行動に変換するために採用可能なメカニズムを一次的メカニズムと二次的メカニズム[11]に区別した。その際，企業文化の成立に作用する意識的で明解な行為の道具の多様さは，リーダーの魅力的な影響力にまで及ぶ。

　一次的メカニズムの場合，*Schein* は次の道具および原則を区別した。
- リーダーが特に注意を向けたいと思っている過程の系統立った選択とその過程の強調，
- 転機的事象や危機的状況における対応の仕方，
- インセンティブ・昇進・身分システムのデザインおよび
- 新規従業員選考の際の原則。

文化的価値の変革のための二次的メカニズムは，本質的には形式化された諸

規定をいう。二次的メカニズムは，それが一次的メカニズムと一致するときにのみ作用する。つまり"…直接，行為に影響を及ぼす組織文化の仮定や財は，まずリーダーが範を示しそして論証することのなかに現われるものであって，決して文章化されたものや，システムおよび規程をデザインして得られるもののうちには現われない"[12]。二次的メカニズムのなかには特に以下のものが含まれる。

- 組織構造,
- 報告制度および定められた方針や規程の体系，ならびに
- 定款および管理原則。

企業文化が変わり易い与件に絶えず適応し得ることについて，より詳細に根拠づける必要はない。基本的な物の見方や基本的信条の体系としての企業文化は，〜すでに明らかにしたように〜 戦略に始まり組織文化とインセンティブ・システムを介し日々のルーチンワークに到るまで，企業の事象に影響を及ぼす。変革は，このような事情のもとでは困難な課題である。変革は結局のところ，実証された疑問視されることのない発見的方法に方向づけ，不確実を減少させる企業文化の機能とも矛盾する。つまり，"行動力あるマネージャーは，個人がかれ自身の性格やかれ自身のパーソナリティを自覚する程度においてのみ，当該組織文化を意識していなければならない。この意識をわれわれはたいていの場合必要としない。しかし，問題が発生し事柄が計画通りに運ばないときはわれわれは，われわれ自身の暗黙の仮定がこの問題に対してどのように貢献するかをはっきりさせなければならない"[13]。

適切な変革のプロセスや変革の試みが成功する見通しについて一般に通用する言明を，これらの条件のもとで定式化することは困難であろう。*Schein* は，企業のライフサイクルにおけるそれぞれの段階のほかに，当該企業が外部に起因する危機とか内部の変革を目指す勢力の存在を通じてどの程度脅かされているか，という問題が重要だと云っている。

経営経済学にとって企業文化のコンセプトは一つの挑戦を意味するが，経営経済学がその挑戦に対処することは極めて困難である。一方で，企業文化が高い実践的重要性をもつことは議論の余地は無い。具体的な企業における多くの問題は，それぞれの企業文化を理解しようとするときにのみ分析の対象になっ

ている。しかし他方では，現時点でようやく断片的にでも存在する社会心理学的・社会学的諸理論に依拠することなしに学問的理解の手掛かりを得ることはできない。とは云え従来の研究結果は，まさにこの関連で見ると，いずれにしても疑わしく流行的誇張やジャーナリスティックな発言に当たるもので，この点ではかれの見解は合意できるものであり，かつ誤解のおそれのない明確なものである。その意味では結論として，一覧表6に引用した *Schein* の警告も受け入れられるべきものであり，かつ心にとめておくべきものであろう[14]。

---

1. 単純化には気をつけよう。そして'風土'や'企業哲学'など他の有意義なコンセプトと混同しないように！ 組織文化は，より深いレベルに分類できるもので，大部分，これらの他の現象を限定する。'マネジメント'は，伝統的な意味で風土，価値観および哲学に影響を及ぼし得るが，はたしてそのマネジメントがこの全体の基礎になっている文化にとり適用されるかどうかは，全く証明されていない。もっとも，具体的な企業のなかのその風土，その価値体系およびその企業哲学に対してどのような特徴づけが可能か，また望ましいかを判断するために文化の本質について理解を深めなければならない。
2. 文化は組織的システムの社会的次元にのみ関係する，という仮定には注意しよう！ 文化は，内部の権威体系やコミュニケーション・システムおよび職務遂行がどのようにデザインされるかに対して影響を及ぼすだけでなく，さらに企業の基礎をなす事業計画や目標設定にも影響を及ぼす。社会的諸関係のシステムにただ単に集中することは，危険な袋小路に入るかも知れない。したがって，このような方法で，製品，市場の特徴，企業の基本的価値財および，企業効率により大きな影響が及ぶようなその他の諸要素について共通の基本的考え方から，注意がそらされてしまう。
3. 文化は，マネジメントのコントロール下に置かれているその他の対象と同様，操作され，デザインされ得るという仮定には気をつけよう！ 〜一人一人のすべての経営者の知覚，思考，情動を特徴づける必然的に効果的な'フィルター'を通じ，文化は，経営者が文化をコントロールする以上に経営者をコントロールする… 〜目標設定，目標達成の把握，結果のコントロール，結果のフィードバックなどの〜'効率的'マネジメントの原則は，必ずしも正確には分からないが，どの企業でも文化を通じて特徴づけられている。文化に依存しないマネジメント・コンセプトは存在しない。
4. あたかも'正しい'文化や，'より良い文化が存在するかのごとき仮定には気をつけたい！また，'強い'文化は'弱い'文化に比べて，より良いと思ってはならない！何が正しいか，また'強いこと'が良いのか悪いのかは，文化の基本的考え方と，その時々の環境諸条件の一致の程度に左右される。'強い'文化は，ある時点では適切であり得ても，別の時点では非効率であり得る。なぜなら環境諸条件が変化しているからである。

一覧表6：組織文化論に関する Schein の命題 （出典: *Schein* [*Culture*] 314 頁以下）

注
1) 集団における個人の行動に関する理論的研究についての概観を以下の人達が与えてくれる。Wieswede [Einführung] 514 頁および次頁以下，Fischer / Wiswede [Grundlagen] 514 頁および次頁以下，または Staehle [Management] 265 頁および次頁以下。

2） Ouchi〔Markets〕130 頁および次頁以下，ならびに Ouchi〔Framework〕836 頁および次頁以下を参照。
3） 研究の現状については，Freidson〔Professionalism〕13 頁および次頁以下，Abbott〔System〕3 頁および次頁以下，Freidson〔Powers〕21 頁および次頁以下，ならびに Freidson〔Theory〕1983 年刊を参照。
4） Schein〔Culture〕5 頁。
5） Kasper〔Sozialisation〕2062 段を参照。
6） Schein〔Culture〕6 頁および次頁以下を参照。
7） Schein〔Culture〕14 頁以下を参照。
8） Schein〔Culture〕312 頁。
9） Schein〔Culture〕57 頁以下を参照。
10） Schein〔Culture〕65 頁および次頁以下を参照。
11） Schein〔Culture〕223 頁および次頁以下を参照。
12） Schein〔Culture〕237 頁。
13） Schein〔Culture〕315 頁。
14） Schein〔Culture〕314 頁を参照。

Ⅲ. 行為期待と動機づけメカニズム

　職務関連行動に影響を及ぼすための規程として組織構造がデザインされる場合，行為期待の定式化とその行為期待の実現の確保に重要な意味がある。これまでの叙述では，主として行為基準の定式化を目指す調整と，個人行動に影響を及ぼす動機づけについて，現実の複合性に対し完全には対応できないような構造上の問題点を方法上切り離してきた。このような進め方を，一つの組織理論を基礎にするデザイン・コンセプトに依拠するだけで満足のいくように説明することはできない。そのような一つのコンセプトが，次章の関心事である調整規定的デザイン発見法である。しかしその前に本節で，調整次元と動機づけ次元の基本的特徴がどの程度，相互に相手を前提にするか，という問いを究明してみたい。特に，動機づけメカニズムの選択を顧慮し，明白でしかも精確な行為期待の定式化に関するさまざまな可能性からどのような帰結が生まれてくるかを論じてみたい。
　組織構造のデザインは，一方では従業員の個人的目標が必ずしも必然的に企業目標と一致するものではないということと，しかし，他方では分業体制で職務を遂行する場合，ある程度の行為の自律性を従業員に対して認めなければならないという緊張のなかでつねに動いている。結果として，企業目標が必ずしも首尾一貫して追求されない危険が生じる。コントロールを実施し，インセンティブを与えることにより，調整の枠組みのなかで定式化された行為期待に従業員が実際に従う可能性を高めるべきである。しかし，肯定的もしくは否定的制裁を加える行動は従業員の行為が精査され，かつ明確な基準イメージをもって計れる場合にのみ正当化される。これを背景に達成すべき職務の詳細な基準が，システム・デザイナーの情報の質量が制限され，そのような精確な職務記述が行えない場合，問題を発生させる。それゆえ全体目標の達成の問題は，行為期待の定式化と行為評価の基本的可能性によって強く影響される。
　決定論理的基本構成要件の説明のところで明らかにしたが，どの行為も次の

三つの構成要素をもって記述される。
- 行為を通じて達成を目指す成果（形式目標と物的目標），
- 行為者の意のままにできる状況要素の全体としての経営資源，ならびに結果に影響を及ぼすが，ただし意のままにできないあらゆる要素の総和としての環境を含む行為の状況，
- 行為プロセス，すなわち目指す成果の達成のための経営資源投入のプロセス。

一覧表7ではこれらの構成要素が，組織理論のなかで流布している概念定義に従って[1]，行動次元と目標次元に分類される。行動次元[2]には一定の行為状況における諸活動が含まれ，目標次元にはその都度目指す終結状態が含まれる。調整の場合は，明確な行動基準や目標基準の定式化のための前提如何によりコントロールのため，またはインセンティブを伝えるためにその都度異なる前提を生み出す四つのケースに区別される。

明確な行動基準の定式化が行われる可能性は目標に適した経営資源の投入

行動基準＼目標値	明確な目標基準	目標基準の明確さが限定的
明確な行動基準	タイプⅠ 行動・成果要素 例えば：製造 取引	タイプⅡ 行動要素 例：内部監査 取引
行動基準の明確さが限定的	タイプⅢ 成果要素 例：営業 取引	タイプⅣ 行動・成果基準の定式化が限定的 例：研究・開発 変換

一覧表7：行動値と成果値に基づく行為期待の精査

に関する諸条件についてその時々の知識量に，つまり状況の特徴や潜在的行為可能性についてのその時々の知識量に左右される。例えば，複合的投資財部門（タイプIII）のセールス・エンジニアが顧客獲得をするという点と，製造部門の技能者（タイプI）が工作物を加工する点を比べた場合，前者に相応の認識量は後者のそれに比べて少ない。行為状況に相応しい職務遂行の仕方に関する明確なイメージなしには，明確な目標言明は不可能である。その限りにおいて行動と目標の次元間には密接な関連がある。

　ある程度納得して上位の企業目標の達成をも含め，下位の諸目標がどの程度導き出せるか，という問題はとりわけ組織的に重要である。いわゆる'間接'部門の諸活動の場合よりも，調達市場から購入した経営資源を直接，市場業績に変換することを目指す諸活動のほうが，目標基準の定式化の前提がより強く満たされる。間接部門の場合，行為は直接，市場志向的給付プロセスから導き出される。つまりその行為のために，特にプロセス・インフラ構造の機能力を確保すべきである。営業の例（タイプIII）で云えば ～通常～ 売上高をもって説明できる一つの下位目標が示されるが，会計部門における内部監査（タイプII）や研究・開発部門（タイプIV）でイノベーションを生み出すための，その時々の目標値の明確さは比較的希薄，という特徴をもつ。行為期待のレビューのためにどのような指標が拠り所になるかは，行動基準と目標基準の定式化の，その時々の可能性に依存している。

　タイプIの場合，行為の評価は行動基準と同様に成果基準に基づいて行なわれる。それにもかかわらず，このタイプにあり得るような行為の構造化を高くすると，成果次元の単なる把握だけではあまり意味がない。一つの製造単位の生産実績を量的に表すことは，状況の制約条件や，したがって行動次元が含まれていなければたいして説明力はない。この点でタイプIの場合レビューが行なわれる際，優先的に行動次元に集中する傾向がある。

　タイプIIの場合，行動次元が優位にあることがより一層はっきりする。ここでは目標設定の明確さが曖昧なので行動基準に止むを得ず依拠せざるを得ない。行為期待が満たされたかどうかの評価は，内部監査の場合，監査活動の方法に関連したレビューを介してのみ可能である。

　これに対してタイプIIIの場合は，成果次元が重要な意味をもっている。この

職務タイプの場合，行動基準が極めて控えめに定式化されレビューされるが，営業における例えば売上高のような行為活動の成果は明確に把握できる。もっとも，行為の質の評価のための前提は，行動の構成要素を含めなければ直ぐには満たされない。しかし，成果の指標に集中したり，あるいはそれに完全に限定することに比べ成果データは通常，簡単には入手できないことが有利に働く。つまりこうすれば営業における売上げデータはいずれにしろ記録される。ある程度までは行動の構成要素に関する不完全な情報量が，相応の成果が出るように慣例化すれば補っていける。

　行為の評価における最大の困難さは，タイプIVの場合である。目標基準や行動基準の定式化の可能性を限定すると，組織的規程によって行動の評価や行動への影響を狭く制限することになる。場合によっては，より長期間で見ると〜例えば研究・開発部門では〜 成果（例えば特許出願）から或る種の帰納的推論が引き出せる。

　すでに指摘した行為期待のレビューの可能性と限界は，いろいろと異なりタイプ別に見ると，その時々の適切な動機づけ構造のなかに対応関係のあることがある。行為構造と動機づけシステム間の関連は，特に取引メカニズムの構築の際に明白である。インセンティブを介し動機づけ効果が上がる可能性は，定式化された行為期待の明確さと共に増大する。一覧表7のなかで記述したタイプは，したがって一方では，関連する動機づけの観点（タイプIからIIIまで：取引；タイプIV：変換）から，そして他方では，さらに取引メカニズムの範囲におけるインセンティブの基礎（タイプI：行動／成果；タイプII：行動；タイプIII：成果）から区別される。もっともこれらの分類を行う場合，主として取引次元を志向するタイプIからIIIまでが，変換メカニズムの動機づけ効果の利用をも除外しないことを見逃してはならない。

　タイプIの職務は，組織的デザインに対し最も広範な行為の可能性をもたらす。インセンティブは，行動の構成要素と同様に成果の構成要素にも結びつけられる。それゆえ，製造部門では成果中心の出来高制と同様，主としてマイスターによる行動志向的な直接監督制が重視される。

　タイプIIの職務の場合，行動指標がインセンティブ・システムの基礎を意味する。したがって，内部監査などの'間接'部門に対するインセンティブ・コ

ンセプトは，従業員の自己申告，上司のコントロールおよび内部監査の不十分さを理由にコントロールされる部門からの想定される異議などを考慮して作られる。

それに反してタイプⅢの職務に対する相応なインセンティブ・システムは，成果の構成要素を優先する。行動要件を定式化する可能性は限定的であり，かつ例えば営業の場合，とりわけしばしば見られる空間的距離があるため存在する活動の直接的コントロールの限界があり，成果要素を重視する。それゆえ，営業部門におけるインセンティブ・システムは，実務では特に成果次元を重視する。またこのシステムの形は，売買手数料などの簡単なコンセプトから，さまざまな成果指標を含む多次元的割増賃金制度にまで及ぶ。

取引システムは，タイプⅣの場合，その低い構造化程度ゆえにせいぜい痕跡を残す位しか証明できない。目標と一致する行動の促進は，ここでは共通の価値観や基本的信条を生み出し，それらを持ち続けることを基礎とした変換メカニズムを通じて行なわれる。その際，研究・開発分野と同様に高度な専門性を持つ他の分野に対しても，職業身分的規範やアカデミックなレベルの職業教育を受け，習得した共有可能な内面化された行為の諸原則が，一つの重要な役割を演じる。

注
1) 同じような特に行動・成果の次元を強調する体系化は，Merchant [Controls] およびOuchi [Structure] に見られる。また，Frese [Kontrolle] 61頁および次頁以下ならびにFrese / Simon [Kontrolle] における方法・成果志向のコントロールの区別をも参照。
2) '行動次元' とは，ここでは，行為のプロセスに関する次元を指し，'個人的行動' の動機づけ観点を意味しない。

C. 内部市場　〜企業への市場原理の移転

I. 内部市場現象の理論的整理

　1990年代の初頭以降，多くの企業で見られる事業再構築において何らかの革新的要素を見出すとすれば，それはさまざまに異なる形で企業内部に市場原理を導入しようとする雄大な試みに基づくものであった。その例としては，ほぼ独立した市場志向参加者としての"準企業"[1]を含む事業細分化[2]のコンセプト，あるいは，市場からの衝撃[3]に直接反応する自律的製造単位のコントロールの形が挙げられる。主として大企業において，取引コストを削減するために取引が大幅に市場から引き揚げられることにより発生する制度では，階層上の調整の損失を埋め合わせるために，ますます多くの市場メカニズムが作られる。このパラドックスを組織理論的に分析することが，以下の説明の中心である。しかし先ず内部市場の現象に関連する論文を幾つか選択し，それらについて簡単に述べておきたい。

　Ronald H. Coase は 1937 年，'企業の本質' に関するかれの画期的論文のなかで，市場もしくは企業において分業活動の調整の際適用される原則の関係を次のように述べた。「企業の外部では，価格変動が生産を方向づけ，その生産は市場における一連の交換取引を通じて調整される。企業の内部では，これらの市場取引は排除され，そして交換取引を伴う複雑な市場構造に代わる調整者としての企業家が登場し，かれが生産を方向づける。これらが生産を調整する選択的方法であることは明らかである。」[4]。また別のところで，*Coase* の視点から見て市場を経由する仕事の処理と企業内部で仕事を処理する場合の主要な違いが，より平明に述べられている。すなわち，「企業の顕著な特徴は価格メカニズムに取って代わることが想定され…得る。」[5]という点である。このよ

うな区別に基づき Coase は市場と比較して効率の利点が得られる企業の成立を根拠づけた。

価格メカニズムの利用は決して 〜新古典派経済学者が仮定するように〜 コストが掛からないわけではないから，階層上の指示や，一つの企業の '同じ屋根の下で' 経済活動を統括することが，取引コスト回避の理由から有利であると思われる状況と同一視されるのである。

もっとも Coase が提示した説明モデルは，表面的なレビューにのみ耐えられるものである。より詳細に考察してみると，この見方には制度的考察レベルと手段的考察レベル[6]が混在しているので，経済的現実に投入される多様な調整用具に対する判断力を高めるというよりも，むしろ狂わせることが明らかである。Coase の見解に従えば，市場における調整はもっぱら価格メカニズムを介して行なわれる。一方，企業では調整された仕事の遂行はもっぱら階層上の指示を通じて確保される。Coase が云う理念形としての制度は，市場と企業の混合形態に比べてさらに証明することが難しいものであり[7]，ここで云う市場とは，価格メカニズムがその他の（特に協業的な）要素で補完される市場を指し，またこの企業は，指示や（本社で策定される）計画書の他に市場の調整原則や動機付け原則が使用できる企業を指している。

Coase と比べて上述の論証を早い時期に取り上げ，取引コスト・アプローチの言明骨子のなかに今の形で統合した[8] Oliver E. Williamson は，たしかに階層による調整と市場を通じた調整の混合形態に取り組んでいた。しかしその混合形態は，面白いことにその形態が企業間のさまざまに異なる契約パターンや協業パターンが生じる限りにおいてのみ考慮された点である。したがって非報奨制の長期契約構成要件，もしくは階層的諸要素を市場的コントロール・システムのなかに持ち込むことが研究対象であった。しかるに Williamson は，内部市場の逆のケース，つまり企業における市場メカニズムの利用については全く考慮していない。

組織理論，企業戦略および会計制度の諸領域におけるその他の論文の分析を見ても，古典的な計算価格（以下，振替価格と呼ぶ）を用いた統制問題をさらに発展させようとするモデルは例外として，企業内市場が詳細な研究対象とはなっていない，と結論づけられる。一つの例外としてこの関連では，すでにし

C. 内部市場 〜企業への市場原理の移転　197

ばらく前に行なわれた *Eccles* の調査研究が挙げられる[9]。確かに最近でも，流行の事業再構築の視線から 〜しかも批判的な比較考量なしに〜 内部市場が新しい組織形態であると喧伝し[10]，さらに，内部市場を，現在生まれつつある組織理解の一要素として解説する[11]出版物が見られる。しかし，内部市場に関する戦略的・組織的次元を含めた論議は大幅に停滞したままである[12]。そのような論議に対する手掛かりを，以下の章において述べることにする。

注
1) Schweitzer [Profit] 2082 段。
2) この事業細分化という意味でのデザイン・コンセプトについては Frese [Geschäfts-segmentierung] を参照。
3) これに関しては，組織研究チームの [Organisation] 632 頁以下; Frese / v. Werder [Organisation], とりわけ 9 頁を参照。
4) Coase [Nature] 388 頁。
5) Coase [Nature] 389 頁。
6) '企業' という制度の特徴づけについて論じた関連分野の出版物のなかでしばしば用いられてきた '階層制' の概念は，制度と調整メカニズム間の明確な関連に由来する一つの証拠である。
7) Hennart [Middle] を参照。かれは，このような理由から制度的次元と道具的次元を明確に区分することに賛成している。Imai / Itami [Interpenetration, 286 頁以下参照] らも同じように論証している。
8) 要点については Williamson [Markets] および Williamson [Institutions] を参照。
9) とりわけ Eccles [Transfer], Eccles [Control], Eccles [Price] を参照。
10) Ackoff [Corporations] 142 頁，および Halal / Geranmayeh / Pourdehnad [Markets] の論文集のなかに所収された Ackoff [Perestroika] を参照。
11) 特に Piore [Reform] を参照。
12) 20 世紀末の Osterloh の複数の論文は一つの例外である。これらの論文は内部市場を，その調整・動機づけ・知識効果などの観点から調査研究を行った。また，例えば Osterloh [Märkte] を参照。

II. 意思決定志向的視点から見た内部市場

　内部市場の概念についてより細かな議論をすることは一見，不必要に思われるが，しかし，その市場概念によってすでに直感的に規定された意味内容が連想され，その意味内容が組織的問題設定の（より良い）解決の目標を目指し企業内レベルに転用される場合，その転用を内部市場の構築と呼べる。

　しかしさらに細かく考察してみると，内部市場のコンセプトは比較的不鮮明な構成概念であり，それゆえ内容の構成化について多数の観点が未解決のままになっていることが分かる。この事態を二三の，選択した問題提起に基づき明らかにしておきたい。

- 内部市場構築の根底には，どのような市場理解があるか？また内部市場の形成に際し，むしろ完全競争の理論的典型に従うのか，それともむしろ企業内部の関係構造を事情により，本質的に，より一層現実に近いものとして捉える双方独占に従うのか？
- どのような市場的観点を内部市場の枠組みのなかで把握するのか？市場構造，市場プロセスまたは個々の市場要素（例えば価格）は，組織的考察の対象となるか？
- 内部市場の実装化をどのような目標設定に合わせるのか？市場原理を，主としてコントロール・動機づけの視点から，あるいは調整の視点から企業に移転することが成功するであろうか？　言い換えると内部市場を導入する際，調整もしくは動機づけの視点を重視するのか？

　内部市場形成上重要な問題提起について以上のような不十分な概観では，すでに内部市場の概念的整理が決して月並みな課題ではないことが分かる。この印象は関連文献に目を通しても裏付けられる。従来，'内部市場' という術語のなかにどのような現象が含まれるべきかに関し統一的な見解は普及していない。提案の多種多様さは，プロフィットセンター・コンセプトの移転という意味での比較的狭い解釈から，あるいはさまざまな特徴をもった振替価格制度に

始まり企業内部の顧客 - 部材供給業者関係における市場志向性を促進するために役立つ[1]あらゆる措置の総体としての極めて広範な ～しばしばマーケッティング志向的な～ 内部市場の説明にまで及んでいる。

組織構造の中身の構成化に際し（本社における）計画策定と市場的要素が相互に置換できると考えると，内部市場の導入は本質的に市場と計画の機能の仕方，もしくは両方の相互作用に対する認識を変えるということに基づいている。変革の時代に，市場の'見えざる手'の給付能力を回顧する仕方は決して新しくはない。経済史では，～細部においては極めて異なるが～ 企業組織における計画志向原則と市場的諸原則の関係について見ると，一つの不変な行動パターンが明らかになる。異常なまでの組織的挑戦に基づき複合システムの統制のために，既存の処方箋が疑問視されるときはいつも，われわれは魅了されて単純に市場メカニズムに立ち戻った。つまり，価格が自己制御的作用を発揮する筈だ，という考え方である。

それゆえ次のことが理解できる。つまり内部市場は一つの市場志向的デザイン哲学の結果であり，組織構造の一つの範疇として解釈される。その際その範疇は，個別意思決定を上位の企業目標に合わせる場合，一義的に市場原則に照準を合わせるという特徴を持っている。

有形財およびサービスの交換を対象とする外部の市場関係の基本的要素は，交渉プロセスである。つまりこの交渉プロセスは，参加者の意思決定自律性から生じ，かつ市場参加者の誰かがかれの個人的効用の比較考量に基づき，かれがより高く評価する取引選択肢を自由に使えるという結論に達すれば，契約締結への強制は行われない。交渉過程では，譲渡できる経営資源の観点より給付の特徴（つまり給付の種類，質，数量，場所および時期）ならびに条件 ～特に価格～ が確定される[2]。企業内部の市場志向的給付の交換ケースにおいても両方の観点（給付の特徴と条件）から取り決めが必要なことは詳しく説明するまでもない。

もっともどの程度，内部市場の全体の取引範囲を，それぞれの財またはサービスの供給側と需要側との交渉プロセスの対象にするかは，大枠条件の決定的範囲において決められ，その条件の影響のもとで取引は進められる。特に交換される給付の種類と質に対する要求は，しばしば金のかかる計画プロセスおよ

び階層的基準値の結果を意味するので市場における個別交渉の範囲内で取り決める必要はない。また内部取引の量的規模も，必ずしも取引相手の影響のもとで決められるわけではない。特に（例えば，部品加工と組み付け・組み立て間の）製造部門では，需給関係が極めて柔軟性に欠けることが際立っている。つまり前工程製品とメイン工程製品間の明確な数量比に基づき，引き取り量の点から[3]裁量余地はないということである。同じことが全製品生産の時期と場所についても当て嵌まる。結合することにより得られる利点を確保するためには，さらに一定の製品・サービスについてしばしば内部調達を義務付ける必要がある。以上に挙げた制限を行っていけば，結果として，さまざまな状況要因に左右される後工程単位の交渉の可能性をいろいろと少なくしていける。

以上に述べた理由から調整および動機づけの視点から効率的な価格設定を行い，さらに一定の状況の下で企業の内部市場における最適取引量の決定を行うことが重要である。内部経営給付に分類される価格アプローチと見なされる振替価格は，内部市場の中心的'基礎'を意味する。外部市場においてもこの価格は，多くの取引に対して重要な意味を持つ。しかしこの事態を，ただ単に一つの取引の費用対効果が，とりわけ価格を通じて規定されることにのみ求めてはならない。それ以上に価格は，むしろ一つの'技術的'機能を満たすものである。つまり価格形成は，貨幣性取引成果の証明を可能にするものである。

外部市場では，市場要素に特有な構造と結び付きが 〜処分権を取引する経済単位に明確に配分され[4]，〜 配分・調整および動機づけの目標設定が，同じように相応するように保障される。企業内では状況は異なっている。

大企業の存在は，まず複数の規模の経済性の必然的利用から生じる複数の利点によって根拠づけられる[5]。この種の規模の経済性は，例えば企業の複数の事業部門が調達市場や販売市場に調整されて登場するときのシナジー効果とか 〜例えば工学的なノウハウのような〜 希少資源を本社の中核部門にプールし，規模の経済性や専門化の効果を実現する可能性のなかに現われる。もし考えられる結合の利点を利用しようと思うのであれば，当該の組織的部分単位がもっぱら自分達の部門目標だけに基づき意思決定することはできない。むしろ常に他の部門の利害関係をも考慮し，企業の全体目標に沿って意思決定しなければならない。したがって，外部市場よりも企業内のほうに，はるかに，より

複雑な調整問題や動機付け問題があることは明らかである。

　本書において追求する調整次元と動機づけ次元を思考上分離することを意図した理論的構想の背景には，内部市場を設けるための ～もっとも，現実には完全に分離できないが～ 二つの動因がある。調整の観点を追求する場合は，合理的算定法の導入を重視するので，意思決定の複合性の方法的克服が課題になる。意思決定裁量余地の本質は，経営資源の配分（例えば，企業の各事業部門への投資財の配分）にあり，さらに所与の経営資源（例えば，内部で交換される製品・サービスの規模および諸条件）で装備された組織諸単位の意思決定の調整にある。動機づけの視点は，原則として分業体制のもとで下される意思決定の調整問題からは切り離される。つまり経営資源投入のコントロールではなく，むしろ参加者の行動に及ぼすインセンティブの作用に関する不完全な知識が内部市場の問題性を発生させている。

　主として調整次元の重視に合わせた配分機能と調整機能を有する内部市場では，各プロフィット・センターに認容された意思決定の自律性の枠組みのなかで経営資源の投入が調整される。以下において *実在的* 内部市場と呼べる企業への市場原理の移転についての重要な設問を挙げてみよう。

- 事業部門レベルにおける意思決定裁量余地の計画的活用に比べ，どのような利点があるか？
- 実在的内部市場の導入により，とりわけ価格の採用により（企業の）全体目標に沿ったプロフィット・センター間の調整がどのようにして保証されるか？

後者の設問に関しては，この場であらかじめ実際の現実的意思決定状況下において，企業の視点から最適価格の算出はできないというコメントをつけておきたい[6]。ただしこの確認は，より低位の要求水準における調整機能の実施を排除するものではない。

　主としてプロフィット・センターにおける動機づけ向上のために導入される内部市場は，以下では *擬制的* 内部市場と呼ぶことにする。この場合，市場的交渉プロセスと貨幣的取引成果の報告書は，当然，企業の各事業部門の業績行動に，特に業績増大努力の強度に影響を及ぼす筈である。擬制的内部市場の動機づけによる業績評価は，その大部分が内発的・外発的動機づけ効果を誘発す

る取引成果の指標を生み出せるかどうかという設問に戻される。内発的効果は，もたらされた業績に対する満足感に基づき特に該当者の判断で業績が，かれ自身によってもたらされたものである場合はその効果が期待される。これに対して外発的動機づけ効果は，上位層の経営陣の積極的・消極的インセンティブによる取引成果に依存し誘発される。

　実在的内部市場か，それとも擬制的内部市場を導入すべきか，とは関係なく，プロフィット・センターと振替価格は，デザイン行動の中心的変数である。もっともこれらは'市場の構想'如何により異なる役割をする。振替価格は実在的内部市場では給付交換をコントロールするが，擬制的内部市場では単に相互依存関係にある組織単位の'結びつきを外す'支援的機能しか持たない。企業のさまざまに異なる内部市場構想におけるプロフィット・センターの役割は，逆の兆候を示す。擬制的市場では，できるだけ完全なプロフィット・センター思考の実現が，このようなやり方で積極的な動機づけ効果を上げるための組織的努力の最終目標を意味するが，このプロフィット・センター・コンセプトは，実在市場では必要な制度的内部調整の枠組みと見なされる。市場メカニズムを経由した企業活動の効率的調整のための前提は，すべての参加者に対して配分意思決定と調整意思決定に際し，事業部門の貨幣的成果が決定的な方向づけ数値として注目されるべきことを明確にしなければならない。

注
1） Neuhaus［Kunden-Lieferanten-Beziehungen］を参照。
2） 個別取引に対するより長期の有効期間をもつ基本契約は，この考察からは除外する。この分野では，市場の機能の仕方に関し理解を不必要に困難にする一定の特殊性に対して注意を払わなければならない。
3） いわゆる'名目的'需給関係を考慮すると別の姿が現れるが，'実在的'内部市場を説明する場合その需給関係の特殊性に立ち入ることになる。本書の212頁を参照。
4） このことから市場参加者は，かれらが意思決定を行う際，もっぱら自分達の効用関数を目指す筈だし，場合により自分達が所有する経営資源を利用することにより，十分な利益を獲得できることが分かる（用益権）。
5） 異なる結合形態の詳細については，Frese［Märkte］132頁を参照。
6） 振替価格の採用による企業の内部的資源投入の最適化については，例えば，Frese / Glaser［Spartenorganisationen］119頁以下，ならびに Laux / Liermann［Grundlagen］371頁および次頁以下，同様に Kloock［Verrechungspreise］2558段を参照。

Ⅲ. 内部市場の構成要素

　プロフィット・センターおよび振替価格が，内部市場を手段として利用する場合，最も重要な行動変数と見なし得ることが明らかになった。プロフィット・センターおよび振替価格の組織的に重要なそれぞれの特徴を導き出すことが以下の叙述の対象である。

a. プロフィット・センター
　　～市場志向的成果報告のための動機づけとコントロール～

　学問と実践において，時の経過のなかでプロフィット・センター・コンセプトの広範な統一的理解が生まれた。プロフィット・センターとは，個別に成果の報告を求める企業の組織的部分領域をいう[1]。もし成果が例えば，伝統的な損益計算書で算出されるとすれば，部門固有のコストおよび収益はさまざまな部分領域に分類されなければならない。例えば，ある工作機械メーカーがそのアフターサービス部門をプロフィット・センターとして運営すれば，サービス活動の成果は利益または損失として報告される。アフターサービスを通じて発生するあらゆる給付およびコストは，別個に把握し，（短期）成果計算書，つまり損益計算書の形で作成されなければならない。

1．歴史的発展と現在の普及状況

　問題点の多い階層制によるコントロールの効果をこのような方法で，～特に企業の行動能力を不都合な帰結に導く官僚化の傾向を～ 少なくするために市場の諸要素を企業の組織構造のなかに統合するというアイディアは，新しくはない。プロフィット・センターのアイディアの先駆的思考はすでに産業革命の初期の頃に，'近代的'大企業の生成との関連において使用されていた。つま

り，成果のコントロールを区別して行い，必要に応じ階層上位の権能がコントロール介入できるようにするための個々の部門を決算技術的に独立させる最初の試みであった。'スプリングフィールド合衆国陸軍造兵廠'の場合，ロズウエル・リー大佐の指導のもとで，すでに19世紀前半にそのような試みがあったことが報告されている[2]。いわゆる'内部契約'制度，つまり製品・サービスを自己責任で生み出すことを，経営者側とマイスターもしくはフォアマンとの間で取り決める契約を同じようにこの意味で解釈することができる。ヨーロッパでもすでに世紀の変わり目の頃，事業部門別の成果を報告するための前提作りがなされていた。そのような努力の有名な例として，メーレンの製靴工場Batá社[3]およびジーメンス＆ハルスケ社[4]を挙げることができる。

　今日的視点から見ると，組織構造を'市場志向的'に方向づけるという最初の実践的努力は，特に二つの理由から初歩的で，しかも条件つきでのみ有望な努力として評価されなければならない。一方では，市場志向的解決案は通例，包括的で論理的な組織哲学から生まれるものではなく，むしろそれは，単なる他と関連なく使用される個別的措置に過ぎない。その限りでは，当時流の市場志向的構造設計は，もしそうでなければ厳密に階層的に設計された企業組織のなかでは異物と見なされるべきである。他方では，〜例えばジーメンス社の重電事業部門のように〜 決算単位は歴史的な発展過程のなかで生まれたもので，その決算単位の職務遂行は，多くの事業部門間で部材の供給関係が存在するという性格を持つものであった。すでにこのような理由から，当該事業部門に対し意思決定権限の委譲を強化したり，そしてまたそのためにコントロールや動機づけ目的に使える説得力ある成果計算に必要な程度に，当該事業部の独立性を組織上確保することは不可能であった。

　しかし，今日よく知られている形のプロフィット・センター・コンセプトが，二十世紀の二十年代にゼネラルモーターズ社およびデュポン社において見られた事業再構築[5]の過程で，その組織的突破口が開かれたことは明らかである。両社は，当時すでに大企業の典型的な諸問題と正面から取り組んでいた。両社の製造品目は多角化されていたので，多くの個別活動を相互に調整しなければならなかった[6]。ゼネラルモーターズ社の事業再構築の時期にヴァイスプレジデントであったドナルドソン・ブラウンの有名な引用文が当時の問

題状況を示しており，同時に，かれは選択した解決の道程を指摘した。

「大部分の生産活動が，今日わが国では巨大規模の企業のなかで行なわれている。すなわち巨大企業の存在は，一般的な経済成長と大量生産がもたらす非常に大きな利点活用のおかげである。しかしこの発展が比較的新種の問題をもたらした。その問題とは，現代大企業の経済的利点を十分に活用すること，ただしその際，優良な小規模企業に特徴的な経営事象を詳しく熟知すること，そして経済的能力の開発を極力断念しないということである。」[7]

デュポン社とゼネラルモーターズ社は，増大する複合性に対して同じように対応した。両社は企業全体を，各事業部門の成果が最大になるように中小規模の比較的自立した製品志向的単位に分割した。目標設定を維持するため各部門マネージャーに対して利益責任を課した。その際，調整効果は大部分企業を製品分野別（事業部制組織）に細分化することによって期待された。つまり，利益責任（プロフィット・センター思考）の移管は，主として動機づけの観点から行なわれた。

事業部制組織を採用している現状を見ると，この組織的道具性におけるプロフィット・センター・コンセプトは，たしかに重要な役割を果たしているが，決して特別な位置を占めているわけではないことが分かる。このような結論を1993年実施の或る大掛かりな実証的研究の結果が認めている[8]。回答のあったドイツ企業の42.4%が，プロフィット・センター構想を'積極的に'，もしくは'非常に積極的に'実施していることを示したが，29.7%の企業ではプロフィット・センターが全くかまたは僅かな役割しか果たしていない，と答えている。国際比較をしてみると，調査結果は示唆に富むものである。北米でのサンプリングに拠れば，導入の現状は正反対のスカラーで類似の数値を示しているが，（'積極的／非常に積極的'導入が37.9%；'全く導入していない／僅かに導入'が21.9%），日本企業のプロフィット・センター導入は，（'全く導入していない／僅かに導入しているが38.4%；'積極的に導入／非常に積極的に導入'が31.5%）と，明らかにより少ない。プロフィット・センター・コンセプトの意義が将来高まるかどうかという設問についても，日本企業においてドイツや米国の競争相手に比べて，その意義が高まるとは考え難い。回答企業のうち，ドイツでは38.7%が，米国では21.9%の企業が現在に比べて将来，その

意義が高まると推定される。これに対して日本では回答企業の僅か15.8%だけが，プロフィット・センター構想の意義が高まるであろう，という回答であった。このような大雑把な数字を解釈するときは極めて慎重であることが求められるが，この調査結果から市場志向的事業再構築は特に一定の組織哲学の結果を意味するもの，とする上述の推測[9]が裏づけられる。日本企業がプロフィット・センターについて異なる格付けをすることの説明の根拠は，殊によると，日本では個別活動のコントロールのための懲罰的な市場圧力の作用が，別の観点，例えば従業員が企業目標と強く一体化し，当該企業と密接に結びつくという観点に比べて，より低く見られているという点である。

2．プロフィット・センター・コンセプトの目標設定と限界

　プロフィット・センター・コンセプトの導入から個別に生じる実際の目標達成効果は，実務においては必ずしも統一的な判断はない[10]。この事態は，とりわけその都度，プロフィット・センター・コンセプトの実現に影響を及ぼす企業特有の諸要因（企業経営者が追求する経営哲学，戦略的・組織的大枠条件）に起因しているように思われる。
　プロフィット・センター組織についての具体的な経験は別として，その組織の具体化は主として二つの観点に左右されると云われる。一つの観点は，高い自律性が発揮できるような決算技術的に独立した単位を作り，動機づけ目標を追求するという点である。もう一つの観点は，成果報告を事業分野の視点からと上位単位の視点からとに区別して行なえば，基本的にプロフィット・センター活動のコントロールが改善できる可能性が生まれるという点である。以下では，まず動機づけ次元を詳細に検討し，引き続きコントロールの視点から述べることにする。
　動機づけ視点の場合，どのような方法でプロフィット・センターがセンター成員の個人行動を企業目標に合わせられるか，という問題が提起される。すなわち，個々の従業員の個人的利害状況に従って意思決定を下すのではなく，むしろ企業全体の意図に沿って下されるように適切な業績努力を発揮させながら，その努力を確保していくためには，プロフィット・センターがどのように

貢献し得るかという問題が提起される。

　プロフィット・センターが導入される場合，事業部門管理者を企業家的行動に動機づけるインセンティブの存在が期待される。また，プロフィット・センター・コンセプトを徹底して実現する場合，プロフィット・センター・マネージャーは組織の縦，横に強い自律性を持てる。つまり極端なケースでは，マネージャーに経常的給付生産のための全面的責任の他に，例えば投資計画の実施に関する戦略的職務についての権限が委譲される。動機づけの効率基準，つまり'自己責任'および'概観可能性'に拠ればプロフィット・センター・マネジメントの自律度が高ければ高いほど，そのマネジメントの動機づけの前提はより有利であるということから出発しなければならない。さらに事業部門マネージャーは，明確な損益計算に基づき，かれが下した意思決定の結果や企業の総利益に対する当該プロフィット・センターの貢献部分を直接確認することができる。両方の観点が結びつくと，プロフィット・センターのマネージャーの心のなかに自己責任を持って行動する'企業の中の企業家'として行動する意識が生まれる。この方法で強化された責任感，明確な利益意識および企業家的思考と行動の形で現われるプラスの動機づけ効果のために努力するようになる。結局，概略した諸特徴は動機づけを促進する職務デザインの範囲内に分類されなければならない[11]。'自律性'，'分離性'，'多様性'および'フィードバック'などの変数が高ければ，動機づけにプラスの影響があるとするHackmanおよびLawlerの上述の研究を背景に，プロフィット・センター・コンセプトを評価するとすれば，プロフィット・センターは，動機づけの観点から職務構成を効果的にデザインする際の，まさに理想的な具体化を意味するものである。プロフィット・センター・マネージャーの動機づけを，決算報告された成果が貨幣的インセンティブを与えるための糸口として使えるように，業績努力を見ながらさらに拡大していくことができる。もっとも実際に達成される動機づけ効果は，生み出された業績と与えられる報酬との間の関係が現実的で，かつ公平であると思われるかどうかに大きく依存する[12]。特にプロフィット・センターの成果が他の事業部門の意思決定に強く影響される場合，不本意な機能障害的作用が生じ得る。

　動機づけの効果を事業部門の従業員レベルで見れば，プロフィット・セン

ターの管理者レベルのそれにほぼ匹敵する明確な影響は確認できない。概して
プラスの動機づけの論理的帰結は，市場圧力を加えることに原因を求めること
ができる。市場圧力の存在は，職場の存続を危うくし得る市場的選択肢がある
ということを企業経営者が確信をもって説明することを前提にする。この関連
では，'自動的' 損益報告が儲からない事業部門の迅速かつ比較的問題のない識
別を可能にすることを，プロフィット・センター・コンセプトの決定的利点と
見ることができる。

　プロフィット・センター思考の限界としては動機づけの観点から，まず次の
二点が挙げられる。すなわちプロフィット・センター組織は，～少なくとも潜
在的に～ 顕著な部門エゴイズムの発生リスクを自らのうちに抱えている。事
情によっては，自らの部門成果を（欲する）意図が他の部門の負担となり，か
つそれが企業全体の目標達成を不確かにさせるような結果を招く場合にも敢え
て意思決定するような自己エネルギーを発生させる。その他，短期的に成果を
改善しようとする理由から，長期的考察では成果の臨界値に達するかも知れな
い特定の措置を放置するという危険に対して追加措置を講じて対処しなければ
ならない。

　プロフィット・センターのコントロール機能を分析する前に先ず，コント
ロール概念を明確にする必要があり，とりわけこの概念は文献では非常に異な
る説明のされ方をしている。原則としてコントロールには，本書が理解する意
味では個別ケースごとに意思決定を時間経過のなかで企業目標に合わせること
を対象とするあらゆる措置が含まれる。'構造化'，'細分化' および 'コミュニ
ケーションのルール化' などの調整措置に比べて，コントロール用具には補充
機能がある。調整措置は個別ケースを大幅に抽象化し，企業のなかの職務遂行
の，より長期的に有効な一般的枠組みを決める。これに対してコントロール措
置の目標は，その都度支配的な企業内外の諸条件に依存する職務構成要件，～
より正確には～ 意思決定構成要件を具体化し，さらに起こり得る万一の誤っ
た方向への展開を発見し，適切な修正介入を行なうことにある。それゆえコン
トロール機能を利用することは，計画策定の観点だけでなくコントロールの観
点にも関係する。

　事業部門内の計画策定プロセスを支援するという意味でのコントロール目標

は，プロフィット・センター・コンセプトにおいてはむしろ副次的な役割しか持たない。この点は求められる強い部門自律性の点から直ぐに理解できる。部門コントロールは，概して部門内計画策定プロセスのなかで注目しなければならない大まかな概略データの入手に限定される。その意味では例えば，標準収益率の基準値は，企業経営者が説明しなければならない。その際，投資計画への間接的介入や設備投資資金の申請は，その基準値に基づいて行われる。

コントロールの観点からは，部門成果を状況により，次期以降の修正措置を含めたコントロール目的に使う可能性のほうが，はるかにより大きな意義を持つ。プロフィット・センター・コンセプトの枠組みのなかで，部門成果，すなわちその成果項目が絶対値かまたは相対値として定期的に報告されることにより，ほぼ'自動的に'期末には貨幣的コントロール指標が生み出される。もしこの方法で問題状況が明らかになれば，詳細な分析を通じて考えられる適応措置の準備のために当該事業部門の状況を調べることができる。

コントロール手段としてプロフィット・センターの給付能力を評価するには，まず次の二つの設問に取り組まなければならない。

1．どの程度，貨幣的数値が誤った方向へ向かう展開を修正するための根拠となるような言明力ある成果指標になり得るか？
2．どのような組織単位がコントロールを実行し，万一の場合には必要な適応措置を講じてくれるか？

1について：或る組織単位の活動効率を評価するためには市場成果の他に，さまざまな種類の目標基準値（例えば品質目標，製造工程の所要時間）を利用することができる。その基準値の内容特徴は，当該事業部門の，その時々の職務設定によって強く影響される。コントロール対象として貨幣的数値を使えばこの関連の場合さまざまな利点がある。つまり，原価計算の範囲内では事業部門の成果の期間ごとの算出が，コントロールの理由からではなく別の理由から必要になる。なぜならコントロールの理由からは，コントロール指標を求めるために特別な仕事を必要としないからである。組織的前提や計算技術的前提が満たされる限り貨幣的成果をさらに一つの確かな，ただし考察対象単位が限定的にのみ操作できるような問題指標と見ることができる。もっとも提出された成果をコントロール値として使うやり方の限界も見落としてはならない。も

し，成果の計画値と実績値との間の達成収益がより低い数値を示す形で不一致が生じれば，確かに何らかの問題状況があることは明らかであるが，なぜ，このことがそうなのかは分からない。詳細な原因調査のためには，より細かな指標ないしは別の問題指標に立ち戻ることが不可欠である。

　2について：適切なコントロール指標を探すということに左右されず，給付能力のあるコントロール・システムを構築するためには，必要なコントロール活動の権限と，場合によっては必要な修正措置の導入権限を，どの組織単位に委譲するかという問題に取り組むことが求められる。もしかりに原則として考えられるコントロール権限と調整権限との組織的分離を度外視するなら，コントロール・システムのデザイン・オプションを二つのグループ，つまり対象となるプロフィット・センターを介した当事者コントロール，または企業内外の他の組織単位を通じた第三者コントロールに区別する。当事者コントロールも第三者コントロールも，どちらを優先するかという選択肢ではない。その限りでは，デザイン・オプションの優先価値について最終的判断を下すことができない。むしろ相対的な長所，短所の意味のあるウエイトづけと同時に，適切なコントロール・コンセプトの選択は，つねにその時々の個別ケースを知ることによってのみ可能である。

　プロフィット・センターは，〜上述したように〜 現行の制度的諸規則の枠内で最大限自律的に行動する外部市場の供給者，または需要者が企業内で作る下げ飾りである。このような理由から，当事者コントロールがモデル適合的なコントロール原則として解釈されることは明白である。すべてのコントロール職務をプロフィット・センターが引き受ける決定的利点は，'日常のビジネスに接している'ということから下される判断や，意思決定上重要な要因に関し事業部門マネージャーが豊富な情報量を有するという点である。さらに他の組織単位がプロフィット・センターの部門自治に介入することに起因するマイナス効果を完全に回避できる。当事者コントロールの考え方の問題性は，特に次の二点にしぼられる。一つは，はたしてプロフィット・センター・レベルに自分達の活動を批判的に見る基本的姿勢や能力があるかどうかは疑問という点。もう一つは，個々のプロフィット・センターが企業全体の視点から，すべての経営資源およびすべての市場潜在性を効率よく使いきれるように，他の事業部

門との可能なシナジー効果を考慮するために問題に対する必要な慎重さがあるかどうかを疑ってみるという点である。

　前述した当事者コントロールの難点は，コントロール職務および修正職務をプロフィット・センターから取り上げてそれ相当の権限を他の組織単位に委譲すれば，重要でなくなるということである。ここでは，階層的コントロールと内部または外部の諮問機関を通じたコントロールによって組織的デザインの選択肢が二つに区分される。階層的コントロールの場合，上位の権限職位が 〜 通常，企業経営層が〜 個々のプロフィット・センターの効率に関する判断をする。もし，必要とあれば認識している諸問題を取り除くために，上位の権限階層が内容に関する措置または人的措置を講じる。一つの階層的コントロール・システムの限界は，特に大企業では上位の経営層が例外的ケースの場合だけ重要な情報に確実にアクセスでき，準備されたデータの評価のために量的能力やプロフィット・センターの具体的状況判断のために必要な専門知識を利用することを考えれば，その限界は明白である。プロフィット・センターの第三者コントロールが，内部のスタッフまたは外部の企業コンサルタントによって行なわれる場合[13]，最後に挙げた制限はあまり意味はない。しかし諮問機関設置の場合も確度の高い情報へのアクセス問題は生じる。内容の基本的特徴とは無関係に，プロフィット・センター構想の定着に成功するための自律性の視点が損なわれることが，第三者コントロールの主要な欠陥と見ることができる。

3．組織的デザインに対する諸要件

　プロフィット・センター・コンセプトが目指す動機づけの効果，またはコントロールの効果が十分に発揮し得るのは，個々のプロフィット・センターの業績を言明力のある，しかも同時に事業部門マネージャーが適切と思う成果の指標を示し得た場合のみである。根本的には，実際の事業部門成果の調査の可能性は，企業内部の計算技術的枠組み条件と，二つの組織的前提（市場アクセスと意思決定自律性）が満たされているかどうかに依存する。

　事業部門別に別個に成果報告をさせるプロフィット・センター・コンセプトを現実に実施する場合，内部会計制度の整備が特に重要である[14]。その際，

成果計算（損益計算）に相応な構造を顧慮する時，学問と実践において極めてさまざまに異なる考え方のあることが分かる。文献のなかで提案されたモデルや企業のなかに移転された解決法との批判的取り組みは，その都度，損益計算をもって追求する目標設定が，しばしば詳細に説明されていないため困難になっている。個別ケースを大幅に抽象化すると会計制度とプロフィット・センター・コンセプトを巡る論議には，三つの重点があるのが分かる[15]。

- 動機づけ目的およびコントロール目的で使う成果指標の定義（絶対値または相対値による成果報告；期毎の指標または数期毎の指標の使用）；
- 給付規模もしくは成果規模の限定（内部振替価格の設定；収益連結の場合の成果計算）；
- 費用規模もしくは経費規模の限定（経営資源共同利用の場合の原価計算；内部中間製品の評価のための振替価格の設定；利息算入の必要性と形態）。

組織的視点からは，プロフィット・センター・コンセプト思考の実現が特定の組織構造の移転にどの程度結びつくかの根本問題が提起される。とりわけ，英米語圏においてはプロフィット・センター・コンセプトが，しばしば事業部制組織の特別な変形として説明される。例えば前述の General Motors 社の副社長 Donaldson Brown は，かれの企業でのプロフィット・センター・コンセプトの実施を次のように述べている：

「どの事業部門も，財務管理を含む開発，調達，製造および販売などの通常のあらゆる機能に対し責任を持つ一人の事業部長を持つ，それ自体完全にまとまった組織構造から成り立っている。」[16]

つまり Brown は，プロフィット・センター・コンセプトを製品志向的事業部制組織と同一視した[17]。もっともこの同一視は現在，実務に適用できる解決法に相当するものではない。企業の現場からは，事業部制構造を基礎としない多数のプロフィット・センター・モデルが紹介されている。このような理由から，別個に成果報告を行う部分部門としてここで妥当なプロフィット・センターの定義を，組織構造に備わる諸特徴に還元するわけではない。むしろこれ以降の考察の出発点は，成果の構成要素を部門別に算入計算することがはたして，また，どのようにさまざまな組織構造を通じて影響を受けるか，という問

題である。

　この分類の問題は，以下の二つの条件により決定的に規定される。

- 第一の条件は，はたして考察対象の部分部門が外部市場に直接アクセスできるかどうか，という問題である。貨幣的成果の数値を一つの組織単位に現実的に分類されるのは，割り当てた職務や委譲した権限のなかに市場活動が含まれる場合のみである。プロフィット・センターの成果は，関連する販売市場（収益構成要素）の諸活動だけでなく，関連する調達市場（費用構成要素）における諸活動にも左右されるから，両方向への直接的市場アクセスが保証されていなければならない。
- 第二の必要条件として，プロフィット・センターはあらゆる成果臨界要因に影響を与えられるという点である。プロフィット・センターは，適度に意思決定自律性を発揮しなければならない。つまり事業部は自らの意思決定の際，或る程度までは上位の権限職位の制約から自由でなければならないが，併せて階層上，依存関係にない組織単位の制約からも自由でなければならない。

したがって以下の二つ設問についてもより詳しく検討しなければならない。

- '市場への直接的アクセス' の条件が，その時々の組織構造を通じてどのように影響を受けるか？
- 意思決定自律性が，集権（分権）の哲学により，そしてまたその時々の組織構造に大きく起因し得る相互依存関係の存在を通じ，どのように影響を受けるか？

　市場アクセスの保証に関する第一の問いに答える場合，企業全体を市場志向的・製品志向的および行動志向的細分化の基本形態に区分しておきたい。

　より一層詳細な市場志向的組織構造の分析はこれ以上必要がない。地域別組織だけでなく顧客志向別に構成される部分部門も，意思決定権限を調達市場関連および販売市場関連活動の観点から分類する構造上の条件は，定義によって満たされている。一定の市場セグメントに関し必要なすべての仕事は，事業部内において処理される。

　事業部制組織の場合でもこの状況は明白である。つまり，もし製造品目の構成を徹底的に変える場合は当該の事業部長に製品に関するすべての権限を，つ

まり調達や販売の権限をも与える。それゆえこの組織形態も第一の条件に関しプロフィット・センター・コンセプトと両立し得る。

　これまで考察した組織構造とは対照的に，職能別組織のための市場アクセスの前提は満たされていない。職能別原則を純粋に実現しようとすると，関連するすべての外部市場に対して組織された部分部門のなかでアクセスできる部門はない。販売部もしくは営業部は排他的に販売市場に直接接触できるが，組織単位としての‘購買'には市場へのアクセスが調達サイドに限られる。‘製造'部門との関係はもっぱら内部的性格を持っている。厳密に云えば，ここで理解する意味でのプロフィット・センターとして職能別部門のマネジメントは不可能である。

　第二の条件，すなわちプロフィット・センターに対して十分な意思決定自律性が与えられているかどうかの問題については，やや異なった分析が求められる。企業のどの部分部門でも，その部門の行動余地を多かれ少なかれ狭める諸々の制限に直面している。この関連では，階層上位の単位による行為余地の直接的制限と，階層上独立した部門との意思決定上の相互依存関係に在ることによる間接的制限とを区分することは有意義である。

　上位の権限職位からの影響は，意思決定権限の大まかな配分（一般的な権限委譲行動）の形か，または個別ケースに関係するコントロール介入の形で及ぼすことができる。両方のケースで見るとプロフィット・センターレベルにおける意思決定余地は，その都度追求する集中（分散）思考の表れである。最適な集中（分散）度に関する一般的言明は，この分野に関連した文献を一見しても分かるように不可能である[18]。もっとも意思決定権限とプロフィット・センター・コンセプトの効果的移転に対する責任 〜しばしば合同の定理と呼ばれる〜 が一致するように首尾一貫，方向づけることは極めて重要である。

　さらに階層上，他に依存しない部門間に存在する相互依存と，その相互依存を根拠として行なわれる部門を越えた意思決定の調整から，組織的部分単位の意思決定自律性に及ぶ決定的な影響が始まる。調整の必要性の故に，部門視野を上位の企業全体の視野から見るために引っ込めることは，同様に個々の部門のための行為の自律性を 〜間接的に〜 制限することになる。

　この関連では，経営資源とプロセスの相互依存が特に重要な意味を持つ[19]。

希少な経営資源の配分とプロフィット・センター間の給付関係の構築は，しばしばコンフリクトを孕む。このような配分や関係構築に起因するコンフリクトは，間接費の割り振り，もしくは振替価格を巡る議論を呼び起こし，さらにこのようにしてプロフィット・センター・コンセプトの損益計算システムに影響を与える。組織的基本構造がこれらのクリティカルな相互依存の属性に及ぼす影響については，異なるイメージが生まれる。

　行為志向的構造つまり古典的職能別組織の場合，必然的に部分部門間に非常に強い相互依存が生まれる。まずここではプロセスの相互依存が，つまり一つの部門がその前または後の職能部門の意思決定に依存することが問題である。

　別の判断が製品志向構造に関しては発生する。事業部制組織は ～製造品目の多角化程度に応じて[20]～ クリティカルな相互依存の内部化に基づき，プロフィット・センター・コンセプトの導入のための理想的な前提を提供し得る。もっともこの関連において，競争の激化やますます強くなる顧客の個別的要求に対応しなければならないという重圧が，市場効率（取り分け全体市場の製品関連的細分化）の分野において事業部制組織の弱点をますます問題化することを見落してはならない。これが引き金になって行なわれる事業部制組織の修正が，しばしば影響の大きい構造そのもののコンセプトの変更をもたらし，この変更がさらに次の相互依存を生み，プロフィット・センター・コンセプトの実行を困難にする。

　地域別組織または顧客別組織が純粋に実現されると極端なケースでは部門を越えたあらゆる経営資源・プロセスの相互依存が避けられるかもしれない。もっとも特に多品種製造業では，構造修正の回避は決まりというよりもむしろ例外である。普通一般には，少なくとも製品ノウハウ（例えば開発や生産）の分野は，プロフィット・センターの勢力圏から引き離して本社部門にまとめられる。こうすると市場志向的基本形態のなかにも，部門を越えたプロセス相互依存が発生する。

　本節の始めのところで定式化したプロフィット・センター・コンセプトの適用条件を背景に分析した組織的基本構造を考察するとき，われわれは以下の結論に達する。

● 　市場アクセスの前提条件は，少なくとも原則として製品および市場志向

- 構造においては，第二階層レベルに配置され，すべての部分部門に対して満たされるが，職能別組織ではこの構造条件は実現されない。
- 十分な意思決定の自律性を有するという前提は，企業の集中（分散）度と，その時々の相互依存構造によって影響を受ける。その場合，上位単位による自律性の制限は，選択される組織の基本構造には全く依存しない。発生する相互依存に関しては，製品志向の構造がプロフィット・センターの意思決定自律性の要求に，傾向として最も強く適合することから出発すべきである。市場志向の構造は，ある程度の限界の範囲内においてのみこれらの条件をかなえるが，職能別構造の場合は最も大きな制約がある。

　この関連では実際の組織の基本形態をさまざまな方法で変更し，市場志向的・職能志向的解決に対してより強く注意を払う前述の傾向は特に注目に値する。古典的プロフィット・センター・コンセプトの前提が，ますます満たされなくなるような組織的解決が次第に多く選択されて行く。それにも拘らず，このコンセプトが依然として普及し，〜かつ調査結果からプロフィット・センター・コンセプトへの関心が将来も高まると結論できるなら〜，これらの条件の充足が制限されている場合であっても，そのようなインセンティブとコントロールの考え方のプラス効果が発揮されるかも知れないという考え方が明らかに実務の世界で支配的である。

　ただしこのことは，外部市場への不十分なアクセスを内部の市場関係に置き換え，かつ相互依存関係にある諸部門を適切なメカニズムを使って分断することができる場合にのみ可能である。その場合，内部振替価格の形で市場の虚構性導入が重要な役割をする。

b. 振替価格　〜相互依存諸部門の調整と分断

1. 振替価格の目標設定と組織的意義

　振替価格とは，機能的に見ると外部の市場価格が企業内部において等価値を意味するような価値査定を言う。実務では振替価格の適用範囲が極めて不均一である。そのために近年，振替価格のさまざまな目標設定を体系化する目的で

多くの提案が出ている[21]。振替価格制度を企業経営の中心的課題の解決のために役立てる道具として解釈するなら，振替価格採用のポイントを以下のように区別することができる[22]。

- 計画職務の遂行に適用する：この方法によって現実の価格計算を可能にするためには，計画原価の算出に振替価格を含める。
- コントロール職務との関連で活用する： 計画原価計算の入力値として振替価格を使うが，これを基礎にすると組織諸部門の経済性評価が可能になる。
- 公表業務に役立てる： 商法会計および税法会計の範囲のなかでまたは利益シフトの可能性利用のために振替価格を設定する。
- 組織上の問題解決のために使う： 調整もしくは動機づけの視点から振替価格を決める。

以下の叙述では，振替価格システムの組織上の次元だけを対象とした。すでに本書において指摘したように[23]，振替価格の目標設定は，果たしてそれが実在的内部市場または擬制的内部市場の文脈のなかに導入されるかどうかに決定的に依存している[24]。前者のケースでは，調整職務の遂行を重視する。つまり振替価格の採用は，企業の全体目標達成を改善するという視点から，相互依存関係に在る部分諸単位の一致の確保を意図している。これに対して，擬制的内部市場では振替価格が，内部依存関係にある諸部門を分断する働きをする。この調整問題は，選択的（計画志向的）な調整用具を介して解決される。また振替価格は，プロフィット・センター・コンセプトの適用条件を十分満たすことができない組織上の単位に対しても，部門損益の報告ができるようにするために導入される。

振替価格問題は，導入される相互依存形態に対応する形でシステム化できるし，その際以下の三つのグループに分類される。

- プロセスの相互依存を経由し相互に結び付く諸部門の調整，もしくは分離のための振替価格。このケースでは振替価格が，企業内で交換される財やサービス，例えば原材料や中間材または中央統括部門が提供するサービスなどに適用される。
- 経営資源相互依存が存在する諸部門の調整，もしくは分離のための振替

価格。振替価格は，さらに二三の組織単位が共同で使用する希少資源（例えば機械やノウハウ）に対して設定される。
- 市場相互依存を示す諸部門の調整，もしくは分離のための振替価格。ここでは振替価格を通じ共同で使用する市場潜在性を，望ましい調整効果と動機づけ効果が発揮できるように，評価しなければならない。

市場相互依存の存在は，プロセス相互依存と経営資源相互依存を比較する理論的研究のなかではほとんど注目されてこなかった。このことは，形式的観点から見ておそらく経営資源相互依存と市場相互依存との間に差異がないという事実に還元できるからである。つまり両方の相互依存形態が，意思決定分野を共有するからである。調整の観点から最適な振替価格の決定を意図する多くの個別アプローチの代表的なものとして，特に Hirshleifer のモデルが挙げられるが，ここでかれのモデルの主要な特徴の概略を述べておきたい。

2. プロセス相互依存の調整のための最適振替価格
　～Hirshleifer のアプローチ

Hirshleifer の考察の出発点は[25]，プロセスの相互依存が存在するケースにおいて，意思決定余地の部門目標最適化が相互依存関係に在る諸部門を通じ同時に，企業全体の利潤極大化を保証すべきだとする場合，振替価格をどの程度の高さに決めるべきかという問題であった。*Hirshleifer* は，'効率的'振替価格の算出のために微分計算[26]の方法を用いた。かれの論拠は，部分的に次のような極めて限定的な仮定[27]に基づくものであった[28]。
1. 二段階から構成された製品生産プロセスを考察する。プロセスの第一段階では，第二段階の製品 B に使用される（前工程）製品 A を生産する。製品 B のみが外部市場において販売される。
2. 両製品の生産段階では，考えられる生産隘路（生産工程上の各種障害：訳者注）を度外視する。製品 A もしくは製品 B の販売は数量的制約を受けない。
3. 組織上生産プロセスの両段階は自立した部門として扱われる。部門マネージャーは，かれらが造る製品の産出量に関して絶対的決定権限を持つ。

C. 内部市場 ～企業への市場原理の移転　219

4．製品の在庫は，両生産段階では認められない。さらに単純化の理由から，製品Bの一単位の生産に製品Aの一単位が必要なことを仮定する。
5．求める振替価格Pは，部門Aにとっては中間製品Aの単位当たり収益を意味し，部門Bにとっては外部で販売される最終製品Bの単位当たり変動費の一部分を意味する。
6．全ての費用関数と収益関数が，はっきりと知られている。
7．企業全体レベルと部門レベルの目標は，最適製造品目の確定を通じその時々の利潤関数の極大化に設定される。ただし生産能力の調整は除外される。
8．企業の全目標関数も，部門Aおよび部門Bの目標関数も（極端に）凹型を示しており，連続して微分可能である。その費用関数は（極端に）凸型であり，同様に連続して微分可能である
9．企業の各事業部門は，技術的に相互に依存しないことを仮定している。一つの事業部門の費用状況が，他の部門の活動を通じて影響を受けることはない。

以上に挙げた諸前提のもとで ～かつ中間製品に対する外部市場が存在しないという補足的仮定のもとで～，全企業の目標関数は次のようになる。

(1)　$G = p_B(x_B) \cdot x_B - K_B(x_B) - K_A(x_A) \rightarrow \max!$

　　ただし，$x_A = x_B$

(1)では$p_B(x_B)$は，最終製品Bの販売量xの場合の製品単位当たりの達成された収益を表し，$K_B(x_B)$は，最終製品量xの生産に際し製品生産プロセスの第二段階で発生する変動費[29]を意味し，$K_A(x_A)$は，中間製品量xの生産に際し製品生産の第一段階で発生する変動費を表す。

　もし，(2) $E_B(x_B) = p_B(x_B) \cdot x_B$ が成り立ち，$E_B(x_B)$ が，外部市場で販売された最終製品量のなかで達成できる総収益を意味する場合，中央統括部門で解を求めるときの最適化問題は，目標関数(3) $G = E_B(x_B) - K_B(x_B) - K_A(x_B)$，もしくは中間製品の単位で表す(4) $G = E_B(x_A) - K_B(x_A) - K_A(x_A)$ を極大化することになる。

　(1)から(9)までの前提条件のもとでは，目標関数(1)の最初の導出に相応量が投入される場合，この目標関数が0値と仮定すれば，つまり以下の方程式

(5)　$G'(x_B^*) = 0 = E_B'(x_B^*) - K_B'(x_B^*) - K_A'(x_B^*)$　もしくは
(6)　$E_B'(x_B^*) = K_B'(x_B^*) + K_A'(x_A^*)$

が成り立つ時，利潤極大産出量は x_B^* もしくは $x_A^*(=x_B^*)$[30]にある。(5)および(6)は，企業全体の視点から見て利潤極大産出量が x_B^* もしくは x_A^* の場合，外部市場で達成した限界収益が，給付生産プロセスの両方の段階で生じる限界原価の総和に等しいという解釈ができる。

ところでこれを基礎に事業部門利潤の（自律的な）極大化に取り組むことが同時に企業の総利潤の極大化につながるように，中間製品単位当たりの振替価格 P をどの高さに決めるべきか，という問題が提起される。その際，*Hirshleifer* は中央統括部門のどこかで最適振替価格 P を算出し，各部門に対してそれを拘束力をもって基準として提示する，ということから出発した。

いま，事業部マネージャーが価格 P をかれらが影響を与えられないデータであると見れば，かれらは，以下の目標関数に基づいてかれらの産出量に関する意思決定を下す。

(7)　部門A: $G_A = P \cdot x_A - K_A(x_A)$
(8)　部門B: $G_B = E_B(x_B) - K_B(x_B) - P \cdot x_B$

関数(7)の極大化のため，部門 A のマネージャーは産出量の最初の展開式が 0 値を仮定するような産出量を選択するであろう。もし，この方程式を P で解くと，次式が生まれる。

(9)　$P = K_A'(x_A)$

部門利潤最適量は，一定の限界収益 P が最適量の場合に生じる限界原価と同じであることが分かる。部門 B のマネージャーは，関数(8)の極大化のために (10)　$E_B'(x_B) = K_B'(x_B) + P$ の条件を満たす製品量，つまり最終製品に対して外部市場で達成可能な限界収益 $E_B'(x_B)$ が，かれが考慮すべきすべての限界原価 $K_B'(x_B) + P$ と同じであるような量を決める。

この状況では，本社は中間製品単位当たりの振替価格を
(11)　$P = K_A'(x_A^*) = K_A'(x_B^*)$ の高さに確定しなければならない。つまり企業利潤極大的産出量が x_A^* もしくは x_B^* の場合，部門 A で発生する限界原価に応じてその振替価格を決めなければならない。このケースでは，両部門に対し以下の最適性条件が生まれる。

(12) 部門A：　$K_A'(x_A^*) = K_A'(x_A)$

(13) 部門B：　$E_B'(x_B) = K_B'(x_B) + K_A'(x_A^*)$。

　(1)から(9)までの前提条件のもとでは，部門Aのマネージャーが算出量x_A^*を生産し，また部門Bのマネージャーが産出量x_B^*の生産を行なう場合にのみこれらの条件は満たされる。したがって部門利潤を目指すことは，Hirshleiferがグラフだけで決めた振替価格の場合，結果として企業全体のための最適産出量にもなる。

　中間製品に対する外部市場が存在すれば，同じような方法で利潤極大化の振替価格が算出できる。この状況のもとでは部門マネージャーは振替価格を中間製品の限界原価を目安に計算せずに，むしろ市場価格の高さに設定すれば精確に全体目標が最適になるような数量決定ができる[31]。

　実務の問題解決のため適用可能性という視点から *Hirshleifer* のアプローチを見ると，かれのアプローチだけでなく，その他のアプローチに対しても疑問符がつけられる。つまり一般的に云って，最適な振替価格の算定を目標とする大部分の数学的モデルにとって，その妥当性にはそれ相応の制約がある。その限りでは，企業の実務において振替価格を確定する場合，理論モデルに副次的な意義しかなかったということは驚くに当たらない[32]。

　この場で形式的モデルの有効性に関する総括的議論を，振替価格の決定のために利用しようとは思わない。幾つかの限界だけを選んで以下に示しておく。

　Hirshleifer が提案した方法に基づき算定される振替価格が，はたして意思決定の分権的調整要求に応えられるものかどうかは，調整概念が，どの範囲で捉えられるかにより決定的に左右される。振替価格があらかじめ決められていれば，たしかに部門マネージャーは総利潤最適産出量を自律的に決めることができるが，結局は，本社部門がすでにこの産出量を決めている。同じようにこの状況は，その他のモデルについても明白である。それゆえ隘路が存在する場合，全体最適を実現するためには通例，振替価格の他にさらに追加生産すべき量が本社部門からあらかじめ定められるはずである[33]。したがって価格メカニズムを経由する調整は，以上に述べたケースでは余分なものである。

　それに加えて理論的振替価格モデルの実務における低調な普及は，企業レベルの視点から見ると内部価格確定の際の最適性要求が，振替価格のその他の目

標設定，例えば簡潔さ，ぶれない，受容性などとの競合に原因があるように思われる。しばしば前者の点では，結局，満足すべき解のみが求められる[34]。

結局，Hirshleifer の考察の決定的欠陥は，企業の各事業部門が技術的に独立しているという状況から出発した点である（仮定9）。プラスまたはマイナスの規模の経済性がモデルの中では考慮されていない。それゆえ，企業の'同じ屋根の下で'諸部門が統合されるという必然性が根拠づけられない。かりにそれが根拠付けられれば，供給部門も仕入れ部門も同じように自立した供給者および需要者として外部市場に登場し，そこで価格メカニズムについてかれらの意思決定が調整されるであろう。その限りでは，言明力ある振替価格理論が戦略的観点を明確に持つことが必要であり，特に職務の当該企業への統合を通じて規模の経済性を上げるべきかどうかの問題に取り組むことが求められる。

3. 振替価格と企業戦略

Hirshleifer のアプローチのような数学的振替価格モデルは，そのモデルの応用可能性の点について，実務への導入を著しく制限する極めて限定された前提に結びつくことが明らかになった。とりわけ組織的・戦略的な企業文脈[35]をほぼ完全に無視したり，調整の問題性を一面的に強調することが，振替価格問題解決のために経済学モデルが果たす貢献を不十分とし，時として非建設的であるとする批評家達を繰り返し登場させてきた。

特に Robert G. Eccles は，かれの複数の研究のなかで[36]詳細なケース・スタディを行って[37]，企業内部の枠組み条件が経営実務における振替価格システムの適切な構築に及ぼす影響に関して取り組んでいる。以下では，Eccles の "実践理論" の概要を簡単に紹介しておく。

Eccles の分析は，振替価格の導入が二つの理由から行なわれるが，理論的文献と実際とでは強調のされ方がまちまちであるという認識に基づいている。一面では，振替価格は情報基盤の改善を通じ，個々の企業部門における意思決定の質の向上に貢献すべきであるとする（調整局面）。

このように見ると企業全体の目標達成に及ぼすその時々の影響は，振替価格制度の有効性を判断する適切な基準を意味する。他方，部門成果に及ぶ影響や

その成果によって与えられるインセンティブが，振替価格確定の方式や振替価格の金額を起点にする（動機づけ局面）。したがってこの部門の視点から，当該の振替価格が公正の基準に沿うものかどうか，その振替価格が企業の実態を歪曲せずに反映しているかどうか[38]の問題が極めて大きな意味を持つ。

Eccles の見解によれば，機能し得る振替価格制度を開発するには，以下の二つの問題領域と取り組むことが必要であると言っている。

1．振替価格（原価または市場価格）の基礎の決定および
2．振替価格算出のプロセスを生む管理過程の確定。

1について：Eccles は，かれの経験的調査研究の結果に基づき複数の選択肢，つまり，"exchange autonomy"（完全な取引自律性），"mandated full cost"（内部購入の強制；全部原価ベースで振替），"mandated market-based"（内部購入の強制；市場価格ベースで振替）を用い，三つの実施上重要な振替価格確定の基本パターンに分けた。さらに一定の状況下では，二重価格に依拠することが有意義であることが分かった。"exchange autonomy" の場合，供給部門も購入部門も外部市場における独立した経済単位のように振舞う。つまり，かれらは内部市場または外部市場の取引相手の選択に関しては完全に自立的であり，価格および取引量についての意思決定はかれら自身の判断に委ねられる。考察対象の部門に対し，前工程製品の内部購入や内部販売が上位の権限職位によって規定される場合は，つねに "exchange autonomy" のモデルで予定されている意思決定権限の大幅な委譲に問題点のあることが分かる。

これらのケースでは，振替価格の決定の基礎として供給側単位の全部原価か，または中間製品の外部市場価格が用いられる。

Eccles は，選択過程を二段階の意思決定プロセスとしてモデル化した。その際，そのプロセスの結果は本質的に経営者の二つの戦略的熟慮に左右される。第一段階では，果たして企業がすでに考察したプロフィット・センターの視点から垂直統合の戦略を追求しているかどうかを明らかにしなければならない。

もしこのことが当て嵌まらなければ "exchange autonomy"，もしくは二重価格アプローチが適切な形成オプションになる。これに対して経営者が，中間製品の内部購入に戦略的利点があると判断すれば，少なくとも購入部門に対

しては取引相手の選択に関する意思決定の自律性の剥奪が必要であることが分かる。また，内部で製品を納入する場合，全部原価で決済するか，それとも市場価格で決済するかの意思決定は，本質的には納入側のプロフィット・センターが内部・外部の販売行為を独自のビジネスと見るかどうかにかかっている。もし納入部門が外部市場で供給者として登場する場合は，市場価格が前工程製品にとって適切な指針値になるが，もしそうでない場合，内部供給に対しては全部原価を設定しなければならない[40]。さらに両方の状況下では二元的価格の設定が可能である。図42ではその論拠を，今一度概観できるように纏めておいた。

2について：企業戦略に基づき，振替価格の確定を行なう概略的枠組みを示しておいた。もっともこれをもって振替価格問題が完全に解決されたわけではない。むしろ上述の選択肢の一つを選ぶことにより，管理上それを実行に移す場合多様な自由がある。この関連では以下の設問[41]が特に重要である。

- 多かれ少なかれ詳細なコントロール方式をあらかじめ決めておけば，意思決定をプログラム化するという意味で振替価格決定をコントロールで

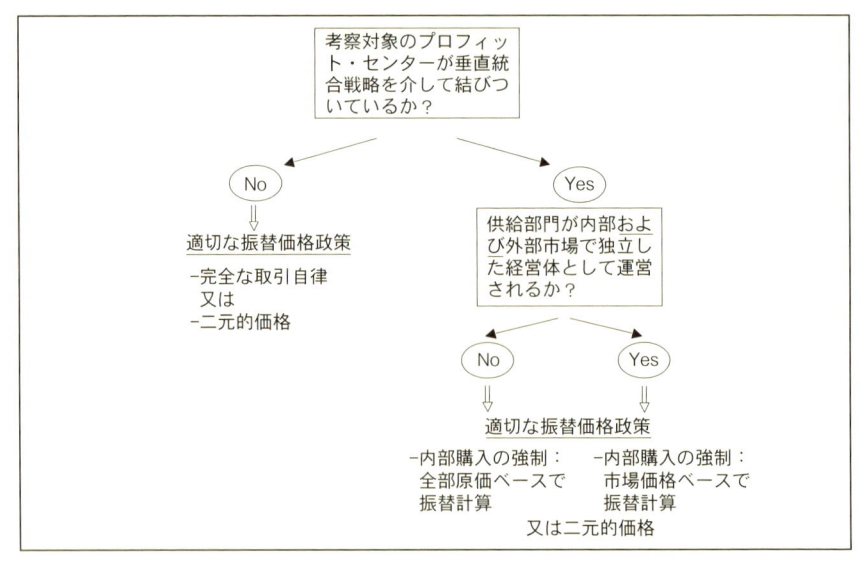

図42：振替価格と企業戦略 (Eccles [Problem], 80頁 に依拠)

きるか？　それとも，当該戦略によって決められた限界を遵守していれば，取引当事者らに大幅な意思決定の自由や行動の自由を与えることができるか？
- どの部門，またはどの部門の誰を振替価格問題の解決に含めるか？
- どの情報（原価，その他の内部取引または外部取引からの比較情報）を，振替価格の確定のために考慮するか？
- どのような時間間隔で，またはどのような事態が起きれば，現行の振替価格を精査し，場合によっては適合させていくか？
- どのような仕組みを，万一のコンフリクト解決のために投入し，またそのコンフリクトの解決の仕事を誰に託すか？

　管理上のプロセスを適切に構成することは，一般論からは不可能である。果たして特有な方法手続を講じ，組織的もしくは経済的目標値の達成が促進されていくのか，それともその達成が阻止されるのかについての言明は，いずれにしても企業内部の枠組み条件についての詳細な分析が必要である。

　たとえ，特に振替価格問題の管理上の構成要素の点から Eccles のアプローチに二三の未解決の問題があるにしても，かれのアプローチは理論的文献のなかでは特殊な地位を占めている。とりわけ Eccles は，実践的問題提起の解決のための言明内容を強く限定するような制限的仮定の採用を放棄した。その上ここに紹介した意思決定モデルは，原価を設定しなければならない状況において，なぜ理論的に正しい限界原価の採用，または 〜代りに〜 変動原価でなく，全部原価で振替えることを提案するのかが必ずしも明白ではないが，経営者のデザイン意思決定のために簡単に使えて，説得力のある方向づけのパターンを提供してくれている。結局，Eccles は，調整の観点と動機づけの観点を平等にかれのコンセプトのなかで統合し，したがって文献のなかでしばしば証明しようとする一つの次元の一面的強調の仕方を回避した。

4．振替価格の調整機能と動機づけ機能間の目標のコンフリクト

　振替価格の導入が調整効果も動機づけ効果も発揮すべきだとすれば，特別な障害が発生する。その状況は，統一的な振替価格の確定が原則として同時に両

方の目標設定に対処することはできないという点で，問題ありと判断されるべきである。調整意思決定にとってまず第一に重要なものは原価である。つまり，振替価格が供給側の限界原価を手本にすれば，業務のインソーシングによって得られるかも知れないコスト競争力を，購入側がその意思決定に際し直接考慮することができるからである。プラスのインセンティブ効果は特に市場価格を経由して達成される。供給側が内部の顧客にだけ売っている限り，独自の利益を証明する可能性は供給側には与えられないであろう。

　この関連を，某エンジン製作工場を例にとり明らかにしてみたい。この工場は，二つの製造部門をもち，一つが，エンジン用鋳造部品を製造する専有の鋳造工場であり，もう一つが，外部市場向けの特定エンジンを製作する際に，上記の鋳造部品を使いエンジンを組み立てる工場である。この例の場合，鋳造工場でインセンティブ効果をあげるために給付の内部取引が市場価格に基づいて振替計算することと，〜外部市場での一定割合の売買は考慮しないで〜 部門間で供給と購入の強制が行なわれることを起点にする。したがって，外部からの注文の応諾に関する意思決定については，組み立て工場は市場価格を基礎にして鋳造工場からの製品供給の原価計算をする筈である。しかしもし，鋳造品の市場価格が鋳造工場の限界原価を上回れば，場合によっては企業全体の視点に立って問題のある工場レベルの部門意思決定がなされるであろう。エンジン組み立て工場は，企業利潤を高める顧客オーダーを拒否するかも知れない。なぜなら，その工場の貢献利益がマイナスになるからである。調整の視点から内部納入を限界原価で‘正しく’振替計算することが，企業目標に一致する部門意思決定を保障すると思われるが，その振替は，高い確率で特に製品供給側の部門（鋳造工場）に多くの動機づけ問題を発生させる。

　調整目標と動機づけ目標の潜在的コンフリクトのなかに，すべての振替価格制のディレンマがある。このコンフリクトを解消するか，または少なくともそれを弱めるためには以下の二つの方法が使える。

- 二元振替価格制を導入する。前掲の例に関して云えばこれは次のことを意味する。すなわち供給側の鋳造工場に対しては，振替価格が市場価格ベースで決められる。購入側の組み立て工場に対しては，購入価格で製品納入が損益計算に入る。この仕方では鋳造工場がさらにある種の市場

圧力に晒される。というのは，外部の部品供給業者との比較の可能性が残されるからである。一方，組み立て工場に対しては調整要件に見合った内部納入の評価が行なわれる。例えば，組み立て工場に対して適用される振替価格が，限界原価もしくは，〜簡単化の理由から〜 鋳造工場の変動原価に見合うものであれば，組み立て工場のマネージャーは最終製品'エンジン'の価格の現実的な下限を見積ることができる。組み立て工場が購入する前工程製品，'鋳造品'の数量を自ら決定できるという前提のもとで，企業全体の視点から効率的であると判断される部門活動の分権的調整が行なわれる。

- 調整意思決定を既存の結合効果を背景に完全に振替価格制から切り離し，振替価格を，もっぱら動機づけ根拠から導入する。調整意思決定はこのケースでは（本社の）計画策定活動に委ねられ，そして上位単位が利用する[42]情報に基づいて調整意思決定を下さなければならない。二元振替価格制との違いは，購入された鋳造品が組み立て工場の部門別損益計算のなかで市場価格によって定められ，オーダーを受けるか否かの意思決定が組み立て工場から奪われる点である。本社の調整メカニズムの緩慢さは別にして，この選択肢の場合，つねにプロフィット・センター思考の移転が妨害される危険がある[43]。

注
1) Frese [Marktdruck]; Frese [Center]; Köhler [Beiträge] 258 頁および次頁以下; Poensgen [Profit]; Schweitzer [Profit]; Vancil [Decentralization]; Welge [Profit]; Wolf [Erfahrungen] などを参照。
2) Chandler [Hand] 74 頁 ; Frese [Organisationstheorie] 9 頁を参照。
3) Bruckschen [Verrechnungspreise] 232 頁を参照，König [Vertriebssystem] に依拠する。
4) Frese [Organisationstheorie] 54 頁を参照。
5) これに関する詳細は Frese [Organisationstheorie] 54 頁を参照。
6) 企業規模如何によって求められる調整要求の次元は，ゼネラルモーターズ社の場合，1924 年に 125,000 名の従業員が従事していたことをもって判断できる。Mott [Organizing] 523 頁および次頁以下を参照。
7) Brown [Control] 10 頁以下。
8) この調査は，Droege & Comp. 社（企業コンサルティング業，Düsseldorf）が 1993 年，ドイツ，北米および日本企業において行なったものである。またこの調査については，ケルン大学の Organisationsseminar（組織研究室）が学問的に支援した。
9) 本書 196-197 頁を参照。
10) この関連については例えば，Wolf [Erfahrungen] 34 頁および次頁以下の経験的調査結果を

参照。
11) 本書の 159 頁および次頁以下を参照。
12) これについては，Vroom の動機づけモデルに関する詳述（本書の 155 頁および次頁以下）を参照。
13) 外部統制と専門家投入との関係については，二つの補足的コメントをつけ加えた。まず，企業の内・外部の専門家達の場合しばしば意思決定準備活動の権限を持つだけである。つまりかれらは，もっぱら諮問的機能だけを引き受けているに過ぎない。これに関しては，Theuvsen [Beratung] 特に 50 頁をも参照。このことは結果として，かれらは，たしかに誤った方向への進展を発見できる状態にはあるが，独自に修正措置をとるために必要な意思決定自律性が行使できないという事態を生む。その限りでは専門家達は，コントロールの文脈のなかでは支援機能しか持ち得ない。いま一つは，専門家の意見を聞くということは第三者コントロールの分野にのみ限られてはいないという点である。当事者コントロールのシステムのなかにも，プロフィット・センター管理層の情報処理能力を高める目的で専門家を入れることができる。
14) プロフィット・センター・コンセプトの具体化のための会計制度の相対的役割については Schweitzer [Profit] を参照。
15) 概略については Frese [Profit] 2163 段および次段以下を参照。プロフィット・センター組織との関連で重要な会計技術的観点からのより詳細な分析は Wolf [Erfahrungen] の論稿に見られる。
16) Brown [Control] 3 頁。
17) 異なる顧客グループ別に事業部を構成すれば，たしかに記述した諸条件は満たされるが，全企業レベルにおける有意義なデザインの選択肢としては事実上，何の役割も果たさない。
18) '最適' 集中（分散）度の問題を取り扱った代表的な論文として Beuermann [Zentralisation] 特に 2617 段および次段以降，ならびに Hungenberg [Zentralisation] 122 頁および次頁以降を参照。
19) これに関しては，Swieringa / Waterhouse [Views] を参照。
20) 事業部を越えた給付の交換は，個々の部門で生産する製品が異質であればあるほど，少なくなるという点から出発すべきである。
21) 代表的なものとして Schmalenbach [Verrechnungspreise] 169 頁以下，Riebel / Paudtke / Zscherlich [Verrechnungspreise] 28 頁以下ならびに Bruckschen [Verrechnungspreise] 85 頁および次頁以下を参照。
22) Kloock [Verrechnungspreise] 2555 段および Coenenberg [Kostenrechnung] 523 頁および次頁以下。Ewert / Wagenhofer [Unternehmensrechnung] 561 頁および次頁以下ならびに Laux / Liermann [Grundlagen] 371 頁および次頁以下を参照。
23) これについては本書 201 頁以下を参照。
24) 振替価格の調整機能と動機づけ機能の区別およびその都度の適用条件と限界に関する論議は，あらゆる振替価格に関する文献を貫く重要テーマである。すでに早い時期にこの区別が Eugen Schmalenbach によって行なわれており，かれは先駆者として企業内コントロール問題の解決のために市場原理が使える可能性について体系的に論じている。および Frese [Ausgleichsgesetz] の Schmalenbach 論稿の評価を参照。
25) Hirshleifer [Firm] および Hirshleifer [Pricing] を参照。
26) リニア・プログラミング・アプローチは，この方法に対する考えられる一つの選択肢である。要約したものとして Bruckschen [Verrechnungspreise] 151 頁および次頁以下を参照。相応のモデルについては以下では考慮していない。
27) これらの仮定は，振替価格決定の多くの他の '微視的経済' モデルについても妥当性を持つ。Hirshleifer モデルのその後の発展の重要な共通点は，個々の仮定を柔軟に捉え，かつこの仕方で

現実的意思決定状況に近づけていくことに関心を示した点である。
28) 以下の叙述は，Frese / Glaser［Spartenorganisation］115 頁の詳述に基づいている。
29) 部門 B の諸活動を通じて発生する費用だけを考察するということは注目される。これに反して原材料に対して支払われる価格は，企業全体の目標関数の手掛かりにはならない。なぜなら，その価格は一つの内部計算値の機能しか果たさないからである。
30) 仮定（前提 4）によれば，両方の給付段階の産出量は等しい。
31) 形式的演繹については Frese［Organisationstheorie］234 頁および次頁以下を参照。
32) Eccles［Transfer］15 頁を参照。振替価格の決定のための，さまざまな方法の普及度に関して行なわれた経験的研究もこの結論を認めている。例えば Vancil［Decentralization］特に 180 頁の図 B-9 および Drumm［Stand］96 頁を参照。
33) この点については Frese［Organisationstheorie］240, 244 頁をも参照。
34) 最適決定および満足決定の意味内容については基本的に March / Simon［Organizations］を参照。
35) 効率の視点から最適な振替価格を決める影響の諸量としては，中間製品に対する外部市場の存在および特徴，ならびに最終製品市場の特徴が分析に入ってくる。その際，特に外部市場の完全性（不完全性）が区別基準になる。
36) Eccles［Transfer］, Eccles［Price］ならびに Eccles［Agency］を参照。
37) 北米製造業における 13 のさまざまな業種の振替価格の実施方法が研究対象になっている。概要については Eccles［Transfer］78 頁を参照。
38) Eccles［Transfer］11 頁および本書 203 頁および次頁以下。Eccles は，振替価格制の調整目標と動機づけ目標の関連問題を集中的に論じている。これら両者の次元間の潜在的目標の不一致および不一致解決の方法が次章の考察対象である。
39) この点については，本書の 212 頁の，振替価格の調整機能と動機づけ機能間の目標の不一致の解消を考慮した二重価格の利用についての詳述をも参照。
40) その他の論述を見ると 〜*Eccles* の論拠とは異なるが〜 原価や市場価格が，果たして振替価格決定の適切な基礎になるかどうかという問題が，調整目標もしくは動機づけ目標の追求に求められる，と云っている。原価に還元して意味があるのは，調整効果を狙う場合である。したがって動機づけ効果の達成が重視される場合は，市場価格が設定されなければならない。
41) Eccles［Transfer］10 頁を参照。
42) そのような進め方の限界については本書の 196-197 頁を参照。
43) これについては本書の 211 頁をも参照。

IV. 内部市場の現象形態

　外部市場と比較しながら，実在的内部市場と擬制的内部市場の特殊性を明らかにし，かつそれらの内部市場がそれぞれ利用されるときの重点と限界を示すことが，以下の考察の対象である。
　外部市場と内部市場の主な違いは，取引当事者が雇用契約や定款などを通じて 〜少なくとも潜在的に〜 かれらの意思決定の自由や行動の自由が制限されているかどうかの問題に還元される。労働法上また会社法上の影響（供給者Aから需要者Nへ，NからAへ，あるいは組織の上位単位からAおよびNへの影響）が及ばない限り，AおよびNが独自に給付交換（つまり取引）の成立や方式について意思決定ができる場合，その意思決定に従って外部市場において取引が行なわれる。これに対してAおよびBの意思決定自律性が，労働法上および会社法上の義務づけにより階層上位の単位の計画諸活動を通じて制限される場合，取引は（企業）内部市場を通じて進められる。この言明は，実在的内部市場と擬制的内部市場の両方に対して同じように当てはまる。
　実在の市場と擬制の市場をより広範囲に特徴づけるためには，取引相手の自由な選択の可能性，利用できる取引の多様性および'市場の取引相手'に経営資源の使用権を与えるなどが考慮される。

a. 実在的内部市場

　実在的内部市場は，既述の市場諸要素に依拠し次のように特徴づけることができる。
　1．取引相手
　　実在的内部市場の供給者側と需要者側は一つの企業の二つの単位であり，それらは外部市場における参加者と異なり，かれらが取引相手の選択をするときは一定の制約を受ける。定義によれば両サイドにとって，このことが他

方のサイドの目標達成の結果に結びつく限り[1]，外部の取引相手を選択する可能性はない。場合によっては内部の取引相手についての自由な選択可能性が残されている。

２．取引の範囲

実在的内部市場では，外部市場と異なり，ふつう取引範囲を十分に検討して交渉の対象にすることはない。製品・サービスの特徴および条件は，ある程度まで初めから階層上の計画策定を通じて決められている[2]。しかし実在的内部市場では，とりわけ価格や数量の点からつねに，貨幣的取引成果を目指して満たしていく何らかの裁量余地が残されている。

３．経営資源権限

外部市場におけると同様，取引相手は実在的内部市場において経営資源権限を持つ。つまり取引相手は，取引に関連する経営資源の投入について意思決定権限を行使する。行った取引が，内部の売手と買手の経営資源状況に対してどのような影響を及ぼすかは，本質的に，企業内部においてどのような資源配分メカニズムが採用されるかに依存している。企業の実務においては極めてさまざまに異なるモデルが使われる。したがって単純化の理由から，予算化の方法とプロフィット・センター・コンセプトを使い，比較的高い普及度を持つ二つの配分システムを細かく考察してみよう。

実在的内部市場の取引は，取引相手に対して自由に使える予算があらかじめ決められていて，或る製品・サービスの使用が将来の取引に使われる予算の削減に役立つ場合は，予算に対して有効に働く。例えば本社の'市場調査'部門のサービスを或る事業部が求めることは，当該サービス価格と予算額の相互作用によって影響を受ける。すべての内部調達は，経営資源が異なるため支出を区別しない'全体予算'が確定される場合に，もしかするとさらに外部市場について調達部門の裁量余地を制限する。

しかし経営資源権限は，貨幣的予算が導入されなくても存在し得る。このような ～内部市場の移転に典型的に見られる～ ケースでは，取引相手は，古典的な原価・損益計算に基づいてプロフィット・センターとして取引成果を目指して行動する。購入に関するすべての意思決定は，プロフィット・センター・マネージャーが少なくとも中・長期的に原価を上回る収益の剰余を生まなけれ

ばならないという限りにおいて，かれの原価状況に影響を及ぼす。もっとも実在的内部市場のコントロール効果はこの場合，達成利益が後続期間においても当該部門のなかに残るかどうか，あるいはまた企業内で会計期間ごとに使える資金の（本社での）再分配が行なわれるかどうかに強く左右される。

　実在的内部市場の導入可能性を評価し，その実際の現象形態を理解するためには，二つの基本的意思決定状況を区別すること，つまり生産能力の変化と所与の生産能力の効率的使用とを区別することが望ましい。

　実在的内部市場は，一方では生産能力の変化，つまりその拡大もしくは縮小のコントロールのために作られるかも知れない。したがって例えば，製造部門の新たな生産能力拡大のための設備資金の需要は内部価格を経由してコントロールされる。もっとも経営の実践における投資決定の流れに関する研究は[3]，投資意図に関する意思決定が必ずしも内部市場を経由して調整されるわけではない[4]という結論を容易に抱かせる。投資の意思決定と投資の引き揚げの意思決定は，むしろ（しばしば）経費のかかる計画計算を前提にする。

　投資の意思決定に対する実在的内部市場の意義の評価が，生産能力の拡大を巡る国際企業のさまざまな生産拠点間の競争に関する現実的示唆を含めて，疑問視されるかも知れない。

　事実，例えば自動車工業では投資決定と投資の引き上げ決定がしばしば，希少経営資源を巡る企業内競争の結果として紹介される。確かに個々の生産拠点は通例，拠点の多くが投資資金の割り当てを受けるために苦労し，企業内の意思形成に影響を与えようとする意味でお互いに張り合っている。

　しかし云うまでもなく，そのような（特に自動車工業に見られるグローバルな生産ネットワークにおける）複合的意思決定を内部市場のメカニズムにだけ委ねることはできない。むしろ，有利な投資条件を作るために政治権力に圧力をかけるとか，あるいは生産拠点に広範囲な経済的・社会的結果をもたらすような企業の意思決定をより一層確信をもって主張できるようにするために，ここで内部市場の考え方を用いることは或る程度肯定できる。しかし組織的観点から見ると，部門関連の生産能力の変動をコントロールするために内部市場を利用することは，実用的な有意性は極めて低い。

　これを背景とすれば所与の生産能力を効率よく使い切ることにより，実在的

内部市場の投入の重点がどこにあるかが分かる。潜在性を効率よく十分に使い切るかどうかは，内部市場の売り手と買い手の行動に依存する。したがって内部市場を経由する経営資源投入のコントロールは，当該の取引範囲が例えば給付取引量など重要なパラメーターが未確定であり，かつ，その確定が取引相手（通例は買い手）の意思決定に依存する場合は，つねにそのコントロールが，計画策定のための何らかの現実的なデザインの代案を意味する。このことはとりわけ高い'適応性'をもつ給付に有効であるが，特記すべきデザイン余地を持たない計画策定を通じ大幅に固定された投入-産出関係には有効ではない。ここでは必要量に関し自由裁量余地が有るような需要状況を'適応的'[5]という。さらに効用の評価が困難であるために，例えば意思決定支援のための内部のコンサルティング・サービスや情報提供サービス等のサービスがこれに含まれる。適応的な需要のケースでは，内部の市場メカニズムを通じて特に需要行動のなかにより多く経済的要素を持ち込むことができる。買い手側は内部で提供されるサービスを，この仕方で責任をもって使用することが期待される。すなわち，サービスの利用は費用-便益計算を前提にして行なわれる[6]。

給付能力のある内部市場メカニズムを定着させることが困難であることは分かる。その際最も重要な解決すべき一つの問題は，われわれが内部価格を或る程度まで任意に決定することにより内部の経営資源潜在性をいかに戦略的意図のもとで利用するかという点である。価格が高すぎると企業内の需要側部門の給付能力を犠牲にし，企業の視点から見て有意義な企業内給付の利用が断念されるかも知れない。さらに当該事業部は内部市場を設けることにより，現有の潜在力の利用や考えられる競争の利点を活用できなくなる。したがって一見もっともらしく思われ，かつ実際に普及している外部市場価格に関する考え方に問題がないわけではない。このケースでは内部の買手が内部サービスを利用する際，外部市場で調達しなければならない競争相手と価格の点で同等に扱われる。つまり内部の買手はかれらの潜在的競争優位が，より有利な内部調達の可能性に基づく限り，かれらの競争優位を十分に利用することはできない。そのような機能障害作用の例をさらに挙げることはできるが，実在的内部市場の限界は明白である。結局，マネジメントは生産能力の判断に当たり堅実な所要量見積もりをせざるを得ない。

資源配分効率に対するこのような制限的コメントは，内部の生産能力を適合させるための言明力を持つコントロール指標を生み出す内部市場の能力に対して鏡像のように有効である。既存の基礎構造を吟味すると，枠組み条件が変わることにより，操業中止や当該部分機能の外部市場への移転という結果を伴う投資の引き揚げが起るかも知れない。果たして内部市場から発信されるシグナルが，とりわけ部門業績や生産能力のフル稼働の推移がマネジメントにとり'例外管理'の原則に従って修正介入のための引き金になり得るかどうかという問題が発生する。しかし上述の諸指標から，われわれは或る程度の言明力があることを否定することはできないであろう[7]。それらの数値を著しく変更する場合，生産能力の拡大に基づく所要量の見積もりや効率の仮定を精査することも納得できるように思われる。しかしながら，内部市場の配分機能の説明が不十分な場合，コントロールに際し指標の推移にのみ頼ることは一つの疑わしい原則ではなかろうか。

b. 擬制的内部市場

擬制的内部市場は，以下にあげる三つの要素の点から実在的内部市場に比べさらに大きく外部市場から遠ざかっていく。

1．取引相手

取引相手の自由な選択の可能性には，買手側部門にも売手側部門にも極めて細かい制限が加えられる。この点で，擬制的内部市場の状況は実在的内部市場の状況とは異なるが，程度の差に過ぎない。

2．取引範囲

自由に処理できる交換財の給付の特徴と条件の範囲は，〜実在的内部市場のケースに比べると〜 事業部門に対しさらに強く制限されている。もし，市場の擬制を作ることが組織的デザイン措置の目標なら，'貨幣的取引成果'の基準を遵守しながら利用できるかもしれない処理の裁量余地などは存在しない。残された裁量余地は本社部門において，しかし通常は現場で進められる計画策定プロセスを通じて調整される。この理由から，固定的な投入－産出関係を通じて特徴づけられる需要状況が存在する場合には，擬制的内部市

3．経営資源権限

擬制的内部市場においては，取引相手に対する資源投入に関するいかなる種類の意思決定余地も存在しない。

市場諸要素の特徴から，擬制的内部市場では顧客－納入業者間関係のシミュレーションだけが行われ，もっぱら動機づけ効果だけが追求されることが説明される。調整業務およびコントロール業務は市場メカニズムに委ねられず，むしろそれらは計画策定活動の対象になる。

追求される経営哲学や具体的な企業状況のいかんにより，擬制的内部市場が目指す動機づけ効果は変化する。擬制的内部市場は，一方では，それが部門管理者に自律性の幻想を持たせるために導入され，他方では，経営者が下層の諸部門で効率良い資源投入が行われるように圧力をかけることを意図して導入される。前者のケースは，管理部門が企業内で提供するサービスが市場価格で清算され，そしてその方法で独自の部門成果の報告が可能な場合，例えば企業者行動の積極性を期待する。市場圧力の行使は，販売市場へのアクセス機会の無い，したがって外部の同業者と直接競争する機会の無い職能別組織の生産部門の事例で明らかにすることができる。内部で発生しない管理費や販売費を差し引き，市場価格で生産実績を評価し，当該生産を競争相手の給付水準と比較してみる。外部の競争相手の給付能力を，当該企業部門における考えられる帰結に関連づけて具体的に説明すれば，事情によっては効率引き上げの強いインセンティブとして作用する。現実の市場価格を知るために，一定割合の中間製品を外部市場において追加購入することも意味がある。

擬制的内部市場の機能力を判断する場合，以下の二つの問題に答えることが重要である。

- 市場の擬制を通じて産み出された貨幣的取引成果が，製品納入関係を通じて結びつく部門に対して，どのような動機づけ効果を発揮し得るか？
- 判断目的に使われる成果数値の擬制的性格が，当該の組織単位に対して隠蔽できるということに，動機づけ効果がどの程度左右されるか？

上述の両方の設問に答えるためには，特に市場メカニズムと結びつけられる経営者によって構想されるインセンティブ・システムの諸原則が重要であるよ

うに思われる。実務で採用されているどのインセンティブ・コンセプトも問題を抱えている。擬制的内部市場の機能力を判断するに当たっては，とりわけ以下の三つの事項について，より詳細に分析してみなければならない。
- 市場の給付圧力の偏り，
- コントロール指標の選択度ならびに
- 市場擬制の潜在的分かり易さ。

市場圧力の偏り

　理想的ケースでは，企業内給付の供給者にとっても需要者にとっても，市場原理に立ち戻ることがプラスの動機づけ効果を当然発揮する筈である。しかし，擬制的内部市場の導入範囲とその内部市場の作用の仕方に基づき，貨幣的取引成果以上のものを，まず供給者側の取引相手に給付圧力が加えられる。主として内部的給付の場合，供給者の全収益要素が振替価格以上に決められる。供給者の原価が設定された内部価格を通じて回収されない場合，この赤字は直接，当該部門の収益に表れる。需要者側の場合，〜供給者が造る製品に関して云えば〜 内部購入給付価格は普通，多くの要素のなかの一つの費用発生要素でしかない。したがって，動機づけの観点から設定される振替価格は，供給者側の当面の給付赤字を補償するものではない。そこで以下の点が主張できるであろう。つまり供給者はむしろ需要者よりも目立っている。したがって，擬制的内部市場の給付圧力には，紛れもなく或る種の偏りがある。

コントロール指標の選択度

　給付関係が強く硬直しているような状況下では，しばしば擬制的内部市場が導入される。このような状況下では，もっぱら取引範囲の一部分だけが市場の商談の対象になる。つまり取引の特徴が，大部分マネジメントによる川上の計画策定の結果に影響される。このことは顧客の需要や，給付の特徴および条件に対する顧客の要求が，事情によっては供給者側の方で極めて限定的にしか考慮されないという結果を生む。擬制的内部市場を通じて産み出されるコントロールの指標や問題の指標は，極端に選択的である。それらの指標はもっぱら価格構成要素に関連づけられ，したがって，まず第一にその指標には供給者の

原価行動が含まれる。供給者側の給付水準に関するその他の有益な情報は，マネジメントが発議した追加措置を経由してのみ得ることができる。これには，特に内部で調達できる給付に対する顧客の満足度調査，市場圧力を強めるための外部の供給者（および需要者）に対する内部市場の限定的開放や，専門家の判断を参考意見として求める[8]ことなどが含まれる。それと関連し擬制的内部市場では，外部コントロール要素が市場コントロール要素と同様に大きな比重を持つ。

市場擬制の潜在的分かり易さ

プラスの動機づけ効果を達成するために，擬制的内部市場が導入される際の根本問題は，すべての擬制がそのようなものとして認識され，したがってその擬制の有効性を失う危険を冒すという事態にその根拠がある。とりわけ実在市場の存在に特徴的な基本的特性が存在しないことが，すべての市場参加者に簡単に分かるかも知れないから，実在市場の存在を，より長期間に亘り，よそおうことは擬制的内部市場の関心事ではない。動機づけの有効性にとって重要なことは，貨幣的取引成果に基づき生み出された誘因目的の問題指標を使うことである。貨幣的成果数値が取引相手の実際の給付行動について説明し，マネジメントが直接，目標に沿った適切な行動をとる場合にのみ，プロフィット・センター・レベルにおける動機づけ強化が期待される。拡散的内部市場圧力を単に作り出すとか，当該部門にとって結果の判断ができないような会計書式を実用化しても，より長期的に見て成果の見通しには結びつかない。特にこの点で，企業内部で市場の'見えざる手'を，マネジメントの'見える手'によって補なっていく必要があることが明白である。

注
1) このことは，内部の過剰生産能力を企業外の需要者に売り，また，供給者側で生産能力制限が行なわれている場合は，需要者側の追加需要は外部市場で満たすことを意味する。
2) 論拠づけについては本書の 199 頁を参照。
3) 特に Bower の古典的研究 [Managing] を参照。
4) もっとも理論においては，企業における経営資源の対市場配分のために引用されるモデルがますます多く議論されている。この意味で説明されるさまざまなコンセプトに関する一つの概観を [Gomer /Schmidt / Weinhardt [Synergie] が呈示している。
5) 具象性の概念について Alchian / Woodward [Firm] 69 頁を参照。

6) これについては，Laux / Liermann [Grundlagen] 406 頁の振替価格の機能分析をも参照。
7) この点については本書の 209 頁を参照。
8) この点に関しては，その他の'ソフト'要因について貨幣的成果指標をもって補足することに賛成した *Eccles* [Manifesto] の意見表明をも参照。

D. 目標に一致した組織デザイン

　企業の組織構造を根本的に変えることは決して稀ではない。ほぼどの企業も時としてこの種の変更の必要性に直面していることに気づく。このような構造変革が，広範囲なさまざまな経済的影響を及ぼすことを考慮に入れるとき，この種の構造上の意思決定をどのような基準に従って下すべきか，そしてまた，組織構造の効率に関する言明を組織理論の認識に依拠しながら，学問的にどの程度まで基礎づけられるかが問われるのである。

　実務がその構造決定の際どのような基準に従うかという問題を検討してみると，明らかにその時々の支配的マネジメント論やマネジメント教育から影響を受けていることが分かる。その時々のマネジメント論の最新の言明が，果たしてまたどのように企業の構造上の諸措置に影響を与えているかについて，われわれの知る限りでは，いまのところまだその全貌は分からない。恐らくアメリカのほうが，ドイツ語圏におけるよりも最新のマネジメント論が及ぼす影響は大きいと思われる。マネジメント論が何らかの影響を及ぼし得ることは歴史的に裏付けられている。例えば *Irénée Du Pont* は，当時のマネジメント論のなかで強調されていた専門化思考の重要性を指摘し，*Du Pont* 社に，事業部制組織を導入することには反対していた[1]。しかし今日では，特に"マネジメントのカリスマ的指導者"や企業コンサルタントが普及させる諸々のコンセプトが，多くの企業のなかで大きな反響を呼んでいると思われる[2]。

　組織構造に関して意思決定を行う場合，広く普及した一つの行動はどうやら高いパーフォマンス能力を有する組織構想を持つ企業を目指すことである[3]。その理想的機能を果した古典的事例が *Du Pont* 社および *General Motors* 社であり，これらの企業では，成長と利益の増大が根本的な組織再構築に結びついた。その他の，とりわけ経済的苦境に陥入った同業他社が，両社を成功例と見なした，両社の組織的措置を借用したことは至極当然であった。近年ではこ

の種の行動パターンが，特に日本企業の組織原則からも借用されている。

　企業経営層の人的リーダーシップ・スタイルも，企業の組織構造に対して強い影響を与えてきた。これは結局，根本的再構築がしばしば企業経営層の交代が行われた後に起っていることを見ても明らかである[4]。

　組織構造を実際にデザインする場合，従来論じられてきた行動様式や影響要因が，新たな事例の数だけ増加するということは疑う余地がない。もっとも実務における進め方についてたとえどんなに信頼できる経験的所見であっても，結局，'正しい'組織的意思決定問題に答えることはできないと思われる。組織理論的文献も今までに結論的な答を出していない。

I. 意思決定問題としての組織的デザイン

a. 組織的デザインと不完全情報量

　歴史的に組織的な意思決定を考察してみると，組織的デザインのための諸基準に関し，当初提起された問題が必ずしも簡単には答えられていないことが分かる。理論的に基礎づけられたデザイン・コンセプトに依拠することなく，提起された問題に取り組んでもあまり期待はできない。

　組織的デザインをフォーマルに構造化する場合，代替的な組織構造措置間の選択が，企業における他の意思決定と異なるわけではない。組織的デザインの行為は，以下の四つの構成要素によって記述される意思決定である[5]。

- 開始状況

　　組織的デザイン用具を変化する状況に投入することにより，変革しようとする所与の状況（意思決定の場）は，経営資源の保有状況により，また支配的環境諸条件により，そしてまた，～組織再構築の現実的ケースでは～ 既存の組織的諸規定の体系を通じて規定される。

- 組織的デザイン用具

　　組織的デザインの選択肢つまり意思決定変数には，調整および動機づけの諸措置が含まれる。調整措置は，権限配分やコミュニケーション関係の規定を通じ，従業員の個人行動に対する職務の枠組を作る。動機づけ措置は，インセンティブを引き出し，変換メカニズムの導入により（企業目標との一体化を通じ，暗黙の行動コントロールを行ない）個人行動を上位の企業目標へ方向づける。調整と動機づけ措置をその都度組み合わせたものが一つの組織構造を表す。

- 行動の効果と行為の結果

　　組織構造は，個人行動に影響を及ぼす（コントロールの）ための諸規定である。それゆえ組織的デザインは，個人行動（例えば，能率向上努力の

強度）を変えることによってその効果の形で把握することができるし，個人行動の経済的次元は一定の行為結果を通じて示すことができる（例えば，売上高増大）。
- デザイン目標

  一つの組織構造に分類できる行為結果は，企業目標もしくはその目標の束[6]に従って評価される。企業目標達成のために最大貢献ができるようなデザイン選択肢が採用される。

以下の前提が満たされるとき，それが完全であればあるほど，或る開始状況を，追求目標に相応しい状況に変換することがより旨くできる。
- 目標観の明確さ

  この前提をもって，先ず一つの情報問題が定式化される。つまり，行為者は組織デザイン目標によって定義された優先構造を知らねばならない（理解していたに違いない）。その上行為者は，個別目標間のコンフリクト，とりわけ市場効率と社会効率間のコンフリクトのウエイトづけによって解決できる能力や意欲を持たねばならない。
- 利用可能な組織的用具とその用具投入の条件に関する知識

  この前提は結局，行為者が開始状況の構造を知らねばならないことを意味する。所与の経営資源現有状態と支配的な環境条件から，可能な組織構造が導き出せる。
- 選択的組織構造の目標関連作用に関する知識

  行為者は，その都度，考察対象になる組織構造が企業目標実現にどのような影響を及ぼすかを知らねばならない。その知識は先ず，組織構造の行動作用に関する予測の経験的問題に関連する。さらに，その知識は企業目標達成に必要な行為成果を生み出す個人行動の特徴にも関連する。
- デザイン・プロセスに精通するための知識

  この知識が，組織的に重要な開始状況を，目指す組織構造へ変換するプロセスを成功裡に処理するための情報提供基礎を作る。

厳密に云えば，現実にはこれらの前提のうちのどれ一つとして完全に説得力ある組織デザインのための前提にはなっていない。現在の組織理論は，個人行動や社会活動の説明・予測の点で，ようやく緒についたばかりである。経験的

に裏づけられた行動関連的システム・デザインの理論は存在しない。つまり，大部分の理論的文献ではデザイン問題がテーマにすらなっていない。問題状況の理解が多義的であり，かつデザイン知識が足りないことが，自由裁量余地を生み，極端なケースでは，一つの組織構造を決める際にも恣意性が働いている。しかし，組織構造の学問的根拠づけに際し当然の制約は別として，組織的措置の導入について意思決定する実践的必要性はある。社会的諸システムは極めて複合的であり，かつ深く物を考える経営者が行動する場合，極端にそれを単純化するという認識は，そのような経営者にとって目新しくはない。しかし，経営者にとって困難なことは，組織デザインという仕事の難しさに対する一般的感覚を養うことによる効果は別として，多様な説明の仕方が何ら行為誘導的な機能を果たしていないという点である。かれにとっての問題は，まず第一に社会諸システムが複合的でかつそれらの構造やプロセスが極めて理解し難いことを認識することにあるのではなく，むしろ情報量が限られているにもかかわらず，目標指向的に如何にこの問題が取り扱えるかを認識することにある。

　すべての応用志向的組織理論は，この問題の解決に取り組まなければならない[7]。一体，企業経営者は組織的意思決定に当たり，何を目指せば思慮深いと云えるのか？　組織理論の現状に関する論議が示しているように[8]，その解決は，組織デザインの哲学に立ち戻ることにおいてのみ可能であり，確かに組織デザインの発見的方法の諸原則は問題解決に当たる人々の主観的判断により欠落した部分が埋められるが，しかしその部分は何らかの学問的分析を利用している。

　図43に示した組織的デザイン・モデルの基本構造を見ると，基礎とすべき目標構造，考慮すべきデザイン諸用具およびそれらの諸用具に沿った行動作用に関する単純化された仮定無しでは，応用志向的デザイン構想は生まれてこない。経営的組織デザイン問題の解決を対象にしたどの組織理論も，この問題性を取り上げ，その都度採用された仮定は強くその問題性の性格を特徴づけている。

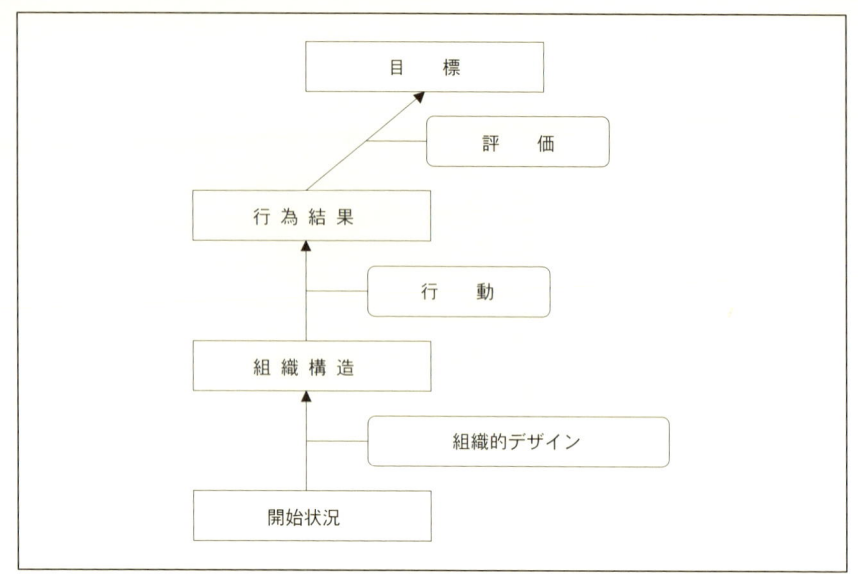

```
           目　　標
              ↑
           ┌──────┐
           │ 評　価 │
           └──────┘
    ┌──────┐
    │ 行為結果 │
    └──────┘
        ↑
       ┌──────┐
       │ 行　動 │
       └──────┘
    ┌──────┐
    │ 組織構造 │
    └──────┘
        ↑
         ┌────────┐
         │ 組織的デザイン │
         └────────┘
    ┌──────┐
    │ 開始状況 │
    └──────┘
```

図 43：組織的デザイン・モデルの基本構造

b. 調整規定的デザインの発見的方法

　考察対象のデザイン問題の複合性に直面すると，組織的デザイン問題の実践的解決に当たり援用される多様な発見的方法の諸原則を把握することは不可能である。確かに一般的原則として組織的デザインのためにも，基本的に援用できるが，問題を取り扱う行為者の能力の限界から現実には容認できない経費の観点が単純化されて説明されることが確認できる。この事態は，デザインの変数や変数間にある諸関係を無視（'省略'）することにより，あるいはまた寄せ集めの形式で（'大雑把に表現し'）現実を描写することから発生する。こうした進め方は，表現したデザイン・モデルのすべての構成要素，～つまりデザイン用具，目標構造，行動作用と目標作用など～ にとって重要である。もっともこれらの一般的な発見的方法だけに依拠しても，組織デザインの問題性の解決に十分アクセスできたことにはならない。

　目的にかなった複合性縮減の第一の方法は，組織の問題性を調整と動機づけ

の次元に分ける方法である。すでに[9]詳述したように，調整次元は，個人の態度特性および行動特性を大幅に抽象化しながら，企業活動の職務論理的関連に方向づけられる。これに対し個人の態度および行動の観点は，動機づけ次元によって明示的に把握できる。

職務論理的関連の分析の意義は，市場経済体制のなかで企業がその製造品目を市場から受け容れる時にのみ存続し得ることを考えれば，明白である。それゆえ成功したすべての企業は際立って市場志向的である。したがって市場的職務の成就，つまり市場の機会とリスクを認識し，かつその職務遂行の技術的克服が極めて重要な意味を持ってくる。このように市場的視点[10]を一面的に追求する規範的次元は別として，市場的職務を技術的に克服することから生じる"止むを得ない事態"に組織的デザインを優先的に方向づけることが，組織デザインの一つの発見的方法であり，またこの発見的方法は明らかに否定できなくなっており，また或る程度までは不可欠なものとされている。この事態論理的関連が持つ特別な意味は，実践的デザイン問題の解決を主眼とする経営経済的組織論のような組織理論的アプローチが，なぜ，経営上の職務連関を重視するかをも説明してくれる。そのような職務関連のデザイン・コンセプトの構造を以下で分析してみたい。ただしその際，分かり易くするために組織デザインの問題については，視点を企業経営者に当てることにする。

全ての企業経営者は二つのコア職務を遂行しなければならない。経営者はまず，市場機会を利用しそして内部の経営資源量を適切に増大させ，長期的な成功の潜在性を高め，かつそれを確保するという戦略的職務を持っている。もう一つの職務は，コントロールと統制の措置を通じて下位の事業部門の日常業務が，できるだけ目標に沿って流れるように保証する職務である。戦略的職務を引き受けるためには，自分のキャパシティは限られているのである程度は経常業務から離れる必要がある。経常業務のコントロールを見失うことなく，委譲できない戦略的マネジメントの職務にいかに集中できるか？　適切な組織構造を通じてすべての経営者の，この'危ない綱渡り'を支援することが，組織的デザインの主要な課題である[11]。

この問題の解決は，大き過ぎる'権限委譲の危険'をおかすことなく，日常業務の分野に自主性が，つまり意思決定自律性が与えられるような組織構造を

開発することに鍵がある。経営者による日常業務分野への修正的介入の必要性は，経営者が戦略的マネジメントに専念すればするほど減少できる筈である。その際の決定的組織的デザイン用具が，所与の職務関連の細分化，つまり部分部門の構築である。細分化基準を適切に選択し，部分諸部門間の関係を考慮した境界設定を行えば，上位単位からの修正介入の必要性は軽減される。

　部分部門は，その都度一つの関連単位とその階層下位にある単位によって区切られた全企業階層の一断面を示している。その都度選択される細分化，例えば部分部門を製品または市場の属性によって構成すると全く固有な相互依存構造が生まれ，したがってその都度異なった調整が求められる。調整要求を長期間持続的に減らしていくためには，相互依存を断ち切れるような細分化を行うことにより可能である。このケースは，常に一定の意思決定権を唯一の意思決定単位へ委譲する場合を指す。したがって市場の相互依存は，或る顧客群に関するあらゆる販売決定を一つの単位に委譲することにより回避できる。もっとも通例，別の性質の相互依存が，例えば事業部制組織において営業を顧客志向別に組織すると，営業と事業部間に内部的給付関係が発生する。本質的に，部分部門内部または部分部門間のプロセス相互依存，経営資源相互依存および市場相互依存の調整[12]が，どの程度行われるかは，当該の細分化とこうして根拠づけられた当該部分部門の構造によって左右される。

　厳密な意思決定論理志向的分析の場合，つまり能力適性，態度，行動様式など経験的に基礎づけられたあらゆる属性を除外すれば，調整用具の投入は，大幅にコミュニケーション経路の最適化に制限されるかも知れない。したがって組織構造というものは，さまざまに異なる単位が，割り当てられた意思決定を素早く下すほど，また重要なあらゆる情報を，より包括的に意思決定のなかに含めるほど，より高い給付能力を示すであろう。さらに能力適性と給付意欲があれば意思決定権限の定式化と，その定式化によって決められた調整上重要な情報の配分および許容されるコミュニケーション経路の確定などが，主要な組織デザインのパラメーターになるかも知れない。

　そのような制約的な意思決定論理的前提のもとで選択的な組織構造を現実に評価するすべての試みは，失敗するに違いない。要求水準の高い *Marschak*[13] のチーム理論のアプローチですら，そのような評価モデルの複合性が現実には

解決可能な事柄の枠組みから簡単にはみ出すことを説明している。含めるべき組織デザインの代案数を，引き続き減少させることなしに何等の評価を下すことはできない。この問題の複合性削減の働きをしているのが，選択的組織規定の効力に関する経験的仮定である。もし或る意思決定状況において，〜たとえいかに根拠づけられていても〜 特定の解決法が効率の点で他の解決法に優るという情報があれば，当該の意思決定問題は単純化される。

すでに強調したように，組織構造の行動効果に関する命題の根拠づけは，極めて限定的であるが経験的組織研究の成果に頼ることができる。大部分の仮定は，いずれにしろ実務において支配的な組織デザインに関する解決策からしか導き出せない。行動効果を根拠づける際の中心的意義は，何らかの部分システムに所属することが，成員の態度および行動に影響を及ぼすという命題を生む[14]。このことは，分業の結果個々の部門に対して特有な内容的・時間的視点を持つ部分目標が形成される[15]ことに起因している。従業員は，かれらの主要な職務要件に応じ，現実に対するかれらの解釈を生む一定の情報や刺激に集中する。それゆえ組織単位の境界設定が，意思決定者の知覚パターンや問題解決パターンに強く影響する[16]。部分目標の設定の仕方や問題の方向づけが，営業部門と製造部門とではそれぞれに異なることを一つの古典例が示している。すなわち，一般に営業部門では市場志向が支配的であり，かつ短期的な売上高増大のために努めるが，製造部門では製造品目の観点が支配的である。もっともその場合大抵，コスト目標を短期的に目指すことはあまり重視されない[17]。二つの組織単位の部分目標と，これら部門成員の行動・思考の型が相互に食い違うにつれ，意思決定上の相互依存があるケースでは，これらの単位間にコミュニケーションの障壁を作り，コンフリクトを発生させる可能性を高くする。

それゆえ一義的に職務論理的に構成される組織デザイン・アプローチの根本的デザイン原則は，問題となる調整ができるだけ一つの部分領域のなかで内部化されるように，企業の職務を分類し，かつ纏めていくことにその本質がある。このような仕方で，重要な意思決定については迅速，かつ問題が起こらないように処理し，経営者ができるだけ介入しなくていいようにすべきである。明らかに広く受け容れられ，そして実務で使用されているほか，二つの部分シ

ステム間よりも，むしろ一つの部分システム内におけるコミュニケーションのほうが，よりスムーズに行なわれるという仮定に関しては，特に60年代と70年代における *Lawrence* および *Lorsch* のいくつかの研究に依拠すると，或る種の経験的裏付けが取れる。所属部門の構成員であることによる同質的志向性が，コミュニケーション促進効果をもたらすという仮定を経験的に精査した試みに，これらの古典的研究の卓越した意義がある[18]。

効率的なコミュニケーションのほかに，相互依存関係にある部門をまとめることは，傾向としてその時々の相互依存状況に内在する潜在的コンフリクトの調和をも狙っている。環境の識別や解釈に当たり，部門構成員であることから生まれる共通の基準点が，一般に問題解決のパターンを同化させ，潜在的コンフリクトの解消に役立っている。さらにコンフリクト調和のための傾向があることを前提に部門内部の調整を行う場合，コンフリクトが有るケースの対立はますます弱まり，コンセンサスへの前向きな姿勢がますます高まっていく。

しかし部門を越えた相互依存は，より大きなコンフリクトの潜在性と結びついている[19]。部門間コンフリクトの精力的決着のためには，必然的により多くの時間や経営資源の投入が必要である。とは言え，建設的でオープンな取り組み[20]という単純な仮定に立てば，部門を越えたコンフリクトの決着が，意思決定の質にプラスの効果を及ぼす。対立している場合，当該意思決定問題は当事者である単位のそれぞれ異なる視点から分析され解釈される。個々の単位の取り組み段階で入ってくる特有な知識や解決案が，～その際，個々の部門は根拠をもって論証しなければならないが～ 当該の問題解決域を拡大し，すべての関与者の情報量を増大し，結局は最終的に意思決定の質の改善にもつながって行く。

もっともここで，経験的行動仮定の導入をしないで組織構造の評価を済ませることはできないという的確な確認をするためには，重要な一つの補足が必要である。相互依存関連情報は，一つの部分システムのなかで効率的に伝達されるという事実の単なる知識だけでは，あまり役に立たない。なぜなら，必ずしもすべての相互依存が一つの部分部門のなかで内部化され得るとは限らないからである。問題のある相互依存や潜在性の'識別'ができるような一つの原則が必要であるが，それらの調整には特に高い要件が課せられる。

特に批判的であるような権限関連の情報の選択がそれ相応に可能でなければならない。この選択機能がその都度，追求される戦略を引き受けなければならない。行動仮定と戦略的焦準合わせの共同作用を通じて初めて組織的デザイン・コンセプトがその発見的学習力を発揮する。コスト・リーダーシップを握ることにより，競争優位を強化しようとする企業は，経営資源の潜在性の利用に集中するので制限された市場セグメントのなかで戦略的なシェア獲得と顧客の近くにいることを目指しながら，したがってそのために市場相互依存への配慮が重要なデザイン原則[21]であるとするような企業とは異なる別の組織構造を構築して行く。

要約すると，市場成功を目指す調整関連のデザイン発見的方法は以下の四つの要素によって特徴づけられる。

1．職務関連の分析により，組織的規定に依存する様々に異なる単位間の調整要求（調整コスト）に関する言明が可能になる。
2．一定の行動仮定から出発するが，特に一つの部分領域における調整が，様々に異なる部分領域間の調整に比べ，よりスムーズに行えるという命題から出発する。
3．その都度追求される戦略に立ち戻り，戦略の実行を成功させるために特に重視される相互依存，潜在性および階層上の諸関係を識別する。
4．当該の組織デザイン・コンセプトから業務上の部分目標を演繹し，その都度追求する戦略に従ってその部分目標のウエイトづけをする。

調整志向的なデザイン発見的方法の基本構造は，技術的なプロセス関連や対人間分業の基本原則に依拠すれば比較的普遍妥当な形で記述できるが，動機づけ志向的なアド・ホック仮説の内容と比較できるような言明は成り立たない。アド・ホック仮説は，原則として重要でないという理由で除外できるような行動仮定は無いというほど強く，その時々の組織デザイン担当者の個性の影響を受ける。

実際に使われているアド・ホック仮説のなかで特定の基本構造が証明できるかどうかは一つの経験的問題である。確かに，たまたま組織や管理の実践分野に，少なくとも限られた期間，比較的同質な基本パターンを持つような行動仮定が特に注目された流行があることは疑いない。この関連では，大いに注目さ

れた Peters および Waterman[22]の著作が，80年代におけるアド・ホック仮説の一つの論文集と言える。

　際立ったこれらの流行的文献は別として，19世紀の半ばに工業的大企業が生成して以来，その都度新しい実践志向的経営管理のコンセプトが変化しながら一つの有力な根本要素になったことが指摘できる。それは，個人行動をインセンティブ・システムを通じて経営者の行動期待と一致させようとする努力である。インセンティブは，個人の欲求構造について上位の企業目標達成の意味で，行為選択肢の評価とチョイスに対して影響を及ぼそうとするものである。その際，明らかに行動に影響を及ぼすために付帯的誘因を 〜例えば金銭的有利さを与えるか（またはそれを与えない）形で，あるいは出世の機会を開いてやるか（またはその機会を猶予するか）の形で〜 特別な効果を発揮させようという考えが顕著である。

　組織上重要な大抵のインセンティブ・コンセプトにおいては，組織の諸単位および諸部門に対して成果の配分をおこなうことが重要な意味を持つ。普及した或る行動仮定によれば，計画値の結果または市場成果と，或る単位の行動との間に直接的な関連が明確になればなるほど，インセンティブ効果が持続的に達成される，ということである。この行動関連的インセンティブ・コンセプトにおいては，独自の部分領域の適切な範囲限定と，成果配分の前提を支援する重要な機能が求められている。行為成果の帰属の可能性が，個々の単位間に存在する相互依存の構造によって決定的に規定されることを考えてみれば，〜様々な部分領域間の相互依存が少なくなればなるほど，また部門が自律的であればあるほど成果の帰属は，より簡単になるから〜，前述の職務論理的なデザインの発見的方法がアド・ホック仮説への道をも開くことも当然である。

　従って以下で根拠づけるデザイン・コンセプトは，実務で重要な組織的デザインの発見的方法が強く調整規定的であるという命題に基づくものである。組織的な構造選択肢の生成と評価は，まず調整関連に依拠して行なわれる。動機づけ措置は補足的な性格を持つものであり，したがってその措置は，主として調整の考察を通じて明らかにされる構造要件を満たすために講じられるものである。

c. 下位目標による複合性の縮減

代替的な組織的デザイン措置のもとで根拠づけられる選択が可能になるのは，企業が目指し努力する目標が決まっている場合にのみ可能である。追求される目標に応じ，同じ組織構造でもさまざまな評価が行われる。現実の複合的組織構造を評価する場合，目標は二つの条件を満たさなければならない。

- 目標は，それが操作できるときにのみ代替的組織構造間の選択を可能にする。目標というものは，目標値を表すための何らかの明確な測定基準がある場合に操作可能である。
- 目標は，目標基準によって表す評価に含めるべき構造特性の数量が，重要な情報の収集や加工が可能になるように制限できるときにのみ代替的組織構造のなかで選択を可能にする。現実的な規模が問題になる場合，下位目標の導入につながる条件が，組織評価の理解のための基礎になり，それゆえその条件の詳細な検討が必要である。

評価に際し考慮すべき組織的デザイン措置が及ぼす影響は，その都度追求される目標設定を通じて規定される。つまり目標基準が説明すべき構成要件を決定する。例えば，或る組織構造が或る企業の利益に対する必然的帰結を確認しようとする場合，当該デザイン措置が原価と業績に及ぼす影響について調査しなければならない。もっともこの判断問題は現実には非常に複雑である。*Simon*[23]は，組織構造が利益に及ぼす必然的帰結について代替的組織構造を評価するという大胆な試みを，ミネソタのにわか雨がナイアガラ瀑布に及ぼす影響の調査の試みと比較している。この理由から複合性縮減のためには下位目標の導入が必要なことが判る。

ここで提示した判断の問題性を，チェス・ゲームで具体的に示すことができる[24]。判断状況の記述はチェス・ゲームで簡単にできる。所定のゲーム開始時には，相手のキングをチェックメート（詰める）するのに役立つ無数の選択肢がある。厳密に言えば，一つ一つの指し手は‘相手の投了’という最終目標を求めて判断しなければならない。しかしこの点は，幾つかのゲームの最終局面でのみ可能である。通例，一つの指し手の論理的帰結を，ゲームに勝つとい

う最終目標の達成に及ぼす影響を熟考できるほど追求していくことはできない。このような難しさがあるにも拘らず実際の行動にミスがないようにするために下位目標を採り入れて，〜例えばキングを守ることや駒のバランスを保持すること，センターを守ることによって〜 判断状況の複合性を縮減していく。それゆえ代替的指し手の選択は下位目標に向かうしかない。つまり下位目標への方向づけは，最終目標の追求に比べて判断をくだす際に考慮すべき論理的帰結が制限されるという点では，判断問題の単純化を意味する。

以上に述べたチェス・ゲームの進め方を，組織構造の効率判断に直接，転用することができる。下位目標（効率基準）の導入なしに組織構造の有利性について言明することは不可能である。図 44 は，組織構造の判断の際の下位目標の機能を示している。以上に述べた判断の問題性から，必ずしも論理的に下位目標を所与の目標から導き出せないことが分かる。もしそうでなければ，最終目標を直ぐ適用できるかどうかも分からないし，したがって下位目標に立ち戻る必要もないであろう。下位目標の根拠づけは，むしろ原則的に一つの経験的な問題である。下位目標を手本にすることが最終目標の達成にも役立つという証明は結局，経験的研究を通してしか行い得ない。

ここで関心が有る問題，つまり複合的組織構造の目標志向的評価がいかに行なわれるかという問題は，〜応用を重視しない数学的組織理論[25]を除けば〜組織理論のなかでは，あまり注目されてこなかった[26]。しかし組織理論の文

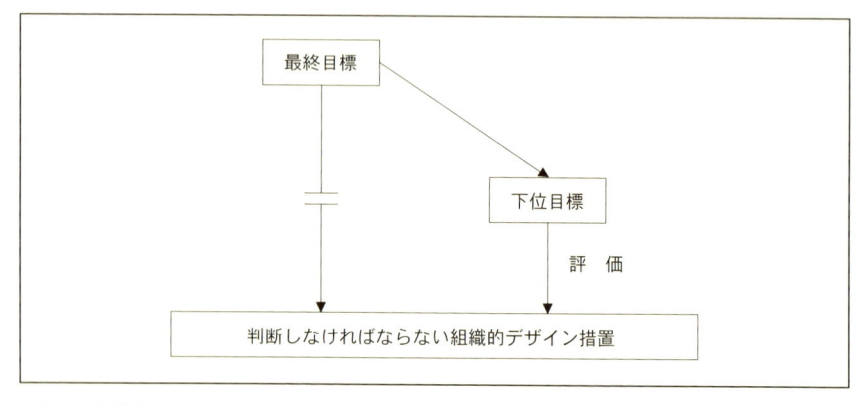

図 44：組織構造評価の際の下位目標の導入

献のなかで，この目標の問題性を比較的広く論議するという事実に直面して驚かされる。その際一般的傾向として，文献上の論議の初期の段階で支配的であった一元的目標観が多元的解釈に置き換えられている点が観察される。文献のなかで証明すべき目標コンセプト，もしくは効率コンセプトは個々には極めて異なっていて，それらは個々の論者により，その都度展開され借用される組織理論的準拠枠組みによって強く特徴づけられる。それゆえ，どの組織理論的方向も学派も，特有な効率コンセプトまたは目標コンセプトを持っている。例えば，人間関係運動は，システム理論的アプローチとは異なる別の効率コンセプトによって特徴づけられる。

以下に述べる効率コンセプトの整理を容易にするために，前以て，いま一度組織的な代替的判断の考えが重要なことを指摘しておきたい。このテーマを重視するのは，組織的措置には原則として影響し得る判断分野および効率基準だけが基本的に含まれていることを意味する。したがって組織評価の問題性にひたすら専念するために，意識的に企業のなかで発生し得る[27]判断問題を必ずしもすべてここで網羅するわけにはいかない。特に経営資源の装備状態に関する意思決定の観点からはこの制約に注目しなければならない。したがってここで，例えば或る製造部門において数台の小型の機械を，機能が同じでより大きな機械一台と取り替えるべきかどうかという問題は，仮に新しい設備に取り替えたとしても，とりたてて仕事や工程が変わらなければ少なくとも組織上の問題とは言えず，むしろ純然たる設備投資上の問題である。さらに組織的効率コンセプトの構想も，それがもっぱら構造化やセグメント化の評価の問題を重視するという点で，上で[28]明らかにした調整次元が優位性を持つ。

組織構造が，分業による意思決定・情報・コミュニケーション職務をできるだけ合理的に遂行するためのインフラ構造を意味するものとすれば，組織的諸規定は，以下の諸要求に応えることを保証すべきであろう[29]。

1. 意思決定は，できるだけ幅広い情報基礎に基づいて下されるべきであろう。つまり質的・量的・時間的に自由に使用することにより，できるだけ意思決定の諸要求に応えるべきであろう[30]。
2. 意思決定は，できるだけ広範囲に方法上の諸要求に応えるべきであろう。

3．意思決定は，できるだけタイミング良く下されるべきであろう。
4．意思決定は，経営資源ができるだけ経済的に投入できるように下されるべきであろう。

　これらの諸要求に方向づけられる下位目標のコンセプトは，組織構造の道具的性格に応じて企業目標の内容特徴からは切り離される。したがって下位目標は，英米語圏で具体的に'事柄をうまく処理する'という慣用句で表現される効率の一つのコンセプトの基準を表すものである。それゆえこの効率コンセプトは，努力目標としての終結状態を内容的に記述し，その時々の戦略的構想から導き出される有効性（'効果の有ることをする'）のコンセプトからは区別されなければならない。

　もっとも，効率と有効性[31]との間には密接な関係がある。下位目標の形成原則に基づく効率コンセプトは，個々の下位目標が重複し，かつ相互に葛藤するかも知れないという問題に直面する。つまり一つの下位目標を追求すると，しばしば別の下位目標の実現を損なうという点である。目標間の'トレード・オフ'の評価を可能にする個々の下位目標のウエイトづけのためには，結局は内容の目標設定と，その都度追求される戦略に立ち戻ることが必要となる。

注
1) Chandler [Strategy] 99 頁および次頁を参照。
2) Kieser [Moden] を参照。
3) この関連では，*DiMaggio* および *Powell* の組織構造の解釈に関するコンセプトをも参照。なおこのコンセプトは，ポピュレーション・エコロジー・アプローチ との諸関係を教えてくれる（これについて Frese [Organisationstheorie] 198 頁および次頁以下を参照）。
4) 例えば，Pettigrew / Webb [Business] 41 頁を参照。
5) これについては Frese [Organisationstheorie] 361 頁および次頁以下を参照。
6) 目標と目標の束との明確な区別は，以下では簡略化するためにいつもその都度言及することはない。
7) 非構造的意思決定の基礎づけの問題に基本的に取り組んだ v. Werder の [Unternehmungsführung] を参照。
8) Frese [Organisationstheorie] 369 頁参照。
9) 本書7頁を参照。
10) これに関しては Frese [Organisationstheorie] 370 頁および次頁以下を参照。
11) この点に関しては USA における事業部制組織の導入に関する Chandler の歴史的研究 (Chandler [Strategy]を参照) を参照。
12) これらの相互依存の形式については58頁および次頁以下を参照。
13) Marschak / Radner [Theory] および Frese [Organisationstheorie] の 224 頁および次頁以下，ならびに 399 頁および次頁以下を参照。

14) これらとその他の行動に関する諸仮定と，Laßmann の組織デザイン理論に対するその仮定の意義については［Koordination］を参照。
15) Lawrence／Lorsch［Environment］9 頁および次頁以下を参照。
16) March／Simon［Organizations］152 頁および次頁以下を参照。
17) Lawrence／Lorsch［Environment］37頁並びに Cyert／March［Theory］40 頁および次頁以下を参照。
18) Lawrence／Lorsch ［Environment］； Walker／Lorsch ［Choice］； Lorsch／Allen［Managing］および Frese［Organisationstheorie］の要約的叙述，155 頁および次頁以下を参照。
19) Wunderer［Kooperation］の経験的研究成果をも参照，206 頁および次頁以下。
20) Krüger［Grundlagen］のコンフリクト決着の形式に関する部分を参照，93 頁および次頁以下。
21) 組織的下位目標の戦略的ウエイトづけについて，Frese／v. Werder［Kundenorientierung］8 頁を参照。
22) Peters／Waterman［Search］を参照。
23) Simon 他［Centralization］VI 頁を参照。
24) 詳細については［Entscheidungsstrategien］293 頁および次頁以下を参照。
25) Frese［Organisationstheorie］218 頁および次頁以下を参照。
26) 注目に値する一つの例外文献が Laux／Liermann［Grundlagen］である。同著の 255 頁および次頁以下を参照。
27) これに対し，文献に見られる組織的効率コンセプトは，特にそれらのコンセプトが制度的組織概念に基づくものであれば，一般経営経済的評価のアプローチで終わっているものが珍しくない。この点については Schloz［Effetivität］535 頁および次頁，ならびに Strehl［Effektivität］の要約を参照。
28) 本書の 244 頁および次頁以下を参照。
29) この関連については Simon 他［Centralization］の序 VI 頁および次頁以下を参照。
30) 目標の観点については，詳細は本書の 258 頁および次頁を参照。
31) いろいろなコンセプトに関する概要は，Lewin／Minton［Effectiveness］および Scholz［Effektivität］を参照。

II. 調整効率と動機づけ効率[1]

a. 効率基準の導出

　目標は，すべての組織的デザイン・コンセプト[2]の核心的要素である。なぜなら判断尺度がなければ，さまざまな組織的選択肢間の合理的選択はできないからである。上で詳しく述べた通り，評価目的としての利益のような企業目標はたいてい大雑把すぎると言われ，したがってその代わりに下位目標が使用される[3]。一般的に妥当な組織的効率コンセプトに対して下位目標を定式化する場合，目標が二重の観点から状況的に制約されるという面倒なことが生じる。一つは，潜在的な目標カタログのなかからどのような目標設定が実際に選択されるかが，明らかにその時々の文脈に ～そして，とりわけ意思決定者の選好順序に～ 左右されるということ。もちろんそのような実際に追求される目標観の総括のためには，経験的調査が必要である。
　しかしもう一つの観点は，どのような目標内容を，およそ考慮することが有意義なのかの問題，つまり潜在的目標自体のカタログはその時々の問題状況の特徴に従うという点である。限られた情報収集力に直面し，組織構造のデザインのような複合した問題設定の場合，原則に従えば複合性縮減のためのデザインの考察を現実の特定視点に合わせることが必須の条件になる。問題設定の如何により，固有な現実の断面は‘問題視点のサーチライト’を使って光を当てることができるから[4]，その都度，目指す目標状態も相互に区別できるし[5]，(またしばしば)区別される。例えば，グローバル化戦略を組織的に側面支援する場合と顧客指向[6]の戦略の場合とでは，全く別の具体的目標観が問題になり得る。したがって，傾向として目標の具体化の程度によって，より強く知覚できる判断尺度の原則的な問題の依存性から，目標導出のために以下の論理的帰結が得られる。
　規範的視点から潜在的に筋の通った組織的デザインの目標設定として定式化

される下位目標は，これに基づく効率コンセプトがあらゆる場合に使えるようにするためには，ある程度の抽象度を備えていなければならない。その意味では以下で提案する効率基準が，かなり高い抽象度を持った一つの特定範疇の下位目標を意味する。したがってこれらの下位目標は，内容は似ているが，細かな点では異なるいくつかの，より具体的な目標設定のための'容器'としての役割を果している。それゆえ，例えば後で述べる潜在性効率もしくは経営資源効率の基準のなかに大きな変動幅の有る，より具体的な細部の目標，例えば専門化の利点とか規模の縮小，および標準化の利点の活用などを含めることができる。

したがって，ここで定式化される効率基準が，その抽象性のゆえに組織的デザインの考慮すべき点を特別な問題内容に左右されず，かつその追体験が可能になるのである。もっとも組織的問題提起の如何により，ともかく 〜例えばまとめたり，更に細分類したりという〜 これらの基準の修正が有意義であり得ることは注目すべきである[7]。それゆえ本書で提案する効率コンセプトは，細かなところでは，場合により問題の特殊性に合わせられるような組織評価の一つの基本構造として解される。

この効率コンセプトは，本書が支持する組織理論的アプローチのために有効な調整次元と動機づけ次元の区別に従う。それゆえ導入される調整効率と動機づけ効率のための基準の導出は，両者の効率範疇の場合根本的に異なっている。調整効率の分析は，個人間分業の意思決定論理的モデルに方向づけられるが，〜すでに述べた如く[8]〜 動機づけ効率の点からはそれほど明確な指針とはならない。

調整効率の基準の導出は，行為者の能力が限られるゆえ必要な，また，いわば，すべての組織問題の基本決定因を意味する分業現象を根底に置く。同時的総合計画としての理論的な理想像から見れば，分業を'便法'と見ることができる。なぜなら個別意思決定は通常，全体最適[9]から逸脱し，それゆえ自律性コスト[10]を発生させる原因になるからである。決定論理的視点から見ると，自律性コストの発生根拠は個々には分業による個別意思決定の質が，情報基礎がより脆弱かまたは情報処理法の作業能力がより低いために最適でないという点にある。言い換えると分業の結果として意思決定は，できるだけ包括的に情

報の面でも，方法の面でも支援されるべきだという[11]上述の両方のフォーマルな要求が十分には満たされない。

　もっとも自律性コストは，原則的に意思決定の質を高くするという観点から意思決定に使われる情報や方法ノウハウを改善することにより削減される。相互依存関係に在る組織単位の固有な知識が問題思慮を高めるために，より幅広く活用され，そして調整上重要な情報が，より確実にかつ正確に伝えられるように保証されればされるほど，意思決定の質は高まる。もっとも意思決定の情報基礎や方法基礎の改善のために行われるすべての情報収集・情報処理活動は経営資源の投入を前提とし，その結果調整コストの発生原因を作る。

　したがって本書が根拠とする調整効率コンセプトの場合，高度の意思決定を求める努力と，経営資源節約的な調整用具投入を求める努力との間に，緊張関係があるという特徴がある。しかし，この緊張関係の両極には時間的決定因も含まれる。情報収集・情報伝達・情報処理活動は時間の経過のなかで行なわれる。個人間分業における意思決定を一致させるための経営資源投入は，それゆえ時間経過のなかで考察されなければならない。その際，或る範囲で経営資源投入を時間差を利用し置き換えることができるし，また，その逆も考えられる。しかし情報活動のためには最小限，経営資源も時間も必要である。

　意思決定過程の時間の長さのほかに，たいていの意思決定の場合，意思決定の時点もその質を決める。つまり企業目標達成へのその質の貢献を決める。多くの意思決定について，例えば納期のような時間的制約が損なわれない場合にのみ最低水準の質が維持できる。

　'時間'基準は，それゆえ二重の仕方で考慮されなければならない。一つは，分業による意思決定を一致させる場合は，例えば人的資源のような経営資源の投入を，製造や営業の意思決定の調整のために，何らかの委員会のなかで時間的次元から機会費用を考慮し見積らなければならない。もう一つは，調整プロセスを時間的に引き伸ばすことによって時間的制限に反したり，あるいは競争相手に対する交渉ポジションを不利にすることにより増大するリスクを，自律性コストの特殊型としてリスク・コストの形で考慮しなければならない。このリスク・コストが調整のプロセスで重要度を増すにつれ，時間投入を経営資源（要員とか設備）の投入をもって代替させたり，あるいは意思決定の質を上げ

るために調整を断念したり，自律性コストを甘んじて受ける傾向がますます強くなっている。したがって，すべての組織構造は固有な自律性コストおよび調整コストによって特徴づけられる。それゆえ組織的選択肢の判断は，要するにその時々の自律性コストと調整コストの比較考量のなかで，または別の言い方をすると，選択肢特有の意思決定の質およびそのために使われる時間と経営資源の比較考量のなかで行なわれる，ということになる（図 45 を参照）。

　調整効率と比較可能な言明力の有る動機づけ効率基準を，まとまった一つの理論的コンセプトに還元することはできない。つまり，動機づけ効率の諸基準を導き出すための明確な準拠コンセプトはこれまでのところ明らかになっていない。動機づけ効果に関する仮定は疑いもなく，極めて強い実践的アドホック理論の特徴を持った応用志向的組織理論の部分である。それゆえ，動機づけ効率の基準は，〜典型的な'行動パターン'に関する根拠づけられた経験的研究が無い限り〜 いまのところ，多かれ少なかれ仮のものとしてしか採用されない。

　本書の基礎になっているコンセプトの調整効率に関する動機づけの効率基準の追求は，一つの'側面支援的'な性質を持つから，調整志向と動機づけ志向の効率基準の具体化の間には固有な相互依存がある。この調整効率と動機づけ

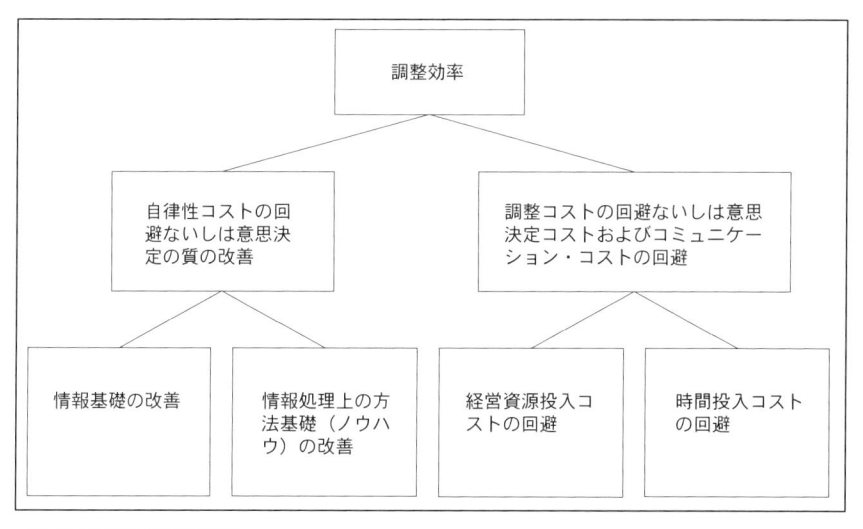

図 45：調整効率の諸原則

効率の間の関係は，根本は行為者の行動に関する一定の仮定がこれらの調整基準の根底にもあることから生じる[12]。むしろこれらの調整関連の行動仮定は，職務遂行の事象論理的視点から適切と思われる行動様式についての規範的仮説を意味する。これに対して，動機づけ効率基準はむしろ行為者の実際行動を表現すべきとする行動仮説に基づくものである。周知のように，規範的行動様式と事実の行動様式は必ずしも一致しないので，しばしば調整の視点から'最適な'[13]構造が直ちに導入できるわけではない。もし，或る組織的措置が当初からその措置の目標を必ず達成すべきものとすれば，行動が逸脱している場合，むしろ原則的には以下の二つの可能性しかない。一つは，適切な動機づけ措置を介して実際の行動様式を調整に適した行動へ導く方法。もう一つは，動機づけの理由から（つまり動機づけ措置の側面的実施を越えた）純粋に調整論理的に適切な組織形態とは異なる方法である[14]。これら両方のケースでは，調整基準を使って算出された或る特定の解決に要する調整コストと自律性コストが実際には別の金額で発生するか，またはそれらのコスト比で変化するかも知れないという事態が考えられる。しかし最初のケースでは，本来の解決法が本当は維持され，ただ単に一定の動機づけ措置によって側面支援を受けるのに対し二番目のケースでは，むしろ実際の行動を受け容れ，動機づけ基準をそれ相応にウェイトづけして何か別の組織的解決を優先させる[15]。

効率の調整次元と動機づけ次元の関係については，一つの例をもって明らかにしたい。すでに立てられた行動仮定の場合，事象論理的視点から意思決定の質が，上位の階層段階に強く集中しているケースでは，比較的優れていることが分かる。なぜなら階層上位の単位は，一方では独自の情報や方法知識を利用できるし，他方ではいつでも追加の知識を自分の部下から入手できるうえ，また思った通りに行うことができる。しかし実務では，上位単位が 〜何らかの理由によっていつも[16]〜 調整配慮の範囲内で想定通りに原則オープンな情報源を使えないことが分かれば，適切なインセンティブを提示して情報が欲しいという，より強い需要を喚起するか，または意思決定権限をより大幅に委譲するという方法が考えられる[17]。

b. 調整効率

分業によって発生する意思決定の質の低下と，質のなんらかの改善のために発生する相応のコストは，分業のさまざまな道具如何によりさらに区別することができる（図 46 を参照）。分業は，基本的に細分化および構造化の措置を介して行なわれる。細分化の過程で個々の組織単位の権限内容（例えば，購買または製造あるいは販売）が確定され，相互に範囲の限定が行なわれる。これらの措置は，二つの原則的な論理的帰結をもたらす。一つは，権限分割により関連する行為群を切り離すという帰結である。この場合，さまざまに異なる組織単位間に意思決定の相互依存が発生する。この種の相互依存の存在は，一つの組織単位の意思決定が他の組織単位の意思決定に影響することを意味する。したがって，既存の相互依存の調整が不十分だと，傾向として意思決定の質の低下（相互依存関連の自律性コスト）の原因となる。調整活動は，この関連にお

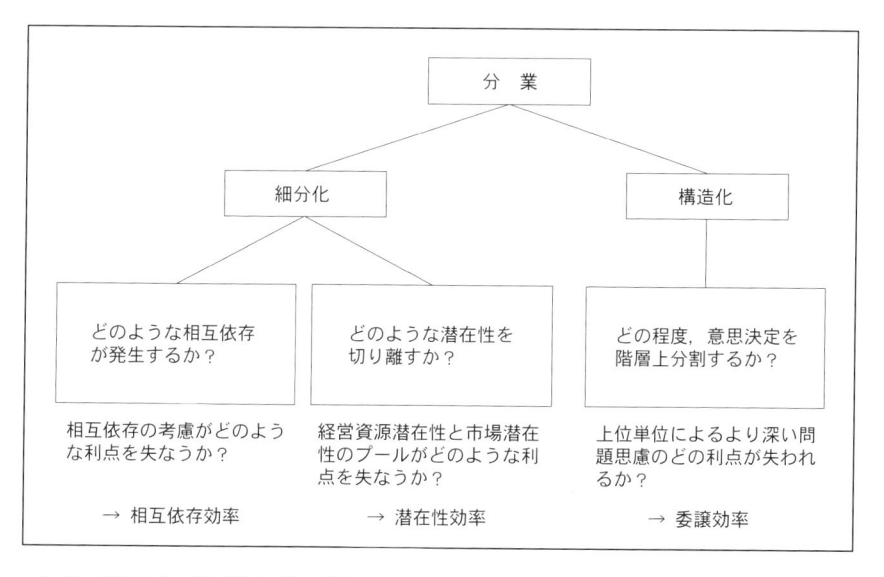

図 46：調整要求と効率判断の発生構造

いてはできるだけ高い相互依存効率を目指す。

　細分化は，他方で現有の経営資源潜在性または市場潜在性の分割を引き起こし得るが，またそのような潜在性の育成や効率的使用を妨げることになる。その結果，潜在性の統合によるさまざまな経済的利点（例えば，専門化の利点や規模縮小の利点）が十分生かされなくなる（潜在性関連の自律性コスト）。調整活動はこの関連では，できるだけ高い潜在性効率を目指す。

　構造化を通じ個々の組織単位の権限裁量余地が決定され，それと関連し上位単位と下位単位間の権限委譲関係[18]が調整される。いま，或る上位単位がその下位の諸単位の情報量と方法ノウハウを持つか，またはそれらを入手できてさらに一つの意思決定が下位レベルの複数の単位に及ぼす影響を見積ることができる（より深い問題思慮ができる）とすると，委譲が進むにつれ傾向的に意思決定の質は低下し，委譲関連の自律性コストが発生する。調整活動はこの関連では，できるだけ高い委譲効率を目指す。

　細分化措置と構造化措置によって発生する自律性コストについては，以下においてその時々のその性質とその相互依存について細かく分析してみよう。差し当たりその議論は細分化に限定する。

　いま A, B, C という製品群をそれぞれ論理的に計画実現した事業部制組織のケースを考察してみると，どの事業部も独自の生産資源 R を自由に使うことができる（図 47 を参照）。考察対象の生産資源は同一であると仮定する。つまり事業部は同じ生産設備を使用する。

　この細分化の意思決定の結果が，一定の（潜在的）調整要求の原因になる或る特定の相互依存構造である。効率評価というものは，つまり具体的企業のために選択される構造の有利性に関する言明は，つねに選択的な比較構造を含めることによってのみ可能である。このことは潜在性利用の判断についても当て嵌まる。生産資源 R の利用に関しては，例えば組織的諸規定によってその資源の共同利用を保証するような選択的解決を組織デザインの配慮のなかに含めるべきであると思う。

　このことは意思決定権限の変更を通じて初めて可能である。分割されていない経営資源は，すべての組織単位の意思決定の場の構成要素になる。この点は，たとえ意思決定の場が重複していても，つまり内部環境または経営資源状

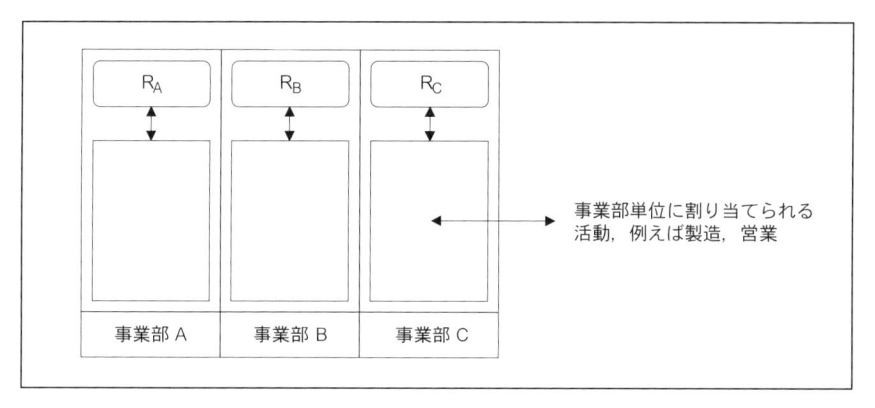

D. 目標に一致した組織デザイン　263

図47：自律的生産資源を有する事業部

況に重複があっても，あるいは供給・需要の状況が内部で結びついていても当て嵌まるであろう。最初のケースでは（ネックがある場合）経営資源の相互依存が発生し，二番目のケースでは，内部に給付の結びつきが生じると思われる。図48では生産資源の分割ケースを仮定した。つまり，各事業部と経営資源間に内部的給付の結びつきが成り立っている。

　ここで経営資源の潜在性に対し示した潜在性利用と，相互依存構造との間の関連が，市場潜在性の利用に対してそれなりに有効である。

　したがってつねに相互依存の問題性が，細分化措置の判断の核心部分を意味する。かりに，相互依存関連の自律性コストの削減が考察の出発点であれば，既存の相互依存を考慮することにより発生する調整コストが当該の見積り計算のなかに組み入れられる。所与の構造の潜在性利用の評価の問題が問われる場合，比較構造の導入によって可能な潜在性関連の自律性コストの考え得る削減が，相互依存構造の変更により追加的に発生する調整コストと比較される。

　構造化措置も相互依存構造に影響を及ぼす。それゆえ委譲関連の自律性コストとそれに相応する調整コストとの比較考察は，'垂直方向への'影響（上位単位の問題思慮の利用，垂直方向のコミュニケーションの持続，垂直方向の調整目的のための経営資源投入）の把握の他に，委譲の程度をその都度決めて相互依存構造の変化を評価することが必要である。構造化により，つまり意思決定の自律性の確定により分業的意思決定システムの相互依存の程度が決まる。集

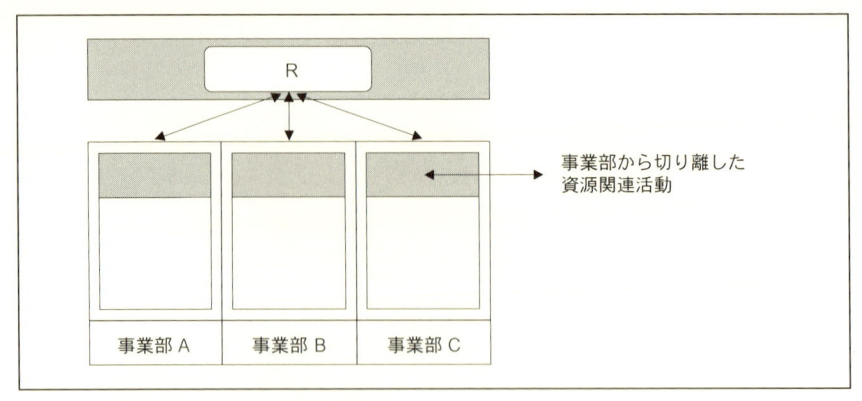

264 第2部 意思決定志向的組織理論の根本要素

図48：生産資源を切り離した事業部制構造

　権化の程度が大きければ大きいほど，意思決定はより高い階層レベルにおいて下される。階層的意思決定図のツリー構造に基づけば，集権化傾向の場合，従来（階層下位レベルの）個人間で別々に下された意思決定がますます一つの単位の意思決定権限にまとめられる。そのことにより相互依存は無くなるか，または依存の強さは低下する。委譲関連の自律性コストを把握する場合，集権化効果はしたがって相互依存関連の自律性コストを削減しても強化される。組織構造の評価に際し，厳密に言うとどの階層レベルに対してもこの考察が行われる筈である。
　全体として見ると，この相互依存効果を通じて相互依存 -，潜在性 - および委譲関連の自律性コストの削減努力が相互に結びついていることが分かる。組織構造の判断に当たり，この結びつきを同時に考慮することが，組織デザイナーの問題解決能力に過大な要求をするであろうことをこれ以上詳しく根拠づける必要はない。相互依存 -，潜在性 - および委譲の視点を，ある程度まで切り離して別個に取り組むことにより初めて実践的解決が行われる。その際，視点の切り離し方はその都度追求する組織デザインの発見的方法により異なってくる[19]。
　したがって個人間の分業は ～分業の原則的道具と論理的帰結によって分類される場合～ 三つの基本形の自律性コストを生み，そのコストの削減がその都度調整コストを発生させる原因になる。これらの三つの形態に対応し，組織

構造の効率評価のための'判断の場'が三つに区別される。そしてこれらの判断の場に基づき，その都度自律性コストと調整コストが相互に比較考量され，以下の問いに答えていかなければならない。
1. 当該の解決の場合，相互依存がいかに有効に，かつどれ位の経費で調整されるか（相互依存効率の問題）？
2. 当該の解決の場合，経営資源潜在性と市場潜在性がいかに有効に，かつどれ位の経費で使用されるか（潜在性効率の問題）？
3. 当該の解決に当たり階層上結びつく意思決定をいかに有効に，かつどれ位の経費で調整されるか（委譲効率の問題）？

調整効率の基準に関する前述の推論を要約すると，図49のなかで示した自律性コストを発生させる影響要因と，相互依存－，潜在性－および委譲効率の概念区分の関連が分かる。その際，効率基準は直接，自律性コストを発生させる影響要因に従って区分される。同じ関連を概念的に別の形で説明することもできる。図50では，効率基準が（委譲効率は別として）当該の行為範囲に関して区分される。すなわち市場効率，プロセス効率および経営資源効率に区別される。

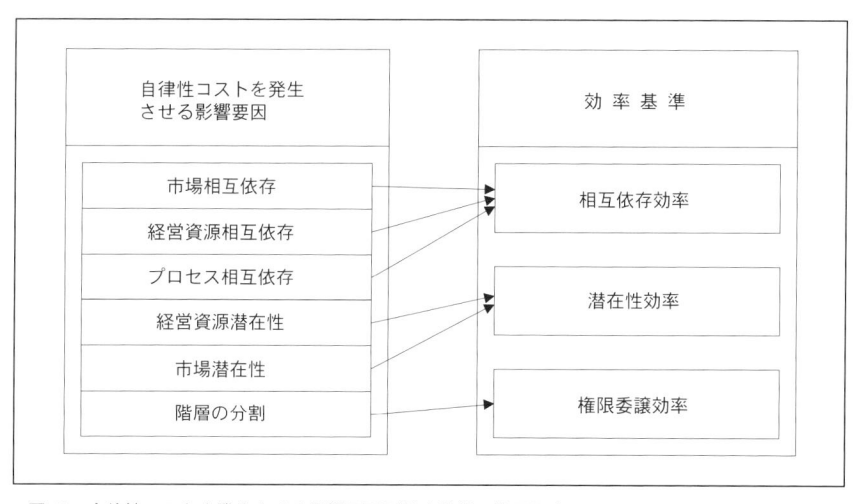

図49：自律性コストを発生させる影響要因別効率基準の範囲限定

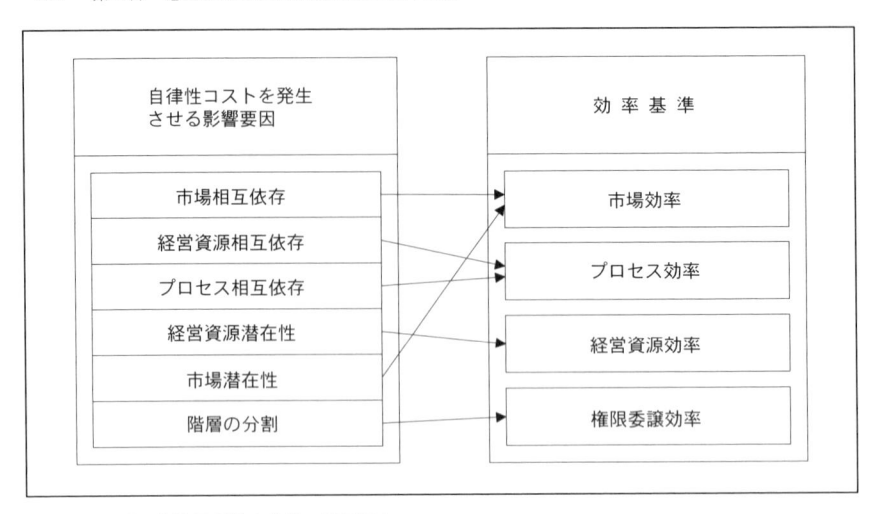

図50：当該行為範囲別効率基準の範囲限定

　両グループの効率基準は，内容では同じ事態を示している。したがって，異なる点は言葉のレベルである。意思決定を一方の範囲限定に対して行うかそれとも，もう一方の範囲限定に対して行うかは単なる効率判断問題に関するコミュニケーションへの影響の問題である。もっとも学問と実践との間の意思疎通のためには大きな意味を持っている。しかしその場合特に二つの観点は注目に値する。一つは，相互依存効率だけでなく潜在性効率にも関わる調整問題がしばしばより簡潔に，またより簡単に表現できる点である。したがって事業部制組織は，すべての販売市場を製品別に分けると相互依存効率（事業部間の代替競争）と，潜在性効率（事業部間のシナジー効果）を低下させる。さらに事情によっては，果たして潜在性のプールによる市場の相互依存やシナジー効果があるかどうかが一つの事実上の問題であることを考慮すれば，事業部制組織の判断に際して，市場効率の基準に依拠するほうが言葉の上ではより洗練されてくる。もう一つの観点は，'相互依存効率'や'潜在性効率'の言葉との対比で'市場効率'，'プロセス効率'および'経営資源効率'の概念に依拠すると，企業の現場とのコミュニケーションが容易になるという利点がある。これらの理由から，この後の検討に際しては考察の対象如何により両方の概念表現を使うことにする。

もっともこの関連で，'市場'，'プロセス'および'経営資源'などの'分かりやすい'概念が，恐らくあらかじめ植えつけられた概念の連想によって，実践の場で誤解されるということを見落としてはならない。例えば短い納期要求など顧客の要望に応える'対応能力'は，一般的意味では多分'高い市場効率'の述語で表現されるであろう。しかしそれは，本書がいう範囲限定に従えば高いプロセス効率の結果である。したがってこれらの基準の明確な定義が不可欠である。

市場効率

対象は，外部の調達および販売市場における機会の利用である。内部の'市場'は考慮していない。すなわち，内部市場はプロセス効率の対象になっているからである。市場効率の実現のためには自律性コストと調整コストを比較しながら，市場の相互依存を考慮し，かつ市場潜在性を利用して市場参加者（顧客，部材供給業者）との接触を，範囲境界を越え企業全体の目標に方向づけていくことが求められる。販売市場か，それとも調達市場か考察対象の如何によって異なる観点が重要である。販売市場では，顧客に対して態度を調整し，製品および地域を越えた連携効果をあげることが重視される。調達市場では，特に市場シェアの強化のため需要の一括受注を重視する。（ここでは限定的に市場関連の自律性コストの存在に限定して関連づけた）[20] 市場効率の不足は，販売市場では特に販売チャンスを逃したり，市場取引の契約取り決めの際の不利な条件の形で発生する。つまり，強く'外部的'な影響が問題になる。調達市場では市場効率の不足が，例えばさまざまな事業部が相互に無関係に同じ納入業者から仕入れる場合，特に不利な購入条件のもとで，事情によっては品質に欠陥があるケースにおいて現われる。

経営資源効率

対象は，経営資源の使用を可能性要素（人材，設備，非物的資源）の形で行うことである。費消要素は，入荷および出荷倉庫もしくは中間倉庫における分野全般で処理可能な費消要素のケースを除くと，プロセス効率によって把握される。資源効率実現のためには，自律性コストと調整コストを比較考量しなが

ら，分野全般に渡る経営資源の使用を，企業全体の目標に方向づけなければならない。さらに組織構造は，傾向として同質な経営資源の投入に関する意思決定権が複数の単位に配分される場合，その経営資源効率が損なわれる。資源効率の不足は（ここでは経営資源関連の自律性コストの存在に限定的に関連づけた場合[21]），特に遊休設備や不足経営資源の疑わしい配分の形で現われる。その影響は主として'内部的'性質を持つが，'外部的'性質をも持っている。経営資源関連の自律性コストは，例えば同じ技術的製造構造を持つ事業部が，自主的に自らの生産設備を使うときに発生する。

プロセス効率

対象は，そのプロセスの始動から顧客に対する契約履行に至るまでの給付プロセスのデザインである。その場合，製造業では特にいつ費消要素を調達し，いつどの順番で，またどのような可能性要素（設備，人材）を介して市場給付を内部移転すべきかという問題の規定化を重視する。

いま，実現プロセス（内部給付の結合）を逐次結合させるか，または経営資源を重複利用（経営資源の相互依存）させるかして相互に結びつく組織単位を考察してみる。プロセス効率を実現させるためには，全ての段階を通して企業全体の目標に給付プロセスを方向づける必要がある。特殊な方向づけ方としてあらかじめ定めた品質基準および生産性基準を維持しながら，工程期間をできるだけ短縮する方法がある。プロセス効率の不足は（ここではプロセス関連の自律性コストの存在に限定的に関連づける[22]），特に中間在庫と日程遅れの形で現われる。これらは状況次第で外部的影響を及ぼし得る。つまり，市場参加者に対する交渉上の立場や契約履行に影響を与え得る。また，内部的性格を持つものかもしれない。プロセス関連の自律性コストは，例えば生産の処理変更に対して営業に情報が送れない場合に発生する。

権限委譲効率

対象は，さまざまに異なる階層段階における組織単位の情報潜在性と問題解決潜在性の利用である。ここでは，どの階層段階において特定の意思決定を下すかを判断する。意思決定論理的視点からは，上位単位が潜在的にその下位の

諸単位の情報量や方法ノウハウを持つか，または入手できるかを起点としなければならない。さらに上位単位は，意思決定が下位レベルの複数の単位に及ぼす影響を見積ることができる。したがって上位単位は，より深い問題思慮ができる。階層上位の単位に意思決定をまとめることは，可能性として自律性コストの削減につながる。かりに，問題思慮が権限委譲効率の唯一の判断基準であるなら，すべての意思決定をできるだけ高いレベルに固定すればよい。しかしそのような狭い考察の仕方では，意思決定上重要な情報が上位だけでなく下位の階層レベルにも溜まり得ることを見落としてしまう。それゆえ，権限委譲効率の判断のなかに場合によって，必要な情報分析コストや垂直方向への情報の転送コスト（調整コスト）をも含めるべきである。上位単位の問題思慮を利用する利点（自律性コストの削減）が，情報処理コストおよびコミュニケーション・コストを発生させる難点（調整コストを発生させる）と相殺されるように意思決定が分割できれば，権限委譲効率が存在することになる。

権限委譲効率の不足は（ここでは限定的に権限委譲関連の自律性コストに関連づけた[23])，一般的に，経営資源の疑問点の多い配分の仕方に現われる。権限委譲に関連した自律性コストは，例えば銀行におけるリスクの大きい貸付の決定を，課長が信用調査においてより豊かな経験が使えるにもかかわらず担当者に任せてしまう時に発生する。

c. 動機づけ効率

すべての組織的デザインにおいて，企業目標と従業員目標が必ずしもどのような場合でも一致するとは限らないということと，また同時に組織規定があっても，従業員の行動裁量余地を排除することができないというジレンマに直面している。動機づけ効率の対象は，従業員に残された行動裁量余地を，かれらができるだけ企業目標に沿って活かしていけるように，組織構造をデザインすることである。

しかしすでにアド・ホック仮説の機能と構造に関する議論のなかで強調した如く[24]，組織構造の行動への影響に関する経験的に根拠づけられた仮説を一つの評価コンセプトに導入したものはない。それゆえ組織構造の評価は，はた

してその組織構造が企業目標に一致する従業員行動のための好都合な前提になるかどうかの観点から，実際の判断のなかで発見的方法の原則として実証された基準，もしくは既存の経験的研究に基づき，或る程度の確率で行動のなかの'規則性'を説明する基準に立ち戻ることによってのみ行うことができる。したがって，知識不足は経験的に結局，根拠づけられない単純化した仮定を介して補っていく。それにも拘らず職務構造，つまり組織構造に関する基準は，時の経過のなかで学問的認識状況の変化や流行の傾向を越え，つねに動機づけ関連の視点から大きな意義を持ってきたし，今もなお持ち続けている。

とりわけ重要な点は，官僚主義的な構造や行動様式が拡大する形で組織構造が機能障害現象を起こしてきたが，そのような現象に立ち向かえるような基準づくりである。近代的大企業が生成して以来，動機づけ次元のデザインの特徴は，企業にとって何ら効用をもたらさない職務や活動の追求のなかで，また経営資源の無駄な囲い込みや，形式的で煩雑な時間のかかるコミュニケーションのために，明らかにリスクを恐れ，革新意欲の欠如した姿勢のなかに表われる官僚主義化の傾向を少なくしようとする努力のなかに顕著に見てとれる。

本書が採用した動機づけ効率の基準は，
- 自己責任の基準,
- 概観可能性の基準および
- 市場圧力の基準であり，

これらの基準をもって，或る程度まではこれらを脱官僚化の原則として捉えることができる[25]。

自己責任 基準の主旨は，すでに強調した意思決定の委譲であり，'現場の'意思決定裁量余地の拡大である。いま，或る従業員が自らの仕事を有意義と考え，仕事の結果に対して責任を感じる場合[26]，この従業員は高く動機づけられる好都合な前提のもとにある，ということから出発すれば，かれの業績意欲は，傾向として上司によるかれの意思決定裁量余地が拡大されるにつれ高くなる。同時に，詳細かつ抑制的な職務基準を断念すれば，迅速かつ自己責任による行動が促進される。また，従業員の創造的潜在性や，その時々の職務環境に対するかれらの習熟性をより良く活用することができる。自己責任基準の普及活動は新しくはない。特徴的なことは，企業環境が変化することによって（例

えば競争環境の変化や技術の飛躍によって），適応が特に強制される場合[27]，つねに組織再構築のプロセスにこの基準が要求事項として持ち込まれるという点である。

概観可能性 の基準によれば，できるだけまとまりのある職務複合を構築し，また小規模な単位を実現し，これらを結びつける形で諸活動を空間的に集中する可能性が傾向的に従業員を動機づける方向に作用する。自己責任基準が垂直次元を強調するのに対し，この基準の場合，組織単位の水平方向の範囲限定が重視される。他の領域と何ら相互依存が無いか，または僅かな相互依存（特に内部的給付の結びつき）しか無いという程度で一つの領域のまとまりが生まれる。概観可能性が高まるのは，職務関連を他の分野にまで多様に細分化する必要が無いからである。

概観可能性がもたらすプラスの動機づけ効果は，異なる効果の仮説に基づいている。一つの仮説によれば，分離は，一つの共通な準拠対象への方向づけを可能にし，それを通じて当該職務との一体化と集団の結束力を促進する。これらの効果は，仕事の過程やその結果を見えるように至近距離まで近づけて強化する。さらにコミュニケーションが参加する従業員間で簡単化される。しかし，とりわけ分離を実現させる組織目標をインセンティブの考えから導き出すことができる。インセンティブ措置は，組織単位が，業績向上努力を強化することによって企業側の行動期待を，できるだけ包括的に満たせるように保障すべきである。根底にあるアド・ホック仮説の核心は，したがって次のように定式化できる：組織単位へのインセンティブの導入が完全であればあるほど，ますますインセンティブの効果は高まる。分離することは成果の帰属の前提を作り組織単位に対する行動期待を定式化し，したがって内発的・外発的動機づけ効果を生み出すことができる。

相互依存の発生は，本質的に職務の範囲限定の際の細分化原則によって規定されるから，概観可能性の原則にとっては固有な細分化基準が，特に製品志向基準または市場志向基準が重要である。概観可能性の構造，つまり小さな解決を支持する意見表明は，工業化以来の経済発展のあらゆる時期を貫いてきた。ここでも，'スモール・イズ・ビューテイフル'[28]というモットーへの回顧が，とりわけ大企業が官僚化の傾向に流され行為能力を失う時[29]，プログラム化

市場圧力 の基準によれば，従業員の企業目標に沿った（同形的）行動は，特に企業におけるできるだけ多くの活動が直接，市場の選択肢に直面する時に期待されるべきである[30]。外部市場に直接アプローチできない企業部門でも，市場関連の情報（例えば，競争相手の価格・原価・営業成績）を入手すれば，'ベンチマーキング' の意味での比較可能性が生み出される。この根底にある効果の仮説は，業績判断の尺度が行動および構造を効率で精査することを促進する。

　結局この原則は，企業の存続または職場の確保を危うくする市場選択肢（競争相手，部材供給業者）が存在する意識を従業員のなかに強めようとするものである。外部市場における付加価値連鎖の部分が分断されるとき[31]，この市場圧力の原則が極端な仕方で追求される。それはそうとして，大企業の経営者は組織構造のデザイン論議の歴史的プロセスのなかで，特に競争の激しい時代や経済的引き締めが強い時代に，組織の実践や学問の道具が何ら説得力ある解決策を提供し得ない時，いつも市場のインセンティブ効果を意識してきたことは注目に値する。このことをミクロ経済学の取引費用理論に関連づけて書き直してみよう：取引を市場から企業に組み入れる論理的帰結を克服できなければ，幾分かではあるが市場を企業のなかに持ち込むことになる。この命題は，特にプロフィット・センター・コンセプトの歴史的形成を参照すれば証明される[32]。

　自己責任や概観可能性の基準は，もっぱら構造化もしくは細分化の組織的措置だけで置き換えることができるが，市場圧力の基準は，純粋な組織的準拠枠組みを見捨ててしまう。市場圧力を持ち込むためには，組織的要素の他に計算技術的要素が要る。市場圧力は，市場取引の結果が直接把握できて，しかも部門業績から生まれた問題指標が，階層上位の単位の迅速かつ目標志向的な行動を許容する場合にのみ企業目標関連の行動効果を生む。したがって市場圧力を持ち込むことは，しばしば前提となる概観可能性の基準の採用が求められる。

　いま，第一義的に調整規定的なデザイン措置を考慮し，動機づけ基準の補助的機能から出発すると，動機づけ効率基準が調整効率の基準を適用する場合，影響は強くなる。したがって動機づけ効率の基準は，調整効率の基準と密接な

関係がある。

それゆえ自己責任基準は直接，委譲効率に関係する。より高いレベルの上位単位の問題思慮は，より強い分権化の利点を考えると断念される。**概観可能性**の原則は，潜在性効率と密接な関係がある。潜在性効率に関しては，プール効果の追求を制限する。プール効果を上げる場合に発生する組織単位の横の自主性低下を防ぐために，現有の経営資源および市場の潜在性の意識的共同利用により得られる経済的メリットは活用されなくなる。市場圧力の基準は，依存しない領域を設け潜在性を切り離せば，直接，相互依存効率と潜在性効率の現実化に結びつく。

調整効率の諸基準を動機づけ効率の基準だけ拡大することにより，組織デザインの仕事は必然的により複合的になる。考慮すべき効率基準の数が増えれば，潜在的なトレード・オフと同時に目標間のコンフリクトの解決要求が強まる。ここで追求したデザイン・コンセプトを特徴づけ，かつ動機づけ効率に一つの補助的な機能を与える調整次元を重視することは，確かにこのコンフリクトとの取り組みのきっかけにはなるが，トレード・オフの原則的問題は残る。この問題の解決は，戦略的な目標設定を含めると可能である。なおこの問題については次節で取り上げる。

注
1) この項目の一部分は，Frese / v. Werder [Zentralbereiche] のなかの叙述と同じものである。
2) これについては Hamel [Zielsysteme] を参照。
3) 本書の 251 頁を参照。
4) Frese [Entscheidungsstrategien] の 289 頁をも参照。
5) この点に関しては Hauschild [Entscheidungsziele] の 133 頁および Bretzke [Problembezug] の 72 頁および次頁以下を参照。
6) 戦略に制約された問題（グローバル化の強化，または顧客志向の強化の問題）が，具体的に潜在的な目標内容（例えば世界的ネットワークを持つか，あるいは迅速な注文処理か）へ及ぼす影響と，その都度追求される戦略が，特定の目標カタログのなかの目標を比較考量しながら進める戦略に及ぼす影響とはそれぞれ区別されなければならない。
7) これに応じ，Frese [Organisationstheorie] および Frese / v. Werder [Kundenorientierung] が用いた組織判断の基準をも，以下に述べる効率コンセプトのなかに収めることができる。
8) 本書の 249 頁および次頁を参照。
9) 意思決定コストおよびコミュニケーション・コストを考慮しないで計算。
10) 差額：最適な全体意思決定の場合の成果は，分業による個別意思決定の実際成果を差し引く。詳しくは，本書 123 頁および次頁以下を参照。

274　第2部　意思決定志向的組織理論の根本要素

11)　本書の253頁を見よ。
12)　特に以下の仮定が挙げられる。まず，企業が定めた目標の観点から個々の行為者は意図的に合理的行動をとるという仮定。この仮定には，目標のために利用する情報や方法知識を目標志向的に駆使するという点が含まれる。次にこれに関連する仮定，これはその都度，権限の範囲限定が，情報収集や情報処理活動を通じ，一つの組織単位の視点を明確にするという仮定である。そして部門領域内で，よりスムーズなコミュニケーションができるという仮定。本書の247頁および次頁以下を見よ。
13)　厳密に最適性という意味で調整の論理をもって最高の構造を決めることは全く不可能なので，これ以上，精確に強調する必要はないと思う。Frese [Organisationstheorie] 224頁および次頁以下および399頁および次頁以下を見よ。
14)　適切な組織構造のための評価のコンセプトを開発すべきとすれば，実際の行動様式を調整効率の基準のなかで唯一採用しても根本的解決にはならない。
15)　それゆえ，具体的ケースにおいて動機づけ基準を一般的に低くウエイトづけすることは，原則的に規範的行動と記述的行動との間に特筆すべき欠陥を生じさせない（もしくは見られない）ことを意味するのか，それとも実際の行動様式に，動機づけによる影響を及ぼして，その欠陥が埋められるか，もしくはその欠陥が埋められなければならないかということを意味する。
16)　例えば，前以て決議しておく場合の認識上の不一致を無くすために行なわれる情報選択の傾向 (Festinger [Theory] を参照) とか，'集団思考'（これについては Janis [Victims] を参照）の場合の情報の遮断現象が想起される。
17)　その他，～誤解を避けるためのように強調するかという問題は残るが～ 言うまでもなく，さもなければ特に上位単位に対する驚異的な負担過剰の理由から，より多くの権限委譲が考慮されるが，この委譲は同じように意思決定の質（この場合，行動を制約するというものではなく，'外部事情による強制'）を損なうかも知れない。
18)　権限委譲の問題性については Steinle [Delegation] を参照。
19)　調整システムのデザインのための方法モデルについては本書の14頁及び次頁以下を参照。
20)　調整費用が考慮されていないので'全体'市場効率をテーマにしているかも知れない。
21)　'総'経営資源効率。
22)　'総'プロセス効率。
23)　'総'権限移譲効率。
24)　本書250頁以下を参照。
25)　これらの基準の根拠づけに関する詳細は Frese / v. Werder [Organisation] を参照。
26)　Hackman / Oldham [Work] 78頁および次頁以下を参照。
27)　これについては，過去数十年におけるマネジメント関連に関する Eccles / Nohria [Hype] の有益な分析を参照。
28)　特に Schumacher [Small] を参照。
29)　例えば Brown [Control] および Frese の [Geschäftssegmentierung] の概要を参照。
30)　Frese [Marktdruck] を参照。
31)　この'アウトソーシング'の前組織的措置は以下では考慮していない。Frese の組織的位置価値 [Dimension] 64頁および次頁以下ならびに Frese [Organisationskonzepte] を参照。
32)　これについては Frese [Organisationstheorie] 8頁ならびに89頁および次頁以下を参照。

III. 戦略志向的デザインの発見的方法

　前述の実践的デザイン発見法（以下，発見法と省略）の根本要素は，概して或る程度まで独立した下位目標の追求に基づいて，さらに職務関連志向的なデザイン視点の選択効果と簡略化された行動仮定の導入に依存しているから，新たに戦略要素に立ち戻る必要があることは明らかである。それぞれのデザイン発見法は，企業の戦略的コンセプトにより二通りの仕方で規定される。

- どの実践的デザイン発見法も，多くの下位目標もしくは効率基準に頼らざるを得ない。そのことから幾つかの目標設定を含む意思決定問題が発生するが，その問題の解決には通例，個々の基準のウエイトづけが必要である。個々の基準の意味は，事業戦略または競争戦略からのみ導き出すことができる。
- どの実践的なデザイン発見法も，さまざまに異なる意思決定およびコミュニケーション活動を，それらの活動の調整要件に従って等級づけすることを前提にしている。一定の効率基準に方向づけ，その基準を行動仮定に結びつけることが，デザイン・プロセスを限られた数の，重大な対象だけに制限し得る場合にのみ，デザインの複合性は縮減できる。重大な潜在性・相互依存の識別および重大な権限委譲の対象の識別が戦略的マネジメントの職務である。

　戦略的枠組み条件を組織的デザインのなかに含める必要性と，その都度追求される戦略の，複合性縮減的行為誘導機能について，以下では，投資財工業の中規模企業の営業および製造部門における注文処理を，戦略に合ったデザインを行うための或る経験的な調査結果をもとにして明らかにしてみたいと思う[1]。

　注文処理とは，顧客によって誘発される給付生産プロセスを指すが，このプロセスには，オーダーの受注から完成通知まで提供しなければならない製品・サービスと直接関係のあるすべての活動が含まれる[2]。営業と製造は，仕事

志向の職務分析によって以下の職務複合に分割される[3]。
- 営業
  - 顧客開拓
  - オファー作成
  - 注文処理
- 製造
  - 設計
  - 技術的作業計画
  - 製造計画および製造統制
  - 製造実施

当該の経験的研究のなかでは，アンケート先のすべての企業において注文処理の行為志向的細分化が行われていた。報告された組織的解決法を比べてみて分かった違いは，概して注文処理，設計および製造計画，製造統制などがそれぞれ異なるやり方で行われている点である。なかでも以下の組織的解決法が確認された。

- 営業は，注文処理の他に顧客の開拓やオファーの作成に責任をもっている。一方，製造は，設計，製造計画，製造統制，技術的作業計画および製造実施を含んでいる（図 51a）。
- ～営業，設計および製造と並び定着している～ 企業のロジスティックスは，注文処理や製造計画および製造統制に責任を持つが，顧客志向の設計業務は営業が担当し，製造志向の設計業務については独自の設計部門が担当する（図 51b）。
- 注文処理と顧客志向の設計業務は営業の権限範囲に含まれ，それに反して製造志向の設計業務は技術的な作業日程計画，製造計画および製造統制，ならびに製造実施を含め製造のなかに統合されている（図 51c）。

戦略と組織構造の関連を説明できるように，ここでは調査対象企業をそれぞれの事業の場の戦略の基本的特性に従って類型化した。製品納入業者のサービスおよびその質はつねに比較的高く評価されたが，事業の場の戦略によって制約される注文処理への顧客の影響は著しく異なっていた。顧客の影響に左右される企業のタイプは '標準品メーカー'，'一括受注メーカー' および '個別受注

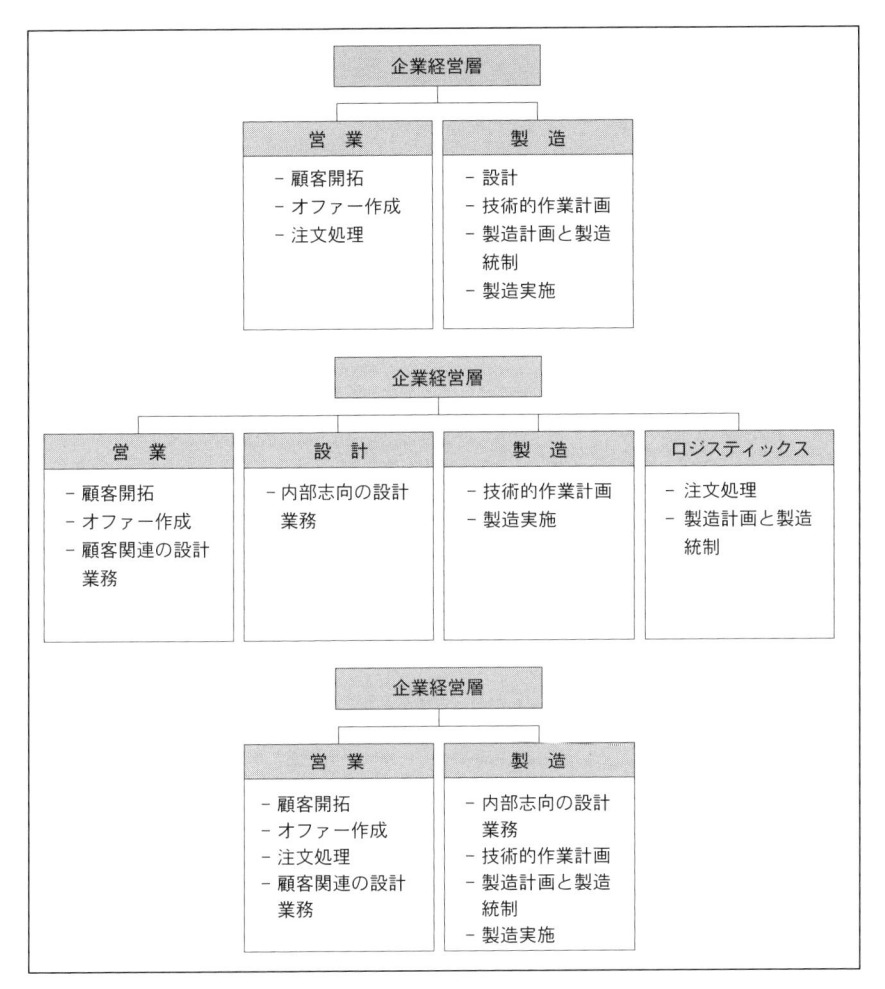

D. 目標に一致した組織デザイン　277

```
                        ┌─────────────┐
                        │  企業経営層  │
                        └──────┬──────┘
                      ┌────────┴────────┐
                ┌─────┴─────┐    ┌──────┴──────┐
                │  営　業   │    │   製　造    │
                ├───────────┤    ├─────────────┤
                │ - 顧客開拓│    │ - 設計      │
                │ - オファー│    │ - 技術的作業│
                │   作成    │    │   計画      │
                │ - 注文処理│    │ - 製造計画と│
                │           │    │   製造統制  │
                │           │    │ - 製造実施  │
                └───────────┘    └─────────────┘
```

```
                        ┌─────────────┐
                        │  企業経営層  │
                        └──────┬──────┘
        ┌─────────┬───────────┼────────────┬──────────┐
    ┌───┴───┐ ┌───┴───┐  ┌────┴────┐  ┌────┴──────────┐
    │ 営業  │ │ 設計  │  │  製造   │  │ ロジスティックス│
    ├───────┤ ├───────┤  ├─────────┤  ├───────────────┤
    │-顧客開拓│-内部志向│  │-技術的 │  │-注文処理      │
    │-オファー│ の設計 │  │ 作業計画│  │-製造計画と    │
    │ 作成  │  業務   │  │-製造実施│  │ 製造統制      │
    │-顧客関連│       │  │         │  │               │
    │ の設計│        │  │         │  │               │
    │ 業務  │        │  │         │  │               │
    └───────┘└───────┘  └─────────┘  └───────────────┘
```

```
                        ┌─────────────┐
                        │  企業経営層  │
                        └──────┬──────┘
                      ┌────────┴────────┐
                ┌─────┴─────┐    ┌──────┴──────┐
                │  営　業   │    │   製　造    │
                ├───────────┤    ├─────────────┤
                │ - 顧客開拓│    │ - 内部志向の│
                │ - オファー│    │   設計業務  │
                │   作成    │    │ - 技術的作業│
                │ - 注文処理│    │   計画      │
                │ - 顧客関連│    │ - 製造計画と│
                │   の設計  │    │   製造統制  │
                │   業務    │    │ - 製造実施  │
                └───────────┘    └─────────────┘
```

図51：注文処理の組織

メーカー'に分類された。

　電気機器製造業，輸送用機器製造業，機械製造業に属する企業が，調査対象の標準品メーカーのグループを構成している。これらの業種の製品スペクトルは，標準品にヴァリアントがあるのが特徴である。ヴァリアントを持つことは，製造品目構成を顧客に左右されずに確定できるという点である。この場

合，顧客は決められた在庫部材を使い作られるヴァリアントでもよいし，顧客の特注によるヴァリアントでもよいが，いずれにしても決められた製品ヴァリアントのスペクトルのなかからしか選択できない。

　標準品メーカーの場合，注文取扱いのなかに顧客開拓，オファー作成，注文処理，製造計画，製造統制および製造実施の職務が含まれる。顧客は，ヴァリアントの構成や納入量および納期だけに影響を及ぼせるので，上記の職務は他のタイプの企業のそれに比べると変動は低い。さらに職務複合性は，中心的製品構成のため平均以上に増大する。標準品メーカーが努力する受渡しサービスの水準は，注文取扱いに組み込まれた組織単位間の経営内の給付の結びつきが迅速に一致することを特に強く求めている（プロセス効率）。他方，注文取扱いに組み込まれていない職務（設計や技術的作業計画）の組織的デザインに対しては，できるだけ包括的な経営資源の利用（経営資源効率）が特に重視される。

　一括受注メーカーの場合は，注文取扱いのなかに顧客をより強く組み入れていく。この種のメーカーは，無作為抽出検査ではメーカーの基本的特徴が一括受注の形で注文を受ける自動車メーカーの部材供給業者である。一括契約を結ぶ前に顧客個別的な製品設計が行われるが，一括契約締結後に，顧客の納入要求があればいわば標準品を，ある程度まで 〜一括契約で決めた〜 日程的・数量的限界の範囲内で，取り敢えず加工・組立しておく。

　一括受注メーカーの本質的特徴は，注文取扱いが二段階に分けられる。すなわち一括契約の開拓と締結（第一段階），および一括契約の処理（第二段階)から成り立っている。第一段階では，顧客開拓，オファー作成，設計および技術的作業計画間の諸関係が調整問題を規定する。製品の顧客固有な設計の場合，これらの仕事は高い不確定要素を伴い，かつ経営内的給付の結びつきの他に，特に市場の相互依存が調整上重要になる。これに対し第二段階の場合，注文処理，製造計画および製造統制ならびに製造実施間の経営内的給付結合を重視する。この段階では，顧客から注文の突然の納入要求があった場合にだけ結果として変更が生じる。さらにすべての注文取扱い業務（第一および第二段階）は，比較的簡単な製品構成になっているので複雑さは中程度である。積極的な顧客との接触により，一括受注を開拓し契約締結に到る場合の組織的解決は，

高い市場効率とプロセス効率が保証されなければならないが，一括受注が遅れる場合はプロセス効率が重視される。

この調査に参加した*個別受注メーカー*は，電機・設備および機械製造の業界に属していた。この業界の企業の特徴は，顧客の注文が個別契約に基づく顧客特有の製品設計によって処理されるから，すべての注文取扱いが特に顧客の明確な要望に拘束される。

その他の業種の企業に比べて，この種の個別受注メーカーの場合，極めて要求の多い調整問題を発生させる。この点は先ず，注文処理を成功させるために考察対象の営業・製造のすべての職務が重視されることから明らかである。また考察を個別業務に限定するとか（標準品メーカー），注文処理を二つの段階（一括受注メーカー）に分けることが，この場合はできない。さらにこれらの業務は，顧客の基準に強く依存するため激しく変化し，またコストの掛かる製品構成を持っているので非常に複合的である。それゆえ，市場相互依存の調整や，注文取扱いに責任のある組織単位間の経営内的給付結合の調整が極めて重要になる。したがってすべての注文取扱い組織において，とりわけ高い市場効率とプロセス効率を考慮しなければならない。

注文の取扱いを，営業および製造（図 51a）部門に分ける古典的職能別構成は，際立った経営内給付結合と市場相互依存関係を生む。設計を営業部門から組織的に分離することは標準品メーカーの視点から見てマイナスにはならない。なぜなら設計は，通例，顧客がきっかけを作る製品生産プロセスに関与しないからである。つまり，設計と営業との間に如何なる市場相互依存も発生しないためである。このことが，顧客によってもたらされる不確定要素が少ないこともあり，この古典的な営業と製造業務の分離を助長させたのである。同様にプロセス効率の持続的低下は期待できない。なぜなら比較的不確定要素が少ないという根拠でインターフェース・マネジメント（例えば毎週の定例会議）の追加的措置を講じ，既存の相互依存を簡単に調整することができるからである。

これに反してこの組織的解決は，一括受注メーカーと個別受注メーカーの場合，営業と製造との間で広範囲な経営内給付関係や市場相互依存を発生させると思われる。それゆえ，そのような企業は相応しい市場効率とプロセス効率の

実現のために，営業と製造の古典的分離を，少なくとも部分的に保持しようとする。

直接，顧客とのコンタクトを必要とする設計業務を営業部門に固定することは，これらの企業にとって，かれらの視点から見て重大な市場の相互依存と，経営内的な給付結合を営業部門に内在化させることを可能にする。これに反して，標準品メーカーの組織構造の場合，注文処理の範囲内ではそれが市場効率とプロセス効率の持続的改善とは結びつかない。なぜなら，ここでは設計が固定された多様なバリアントを有するため，注文処理のなかに組み込まれていないからである。

設計業務の分割と，営業と設計（図 51b）もしくは営業と製造（図 51c）間の追加的な経営内給付結合は結びつく。しかし，顧客の要望に迅速に対応することが個別受注メーカーや一括受注メーカーの場合，重視されることを想起すれば，内部変換に伴う相互依存はそれに比べると，あまり重要でないことが明らかである。

さらに注文処理，製造計画および製造統制を，企業のロジスティックスにまとめることが，調整効率の向上にどの程度貢献し得るかという問題が提起される。個別受注メーカーと対照的に一括受注メーカーの場合，企業のロジスティックスを設けることは極めて有意義である。なぜなら製造計画および製造統制を，技術的作業計画から切り離すことができるからである。一括受注メーカーの場合，両方の業務が注文処理のさまざまに異なる段階で発生するから，組織上の分離によって重大な相互依存が具体的に表面化することはない。そのうえ，個別受注メーカーに比べこれらの企業の場合，業務の不確実要因が少ないので，製造計画および製造統制を製造実施から切り離すことができる。たしかに標準品メーカーも同じように，企業のロジスティックス構築には有利な前提条件があるが，このタイプの今回の調査対象企業の場合，そのような組織的コンセプトが導入されていなかった。この点は，特に業務の不確実さが少ない（一部分を在庫生産する）ことと，一括受注メーカーに比べて納品サービスの意義がより低いことに原因があった。

この解決策の利点は，企業のロジスティックスにおける営業と製造間の経営内給付結合の内在化にある。つまり，これと一括受注メーカーのプロセス効率

の持続的改善は結びつく。もっとも，すでに述べた如くこの種のタイプの企業にとり大きく問題にはならない製造との経営内給付結合を避けることはできない。

戦略的次元を組織デザイン・プロセスに加えることが不可欠なことを読者に明らかにするためには，さまざまに異なる組織構造を概略的に説明することで十分であろう。以下の節では，さらに戦略と組織デザイン間の関連を詳細，かつその構想について述べることにする[4]。

a. 戦略と組織構造

戦略は，企業のための将来の成功潜在性を構築しその確保に方向づけることを言う。したがって戦略的意思決定は，長期的に有効な基本的意思決定である。つまりそれが将来の，より詳細な意思決定のための基礎と枠組みを作る[5]。*Hofer* と *Schendel*[6]によれば，戦略の追求は経営資源の投入および企業，市場間の相互作用の根本的パターンのなかに現れる。経営資源の潜在性のデザイン，重要な市場の境界設定および市場における行動の定義があらゆる戦略の基礎を形作る。

ここで考察する組織デザインの問題点に対しては，企業戦略と競争戦略間の差別化が有効である。企業戦略は，企業の活動の場を製品－市場の組み合わせ（ミックス）の確定を通じて，つまり事業の場の構築を通じて境界設定を行う。製品－市場ミックスに対しては，競争基盤が競争戦略の定式化を通じて定義される。競争戦略は，企業がその他の市場参加者（主に顧客，競争相手，部材供給業者）に対して競争優位をいかに達成せんとするかを示すものである。

たしかに企業戦略からだけでなく競争戦略からもその都度，組織的要件を導びき出すことはできるが，以下の叙述では競争戦略の考察に限定した。したがって，さまざまに異なる競争戦略を持つ複数の事業の場を含む企業戦略の場合，全体の調整がどのように確保できるかという重要な問題はテーマにはならない。

競争戦略の理論は，*Porter*[7]の諸研究を通して今日に影響を与えてきた。とりわけ競争戦略をコスト・リーダーシップと差別化に区別する考えは，かれに

由来する。コスト・リーダーシップ戦略の枠組みのなかで企業は，給付生産に伴うコストの最小化に努め，したがって価格政策においては競争相手に対してより強い自由裁量権を確保しようとする。この戦略的措置においては給付生産プロセスを重視する。他方，差別化戦略においては競争相手の各種給付から自社製品（例えばデザイン，技術，品質）の差別化を狙う。この戦略では，顧客が当該企業の製品の選好を行うことを目指す。差別化戦略に成功すれば，独占的な価格形成の余地を持つことになる。

Porter が発案したこの基本コンセプトは，〜たとえ一部変更された形であっても〜 その後の議論の基礎になっている。

調整効率の視点から，採用された下位目標に関する自律性コストおよび調整コストの比較考量が，組織的なデザイン意思決定の方法上の核心になる。どの組織的デザインもこのデザイン・コンセプトの場合 〜少なくとも原則的に〜 一定の自律性コストおよび調整コストの特徴に還元できる。したがって競争戦略が組織構造に及ぼす影響は，戦略が自律性コストと調整コストに及ぼす影響に還元できる筈である。

調整コストの程度，つまり意思決定活動とコミュニケーション活動のために投入される経営資源と時間は，意思決定職務の性質とその職務から生まれる当該意思決定単位の量的・質的キャパシティに対して求められる要件に左右される。分業による意思決定の調整に求められる要件が，職務構成の動態性と複合性の増大に伴い高まる[8]という見解は，組織理論のなかでは（ほんの少数の）もはや広く議論される余地の無い見解である。

次節では，これらの職務の動態性と複合性に関するその時々の競争戦略が，調整コストの大きさを規定するという命題を根拠づけてみたい。

自律性コストは，相互依存の考慮を欠いたり，経営資源・市場潜在性を十分に使い切らなかったり，（階層）上位単位の方法・情報の潜在性を十分利用しないことにより，どのような企業の成功機会を逃すかを示す機会費用である。自律性コストの評価は，具体的ケースでは潜在性と相互依存の戦略的意義およびそれらに付随する効率諸基準の重みによって量られる。

すでに先行する節のなかで，自律性コストの計算が極めて困難な企てであることを繰り返し強調した。競争戦略を通じて決まる潜在性と相互依存の相対的

価値および効率基準の戦略的関連のウエートづけが，自律性コストの大きさを決めるという命題を次節で根拠づけてみよう。

図52で図示した競争戦略と組織構造の関連を次に説明する前に，この後の考察の方向づけになる競争戦略のコンセプトの要点を述べておきたい。

競争戦略と調整要件との関連を把握するためには，内部次元と外部次元の区別に基づく競争優位獲得のための諸原則の体系化が有意義である[9]。

内部志向の戦略的特徴は，製品・条件・物流政策のデザインを通じて生み出される市場給付の特徴に関係がある。実際のケースでは，たいていその戦略の特徴が，その時々の品質・納入サービス・コストに対する志向性のなかに現われる。品質志向性は，とりわけ顧客関連の品質要求の定義と，給付生産の場合の製品に対する諸要求の遵守のなかに現われる。納入サービス志向性を強調する本質的特徴は，短納期で厳しい納期厳守にある。コスト志向は，競争相手に比べて相対的にコスト優位に立っている。基本的かつ直接，組織的に重要な点は，企業が広範囲に亙り企業の内部パラメーターをコントロールするという事実である。

顧客志向の程度は，～給付生産プロセスに及ぼす顧客の影響度について定義されるなら～ 外部次元を通じて表現される。以下で仮定する投資材工業の場合，顧客からの影響の処理は，'製品の多様性'，'発注の仕方'，'製造中の変更の影響' などの特徴に応じた類型化を経て可能である[10]。

製品設計の標準化度（つまり顧客の要望が設計範囲に及ぶ影響）は，それぞれの製品の多様性のなかに表われる。ヴァリアントの無い標準品は顧客からの影響度がもっとも少ないものである。顧客からの影響が段階的に拡大するのは，ヴァリアントを有する（例えばユニット方式で組み立てられる）標準品や顧客特有のヴァリアントを有する類型化された製品に移行する場合である。顧客毎に個別に作られる製品は，顧客からの影響度がもっとも強いものである。

発注の仕方は，一つは初期の所要量の出し方によって，もう一つは納入の取り決め方によって決まる。在庫生産の場合は，顧客からの影響は最も少ない。つまり製造指図書を出す場合，原則，匿名の顧客については在庫品で対応する。顧客の影響が最も強く現われるケースは，顧客オーダーによる注文生産の場合である。一括オーダーで発注があり生産が行われる場合は，影響は中程度

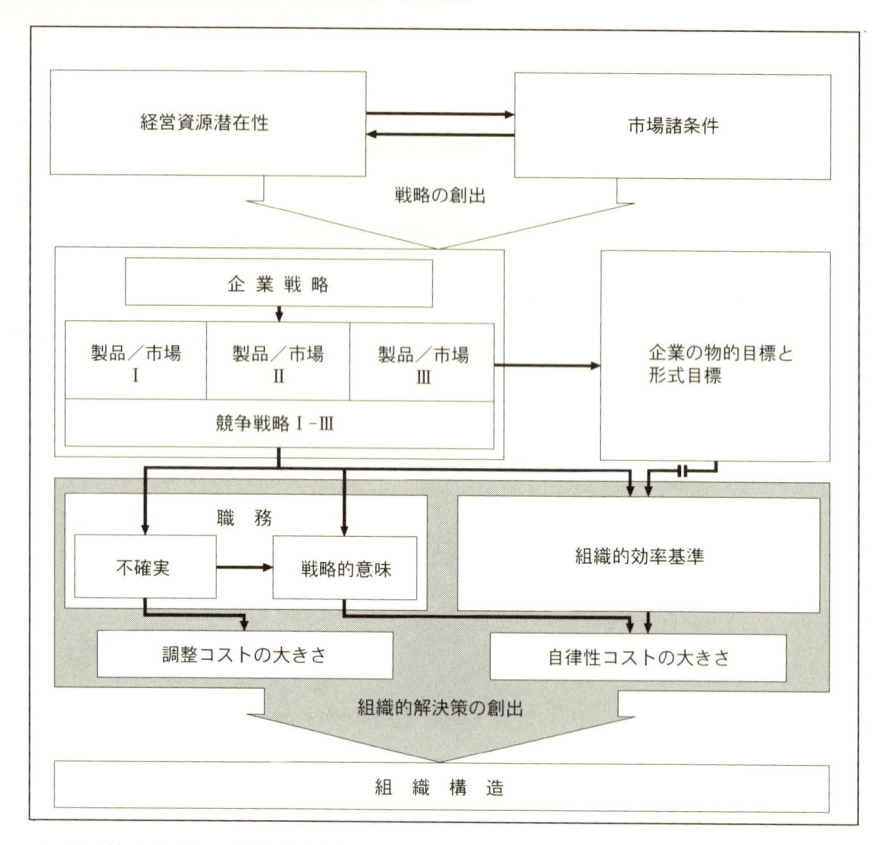

284 第2部 意思決定志向的組織理論の根本要素

```
┌─────────────────────────────────────────────────┐
│  ┌──────────────┐      ┌──────────────┐         │
│  │ 経営資源潜在性│ ⇄   │  市場諸条件   │         │
│  └──────┬───────┘      └──────┬───────┘         │
│          戦略の創出                               │
│  ┌─────────────────────────┐ ┌──────────────┐   │
│  │       企業戦略           │ │企業の物的目標と│   │
│  │ ┌───┐ ┌───┐ ┌───┐      │ │  形式目標     │   │
│  │ │製品│ │製品│ │製品│    │ └──────────────┘   │
│  │ │/市場│/市場│/市場│     │                    │
│  │ │ I │ │ II│ │III│      │                    │
│  │ └───┘ └───┘ └───┘      │                    │
│  │    競争戦略 I-III        │                    │
│  └─────────────────────────┘                    │
│  ┌───職務────────────┐ ┌──────────────┐         │
│  │ ┌────┐  ┌──────┐ │ │組織的効率基準 │         │
│  │ │不確実│→│戦略的意味│ │              │        │
│  │ └────┘  └──────┘ │ └──────────────┘         │
│  │ ┌──────────────┐   ┌──────────────┐         │
│  │ │調整コストの大きさ│  │自律性コストの大きさ│   │
│  │ └──────────────┘   └──────────────┘         │
│             組織的解決策の創出                    │
│       ┌──────────────────────┐                  │
│       │      組織構造         │                  │
│       └──────────────────────┘                  │
└─────────────────────────────────────────────────┘
```

図52：競争戦略と組織構造間の関連

である。ここでは，例えば自動車メーカーと部材供給業者間で，顧客側からの'納入請求'によって満たされる長期の契約締結が行われる。

製造中の変更の影響は，製造進行中の指図の中に顧客からの影響可能性を記述する。類型化は，二つの特徴を持っている。まず一つは，経営の給付生産プロセスのどの時点までなら顧客が変更要求できるかを把握する。もう一つは，顧客が質的（つまり設計上の），量的あるいは納期面の変更要求をどの程度表明できるかを考慮する。

これらの特徴に基づいて，外的次元が市場生産［量産または見込み生産，訳者注］および顧客生産［個別生産，訳者注］（'ヴァリアント品'と'顧客別設

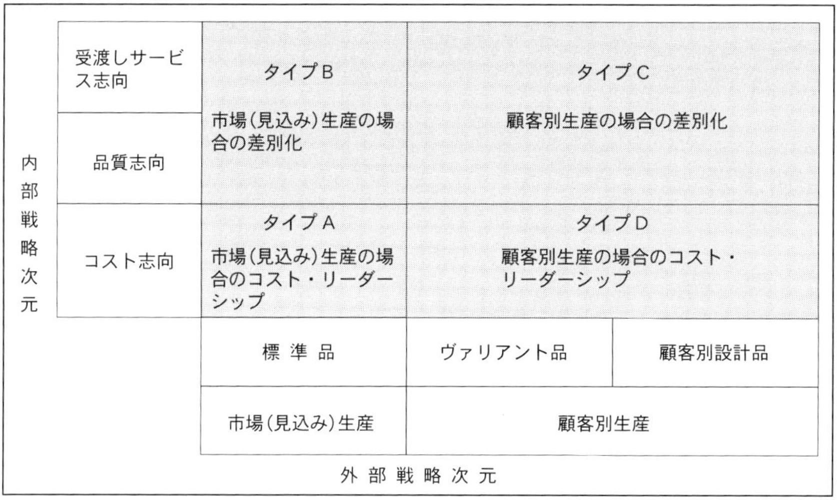

D. 目標に一致した組織デザイン　285

	受渡しサービス志向	タイプB 市場（見込み）生産の場合の差別化	タイプC 顧客別生産の場合の差別化
内部戦略次元	品質志向		
	コスト志向	タイプA 市場（見込み）生産の場合のコスト・リーダーシップ	タイプD 顧客別生産の場合のコスト・リーダーシップ
		標準品	ヴァリアント品	顧客別設計品
		市場（見込み）生産	顧客別生産
		外 部 戦 略 次 元

図53：競争戦略の体系化

計品'）のタイプにグループ化される[11]。

　図53は，体系化の結果を示したものである。四通りの競争戦略タイプに区分できる。つまり，見込み生産の場合のコスト・リーダーシップ，見込み生産の場合の差別化，個別生産の場合の差別化および個別生産の場合のコスト・リーダーシップである[12]。顧客への志向性の程度は，左下から右上に向かって増大する。つまり，その程度は見込み生産の場合のコスト・リーダーシップでは最小となり，また，個別生産の場合の差別化においては，特に顧客志向の生産の場合最大となる。見込み生産の場合の差別化と個別生産の場合のコスト・リーダーシップは，その限りにおいて中程度の位置にある。

b. 戦略依存的不確実と調整コスト

　ダイナミズムと複合性は，意思決定職務の調整要求が依存する二つの特徴である。ダイナミズムの特徴を通じて一つの意思決定問題の構造の安定性が時間経過の中で把握される。意思決定の場の要素の変化が頻繁であればあるほど，そしてまた考慮すべき要素が新種であればあるほど，ダイナミズムは大きくな

る。複合性は，或る意思決定問題の場合は，考慮すべき変数の数および変数間の関係を表現する。変数と関係数が増加するにつれて複合性は増大する。

　意思決定調整の視点から見ると，ダイナミズムと複合性はその都度，特有な帰結に到達する[13]。ダイナミズムは，時間的行為余地を減少させる。早期に当該意思決定問題に対して直ちに実現できる解決策を生み出すことはできない。実現の時点で，アド・ホクな意思決定の必要性が残る。或る程度の規模の意思決定問題の場合は，複合性が'全面解決'を阻む。最適性を保証する同時的な解決アプローチではなく，漸次的進め方のみができる。方法上この漸次的解決には，（階層的な）集計原則や多かれ少なかれ関連のない部分計画を使う。

　極めて安定的な条件のもとでは，しかも殆ど決定論的問題の場合，複合性の克服が情報処理能力の問題に限定される。したがって原則的に，調整のための詳細な意思決定プログラムが定式化できるであろう。調整プロセスに対する本来の挑戦は，意思決定問題が非常に不確実で，つまり極めて複合的でかつ同時に著しく変化し動的である場合に初めて発生する。

　競争戦略に関して言えば，不確実な規模に対する本質的影響はこの外的次元から始まる。顧客志向性が際立てば際立つほど，傾向として考慮すべき不確実さは大きくなる。

　市場生産（見込み生産，「訳者注」）のケースでは，重要な外部の意思決定の場が，市場セグメント別に買い手の行動を探るという形で統計的市場調査の方法を用いて比較的大まかに把握される。さらに見込み生産において首尾一貫したコスト・リーダーシップ戦略を追求する場合，ある程度まで給付生産プロセスに対して，市場からの影響が及ばないようにしておくことが絶対に必要である。こうすることによってのみ，低い単位原価にとって不可欠な生産量と最適経営資源利用の目標を目指す生産過程の流れが出来上がる。このような条件のもとで，調整プロセスに対する非常に詳細な規定を設けることにより，あらゆる効率基準に関する自律性コストを大幅に削減できる前提条件が満たされる。これらの関連については次節において詳しく述べることにする。もっとも何らかの高度な調整が図られる場合，～その高度な調整は経営資源の緩衝在庫が強く抑えられている際にも見られるが～　すでに制限されていて望ましくない変更が広範囲に影響を及ぼす。製品設計の標準化程度が低下する時，調整プロセ

スへの不確実な影響は増大する。製品や生産実施を個々の顧客の要望に合わせると傾向として複合性はより大きくなる。'外部要因'を顧客の物的資源および情報資源の形で[14]取り込むと、さらにダイナミズムは高まる。その際、これらの外部要因は顧客の意のままになるもので、しかも企業と顧客が共同で問題解決に当たる時、その外部要因の特徴はもっとも強く現れる。この点から調整に対する極めて高い要求が生じる。

或る一定の内部戦略の追求からは、考慮すべき不確実な領域に対する固有な影響は生じない。納入サービス、品質およびコストを志向することが、むしろその都度、〜次節において詳細に分析するが〜 給付生産、すべての価値の連鎖を領域全体にわたり考察すべき視点を明確に定める。

強調すべき点は、当該プロセスの或る段階における不確実の原因を必ずしも単純に切り離すことはできないということである。このことは、程度は限られているが潜在性要素と費消要素のバッファーを通じて可能である。原則として調達市場の方向および販売市場の方向へ全体のプロセス連鎖を通じてすべての変化が波及する（"カスケード効果"[15]）。これは特に注目を要する一つの事実である。なぜなら、顧客志向性の特徴が増大するにつれ不確実が発生し得るプロセスの段階数が増えるからである。

一般的に、不確実が高まると水平方向の調整要求が高まることが確認される。不確実がより高まると活動を前もって細かく計画する可能性を制限する。したがって大部分の調整は、該当する単位の当該レベルへ移される。その際、各種委員会においては共同で意思決定する必要性が高まる。不確実さがより一層高まると情報の収集・処理の強度を高め、また新たな方法ノウハウへの依存頻度を高めるので、不確実さがより高まることは、調整コストをより増大させる。

c. 自律性コストの戦略的意味

良く管理された企業において、すべての効率基準ができるだけ同時に達成され、しかも同時に、すべての自律性コストができるだけ大幅に削減できる'自然な'傾向が有ると仮定すれば、確かにこれは非現実的仮定ではない。この努

力を徹底して実行に移すことは 〜さらに考察してみるが〜 不可能である。しかし，この制約に左右されず調整効率（市場‐，経営資源‐，プロセス‐および権限委譲効率）の四つの基準間の関連を分かり易くする考えは適切である。特にこれらの効率基準のなかでもプロセス効率の意味は特別である。

　まず，前節において明らかになった事実，つまり，企業にとって内部的戦略次元と外部的戦略次元のどちらが重視されるべきかとは関係なく，通例，プロセス効率が支配的な観点であるという事実は指摘されなければならない。市場効率と経営資源効率の不足は，市場潜在性が普通十分利用されていないことと，経営資源シナジーが十分利用されていないことを意味する。その結果通例，それはともかく中・長期的視点で見て企業の存在をおびやかす。プロセス効率の不足は，内部の給付結合関係を通じて物理的に結びつくことから直接見えてくるが，その不足は市場給付の提供自体もしくは顧客にその市場給付の受容を疑問視させる。

　効率評価をプロセス関連的に重視することが，経営資源効率と市場効率の引き上げに集中すれば，大抵の場合，プロセス効率の保証要求を高めることを介してさらに強化される。経営資源効率や市場効率を，より一層高めることは傾向としてより一層広範囲なプロセス複合の調整が必要なことを意味する。例えば，生産資源の観点からさまざまな事業部間でキャパシティの均衡が図られる場合，相互依存構造が変化することにより，調整すべきプロセスのセグメントは増加する。製造単位と営業単位による直接的なユーザーとの接触を調整すべきものとすれば，それ相応の効果は生まれる。階層上位のレベルにおける不確実さはより高まるので，意思決定委譲の必要性が発生する場合は，これらの効果はさらに強化される。予測の不確実さが高まると，調整コストは上昇する。この背景を考えると，なぜ顧客志向を明確にする企業が包括的な意味で経営資源効率を実現できないかが理解できる。

　プロセス効率が優位にあるとの観点から，選択的組織構造の評価を行う場合プロセス効率を重視し，かつ経営資源効率ないしは市場効率の向上を組織の再構築を通じて，それをプロセス効率に及ぼす影響の観点から捉えることが，差し当たり大きく期待できる一つの発見法的原則と云える。

　結局，このプロセス効率の特別な意味は，どの組織意思決定も多重な目標設

定のなかの一つの意思決定に過ぎない，というすでに繰り返し強調された事実の表れである。このような状況のもとで何らかの基準のウエートづけなしに，意思決定を行うことは不可能である。もっともプロセス効率，経営資源効率，市場効率および権限委譲効率と大まかに区分する段階でウエートづけするとしても，場合によっては実践行動に対し何ら十分な貢献はしない。したがってウエートづけができる前に，先ず個々の基準を十分処理可能な部分基準に分解しておかなければならない。部分基準に分解することは，決して型どおりのプロセスではない。つまり，その分解作業はその都度追求される戦略の諸要求に添うものでなければならない。その限りでは，効率基準のウエートづけの問題を重大な潜在性および相互依存の確認についての問題から完全に切り離すことはできない[16]。

以下では，高い優先順位を持つ下位目標の設定と重大な相互依存および潜在性の確認を，見込み生産の場合のコスト・リーダーシップ戦略と，個別生産の場合の差別化戦略に対する，すでに採用した選択的競争戦略（図53を参照）の体系化に立ち戻り概略的に述べることにする。

見込み生産の場合のコスト・リーダーシップ

見込み生産の場合のコスト・リーダーシップ戦略は，経常活動を販売市場から意識的に分離することにより補強される調整を[17]明確に内部に方向づけることをいう（次図54を参照）。重大な相互依存および潜在性として以下の事柄を考察してみる。

- 内部の重要なプロセスの観点（例えば，資本拘束コストの回避のために中間倉庫撤去を目的としたスムーズな資材の流れ），
- 調達市場の潜在性の広範囲な駆使（特に一括調達），
- 現有の経営資源潜在性の合理的利用（例えば，規模の経済を実現するための製造指示の取りまとめ）。

比較的低度の不確実とそのことにより傾向的に調整コストが少なくなれば，あらゆる効率基準に合わせながら比較的高い調整の規定レベルが得られる。部材供給業者との間で契約上申し合わせをしておき，調達市場における大きな変化を減らすように試みてみる（例えば，製造同期的な部材の納入）。障害は，

それが納入遅れの形か，あるいは設備の故障かは別としてそのような調整コンセプトの場合，個別に非常に柔軟な対応が求められる深刻な問題を生む。このような状況のもとでは，以下の事項を優先順位の最も高い効率基準と見なければならない：[18]

- 資材の流れ関連のプロセス効率，
- （調達）市場効率ならびに
- 経営資源効率。

個別生産の場合の差別化

個別生産の場合の差別化戦略は，一貫して調整を外部の販売市場に合わせるという特徴を持つ。重大なことは以下の点である。

- 顧客別注文処理の範囲では外部関連のプロセスの観点（例えば，納期の厳守），
- （販売）市場の相互依存（例えば，調整された価格決定）および
- 要求の多い顧客別ノウハウの経営資源（例えば，設計ノウハウ）。

高い不確実性のゆえに制限される調整要求があると，特に顧客別ノウハウの利用は困難な綱渡りになる。一方では，特に経営資源を二重に利用して調整の

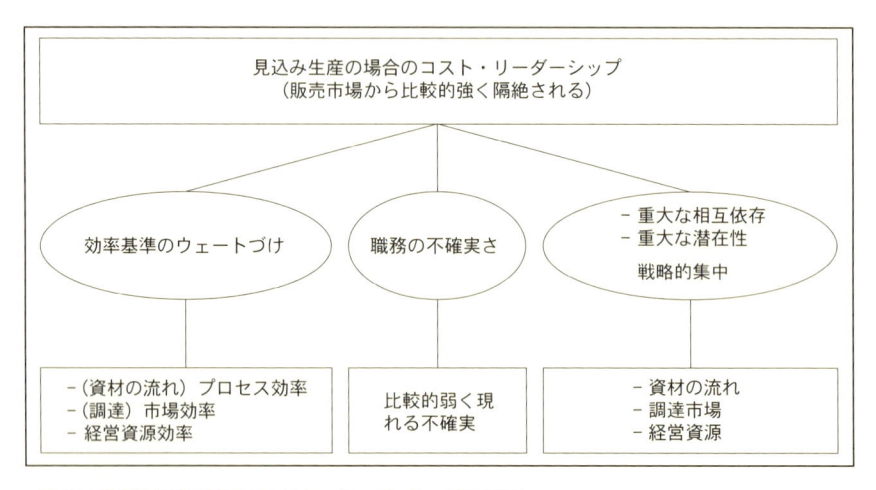

図54：見込み生産の場合のコスト・リーダーシップの影響

D. 目標に一致した組織デザイン 291

複合性を減らさなければならないが，他方では，経営資源を並行利用することにより発生する高コストが若干の分野においてこの努力に厳しい制限を加える。このような状況のもとでは最優先される効率基準として次の効率を挙げなければならない。
- 顧客関連のプロセス効率 および
- 相互依存関連の（販売）市場効率

以上の考察で，すでに明らかになったことは効率基準のウエートづけの問題が，調整の決定的対象を確認する問題と密接に結びつく点である[19]。

一般に，潜在性および相互依存に分類される自律性コストが特別な意味を持つ場合に，われわれはそれらを重大であると云う。以下では，'重大なこと'を厳密に規定するための考察を行ってみよう[20]。その際，戦略に沿った効率基準の詳細説明とウエートづけについては，選択された調整の場に対して分析が行なわれるという仕方でデザイン問題の事前の構造化が行なわれると仮定する。

重大な相互依存は，大きな不確実な事態に続いて（しばしば時間に迫られて）下される意思決定によって発生する。しかしその相互依存の影響は，先を見越した計画であってもごく限られた範囲でしか把握できない。つまり給付生産プロセスの前後の単位において障害を少なくする工夫をこらし，影響を一局

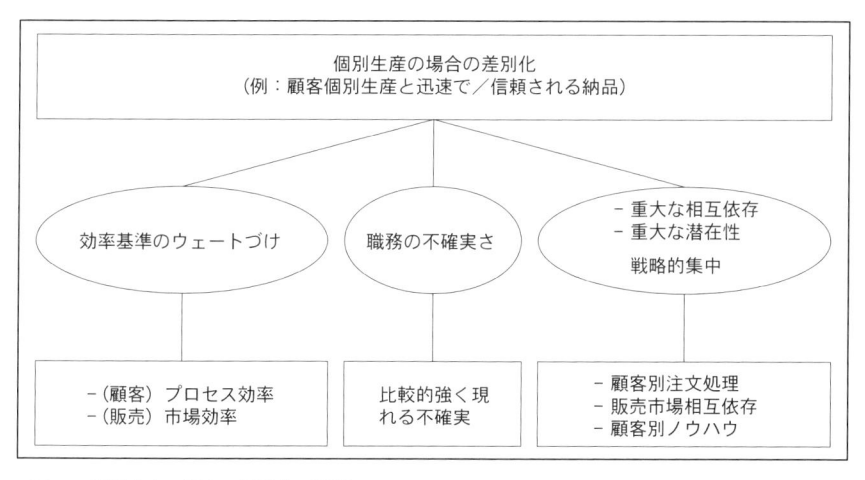

```
                   個別生産の場合の差別化
              （例：顧客個別生産と迅速で／信頼される納品）

   ┌─────────────┐    ┌─────────────┐    ┌─────────────┐
   │ 効率基準のウェートづけ │    │ 職務の不確実さ │    │ - 重大な相互依存  │
   │              │    │              │    │ - 重大な潜在性   │
   │              │    │              │    │  戦略的集中     │
   └─────────────┘    └─────────────┘    └─────────────┘

   ┌─────────────┐    ┌─────────────┐    ┌─────────────┐
   │ -（顧客）プロセス効率 │    │ 比較的強く現  │    │ - 顧客別注文処理  │
   │ -（販売）市場効率   │    │ れる不確実    │    │ - 販売市場相互依存 │
   │              │    │              │    │ - 顧客別ノウハウ  │
   └─────────────┘    └─────────────┘    └─────────────┘
```

図55：個別生産の場合の差別化の影響

部に限定しようとしても限られた程度にしか行ない得ない。重大な相互依存は，特に以下の事柄が原因となっている。

- 顧客からの影響（例えば，製造開始後の変更要求）
- 部材供給業者からの影響（例えば，入庫の遅れ）
- 可能性要素の障害（例えば，機械の故障）
- 中間製品の不具合（例えば，不良品の発生）

重大な市場潜在性の場合，さまざまな単位に割り振られる活動について潜在的に共通な交渉相手であるような市場参加者（顧客／部材供給業者）が問題である。さらに，これらの市場潜在性は戦略的観点から重要視されるので，市場ではまとまった企業統一行動をとらなければならない。

重大な経営資源は，戦略の転換を成功させるために重要，かつかなりの投資をすることによってのみ倍増できるような一つの給付の性格を持っている。多くの事業分野では特に人的資源が，例えば技術的ノウハウに関して云えば重要である。したがって，そのような潜在性が領域全般にわたり利用される保証のあることが，合理的経済活動の一つの要請である。

注
1) Frese / Noetel［Auftragsabwicklung］を参照。
2) Hahn / Laßmann［Produktionswirtschaft］を参照。
3) Eversheim［Organisation］を参照。
4) この点についての説明は，一部分は，すでに公刊されたケルン大学組織研究科の研究業績に依拠している。Frese［Anmerkungen］; Frese［Produktion］; Frese / v. Werder［Kundenorientierung］; Frese / v. Werder［Bürokommunikation］; Frese / Noetel［Geschäftsfeldstrategie］; Frese / Noetel［Auftragsabwicklung］; Laßmann［Koordination］; Hüsch［Angebotsabwicklung］und Noetel［Geschäftsfeldstrategie］を参照。
5) Frese / Mensching / v. Werder［Unternehmungsführung］117 頁を参照。
6) Hofer / Schendel［Strategy］を参照。
7) Porter［Wettbewerbsvorteile］および Porter［Wettbewerbsstrategie］を参照。
8) この点については，Frese［Organisationstheorie］と Laßmann［Koordination］の 81 頁および次頁以下の当該文献に関する概要を参照。
9) 詳細は，Frese/Noetel［Auftragsabwicklung］および Hüsch［Angebotsabwicklung］を参照。
10) Frese/Noetel［Auftragsabwicklung］を参照。Schomburg［Instrumentariums］をも参照。
11) 詳細は Frese/Noetel［Auftragsabwicklung］を参照。
12) その際，最後に挙げたタイプのものは，コスト・リーダーシップと個別生産が，ある程度までなら相互に両立し得るという特徴を持っている。Porter［Wettbewerbsstrategie］71 頁および

13) これについては Müller［Produktionsplanung］を参照。
14) Engelhardt［Marketing］; Bowen / Siehl / Schneider［Framework］; Larsson / Bowen［Customer］を参照。
15) Hüsch［Angebotsabwicklung］71 頁を参照。
16) 特定の階層関係も原則として決定的であり得る。もっとも，それらの関係を識別することは困難である。しかし縦方向で調整をすれば，さまざまに異なる階層レベルの諸単位の問題解決能力を段階的に利用することができる。このような理由から，上位・下位の組織単位の潜在性を一致させる傾向があるので，権限委譲関連の自律性コストの意義は比較的低い。したがって階層上の意思決定関係は，これ以上考察しないことにする。
17) 見込み生産の場合のコスト・リーダーシップ戦略における調整要求については Laßmann［Koordination］101 頁および次頁以下を参照。
18) 見込み生産の場合の差別化戦略においては，外部の顧客関連のプロセス観点がより大きな意味を持つ。品質および納入サービス志向の調整要求についての詳細は Laßmann［Koordination］109 頁および次頁以下を参照。
19) この問題は，すでに'重大'な相互依存もしくは，（より一般的に云うと）'重大'な調整の必要性の規定に関する文献の中で研究されてきたが，総じて組織の実践問題の解決のために，それほど説得させられるような成果を上げてはいない。Laßmann［Koordination］および Hüsch［Angebotsabwicklung］が一つの概観を与えている。
20) これについては，Frese/Noetel［Auftragsabwicklung］の方法上の構想をも参照。

IV. デザイン発見的方法のえり抜きの適用例

　この節では，ここまで述べてきた組織のデザイン構想の言明力を二つの今日的経営経済問題の観点から，しかも国際企業の組織構造と内部会計制度の分離独立の観点から明らかにしてみたい。その際，両方の適用例は広範囲な実際の組織問題の典型的事例である。

　付加価値創造連鎖の地域的構成の論理的帰結が，国際企業デザインの問題点である。組織的デザインの可能性の明確化は，主として範囲限定の問題，つまり細分化次元の考慮により規定される。その際，競争戦略を実行に移す場合の市場効率とプロセス効率の意味を優先して考察する。動機づけ次元は，企業文化の形で考慮される。

　内部会計制度のデザインは，完全に権限委譲の調整・動機づけ問題と同時に構造化の調整・動機づけの問題という特徴を持つ。調整次元の視点から見ると，権限委譲効率の基準が優先して注目されなければならない。しかし動機づけ次元には重要な意味がある。他のデザイン問題には見られないが，内部会計制度の分離独立は，意図的合理性要求の性格をもつ正式な行動期待と，個々の企業成員の個人的選好行動との間の緊張の場において起こる。このような背景から，'正しい意思決定' のモデルに方向づけられた行動規範の単なる基準値をデザイン要求に無造作に適合させることはできない。すなわち，その要求を満たすためには，動機づけコンセプトの意味の明確化と，同時に，特にデザインを先導する経営哲学の機能の分析が必要である。動機づけの意義に沿い，以下の叙述では "逸脱した行動" の形の明確化と，そのような行為の欠陥の克服の問題に集中する。しかし調整の問題性をテーマとはしない。つまりここでは調整に関する叙述，特に権限体系の構造に関する叙述が指摘できる[1]。動機づけ次元を優先して取り上げるのは，内部会計制度における行動次元の構想上の固定化を巡る今日的な経営経済的論議に貢献するという目標もあるからである[2]。

a. 国際企業のデザイン

　企業は，ますますかれらの活動を国際的に方向づけ，極めてさまざまに異なる国内市場において自らをプレゼンテーションする必要性に直面している[3]。組織理論的視点から見ると国際化の現象把握は，その現象形態の複合性およびその特徴の多様性を考慮すると困難で大胆な企てを意味する[4]。それゆえここでは，調整要求および動機づけ要求の特徴と，追求する競争戦略との間に存在する国際企業に対する根本的な諸連関を明らかにしたい[5]。

1. 付加価値連鎖の地域別構成の組織的帰結

　以下では，いくつかの国外市場で現地子会社かまたはその他の形式の代表部を介し事業展開を行う企業を考察してみよう。まず，戦略が異なる場合どのような調整問題が発生するかという問いを検討してみる。分析を競争戦略の影響に限定する。その際，当該企業はその全体戦略の枠組みのなかで，すでに処理すべき事業の場を確定しているということから出発する。同時に以下では，国際的文脈における競争戦略を企業の諸領域レベルで考察する。その際，さまざまに異なる現地拠点間（地域間の市場相互依存とプロセス相互依存）の販売市場とプロセス相互依存の発生に焦点を絞って分析を行う。

　地域間の販売市場相互依存は，例えば代替競争の場合や取引条件つきの政策に依存するケースにおいて発生する[6]。次の分析は代替競争のケースに限定した。例えば，A 国の顧客が同じ製品を A 国または B 国の現地会社を通じて購入できるとする。このような状況下では，オーストリアとスイスのトラックメーカーの現地会社は，スイスとオーストリアの同じ顧客と競合関係になる。地域間代替競争は以下の二つの前提に左右される。

- A 国と B 国の現地会社は，対象となる顧客の需要を同じ程度に満たせるような製品を提供する。
- 顧客は，調達に際し現地会社 A から購入するか，現地会社 B から購入するかを決めなければならない。顧客は供給業者の選択を一方では，法

的およびロジスティックスな理由から行えない。また他方では，当該企業が地域子会社に対して国境を越えた事業を禁じ，その規則を守るようにコントロールすることができるケースがあり得る。

多くの業界では代替競争の規模が増大している。その理由は，ロジスティックスの障害が取り除かれ，(さまざまに異なる市場において，ほぼ同一の製品が提供された結果）顧客の選好が国際的に同化し，かつ製品やサービスのオファーについての知識量が個々の国内市場で改善されるからである。

二三の現地会社がオーダー処理プロセスに参加し，顧客と取り決めをする際にも市場の相互依存は発生する。したがって部材供給会社の場合で云えば，米国の自動車メーカーとの間でドイツ本社の開発部門だけでなく営業を主体とした現地子会社が'現地'で交渉し，拘束力ある契約を結ぶことができる。

オーダー取扱いのプロセスで発生する販売市場の相互依存を含めて，付加価値連鎖[7]の地域構成を考察のなかに入れてみよう。この地域的構成では，個々の（付加価値）創出活動の立地の空間的配分とこれらの立地の数が考慮される。とり得る構成の選択肢の幅は，地理的集中から，つまり一つの国に（例えば本国に）付加価値創出活動の大部分を固定させる形から，すべての現地子会社が開発または生産など一定業務を集中的に担当するという地理的分散形を超え，付加価値創出活動のすべて，または大部分を個々のすべての国外会社に対して地域的に固定する形まで多様である。企業は意思決定に際し，部分諸機能の場所的集中と，その諸機能のさまざまな現地子会社への分散との間で，特に個々の部分諸機能の戦略的意義を考慮しなければならない[8]。

近年，競争激化に直面し，ますます多くの企業は分散を強化するために，あらゆる活動の地理的集中を断念する傾向に向かっている。つまり，すべての活動の調整を，より強化できるような情報・通信技術の絶え間ない改善を通じてこの傾向は助長されている[9]。結果的にさまざまな生産拠点で異なる構成部品，またはさまざまなタイプの製品を生産するいわゆるネットワーク構成が採用される。研究・開発活動も，しばしば地域的に分散させる。つまりこの種の活動を，最新の技術的発展水準を示す市場の近くへ移転させる[10]。しかし，立地選択が厳しく限定される機能もある。これには，とりわけ顧客の近くで活動すること，〜例えば広告媒体の制作など若干の例外は別として〜 販売を予

定するすべての市場に進出しなければならない，いわゆる川下活動（オーダー処理および物流，マーケティングならびに営業，顧客サービス）が含まれる。

　国際企業が追求する立地政策が，地域間のプロセス相互依存の程度や強さを規定することは明白である。付加価値連鎖のその時々の地域構成が，地域間のプロセス相互依存の構造を規定する。多くの事業分野では，付加価値連鎖の地域的分割が特に法的障害やロジスティックス障害を克服することによって，またコミュニケーション技術の障害を克服することによって進められるから，プロセス相互依存の現象がより一層強まるにつれて調整の必要性も高まる。

　地域間の市場相互依存およびプロセス相互依存の発生についての以上の考察から，競争戦略上の位置決めが，調整要求に及ぼす影響を判断する手掛かりになる。Ⅲ節[11]で採用した競争戦略モデルを使えば，示唆に富む関連づけができる。

　競争戦略は，企業が，競争相手に対して競争優位に立つための企業戦略を通じて画定した製品-市場の組合わせを，内・外諸次元の適切な構成を介しどのように作ることが望ましいかを確定するものである。内部戦略次元は大きく地域的構成を規定し，ここでは特に川上部門（原材料部門，訳者注）の付加価値の割当を規定する。国際競争は，コスト・リーダーシップのポジションからリードされる度合いに応じて，国際的に絶対的コスト優位および比較コスト優位を十分に利用することにより，また経験の集積を加速させてコスト・ポジションの改善を行うことが肝要である。しかし企業は，国際的構成の枠組みのなかで地域的学習効果（例えば，国内のノウハウの優位性を世界中で利用することにより得られる効果）を上げれば同じように差別化の利点を得ることができる[12]。それゆえ，地域間のプロセス相互依存は，特に競争戦略の内部的次元によって規定されている。

　地域間のプロセス相互依存の特徴は，～もっとも内部的次元と比較すれば，その相互依存はより少ないが～ 外部的戦略次元の構成の仕方如何により，つまり顧客に対する志向性の程度によって決まる。単なる営業のプレゼンスを超え，顧客にとって重大な地域間の重複分野を回避するため，上流の付加価値部分を目標市場に固定することが必要な程度に応じ，地域間のプロセス相互依存の構造は外部的戦略次元にも左右される。外部的次元については量産品を提供

するか，それとも個別受注品を提供するかを確定するから，それがオーダー取扱いにおける市場の相互依存の存在を大きく規定する。

　オーダー取扱いにおける地域間のプロセス相互依存と販売市場の相互依存は，追求する競争戦略に決定的に左右されるが，これは代替競争の形の販売市場の相互依存に対してあまり通用しない。この相互依存の形に関しては二つの説明の仕方が可能である。一つは，見込生産品と結びつく標準化は，物流上の障害が無ければ（一覧表9を参照，例えばセメント工業），代替競争の傾向を助長する，より高度の市場透明度の根拠になる。もう一つは，個別生産品の場合，国境を越えた代替効果に対して制約が発生する。その理由は，特に国境を越えたビジネスの企業内部の制約とコントロールが，顧客個別生産の場合，と

	見込生産品	個別生産品
代替競争	際立った特徴 標準化を通じ市場透明性が高くなる	特徴が薄らぐ 市場透明性は低い 個別的・長期的ビジネス関係に発展する傾向 顧客開拓のためには現地に進出することが必要
市場相互依存／オーダー取扱い	特徴が薄らぐ 顧客との接触が大幅に営業に制限される	非常に際立った特徴 川上活動と川下活動を地域的に分離し，川上の組織単位が顧客と接触する
プロセス相互依存	見込生産品と個別生産品との差は少ない	
	傾向として：コスト・リーダーシップの意義が高まるにつれ，プロセス相互依存がより際立って顕著になる	傾向として：目標市場における付加価値を顧客志向的に集中させるとプロセス相互依存の範囲は狭くなる

　一覧表8：顧客志向性の程度と地域間相互依存の程度

りわけその制約やコントロールが現地での顧客開拓を必要とする場合，見込生産に比べるとより一層簡単にできるという点に認められる。顧客個別生産の場合，現地会社の'越境'は明白であるが，その越境をより簡単に禁じることができる。

一覧表8には，顧客志向の特徴（見込生産，個別生産）と調整規定的な地域間相互依存（代替競争，オーダー取扱いの場合の市場相互依存，プロセス相互依存）との関連をまとめておいた。

2．付加価値の焦点が国内関連の場合と多国籍関連の場合

地域間の相互依存の際立つ特徴は，調整諸要求への直接的影響に現れる。さまざまに異なる国における事業単位の意思決定間の相互依存が強ければ強いほど，国を越えた調整の必要性はますます高まり，現地子会社[14]の自律性はますます制限される。この組織的関連を，以下では現地子会社が定める焦点を当該国内関連的タイプのものと国境を越えた多国籍的タイプのものとに分けて類型化したい。当該国内を対象とする現地子会社間では地域の相互依存の特徴は顕著には現れない。現地子会社の活動は，企業目標が追求される場合，大幅に当該国の市場潜在性と経営資源潜在性の利用に集中される。他方，国境を越えて多国籍に焦点を合わせる現地子会社は，国際的調整が必要な原因を作り，かつ現地子会社の自律性を制限する地域間相互依存に直面する。

前節において述べたように，現地子会社のその時々の焦点は，追求される競争戦略に強く左右される。一覧表9には，選択した業界に対するこの関連を例示した。この類型の，多様な業界特有の特徴を明らかにするため以下では，それぞれに異なるケースについてその都度，別の事例を用いた。

見込生産品を提供する進出先国を重視する現地子会社は，食品工業に典型的に見られるものである。しかしここでは，さまざまに異なる現地会社の製品が完全に当該国固有の需要に向けられたものか，あるいは顧客にとって選択的調達が重要でない場合，代替的競争は起こらない。オーダー取扱い上の市場相互依存は標準化された消費財の場合重要ではない。目標市場における付加価値の

広範囲な集中は当該国特有の経営資源を大幅に投入できるという根拠から，複数国間に跨がる給付結合（プロセス相互依存）を不必要にする。

　国内重視の個別生産の例としては，当該国の特殊性を強く考慮したサービスを挙げることができる。この前提は，例えば国際的に活動する監査法人が備えている。この種の会社では，必要な経営資源やノウハウの大部分を目標市場で調達できるので，給付処理範囲内の市場相互依存およびプロセス相互依存が，場合によっては弱いという特徴を持つ。もっとも，国際的に活動するクライアントの国境を越えた参加による国際的な，ある種の複数国間に跨がる調整の必要性が発生する。

　多国籍的な視点を持つ現地会社に対しては，見込生産品に関する多くの例を挙げることができる。なぜなら依然として見込生産品とそのサービスが高度に標準化されていて，グローバルな領域が基本になっているからである[15]。したがって，一覧表9の自動車工業について挙げた特性が，本質的に例えば医療機器や家電製品など他の見込生産品に対しても当て嵌まる。

　個別生産品の別の例としては，工作機械工業の特定分野，特に特殊機械製造業を指摘できる。ここでは，地域の顧客開拓活動が本社によって広範囲にコントロールされるから，取り立てて言うほどの代替競争は生じない。これに反してオーダー取扱い範囲内の市場相互依存は，本社に固定した開発権限を考慮すると顕著な特徴が現れる。プロセス相互依存は，コスト優位の実現のため，また顧客開拓の潜在能力を高めるため，川上の付加価値を地域的に分散させることが重要になるにつれ強くなる。工作機械業界に対して一般化した言い方が可能とは云えないが，当該業界の異質性が高いので限定的にしか云えない。さらに，大部分の中堅企業は国外市場への進出と，川上の付加価値の地域的分散の可能性の点から，全く特有な制約条件下に在る[16]。

　工作機械業界の特徴づけに関する相対的論評に見られるように，追求されるそれぞれの競争戦略の際立った特徴や，その他の企業および業界特有の枠組み条件が，必ずしも常に，ここで採用した現地子会社の類型の一つに明確に分類できるわけではない。重点を国内におくものと，複数国間におくものとの間には中間形態および移行形態があり，幅広く多様である。したがって例えば，明らかに見込生産品として分類される家電製品の場合には，一方で国内の消費者

D. 目標に一致した組織デザイン　301

進出先国重視の現地会社

見込生産　例：セメント工業

- 代替競争がない。なぜなら物流障害がそれぞれの国内市場において調達を求めるから。
- オーダー取扱いの範囲内に市場相互依存がない（標準化された量産品）。
- プロセス相互依存がでてこない。つまり、特に目標市場におけるロジスティクスの理由から付加価値が集中する。

個別生産　例：土木工業

- 傾向としてこの業界には代替競争が少ない。なぜなら、現地子会社の地域の顧客開拓活動が親会社によってコントロールされるから。
- オーダー取扱いの範囲内に市場相互依存の傾向としても少ない。なぜなら、営業およびその他の付加価値創出活動プロジェクト組織を通じてで来られ、調整されるから。なぜなら、ロジスティクスの理由により目標市場において付加価値創出活動の顕著な集中が行われるから。
- まったくプロセス相互依存はない。なぜなら、ロジスティクスの理由により目標市場において付加価値創出活動の顕著な集中が行われるから。

現地子会社の多国籍的重点

見込生産　例：自動車工業

- 代替競争が際立っている。なぜならロジスティクスの障害が少なく、営業のチャネルのコントロールが低下傾向にあるから（現在では移転の自由により促進される）。
- オーダー取扱いの範囲内の市場相互依存は重要でない。
- 川上の付加価値創出活動を地域分散させるため顕著なプロセス相互依存がある。

個別生産　例：自動車部品工業

- 代替競争は少ない。なぜなら現地子会社の地域の顧客開拓活動を親会社がコントロールできるから。
- オーダー取扱いの範囲内の市場相互依存が重要である。
- プロセス相互依存は重要である。なぜならコスト優位を実現し、顧客開拓の潜在能力を高めるため、川上での付加価値創出活動を地域的に分散させる傾向が顕著にあるから。

一覧表9：現地子会社による業界特有の重点

行動に強く根付く特殊性があり，他方では川上の付加価値部分を地域的に分散させる傾向も見られる。顧客志向的な鉄道車両の製造も，それが標準技術に依存する限り一つの中間形態と云える。ここでは代替競争が特に明確には現れず，川上の付加価値は，大部分目標市場において固定されている。

オーダー取扱いプロセスにおける市場相互依存の発生は，本社における開発ノウハウの集中や，適切な事業単位を顧客の開拓プロセスに直接参加させる必要性に左右される。

3．現地子会社に求められる組織的要件

前項までの考察では，さまざまに異なる競争戦略の調整要件を明確にすることに専念した。そのことを前提にこの項目では，簡潔な形であるが国際企業の二三の重要な組織問題を論じることにする。その際の関心事は，個々の現地子会社の意思決定を当該企業の全体目標に方向づけ，そして同時に，最低限の意思決定自律性を国外子会社に与えることにある。こうすることによって '現地' における企業者的行動を保障することができる。そのような視点から以下の三つの問題提起について考えてみる[17]。

１．現地子会社の意思決定裁量余地
２．コミュニケーションの関係
３．企業文化

1について：現地子会社の意思決定裁量余地

意思決定自律性の委譲が調整の視点から実行可能なのは，同時に二つの条件が満たされている場合のみである。一つの条件は，下位の単位に対して自律的部分意思決定の複合を与えることが可能でなければならない。可能であることによって経費のかかる調整プロセスの回避ができる。第二の条件は，上位の企業目標から基準を導き出し，下位の組織単位に対し拘束力をもって提示し，意思決定裁量余地が目標と一致するように基準設定を行うことが必要である。

多国籍的な意図を持つ現地子会社の場合，権限委譲のための両方の前提が満たされていないか，または満たされていても極めて限られる。本社と多くの現地子会社は，一つの国際的給付および市場の結合体の構成要素であるから，比

較的自律した意思決定複合体を構築するための可能性は無い。目標設定は，結局中枢部門の観点からのみ通例，親会社の観点で認識され，実現されるような規模の経済性を，国を越えて広く利用することに狙いがあるから，現地子会社に自己責任行動をとらせるような副次目標を引き出すことは限られてくる。それゆえ，このような戦略の場合は原則的に中枢部門を強化するが，同時に個々の現地子会社の地位を弱めてしまう[18]。にもかかわらず市場に近い川下部門の活動（例えば顧客サービス）に関しては通例，現地子会社に意思決定の自律性が与えられる。なぜなら，そのような活動を中枢部門で調整する場合，規模の経済性が実現できないし，その調整の実行にもタイミングの良い，しかも柔軟な'現地での'意思決定が求められるからである。実際に実現するためには，中枢部門で一義的に戦略的基本意思決定を下し，他方，現地子会社の意思決定自律性についてはむしろ業務的職務に制限することを意味する。

　もっとも，国外子会社の従業員の意欲喪失や環境変化への適応の柔軟性が低下するという或る種の危険は，強度の集権化に結びつく。この最後に挙げた事態は，一方において現地子会社に比べ中枢部門が販売市場から場所的に，より遠くなるということと，それと同時に反応速度が，より鈍くなるといことに結びつく。他方，意思決定を極端に集中すると，国外会社に蓄積された市場ノウハウや開発ノウハウが中枢部門で十分に利用されなくなる。このような難点を回避するために，企業はこの状況のもとで国外会社をますます強く意思決定プロセスのなかに取り込もうとする。この関連で云うと，一つの現地子会社が，より広い範囲の，極端な場合，全世界市場に対して一つの製品，または一つの製品グループについてあらゆる活動の調整を引き受け，しかし同時にその他のすべての現地子会社を，アイディア創出および意思決定発見のプロセスのなかに積極的に組み込むという，いわゆるリード・カントリー・コンセプト[19]の考えがあるが，これは注目に値する。この構想に拠れば意思決定の質や国外子会社の従業員の動機づけの有意な改善が達成できるだけでなく，それを徹底的に適用すれば本社の役割も完全に変化したものになる。強く多角化された多国籍企業が特定のコア市場で，かれらの国外子会社に世界的な製品責任を委ねる場合，事業部や現地子会社を従前通り本社組織の階層に合わせるという仮定はもはや支持できない。言葉の本来的な意味での企業全体の中枢部門は存在しな

い．それに代わり元々支配的な立場にあった親会社と並ぶ，特定製品もしくは特定製品グループ[20]のための‘重力の中心’となる同格の地域子会社がその役割を果たす．例えばこれについては，BASF（株）の合成繊維・皮革事業部のドイツからシンガポールへの移転が挙げられる．

特定国に重点を置く地域子会社の場合，意思決定自律性は大幅に本社から国外子会社レベルに移譲される．このケースでは，すべての現地子会社が給付生産に必要な，ほぼすべての付加価値創出活動に関わり，多国籍的な規模の経済性があまり重視されないから，戦略的性格を持つ意思決定権限の広範な委譲も可能であり，かつ意味もある．したがって当該親会社の仕事は，多国籍的な職務，例えばその時々のノウハウの移転とか，あるいは財務指標を使った子会社の緩やかな管理などに限られる．

2について：コミュニケーションの関係

以下では，本社と地域的に分散した子会社間のコミュニケーションの関係を中心に述べてみたい．ここでは，多国籍的な戦略上の重要な個々の現地子会社間の情報関係について，細かく立ち入ることはしない[21]．多国籍的な国際戦略を有する国際企業では，権限関連的な垂直方向のコミュニケーションの頻度は傾向として増大する．なぜなら，すべての国際活動を広範囲に互り調整する必要性があることとその活動に伴なう，より強い権限の集中が行われるので意思決定職務を，より一層大幅に実行することを義務づける形で本社から切り離し，現地子会社に移管されるためである．同時に，下から上へのコミュニケーションの頻度，つまりコントロール情報の伝達が増大する．なぜなら，中枢部門サイドでは情報については現地子会社に依存しているからである．これを背景として高能率のコミュニケーション・インフラを作ることがとりわけ重要である．コンピューター支援の情報・コミュニケーション・システムがその間，戦略的な情報や業務上の情報伝達のために使用される（使用できる）ようになってきているが，中枢部門と現地子会社の管理者間で情報交換を制度化するための補完的な組織的解決（例えば委員会，チームの設置）が必要である．

適切なコミュニケーションおよび情報インフラの構造を作ることは，確かに現地特有の戦略を有する企業にとっても原則，問題になるがそのコミュニケーション密度はグローバルに行動する企業のそれに比べると低い．国外子会社の

広範な意思決定自律性に直面すると，権限関連のコミュニケーションの相対的意義は逆に低い。この点については，さらにコントロール情報を転送するためにもコンピューター支援情報やコミュニケーション・システムが設置されなければならない。その際これらのシステムは，基本的な財務の統制情報の定期的な伝達を支援するだけでなく，本社が現地子会社に蓄積されたデーターや情報内容へ直接，個別にアクセスできるためにも役立っている。

3 について：企業文化

調整用具が投入された後，企業の従業員に対しては，常に多かれ少なかれ大きな意思決定裁量余地と行為の裁量余地が残されるが，上位の企業目標の意味でその裁量余地が生かされることが保証されなければならない。その際，特に国際企業においてはその時々の企業文化に特別な意義が認められる。動機づけのメカニズムとしての企業文化[22]は，企業目標の少なくとも部分的な内部化と，これらの企業目標の基礎になっている確信とか価値の内部化に基づくものであり，そしてその内部化が，企業目標と個人目標との間の隠れた矛盾を相殺し，それによって暗黙の行動コントロールを生じさせている。選択される戦略タイプは別として，どの企業も世界的な企業文化の統一と，国ごとに適応していくという緊張の場において，許容できる持続的な妥協点を見出していくという根本的な意思決定に直面している。

国境を越えた国際化戦略を追求する企業にとっては，まさに文化志向的な制御のメカニズムの価値は高い。このことは一方では例えば，プロフィット・センターのようなインセンティブ・システムの採用が地域ごとの成果の構成要素の配分が，極めて限られているために強く制限される。他方では，調整しなければならない現地子会社と文化の違いが地理的に大きく分散しているために統制上の諸問題を増大させる。国外子会社の文化の保護の程度と本社との関係の在り方如何により，国際企業の文化的適応形態を四つに体系化できる[23]。

統合 の場合，理想的には現地子会社の文化保護と本社の文化への現地子会社の適応という間で流動的な均衡を達成する。これに対して，*同化* は国外子会社の文化的アイデンティティを大幅に放棄する形をとる。*分離* は一つの文化変容であるが，本社の文化に取り込まれないで地域単位の文化を維持する。最も非能率的な文化変容と見なされる *脱文化* の場合，異なる企業文化への適

応は行なわれない。その場合，当該現地子会社はその独自の文化を大幅に失う。グローバルな企業では，個々の国および文化圏の共通点を強調し，その共通点から外れたそれぞれの進出先国の価値観の影響をできるだけ少なく抑えるという強い傾向が見られる。受け入れ国の価値や行動規範の喪失を伴い，極端な場合，現地子会社の文化を完全に根こそぎできる同化は，部分的に極めて否定的に評価されてきた。高い動機づけ効果は，受入国の個々の文化と当該企業の文化との間に広範囲な'文化適性'が国際企業に達成できるときに期待される[24]。それゆえ，統合が最も効率のよい文化変容形態として推奨できる。

現地子会社レベルでその国内に重点を置く企業では，その国特有の特徴をむしろ無視するようなグローバル企業に比べると，地域市場の特殊性について積極的な知識の集積に努め，特殊性を強く考慮することによって競争優位を確保している。したがって，さまざまに異なる地域のサブカルチャーの育成を歓迎する。ワールドワイドな規模の経済性の利用にはあまり価値を置かないから，文化変容の形態としては，大幅な分離が適切と思われる。つまり企業全体の文化は，このケースの場合左右されない現地子会社のさまざまに異なるサブカルチャーの総和から生まれる。もっともこのケースでは，動機づけのメカニズムとしての企業文化は意義を失う。なぜなら，国外子会社が例えばプロフィット・センターとして運営されるため，組織成員の目標に沿った行動を，適切なインセンティブ・システムを介して確保する可能性が原則的に存在しているからである。

本社が国際企業を文化面から統制することについては，国外子会社が強く文化を保持する場合であっても，受け入れ国の文化，もしくはローカル企業の支配的な文化との間で或る種の緊張関係が生じ，しかし，そのような緊張関係を完全に解消することはできないし，望まれてもいないことを考慮しなければならない。その都度，進出先国文化の価値観や行動規範は，本国から派遣された人々が自ら大きな努力を払う場合でも，殊に本国と受入国の文化の間に大きな隔たりがある場合は，部分的にのみ習得できるものと心得なければならない。たとえ個別ケースにおいて完全な内部化が可能であっても，その内部化が国際企業の統一的管理を妨げ，派遣された人々を親会社に再び呼び戻し，組み入れることは著しく困難である。この文化的緊張関係は，しばしば国外の子会社が

当該ローカル市場に対して革新的製品を提供することによって引き起される[25]。その際その製品の市場浸透の成功が，事情によっては文化的価値観の一部として従来の習慣や慣習との間でコンフリクトを生む。

b. 内部会計制度の分離独立[26]

'内部会計制度'というコントロール・システムの構築は，その構築の複雑さや発見的方法原則の導入の必要性を考慮すると，原則的にその他の経営の部分システムの組織とは異なってはいない。内部会計制度を分離独立させる場合，調整要件および動機づけ要件を構想上統合するために何らかの解決策を見い出す必要性があるというだけで，何らかの纏まった組織的考察を抱かせる。

1．内部会計制度の組織的次元

Schneider によれば，会計制度には，過去の，または期待された事実および行為経過のなかの経済的側面を，前もって基準とする知識要望に従い構造上同じように数値で表現，つまり測定しなければならない諸規則が含まれる，ということである。この統制システムの対象が情報である。どの情報をどの仕方で結びつけるべきかが確定される。それゆえ *March* が，会計制度のデザインを情報工学[28]と呼んだのは適切である。内部会計制度の目的は，企業の諸単位の意思決定を企業目標に合わせて統制することに見い出すことができる。その際，統制の基礎は主として貨幣的数値である。導入される内部会計制度のシステムから，例えば，何らかの部門別原価計算から個々の企業単位の意思決定職務の基準を導き出す。例えば，ある企業の外勤販売員が受注活動の際，行動期待値を貢献利益計算に基づき定式化することが考えられる。

どのような判断基準に従い，企業の各事業部門への情報基準値が会計制度を通じて定式化されるべきかの問題が提起できる。各事業部門に対する重要な情報の範囲限定ならびに適用すべき方法を確定する場合，目指す合理的なそして同時に，企業目標に一致した行動を仮定する度合に応じ，動機づけの考察を行うことなく，もっぱら決定論理的基準に従って行動期待のモデル化は行われ

る。しかし，〜すでに論じたように〜 組織的単位が企業目標を犠牲にして独自の目標を追求し，情報の収集，伝達，処理に当たり情報活動および意思決定活動のフォーマルなモデルとして指定されたパターンから外れることを例外にすることはできない。このケースの場合さらに別のデザイン要求を考慮しなければならない。つまり，内部会計制度の決定論理的基本の方向を動機づけに沿って修正しなければならない。販売員の例で見ると，決定論理的に根拠づけられた貢献利益による統制が，セールスの負担軽減に役立つかも知れない。顧客からの低い価格の申し出であっても販売員が，貢献利益がプラスになることを知っていたら，その申し出が販売交渉に当たり，大きく譲歩させることになるかも知れない。企業が正式に定めた目標（ここではできるだけ高価格）と，個人が考える目標（ここでは交渉の際'楽な'解決を優先する）とが一致しないこのケースでは，動機づけ問題が表面化し，行為欠陥の原因になり得る。

次に，企業が正式に決めた行為期待が実際行動を通じて[29]，たとえ能力の欠陥が理由であっても，あるいは業務努力の欠陥が理由であっても実現されない場合は"行為欠陥"と云うべきである。行為欠陥は，例えば複数の部門から予算の範囲を超える法外な資金要求が提出された場合，あるいは製造部門の管理者が製造原価の引き下げのために新たな製造コンセプトの導入を怠る場合などに現われる。正式な行動期待と個人の選好との間の潜在的不一致を，コントロール・システムの適切なデザインによって，どのように考慮できるかという問題を含め，次に会計制度の一つの中心問題を取り上げてみたい[30]。

その際，別の考察の中で追求される問題提起を明確にするため行為欠陥の概念を，エージェンシー理論の対応概念の範疇から区別することが有意義であると思われる。エージェンシー理論[31]と，ここで注目する視点には，職務遂行状況における"逸脱した行動"の問題の定式化が共通に見られる。両方の見方は結局，従業員（エージェント）が行為期間内に企業（プリンシパル）のイメージ通りの行為結果が出せることを保証しようと望むものである。エージェンシー理論は，この共通問題を契約理論的視点から考察している。したがってこの理論は，特に行為時点における逸脱行動がすでに契約締結の段階で，果してまた，どのように考慮し得るかという問題を分析のなかに含めている。

エージェンシー理論の視点から二つの契約問題が成り立つ。一つは品質の不

安定さ，もう一つは行動の不安定さの問題である[32]。品質の不安定さはこの関連で云うとエージェントには性格的欠陥があり，プリンシパルに秘密にしているかれの人柄に根ざす固有な性格であり，もしかすると期待された業績を上げられない（"できない"）ことを意味する。行動の不安定さが生じるのは，エージェントが契約締結後，仕事をする時に監視の間隙を悪用できるということと，かれの仕事の能力を，場合によっては ～契約で申し合わせた通りに～ 十分に発揮する（"意志"）が無いためである。契約を纏める際の両方の形の不安定さが考慮されるのは，契約当事者サイドの目標が異なることと，情報分布の不均等（情報の非対称）が存在するという仮定があるからである。不安定さと情報の非対称の仮定から次の結論が導かれる。すなわちプリンシパルは，エージェントによる企業目標の無条件な追求から出発し得ないことと，エージェントは，かれの行為に関わる特性と，かれの行為状況における実際行動についてはプリンシパルよりも，より多くのことを知っているという点である。

エージェンシー理論にとって，不確実さがこのように両方の形に区別されることが重要である。つまり，契約締結の観点からその不確実さを克服するためにさまざまな要求が提示される[33]。エージェンシー理論では導入したモデルの仮定のもとで，どのようにすれば潜在的契約当事者が合意できるような解決に到達できるかが研究される。品質の不安定さについて云えば，解決はエージェントにとって不利な効果（逆選択）を回避するため，潜在的なプリンシパルの情報量を改善するエージェントの努力（いわゆるシグナリング）に期待することができる。プリンシパルは，情報の非対称性を少なくするために追加的な措置を講じなくても，成功に依存する部分（同時に変動部分）を含めた報酬をエージェントに対して約束することにより，行動の不確実さを考慮に入れることができる。

以下の考察では，簡単にするために行動の不確かさに限定することにする。すなわち，職務遂行の状況下における動機づけの問題を分析してみる。

他の部分システムの場合と同様に会計制度の場合も，情報職務や意思決定職務のモデル化のために組織的デザインの重要な原則として調整次元に対応して市場職務の諸要件に応えることを基本とし，かつ，組織デザインに影響を及ぼす指針値として意図的に合理的な意思決定を行うという要求を選択すること

は，もっともらしく思われる。決定論理の手本によれば，意思決定単位が特定の職務遂行に当り，どのような情報にアクセスすべきか，そしてまた，果たして内外の組織単位から情報収集ができるかどうかを，多かれ少なかれ詳細に定めた何らかの規則の基本構造が開発される。多くの意思決定職務に対してこの規則の体系は重要情報をラフにしか説明できないから，意思決定単位に対しかれらの情報要求が具体化される場合，部分的に大きな裁量余地が残る[34]。

決定論理的に基礎づけられた意思決定基準のモデル化の必要性と，個人の選好を通じて規定される実際の意思決定行動との間に生じる緊張関係に直面すると，'内部会計制度' というコントロール・システムを開発する場合，われわれは一体どのような方法で，考えられる機能障害的な行動様式を考察のなかに入れるべきかという問題に取り組まなければならない。その答に，三つの異なる進め方を含めることができる。

- コントロール・システムの構築は，完全に決定論理的諸基準の実現に限定できるし，考えられる動機づけ欠陥の問題性を無視できる。したがって前述の販売員の例では，営業に対する直接原価計算制度に基づく貢献利益の統制が実施できると思われる。逸脱した行動，つまり企業の正規の基準に沿わない行動を回避するため，会計制度とは別に動機づけの措置を介して配慮されることが望まれる。たとえ近年，'行動統制' の問題が内部会計制度に関する研究の中で広く注目されていても[35]，大部分の文献，特にドイツ語圏の標準的教科書では依然として '正しく' 意思決定するという論理が，その内容的・教訓的構想を規定している。
- しかし逸脱した行動を排除できない傾向があり，これが，意思決定基準をモデル化する際，考えられる行為欠陥を考慮しようとする何らかのデザイン構想の追求をも容易に促している（内発的行動統制）。やや大袈裟に表現すると，われわれが議論してきた多くの解決アプローチの '裏をかく' という原則に還元することができる。気づかれない行為に乗せられる傾向のある組織単位は，もしその単位が経営者の情報操作によって間接的に企業目標の方向に誘導される場合，その単位は裏をかかれている[36]。外勤の場合は，決定論理的に根拠づけられたアプローチが内発的に修正され，相手からの極端な価格譲歩を阻止するために営業のコン

トロールを全部原価に切り換える方法も考えられるかも知れない[37]。
● 最後は，個人目標と企業目標との間の潜在的不一致を，調査データを使い，（さらに）人々を動機づけできるような措置，コントロール（外発的行動統制）システムを実装することによって，克服する試みを行なってみることができる。一つの行為欠陥を暴くことは，直接，動機づけを行う性格を持つかも知れないが，適切な統制介入につながるかも知れない。経営者は，例えば前期に比較し販売員の顧客開拓の成績が低ければ，職務遂行のやり方を細かくチェックするきっかけにするかも知れない。

　内部会計制度を発展させる場合には，原則として動機づけ関連の措置を取り入れることを断念し，もっぱら意思決定論理的要件に合わせることが可能である。内部会計制度は，経営全体の行為の多様性のなかの或る限られた断面を数字で示したものに過ぎない。それゆえ，コントロール・システム以外に動機づけ措置を定着させることは容易ではない。

　ここで例示した行為欠陥の扱いに関する可能性には，内部会計制度の範囲内で見て一つの大きな実践的意義がある。それにもかかわらず，行動をコントロールするあらゆる道具を包括した実践的諸問題解決のためのまとまりのある言明力を備えたコンセプトに対するデザイン原則を，系統立てて関連づけることはできない。以下の節では，そのようなデザイン・コンセプトの輪郭を描いてみたい。

2．行為欠陥，行為コントロールおよび行動志向的情報デザイン

　内部会計制度にとって特徴的な，オフィシャルな行動コントロールと個人の行動選好との間の緊張関係を概念的に捉えるために，行為欠陥，行為コントロールおよび行動志向的情報デザインという三つの概念要素を検討対象にする。図56に，以下で説明するコンセプトを略述した。出発点は，企業計画の新規作成，計画策定の裁量余地の充足およびインフラ構造の精査から構成される内部会計制度の導入のため特に重要と思われる三つの行為（意思決定）に区別される一つの行為状況である。三つのすべての行為について欠陥を排除するこ

312　第2部　意思決定志向的組織理論の根本要素

```
┌─────────────────────────────────────────────────┐
│  ┌───────────────────────┐                      │
│  │ 行為状況              │                      │
│  │ 企業計画の新規作成    │                      │
│  │ 計画裁量余地の充足    │                      │
│  │ インフラ構造の精査    │                      │
│  └───────────────────────┘                      │
│              ⇧                                  │
│       行為欠陥の回避／削減／修正                │
│  ┌───────────────────┐   ┌───────────────────┐ │
│  │ 行為コントロール  │   │ 行動志向的情報デザイン │
│  │ 階層コントロール  │⇐──│ 内発的行動影響行使 │ │
│  │ 自己コントロール  │   │ 外発的行動影響行使 │ │
│  │ エキスパート・コントロール │ │                │ │
│  └───────────────────┘   └───────────────────┘ │
│                                                 │
│           内部会計制度の諸道具の源泉            │
└─────────────────────────────────────────────────┘
```

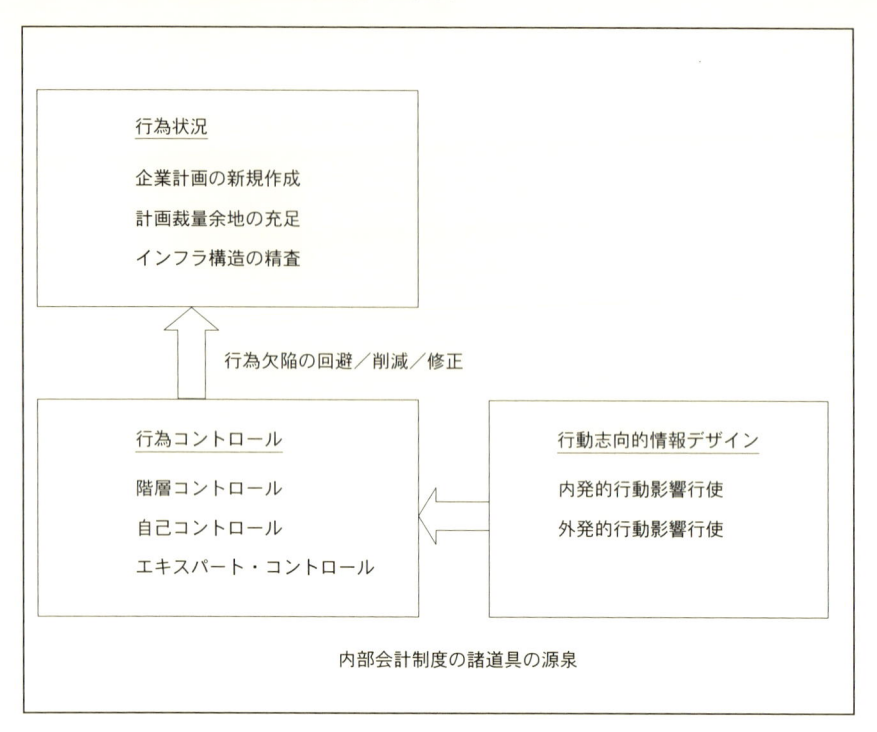

図56：内部会計制度の行動志向的モデル

とはできない。行為コントロールの措置（階層上のコントロール，自己コントロール，およびエキスパート・コントロール）は，行為の欠陥を回避し，それを削減し，修正することを狙っている。内部会計制度は，このような課題解決のために内発的・外発的に行動へ影響を及ぼす手段を与えてくれる。

行為欠陥

　すべての大企業は企業目標の定式化と達成のために，そしてまた企業の諸単位の調整のため何らかの包括的な計画策定システムに依存している。企業のすべての単位は企業包括的な総合計画の作成と実現に参加しているが，総合計画を介して初めてさまざまに異なる目標および活動の追求のために必要な安定度が保証され得るのである[38]。あらゆる企業活動に伴う多様な形の不確実があ

るがゆえに，すべての行為を計画策定を通して細かく確定することはできない。充足しなければならない行為の裁量余地は残る。目標 - 実績のコントロールが簡単にできるような広範囲にわたる詳細な計画書を，ただ単に履行する場合と異なり計画書を新規に作成する場合，また裁量余地を充足していくとき，暴くことは極めて困難でしかも逸脱した行動を明らかにすることは容易ではない。内部会計制度のデザインのために計画策定の裁量余地を，意図する措置が所与の枠組み構造（例えば，生産能力，組織構造）を通常所与のものとして仮定するという事実は特に重要である。経常的な精査と，事情によってはこれらのインフラ構造の必要な変更が独自の行動期待値を意味する。ここでは行為欠陥が特に怠慢な行為として現われる（例えば，出資の引き揚げの断念）。以下では，計画書の新たな作成の場合，また計画策定の裁量余地を充足する場合，そしてインフラ構造を精査する場合の行為の欠陥について簡単に述べておこう。

企業計画書を新規に作成する場合のさまざまに異なる組織単位の役割は，一方で，企業活動と経営資源の割り振りをある程度までは本社部門で計画する必要性があると規定される。計画書は経営陣が拘束力をもって定める。つまり計画書が，下位のすべての企業単位のそれぞれの行為の裁量余地を厳密に説明する。企業規模が大きくなるにつれ，また計画策定の規定要求が強まるにつれ，（特にスタッフや本社管理部門を設ける形で）エキスパートを配置して支援させることが重要になる。他方では，実施部門がそれぞれの市場の要求や投入すべき技術について熟知していることが不可欠である。それゆえ，特に大企業では，分権化された部門や組織単位が，基準になる重要データを遵守しながら，行為プログラムを策定し，必要な経営資源の根拠を示して承認を得るという仕方で諸々の計画書が作られる。経営者には'現地の'諸条件に関する情報量が限られているため，提出された計画書を必ずしも包括的に精査することはできないから逸脱した行動を見つけることは容易ではない。その限りでは，つねに当該企業目標に沿わない活動を追うという危険が発生する。文献では，特に極めて楽観的な予測によって計画書承認の見込みを高め，さらに，経営資源の寛大な申請をさせて行為の裁量余地を拡大し，成功への圧力を減じるような傾向が研究対象にされてきた[39]。

あらかじめ定めた企業計画書に基づき，業務単位の'経常業務'は計画策定

の裁量余地を充足する形で記述される。したがって逸脱した行動は，大部分が基準値と一致しない目標追求の形か，または，業績努力不足の形として現われる。例えば，前以て基準値として定めた成果目標を犠牲にして，自分の業務範囲の拡大努力や，あるいは製造部門の不良率引き下げ努力を怠ることなどが挙げられる。

インフラ構造は，長期間活用すべき経営資源（例えば，人材，機械設備）の配置を通じ，またそれらの組織的編入を通じて成立する。つまり，そのような行為潜在性の構築は投資計画策定の部分として行われる。長期的な企業成果の確保のためには，企業の各事業部による既存のインフラ構造の精査と変革が特に重要である。一例を挙げるとソフトウエア作成部門を廃止し，外部市場で標準ソフトウエアを購入するようにする。下位の事業部門に対しては，そのような恒常的変革のマネジメントが，資格能力についてだけでなく，動機づけに対しても，とりわけ減資の意思決定[40]の際の動機づけについても要求される。既存のもの（そして見かけは定評のあるもの）を抜本的に問う能力は，部門を越えた相互依存を通じて特徴づけられる複合的インフラ構造に直面すると，特別な分析手法に立ち戻ったり，コンフリクトを孕む交渉に乗り出す心構えを必要とする。

行為コントロール

'コントロール'の概念は，ここでは，'影響を及ぼす（影響力）'という意味で使用している。それゆえこの概念は英米の'Control'概念に相当する[41]。これには階層によるコントロール，自己コントロールおよびエキスパートによるコントロールの三つの基本形態があり，以下ではこれらについて述べるが，いずれも行為をコントロールする要素を意思決定職務のなかに含めることは適切である。階層上のコントロールの枠組みのなかで上位に位置する単位（ここでは特に企業経営層）は，コントロール機能を行使し，一方，自己コントロールはそれぞれの意思決定単位を通じて行なわれる。エキスパートによるコントロール措置を，外部のコンサルティング組織に対してだけでなく，〜以下で主に考察する〜 内部の審議機関にも任せることができるが，ここではコントロールの担当者には，意思決定権限が無いという特殊性が指摘できる。かれら

D. 目標に一致した組織デザイン　315

のコントロール職務の本質は，特に情報の発掘とその提供を通じて階層上のコントロールおよび自己コントロールを支援することにある。

次に，行為コントロールの三つの形態について説明する。

階層によるコントロール は，指示権を仲介する権限職位を基礎とし，組織諸単位に任せた職務ができるだけ効率よく履行されるように保証することを目指している。階層コントロールは自己コントロールの代わりをする。企業経営層の関与が強ければ強いほど，組織諸単位に残された自律性の度合は弱くなる[42]。階層によるコントロールの場合，一方では，階層諸単位に与えられた質的・量的キャパシティに限界があり，他方では，下部の諸部門との協働を保証するかれらのコントロールの能力に限界がある。

自己コントロール は，業績の潜在性を戦略レベルにおいて構築し，そしてそれを保証し，さらに業務レベルにおいてそれを十分に駆使することを，企業諸単位の能力および意欲に期待する。組織諸単位が職務遂行に当たり，受ける制約が少なければ少ないほど，自己コントロールの度合は大きくなる。組織では，すでに個人間分業の必然的結果として意思決定自律性の或る程度の認容が行われる。しかし動機づけの考察に基づけば，調整の視点から見ると必要な限度を超えた自己コントロールの権限の認容が考慮されている。確かに自己コントロールをより多くすると，従業員の参加や自己責任を自覚した企業者的行動が促進されるが，同時にそれは逸脱した行動に繋がる裁量余地を生む。したがって，自己コントロールは資格付与の措置や恒常的学習だけを促進するわけではない。自己コントロールは，企業目標との一体感のなかに表われる[43]組織成員の忠誠心[44]に対して，より高い要求をも課すが，このことは，その他のコントロール形態のなかでも見られるケースであるが，その他の形態では組織成員の忠誠心に対する要求度は高くはない。

エキスパートによるコントロール は，内部および外部のコンサルティングの人々を通じて行なわれる。内部会計制度のコントロール・システムとその行為システムを構築するためには，部内スタッフと中央統括部門[45]によるエキスパートの行動が特に重要である。つまり，これらのスタッフや中央統括部門が，企業経営層のために戦略上・業務上の構想を練り行為提案を与えているからである。大企業のトップ・マネジメントがスタッフや支援部門をまったく持

たなければ，その職責を果たせないことは疑う余地はない。エキスパートによるコントロールを通じ，階層コントロールの欠陥や〜下位単位からの助言の過程で〜自己コントロールの欠陥を或る程度まで補うことができる。このエキスパートによるコントロールにも，階層によるコントロールや自己コントロールと同じような限界がある。さらに助言する立場は，指示権を持たないので協働させる能力や社会的感受性など特別な要求が課せられる。この助言者的役割の難しさは，スタッフ-ラインのコンフリクトとして組織理論の一つの伝統的テーマになっている[46]。

行動志向的情報デザイン

情報の収集，伝達，処理に方向づけられた内部会計制度のようなシステムの場合，そのデザインの原則は強く情報関連的である。もしわれわれが予算確定の際に参加するというような[47]手続きの観点を無視するとしたら，意思決定行動に及ぼす情報の影響を内発的原則と外発的原則に区別できる。

意思決定に効果的なインパクトを与える*行動の内生的影響*の場合，すでに利用しなければならない解決法や関連情報の観点から，意思決定単位の潜在的動機づけの欠陥が考慮される。意思決定論理モデルに相応しい基準は，個々の構成要素について修正するか，または操作する。情報面の操作の過程で経営資源が使用される場合，期待される行為の欠陥を補う試みが行なわれる。そのような経営資源の利用は，例えば計画書の新規作成（特に，投資計画書の作成）との関連で，また経営内部の様々なサービスに関連し，かつ既存のインフラ構造に適応させる場合の二者択一的手続き方法間のコスト比に関係づけて行なわれる。すべてこれらの例を内発的影響形態と呼ぶことができる。投資計画策定に際し，経営資源の法外な要求を抑えるために，例えば，実際の資本コストを上回る最低利回りを予め決めておく。経営内部のサービスを求める場合，コストの感度を高めるために本社で決めた（操作された）振替価格を適用する内部市場が設けられることが，もう一つの例である[48]。手続き方法が比較される場合，例えば，相応しいコスト配分を行なうことを通じて人材資源の'値上げ'を行なうことができるし，またそのようなインパクトを与えることによってより高い自動化の方向へ向けて，既存のインフラ構造の変革を促進することがで

きる[49]。もっとも,すべての内発的な行動影響行使が一つの困難な企てであることを見落としてはならない。挑戦すべき点は,～そのような'二重の意味を持つ'原則の信憑性というなお論ずべき問題は別として～ 情報面のインパクトを,新たな問題(例えば,過度に引き上げられた振替価格であるため有意義な本社のサービスの利用を断念する問題)[50]を発生させることなく,当該行為の欠陥がもたらすマイナス作用を相殺できるように見積もるという恐らく完全には解決できない問題である。

　内発的行動は,組織単位の行為に対し事前に影響を及ぼそうとするが,他方,*外発的行動影響行使*は,分析の過程で事後的に行為の直接的観察,ないしは記録化により,あるいは事態の直接的把握を通じて行動を変化させる効果を引き出そうとする指標情報に基づいている。指標情報の一例は,達成された利益の形で表される行為結果の報告である。生み出された情報の正確さ如何により,指標情報は,多かれ少なかれ重大な行為複合の識別および分析のために,徹底した分析活動を引き起こす。行為欠陥に関する情報を生み出す仕事を通じて,大抵の指標が目標イメージと実際状況との比較に依拠することを説明する。その場合の一つの根本問題は,状況に応じた目標規準の提起である。したがって一つのコスト指標は,例えば,企業目標に一致した行動がとられる場合のコストのような目標規準が,コスト決定要因(例えば,操業度)の,その時々の特徴に適合している時にのみ,経営資源投入の経済性に関する説明ができる。言明能力を持つ目標規準を定義するための可能性は,枠組み条件の安定性に依存する。行為状況の構造化が進めば進むほど,また,定義できる制約が多ければ多いほど,食い違いを証明する指標の言明力は高まっていく。これに対して,存在するものを問わねばならない革新的行動に対し何らかの目標規準を設けることは極めて難しい。もっとも,革新は恐らく特定分野(例えば,研究部門やマーケティング部門)では限られた期間,行為を規定する。また革新的プログラムの実行を保証するためには,限定した行動期待を安定させる行為の枠組みが,ある程度までは欠かせない[51]。外発的に行動影響を与えるための行為関連情報は,さまざまに異なる基準に従って体系化することができる[52]。

　分析の原則は,まず行為の質に関する判断を下すための情報プロセスがどのようにして始まり,そしてコントロールされるかによって区別することができ

る。一つの可能性として，確率の原理に従い行為を直接観察するか，もしくは報告書や資料を評価する方法がある。この方法は，確かに一定の状況下では極めて根拠があるし予防的な行動作用もあるが，この方法の限界は，情報の収集と評価の仕方が系統立っていないことと，無目的であるという点である。それゆえ内部会計制度の重点は，経常的に（'自動的に'）産み出すことができて，かつ'例外管理'の原則に従い，時と場合に応じ目標志向的に介入できるような指標の設計に置かれる。

指標の特徴づけに際し考えられるもう一つの差別化は，原因－結果の関連に関する仮定に関して可能である。指標は，判断すべき行為との直接的関係を仮定し得るような情報を生み出すことができる。しかしまた，当該行為に関する間接的説明しかできないような指標をも採用できる。結局，経営者が動機づけに際し重要と考える分析用具として適切であると認める限り，どの情報も指標としての性質を持ち得るが，経営で実践する場合は，業績向上努力や目標志向性について説明する時，できるだけ直接的に影響を与え得るような行為要素[53]が重視される。その際，とりわけ因果律が重視される[54]。

結局，指標作りの原則とその原則に従う分析は，果たしてそれらが投入側（例えば，使用された投入要素の種類と数量）に適用されるのか，それとも産出側（例えば，産出の質と量）に適用されるのか，あるいは，それらが結果的に両サイドの要素を同時に考慮するような概括的数値になるかどうかによって区別し得るものである。すでに言及した貨幣的基準の優位性に対応し，内部会計制度におけるこれらの可能性は，原価，収益および経済的成果の形で表われる。

実務において内部会計制度をデザインする場合，できるだけ市場成果を含めることにより行為期待の充足を把握しようとする努力が観察できる。この考えは Kaplan や Cooper の次の文章の中において明らかである。「会社の営業状態に関して利益情報を従業員へ与えることによってかれらを動機づける会社もある。利益は原価以上に，より総合的な財務的シグナルであり，利益の上昇は，原価低減に比べて改善のためのより強力な動機づけの因子になることが分かる。これらのシステムは，原価を低減させるとか，原価の発生を回避させるなどの消極的行動ではなく，利益を増大させる積極的行動にチーム成員を集中さ

せる時の純粋な心理的効果を与えてくれる」[55]。

原価を単純に考察することに比べると，成果の視点を強調することのほうが市場成果の意義の重要性を考える際，もっともな原則である。ただし分業システムのなかで成果志向の指標を使い個別行為を判断することには限界がある。

販売市場に直接アクセスしない行為セグメントを評価する場合，例えば製造部門を評価する場合，内部市場が形成されるケースにおいてのみこれらの限界は克服できる[56]。業績志向の指標は，ここでは内部振替価格に依拠することによって生み出される。言明力ある指標を作る問題の場合，内部市場の多層性を的確に把握するには，例えば企業の付加価値連鎖のうち二つの行為セグメントについて考察すべきである[57]。一例として或るエンジン工場の鋳造作業を考察してみる。この鋳造工場は，仮定であるが自社のエンジン組立用のエンジン・ハウジングのみを造る。つまり外部市場へは供給しない。二番目の例は，'市場調査'という行為セグメントである。つまりこの市場調査部門は，さまざまに異なる企業内部門に対して内部サービスを行なう。振替価格が導入されれば，最初のケースで言えば一つの擬制的市場が存在する。擬制的内部市場には，価格メカニズムを通じて解決しなければならない配分問題は存在しない。鋳造工場とエンジン組立工場との間の投入－産出関係は，大幅に固定されている。つまり組立工場に一定の生産水準が有る場合，部品仕様書を通じて組立工場へ供給しなければならない鋳物部品の種類および数量は限定されている。このケースでは，貨幣的取引成果の報告は鋳造工場の原価の経済性評価のための指標として使われるべきである。もし〜市場調査サービスのケースにおいて〜当該内部市場が何らかの配分問題を解決するとすれば，実在的内部市場が存在すると云える。エンジン組立工場と異なり，市場調査サービスの需要に関しては購入すべきサービスの種類および数量について意思決定しなければならない。実在的内部市場の配分機能の他に，この内部市場は報告された取引成果に関し，同時に行為セグメントとしての'市場調査'の判断に対する何らかの指標機能をも果している。

原価指標を以って要素費消についての行為の質を判断しようとする。考慮しなければならない原価の選択が，とりわけ原価配分[58]の古典的問題が，このような進め方との実践的・学問的議論を規定する。その際，'重要な'費用

'発生源関連的' な範囲設定を求めるという極めて明白な傾向がある。ここでもすでに強調したように選択的配分法による行動への影響の判断が，結局は一つの経験的問題であることがわかる。経験的研究は，望ましい行動への効果が因果律を適用しただけでは決して現れない，ことを示している[59]。

　生み出された指標の給付能力の観点から，原価に基づくアプローチと成果に基づくアプローチを比較する時，われわれは両方の指標が一つの行為または或る行為の一セグメントを判断するための要素投入を考慮したものだという確認から出発しなければならない。原価志向の指標は，給付能力の分析を同じく原価の妥当性に向ける。つまり市場志向の成果指標は，取引成果の報告書を通じて，もしかすると原価の経済性の議論にもなり得るような一つの探索過程を引き起す。それゆえ分析活動の焦点を重大な研究対象に合わせる場合，原価に基づく指標に若干の利点がある。成果を基礎とした指標の導入に同意する考察は多い。'市場における能力証明' および市場の諸給付との比較は，先進工業国の企業に当て嵌まる市場経済体制下では一般に肯定的に受け入れられている。内部市場の重要な行動への影響は，もっとも，概してその影響は実在的内部市場に限られるが，個々の取引の観察を超えインフラ構造全体の経済性を精査するような活動を引き起すところに特徴がある。もし，内部給付に対する需要が無いか，あってもごく限られていれば供給者側に未使用のキャパシティが発生し，またそのようなキャパシティの存在が，オファーする製造品目およびサービスの適性や品質に関する問題を投げかけるかも知れない。

3．行動志向的デザイン用具の概念統合

　前項では，行為の欠陥，行為のコントロールおよび行動志向的情報デザインなど三つの要素を内部会計制度の考察のなかに導入した。これらの要素間の関連を以下において明らかにする前に，以降の考察の基礎を精緻化するために，ここでもエージェンシー理論の進め方との違いを明らかにしておきたい。二つの相違点が特に重要である。

　第一の相違点は，外発的行動影響のモデル化に関わるものである。エージェンシー理論は[60]，推計学的環境影響に基づき，プリンシパルは（かれが原則

的に利用できる）行為の結果から，職務遂行状況におけるエージェントの実際行動を推論することができないことを仮定している。このような前提のもとでは外発的行動コントロールの原則は，エージェンシー理論が観察するような動機づけ問題の解決には何ら寄与し得ないと思われる。プリンシパルとエージェントとの間で結ばれる契約のコントロールのための道具としては，内部会計制度が，せいぜい資料的機能しか果たし得ないと思われる。内部会計制度は，何よりもまずプリンシパルとエージェント間で取り決められた成果配分の基礎になる数値を通して，そのような経済的諸事態を説明するような役割を持つものと思われる。本書において発展させた構想は，以下の二つの別の仮定から出発している。

- 一つは，会計制度を通じてプリンシパルに対し，行為と結果[61]間の相関関係に関する通常の仮定を超え，より高度な情報内容にアクセスできるような指標を生み出し得ることが仮定される。実際には，明らかに言明力ある指標が，特に時間的に先行した活動との食い違いの調査や，その他の内・外部の組織単位との比較の過程で生み出せるという見解が流布している。外勤の或る従業員の成績がかれの以前のそれに比べ，あるいは他の従業員の成績に比べて劣るという事実は，プリンシパルにとって成績向上の努力不足の可能性を追求するきっかけになる。
- もう一つは，プリンシパルが事後的に自らの権限に基づき指標情報を通じ始まった分析の段階で，というよりはむしろ，内部または外部のエキスパートを動員して，口頭および文書で裏づけをとりながらエージェントの実際行動を，或る程度まで再現できるということが仮定される。こうしてプリンシパルは，例えば販売員の出張計画や交渉の話合い期間をチェックする（させる）ことができる。

以下に述べなければならない外発的行動影響のデザインに関する構想の基本的考え方は，指標作りや分析の進め方が経営者の主観的デザイン哲学に強く規定される，という組織デザインの方法的基礎を論じる場合に，個々に根拠づけられた命題[62]に還元することができる。情報デザインの選択的形態の影響に関する仮定が無ければ，それが自分の経験の結論であれ，あるいは流布されたマネジメント・モデルの単なる借用であれ，内部会計制度を具体化する場合，

実践的に行動に移すことは不可能である。

　内発的行動影響の観点から見ても，以下の考察はエージェンシー理論とは区別される。エージェンシー理論の場合，参加する契約当事者の合理的行動から出発する。つまり，プリンシパルもエージェントも効用最大の追求者として行動する。（周知の，または仮定された）効用関数から出発すると，プリンシパルは情報操作がエージェントの行動に及ぼす作用を規定することができる。以下の考察では，このような制限的前提に与していないことが分かる。むしろ以下の考察はプリンシパルが 〜外発的行動影響のケースのように〜 プリンシパルの（主観的な）デザイン哲学に従うという点から出発している。この種のデザイン哲学は，例えばエージェントによって知覚される行為の諸条件が操作されることによって，行動すること，とりわけ業績向上努力の強度に対して影響を及ぼすことができるという確信を通じて特徴づけられるように思う。外勤における全部原価の基準は，例えば，状況の（マージンが少なくなるという）'重大局面'が高まり，行為圧力が発生し，より強い業績向上努力が生まれるという見解に規定され得る。

　以下の叙述は，このような方法的基礎に基づき行動志向的デザイン用具の統合を説明したものである。まず，本書で採用した三つの行為欠陥の概念を区別し，情報デザインのさまざまな形態を記述し，行為コントロールの個々の形態のそれぞれの意義について述べることにする（一覧表10）。

　この考察に引き続き，内発的影響と外発的影響が細別される場合，それぞれのデザイン哲学の影響がどのように現われるかという問題に取り組んでみたい。この関連を，市場に特徴的なデザイン哲学の例を以って示しておく（一覧表11）。

　一覧表10では行為欠陥の回避，またはその削減のための情報デザインの範囲を示した。

情報デザイン 行為欠陥	内発的行動コントロール	外発的行動コントロール	
企業計画書の新規作成	申請衝動 自己コントロール 例： 最低利回り基準	申請指標⇒申請分析 階層コントロール エキスパート・コントロール 例： 整合性チェック： 過年度の経営資源所要量	例： 販売予測の精査
計画策定の裁量余地の充足	行為衝動 自己コントロール 例： サービス用内部市場	行為指標⇒行為分析 階層コントロール エキスパート・コントロール 自己コントロール 例： 原価志向のベンチマーキング	例： 営業活動の精査
インフラ構造の精査	構造変革衝動 自己コントロール 例： 製造部門における固定資本の最低利回り	構造指標⇒構造分析 階層コントロール エキスパート・コントロール 自己コントロール 例： 生産力フル稼動の証明	例： 技術進歩に直面し諸前提のコントロール

一覧表10：行為欠陥の回避または削減のための情報デザイン

　内発的行動影響の場合，考察される行為欠陥により異なるが衝動が申請衝動，行為衝動および構造変革衝動に区別される。申請衝動については，計画書新規作成段階で動機づけに有効な相応しい情報のモデル化により，例えば（引き上げた）最低利回りを基準にして企業目標に一致した計画書の申請が行なわれる。行為衝動は，動機づけ志向的情報の採用によって例えば，企業目標の意味における相応の振替価格を見積もることにより，計画裁量余地の充足に影響を及ぼす。構造変革のコントロールのための衝動は，インフラ構造の内発的精査に向けられる。一例は，一つの製造システムに投入される資金に対する最低利回りの基準である。

　外発的行動影響の道具は，指標と分析に従って区別される。指標は，それが行為欠陥を示唆することが仮定されるような情報を意味する。分析は，行為欠

陥の内容規定のための指標により引き起こされる探索過程を指す。

　申請指標と申請分析は，計画書新規作成の際の行為欠陥の指摘を狙っている。整合性チェックに立ち戻り，例えば，多額の経営資源要求を根拠づけるために記載された提出計画書のなかのデータをチェックすることができる。行為指標と行為分析の助けを借りて，計画策定の裁量余地が経常的に充足される場合，行為の質に関する説明の努力が要る。行為指標は，例えば調達市場から販売市場までの，それぞれの付加価値連鎖の説明を通して，行為の貨幣的成果を報告させ，かつ営業活動の精査に役立てる。適切なチェックが行われれば，原価に基づくベンチマーキングの結果にもなり得る。構造の指標と分析によって，既存のインフラ構造を適応させる場合の手抜かりを把握すべきである。構造分析を始めるためには，広範な情報（例えば，キャパシティ負荷に関する情報）が問題になる。

　一覧表10には，衝動・指標・分析用具の考察のために重要な，その都度考えられるコントロールの形態を示した。この一覧表は，階層によるコントロールとエキスパートによるコントロールのための外発的行動影響のあらゆる道具が，誘因措置（賞罰）の導入のために利用できることを示している。個人の意思決定計算のなかに情報パルスを与える外発的コントロール用具は，定義によれば自己コントロールの形をとる。もしかするとわれわれは，情報操作の過程で階層によるコントロールか，またはエキスパートによるコントロールの形を想定しているかも知れない。しかし，本書はそのような形を考えない。

　分析用具については，申請型の分析は自己コントロールの形をとらない。なぜなら自己コントロールは自らの情報操作を暴露することであり，それ自体矛盾するからである。行為の指標と構造の指標について見ると，どこかの単位で自らの行動をも精査する情報の発端になり得る。もっとも，この自己コントロールの形は行動精査の意欲を前提にしている。

　すでに強調したように[63]，この内発的行動影響，とりわけ申請衝動と行為衝動によるコントロールは甚だ厄介な道具である。逸脱行動を予測し，情報操作をその影響の点から補償的措置を通じ，その逸脱行動を無力化する仕事は困難な綱渡りである。行動志向的操作に関しては，コントロール・システムの設計者には分からない，隠されたさまざまな組織単位の個別的選好に直面し，求

める補償効果を上げることは不可能と思われる。それゆえ結果として決定論的基準が歪曲され，企業目標に一致する諸活動のコントロールが妨げられ，かつ従業員の組織への忠誠心も疑わしくなる。それゆえ，実務ではこのような方法の追求が極めて限られるようである。以下の考察は，外発的行動影響に限定し，指標の体系化に重点を置く。まず，各指標の適切な体系化の程度の問題について検討してみよう。

　一つの指標が求める体系化の程度については，或る拡散的行為圧力について非常に大ざっぱな指標も，探索・分析プロセスに対し持続的なきっかけを与え得ることが先ず確認できる。もっとも比較的構造を持たない指標は，探索の焦点を絞らない。経営者がこのようなケースで，推測された問題の発見のために当該の探索・分析プロセスが，如何に徹底的でかつ入念であったかについて判断を下すことは難しい。指標が当該の問題または問題域をより直接的に，かつより具体的に記述すればするほど，探索はより一層目標志向的となる。体系化され，問題探索を誘導する指標を生み出すための条件は，一覧表10のなかで明らかにした分析用具ごとに異なっている。

　高い情報内容を持つ指標を構想化することに対しては，*申請指標* の場合に最大の制約が発生する。計画書作成が問題となるような状況では，計画書に基づく目標基準に依拠する可能性は限られている。ベンチマーキング・アプローチからも，計画策定段階に対しては限定的にしか比較尺度を引き出せない。先行する年度に申請された経営資源要求のなかで目立った食い違いだけを証明する何らかの申請指標があれば，場合によってはすべての申請の精査を要求できる。結局，指標を問題関連的に方向づけるためには申請者の逸脱行動の経験だけが考慮される。

　三つの指標のうちで，*行為指標* が原理的に問題志向的形成のための最も包括的な可能性を提供する。考察される行為は計画策定の範囲内で行なわれるから，行為範囲も分析範囲も制限されている。計画裁量余地自体の充足のためには，つまり細かな計画基準値によって決められていない行為複合に対しては，必然的に限られた計画書に基づく目標値だけが導き出す。言明力のある行為指標を生み出す困難さは，自己責任を課した（'分権化された'）現場の行動の利益になるように，本社による計画策定の意義を低下させる度合いに応じて高

まっていく。経験値があると，しばしば過去の期間の比較値やベンチマーキング情報のみに頼ってしまう。強調される分権化の組織哲学は，責任感が十分な従業員の行動力と意欲に対する信頼があって初めて成功裡に追求できるものであり，その限りにおいて指標を使った階層上の介入に対して制限が設けられることをこの関連で見落としてはならない。

　行為欠陥の識別およびその除去については，*構造指標* が特別な要求をする。インフラ構造は，より長期的な視点に目標を合わせている。それゆえ，もし一つの構造が作られる場合，まず既存の質的・量的キャパシティの経済的な使用が問題となり得る。そのような目的設定が行われると，すべての責任者のところで経常活動の潜在性を所与のものと見なして，疑問視しない傾向を強める。さらに，インフラ構造には，しばしば唯一の指標だけでは把握し得ないような非常に多様な特徴（例えば，キャパシティ，技術，組織，人材）が含まれる。また内部会計制度は通例，重要な影響要因の一部分しか説明し得ない。したがって技術的発展や構造革新には，それらを考慮するための特別な指標が求められる。それゆえ潜在的諸問題の全スパンを把握できるように，探索をコントロールするための指標はない。計画値は，一定の前提のもとで計画された構造を，その有効性および効率の点から経常的に精査することが問われる場合は，必然的にあまり意味を持たない。確かに，計画されたキャパシティ負荷に対する食い違いは，行為欠陥について十分説明ができるが[64]，インフラ構造が複合している場合は，とりわけ市場の競争相手が設定する最善の実践規準の採用が欠かせない。

　インフラ構造は企業の行為潜在性を持続的に規定する。つまり国際競争における戦略的競争要因の優先順位が，そのインフラ構造に求められる。このような事情のもとで，指標の創出や分析活動の構造化について，より斬新な内部会計制度の大部分のコンセプトが，インフラ構造の精査や変革に際し，行為の欠陥除去を目指すことは驚くに当たらない。工程別原価計算，目標原価計算およびカイゼン原価計算などの新しいモデルは，この関連では完全に行動影響を意図したものであり，マネジメントの一定の行動仮定を通じて特徴づけられる[65]。これらのモデルは，伝統的な構造を根本的に疑問視するものである[66]。

　情報デザインのさまざまな形の叙述と，それらの形の投入方式について述

D. 目標に一致した組織デザイン　327

べてきたので，以下では先行した説明のなかで繰り返し強調したマネジメントにより追求されるデザイン哲学の影響をテーマにしてみたい。事情活動を行う経営者の主観的価値観や信念を通じて規定されるデザイン哲学の性格は，情報デザインの個々の道具を考察する際，手本となるような言明だけが受け入れられる。一覧表 11 はこのような意味で理解して欲しい。この一覧表は，現在ドイツやその他の工業国における組織再編成の際に観察される一般的傾向を，市場に特徴的なデザイン原則を取り入れて示したものである。ますます多くの経営者が，ワールドワイドな競争に直面し，かれらの企業の組織デザインを完全に'市場を階層のなかに入れる'という原則追求に従って行動しているように思われる。このような趨勢の背景と，とりわけ広範囲にわたる計画策定のアプローチの，考えられる長所が実際には生かすことができないという判断を市場原理が優先されるなかで，どこまで明らかにできるかという問題については別のところで述べた[67]。

　一覧表 11 で示したように，市場的デザイン原則は，とりわけ計画策定余地を満たし，かつインフラ構造の精査を行う際に重要である。それに対して，企業計画書の新規作成段階で余りにも楽観的な予測に基づいて行為欠陥を回避または削減するために市場的原則を採用しても取り立てて言うほどの影響はない。場合によっては申請指標を作る際，継続性監査のための市場ベースの比較数値が考慮されるかも知れない。それゆえ，以下の説明では計画書作成段階における行為欠陥を無視することにした。

行為欠陥 ＼ 情報デザイン	内発的行動コントロール	外発的行動コントロール	
企業計画書の新規作成	申請衝動 "策にのせる"	申請指標 行動に関する仮定に基づく整合性テスト	⇨	申請分析 分析を，逸脱行動に関する仮定を通じて裏づける
	（市場的デザイン哲学の直接的影響はない）		

計画策定余地の充足	行為衝動	行為指標	⇨	行為分析
	内部市場価格の導入	市場ベースのベンチマーキング		ベスト・プラクティスのノウハウを吸収するために外部エキスパートの投入
インフラ構造の精査	構造変革衝動	構造指標	⇨	構造分析
	貨幣的取引成果の報告を通じて市場志向的諸問題に対する感度を上げる	外部市場に同時開放して貨幣的取引成果の報告をさせる		ベスト・プラクティスのノウハウを吸収するために外部エキスパートの投入

一覧表11：情報デザインの場合の市場的デザイン哲学の例

　内発的行動コントロールのデザインの場合，市場的経営哲学の追求が，外部市場へ直接アクセスできない部門に対して行われる内部市場の形成に，もっとも顕著に現われる。もし実在的市場が構築できない場合は，あたかも企業の組織単位の行為が市場の制約条件下に置かれているかのごとく，振替価格かまたはその他の市場要素を導入し企業単位の行為を判断する。内部価格の形による行為の衝動は，製品の調達や使用が効率基準を満たせるように確保すべきである。市場ベースの構造変革の衝動により，長期間を視野に計画されたインフラ構造も，ベスト・プラクティスを求めて絶えず競争に立ち向って行かなければならないという意識を強めるべきである[68]。

　行為指標も構造指標も，すでに記述した内発的衝動に相応しい形を整えることができる。ここでも一覧表11のなかで比較規準になる何らかのマーケット・スタンダードが用いられるが，その際もっぱら内部の給付関係に対する代案として，外部市場との取引の可能性を通して市場圧力を強化することができる。行為および構造分析のためにそれ相応の仕事を外部のエキスパート（コンサルタント）に任せるが，この外部委託は市場志向性の顕著な形である。任せる根拠は，かれらの方法的専門知識の他に給付能力のある競争相手の解決方法に関する知識をも利用するという考えにある。

　最後に，内部会計制度の詳細区分と企業の経営管理の理解との間の密接な関係を指摘しておくことが適切であると思われる。すべての制御システムは，

D. 目標に一致した組織デザイン　329

個々の組織単位に対して最低限の自己コントロールを認めなければならない。このデザイン上の要請は，分業による意思決定システムにおいては職務の委譲が意思決定の自律性および情報の自律性の認容を含むという組織理論的に根拠づけられた事実から明らかである[69]。この決定論理的に限定された限度を越えて自己コントロール権限を認容することが，マネジメントの管理コンセプトを通じて規定される。われわれは若干の正当性をもってこの問題を，管理の理解のための試金石と呼ぶことができる。この問いに答えることによって，果たして行為の自律性の認容が自己責任を持って行動する従業員の潜在性を利用する機会として理解されるか，あるいはまた，果たして自律性認容のなかで主として何らかの権限移譲リスクが見られるかどうかについて説明することができる。これらの問題を追求することは，しばしば二通りの意味をもつ哲学を示している。つまりそのような哲学には，自己責任という巧みなレトリックのなかに階層的に特徴づけられた権限委譲のリスク削減を目指すコントロールの考え方が隠されている。本書が採用した諸指標は，管理についての理解を十分明らかにしている。自己責任を負う行動能力と心の準備から出発し，権限委譲機会を行使し，委譲リスクの阻止はしないということをデザインの指導原則へ高めるような管理コンセプトは曖昧であり，したがって根拠づけの困難な指標に全幅の信頼を置くことはできない。

注

1) 71頁および次頁以下を参照。
2) この点については，Pfaff / Weber [Zweck], "Die Betriebswirtschaft"誌1998年の論文が引き金となった論議を参照。
3) 企業活動の国際化と動機に関する概要についてはKebschull [Internationalisierungsmotive] を，また個別経済的国際化の動機および目標についてはMüller / Kornmeier [Motive] を参照。
4) 国際化戦略と組織構造間の関連に関する研究については，例えば，Farley / Kobrin [Organizing]; Macharzina [Unternehmungsführung] 711頁および次頁以下およびRühli [Unternehmungsführung] 276頁および次頁以下を参照。
5) 国際活動の組織デザインの問題は，地域組織の研究のところで改めて取り上げることにする；464頁および次頁以下を参照。
6) 本書の61頁および次頁以下を参照。
7) 活動の構成については特にPorterが国際化戦略の分析の中に取り入れている。Porter [Wettbewerb] 25頁および次頁以下を参照。
8) これについてはNedden [Internationalisierung] の研究をも参照。
9) Porter [Wettbewerb] 61頁および次頁以下を参照。
10) Porter [Wettbewerb] 57頁および次頁ならびにGerpott/Meier [Sprung] を参照。もっと

330　第2部　意思決定志向的組織理論の根本要素

　　　も Patel/Pavitt［Accumulation］らの実証研究では，国際企業はその研究・開発活動の大部分を本社に固定するという結論に至っている。
11)　275 頁および次頁以下を参照。
12)　Porter［Wettbewerbsstrategie］; Stopford［Resources］およびノウハウのグローバルな利用における戦略的同盟の意義については Sydow［Netzwerke］を参照。
13)　一般論として，国際企業の立地の意思決定に及ぼす組織的要件の影響については Frese［Einfluß］を参照。
14)　以下の考察では，考察対象企業がさまざまな国外市場で現地子会社を通じて事業を展開すると仮定する。
15)　グローバルな業界の特徴については，Hout/Porter/Rudden［companies］; Meffert［Implementierungsprobleme］; Jolly［Strategies］; Frese［Dimension］を参照。
16)　中規模な国際的機械製造会社の戦略的・組織的特殊性については，Frese / Lehnen / Valcarcel［Dienstleistungen］を参照。
17)　詳細は Frese/Blies［Konsequenzen］。
18)　Welge［Management］12 頁; Pausenberger［Unternehmung］1062 欄および次欄以下を参照。
19)　Bartlett/Ghoshal［Arbeitsteilung］54 頁以下; Meffert［Globalisierungsstrategien］453 頁。
20)　これらの 'heterarchisch' と呼ばれる国際企業については Hedlund / Rolander［Action］を参照。
21)　これについては，Ghoshal / Korine / Szulanski［Communication］を参照。
22)　企業文化については本書の 183 頁および次頁以下を参照。グローバル企業の企業文化の意義については Schreyögg［Unternehmenskultur］を参照。
23)　これについて，および以下については Reineke［Akkulturation］を参照。
24)　Wilkins / Ouchi［Cultures］を参照。
25)　Dülfer［Kultur］1207 欄以下を参照。
26)　以下の叙述は筆者が以前から考えていたことを発展させたものである。Frese［Rechnungswesen］を参照。
27)　Schneider［Rechnungswesen］3 頁。
28)　March［Ambiguity］を参照。
29)　ある行為の不履行の中にも行為の欠陥があり得る。II 部（39 頁および次頁以下を参照）で展開した考え方に基づき，以下では，'行為' を '意思決定行為' と解する。
30)　これについては，Schweizer / Küpper［System］550 頁および次頁以下の概説を参照。
31)　問題提起および主な潮流に関する概説については Eisenhardt［Theory］を参照。
32)　文献の中では，不安定性の類型化に関するさまざまなアプローチが紹介されている。これについては，Spremann［Information］を参照。この問題性を二つの形（品質の不確実性と行動の不確実性）に縮小した点については，Neus［Einführung］の 80 頁および次頁以下の説得力ある論証を参照。
33)　例えば，Neus［Einführung］81 頁および次頁以下を参照。
34)　この点については，McKinnon / Bruns［Mosaic］の実証研究を参照。また，危険情報の識別のための競争戦略の意義については Kaplan / Norton［Scorecard］75 頁以下を参照。
35)　Pfaff［Kostenrechnung］および Wagenhofer［Steuerung］を参照。
36)　Wagenhofer は［Kostenrechnung］71 頁において，これとの関連で原価の "歪曲" という言葉を使っている。
37)　その他の例については Zimmerman［Costs］および Ewert / Wagenhofer［Unternehmens-

D. 目標に一致した組織デザイン　331

rechnung] 567 頁および次頁以下を参照。
38) 計画策定システムについては，本書の 91 頁および次頁以下の詳述をも参照。
39) Schiff / Lewin [Budgets] および Merchant [Budgeting]を参照。
40) Mensching [Desinvestition] を参照。
41) Merchant [Budgeting] および Emmanuel / Otley / Merchant [Accounting] を参照。
42) 原書 549 頁および次頁以下を参照。
43) Simon [Behavior] 12 頁および次頁以下を参照。
44) 本書 324 頁を参照。
45) この点については本書 340 頁および次頁以下，ならびに原書 490 頁および次頁以下を参照。
46) 本書 342 頁以下を参照。
47) この点については Griffin [Effects] の研究を参照。
48) 本書 232 頁以下を参照。
49) これについては，日本の原価計算施行方法に関する参考注記，Pfaff [Kostenrechnung] 438 頁および Wagenhofer [Steuerung] 85 頁および次頁以下，ならびに Ittner / Kogut [Systems] を参照。
50) Frese / Lehmann [Outsourcing] 230 頁を参照。
51) この点については Burgelman [Ecology] の戦略的・構造的文脈の構想を参照。
52) Merchant [Results] および Kaplan / Norton [Scorecard] を参照。
53) これについては Schneider [Rechnungswesen] 395 頁および次頁以下，ならびに McNair/Carr [Responsibility] の概説を参照。
54) 原因者負担原則の基準の場合，さらに当該者がその基準を正当と感じ，従ってそれを受け入れるかどうかということを仮定している。行動コントロールの場合の正当性の原則については Eccles [Agency] 152 頁および次頁以下を参照。
55) Kaplan / Cooper [Cost] の 65 頁。
56) これについては，本書の 230 頁および次頁以下をも参照。
57) これらの事例については詳細を本書の 230 頁以下もしくは同 231 頁以下を参照。
58) この点については，Fremgen / Liao [Allocation] の示唆に富む研究を参照。
59) Ugras [Allocation] を参照。
60) 制御システムを作る（モニタリング），に関する諸説についてはここでは問題にしない。
61) この点についての詳細は Hart / Holmström [Theory] を参照。
62) 本書の 269 頁および次頁以下を参照。
63) 本書 323 頁を参照。
64) この点については，Burgelman [Theory] の "内部選択" のコンセプトのなかの適応的意思決定の誘発のための配分ルールの意義を参照。
65) McNair / Carr [Resonsibility]; Cooper [Enterprises]; Lee / Monden [Kaizen] および Kaplan / Cooper [Cost] 57 頁および次頁以下を参照。
66) これについては，Kaplan / Cooper [Cost] 100 頁の工程別原価計算に関する叙述を参照。および次頁を参照。原価の報告と分類は，これらの著者らの見解に拠れば，重大な分野に注意を向けさせるためのものである。
67) 本書 195 頁および次頁以下を参照。
68) Coenenberg [Kostenrechnung] 220 頁および次頁以下を参照。
69) 本書 70 頁および次頁以下を参照。

E. 構造を特徴づけるデザイン原則

　個人間分業において調整要素と動機づけ要素を明らかにする場合，一つの事実があらゆる考察の出発点であった。すなわち，分業的意思決定システムにおける調整の必要性が，決定論理的特徴を持つ基本構造を根拠づけ，しかもその基本構造がその物的現象形態とは無関係に，具体的ケースにおいては一般的に妥当性を持つものとされる。その都度追求される競争戦略のほかに，構造を特徴づける特定のデザイン原則を再び取り上げることは，その基本構造が特殊な形をとることになる。これらの原則が構造を特徴づけると云われるのは，それらの原則の適用が基本的にその構造全体に及ぶことと，その適用が当該企業経営者の主張する組織哲学によって強く規定されるからである。以下では，組織構造の形成に及ぼす原則の影響について二つのデザイン原則を取り上げてみたい。

- 単一人的構造化原則または多人数的構造化原則。
  これら両選択肢間の意思決定は，デザイン担当者が職務遂行に際し個人の形をとるかそれとも集団の形をとるか，担当者のその時々の選好の仕方によって影響される。
- 一次元的構造化原則または多次元的構造化原則。
  これら両選択肢間の意思決定は，はたして意思決定の多次元的問題構造が当該組織構造の相応の多次元的分離独立をも必要とするかどうかの問いに対する回答に強く規定される。

　引き続き，実践的組織デザインのためのインターフェース・マネジメントの可能性をも含め重要な問題を取り上げてみたい。

I. 単一人的構造化または多人数的構造化

a. 個人的意思決定と集合的意思決定

　集団における集合的意思決定活動を通じ問題を解決することが，一個人による問題解決と，はたして，またどのように区別されるのかという問いに関して文献では，もはや概観ができないほど数多くの論文があることが分かる[1]。ここでは，Kelley および Thibaut[2]の一つの論稿に依拠し，集団における問題解決の最重要規定因子と，集団の問題解決潜在能力を利用する場合の若干の制約事項について述べてみたい。

　流布した見解によれば，その時々の問題構造が一つの集団内の意思決定結果の主要な決定因になる。それに加えて，特に集団の構成と個々の集団成員の適性がその他の影響因になる。Kelley および Thibaut によれば，所与の問題構造の如何により，最優秀なグループ成員の給付水準が，当該集団の成果に対してさまざまな異なる影響を及ぼす。まず，最も優れた成員レベルに相当する一つの集団の成果の達成は，その問題解決が僅かな措置で達成される場合に期待できる。他方，最優秀成員の水準は，当該の問題解決が他のすべての成員によりかれらの情報量に基づき十分に精査できれば，達成できる。こうして残りの成員は当該提案の正しさについて容易に納得ができるのである。集団の能率が最も優れた成員の標準以下に落ちる確率は，集団意思決定プロセスが問題解決に際し，この成員を妨害する程度に応じて高くなる。この状況は，特に，問題解決のために以前の結果を考慮しながら一定の規則に従いその都度，変換を実施しなければならないような一連の段階が必要な時に現われる。

　解決のためには，さまざまに異なるアイディアや情報を矛盾なく結びつけることが求められるので，この種の問題は個人間の分業では殆ど取り上げられない。最も優れた成員の業績水準を上回る意思決定の結果は，特に次の二つの特徴を持つ問題の場合に期待できる。まず一つの特徴は，当該集団の問題がさま

ざまな相互に無関係な一連の部分問題を含んでいなければならない。もう一つの特徴は，個々の成員がこれらの部分問題に関し，さまざまに異なる適性と異なる知識量を持っていなければならない。たしかに事情によっては成員のだれも，当該問題を全体として独力で解決することはできないから，異なる情報を纏めることが，部分解決を全体的解決に組み合わせることを許すのである。

集団の問題解決能力の発揮を，個人の意思決定とは異なる，問題解決プロセスの効率に影響を及ぼす集団作業の独自性を通じて制限することができる。

ここでは，特に集団解決と見なされる三つの傾向を挙げることができる。

- 集団斉一性の傾向
- 長時間浪費の傾向および
- リスクの多い意思決定の傾向

集団斉一性の傾向

提案された解決案の正しさを理解することなく集団多数派の声に同調する集団成員の傾向は，数々の集団実験のなかで繰り返し証明されてきた。統一的な意思形成を行うという義務のほかに，この傾向はどうやら当初の多数派の状況によって強く制約されている。この危険を防ぐためにその他の方法[3]とは別に，いわゆる'ブレンストーミング'法が開発された。これはグループ・ディスカッションの形式をとる一つの方法である。この基本的考え方は意見一致の圧力をかけることを避け，できるだけ幅広くアイディアが発揮できるように刺激して行く努力に特徴がある。この方法の主なルールは，討論で出た自分や他人のアイディアを批判したり評価する際に，控えめな態度をとることが基本である。もっとも前以てトレーニングが行なわれなければ，効果的な適用は期待できない。なかでもこの方法は参加者にとって通例，不慣れな方法だからである。さらに，グループ・リーダーのリーダーシップ・スタイルも一つの重要な影響要因である。

ここで，前述した調整の問題性に関する議論を背景に，集団の斉一性の傾向に関する命題に対し，控え目な指摘を行っておくことが適切であろう。さまざまに異なる部分的見方を上位の全体的観点から考慮することをその職務の本質とし，かつ，さまざまな領域の成員が所属している調整委員会では，しばしば

集団の斉一性に逆行する傾向が確認される。この現象の要因は，委員会成員の部門エゴイズムにある[4]。部門エゴイズムによりしばしば解決しなければならない問題を，もっぱら自分の部門領域の視点からのみ解釈する[5]。そのような姿勢は問題解決の進展を困難にし，事情によってはその解決の意義を減じてしまう。

長時間浪費の傾向

　個人による問題解決と，集合的問題解決の比較が概して有意義であるような問題状況では，集団作業が圧倒的多数のケースにおいて時間がかかる。集団解決の場合，より多くの時間がかかるのはしばしば当初の意見の相違を調整するという必要性から説明がつく。また時間がかかる別の観点として，集団成員間の調整された共同作業に先行する学習プロセスの必要性が挙げられる。まず，集団成員の異なる能力に応じた何らかの分業形態を作られなければならない。もっとも，この調整された共同作業の進捗段階は集団作業開始時点でのみ時間的遅れを伴う。これらの適応プロセスとは無関係に，集団の時間消費が大きいのは集団における個人の意見が広範囲に亘るため，その制約を受け個人の場合に比べて，より多くの情報量を処理しなければならない，という簡単に分かる事実に原因を求めることができる。その解決時間は集団の規模に関係があるが一義的な関係があるわけではない。二三の実験結果によると，成員数が多く特に問題提起が具体的な場合 〜抽象的な問題提起に比べると〜 時間を取る作用があるという結論である。このケースでは，集団の成員が非常に細かなイメージを持つ確率が高く，つまり，合意を見つけるプロセスを困難にするような一つの事実があるということである。

リスクの多い意思決定の傾向

　不確実の程度が，さまざまに異なる解決案を容認する問題提起の場合，集団の意思決定が個人の意思決定に比べるとしばしばリスクをあまり恐れないという特徴がある。文献では，集団のリスク行動を説明するために特に三つの仮説が立てられる。一つの仮説は，少なくともその大抵の実験を行なってきたUSAでは，リスクに対する適度な覚悟があるというイメージを企業者像や経

営者像に結び付ける考え方である。しかしこの標準的考え方は，意思決定主体にとって何ら固定的な物差とはならず，むしろそれは集団作業中に表明される他の集団成員のリスクに対する姿勢を通じて変化する。この説明の仕方の弱点は明白である。つまり，確かにその説明の試みにより，自分のリスク尺度を修正する気持を高める説明にはなるが，〜リスク負担の本来の気持を強めたり弱めたりする〜 適応の方向を説明することにはならない。第二の補足的仮説は，グループ討議の開始時に比較的強いリスク負担の気持を示した集団成員は，その他の人々よりも影響力が大きいという仮定に基づくものである。この現象の根拠を，特に修辞的で言語表現上の特性のなかに見ることができる。したがって文献では'大胆さのレトリック'のほうが'断念のレトリック'に比べて，より多様であり，かつより説得力があるという推測が紹介されている。さらに恐らく，より多くのリスクを含む選択肢の受け入れに伴うコンフリクトや論理的帰結から，そのような意思決定の支持者がかれらの論拠をより細かく，かつより強く主張することが必要であるのかも知れない。第三の仮説は，リスクの多い意思決定に対する責任は，多くの人々によって負担されるという認識が，より大きな不確定内容を伴う解決案を受け入れる気持を高めるという点から出発している。個々の成員は，集団の匿名性のなかで或る程度の安全を感じる。

b. 効率的集団作業の原則

集団作業の分野には，見当がつかないほどの多くの研究があるが，個別に見ると非常に異なる，しばしば相互に矛盾した結論に達しているものがある[6]。したがって，企業のなかで集団作業をデザインする場合，経験的に'確かである'とされた知識に頼ることは条件つきでのみ可能である。

心理学者であり社会心理学者である *J. R. Hackman* は，かれが（まず研究デザインのなかで）発見した集団研究の弱点，つまり一つの纏まった理論的コンセプトから導き出した原則を，実際の集団作業のデザインのために定式化するきっかけにした[7]。集団作業に対する実践的要請を完全に意図したかれの'規範的'モデルは'実証済みの'知識，特に認知的動機づけ理論の諸要素に基づくデザイン提案や効率諸基準を導入するという特徴を持っている。これらの

효率諸基準を使って *Hackman* は，通常，実証研究のなかで考慮されてきた諸基準とは本質的に異なる効果的な集団作業に対する要求事項を体系化した。具体的には以下の目標が問題になっている。

- 集団の成果は，仕事の成果を定める人，もしくは仕事の成果を評価する人の期待に応えるか，またはそれを上回ることが望ましい。
- 集団作業に投入される道具やメカニズムは，成員の能力を維持するか，または向上するものであって欲しい。また将来の集団職務の遂行においても協働できるように彼らの能力の維持または向上を図って欲しい。
- 集団作業の経験は，全体として成員の個人的欲求を満たすべきものであり，〜しばしば実際に確認されるように〜 決してかれらの欲求を減じてはならない。

これらの目標を実現するためのデザイン提案は，*Hackman* が確認した以下の三つの効率的集団プロセスの決定因に依拠している。

- 職務遂行のために集団成員が力を合わせて発揮する給付努力の程度。ここで吟味すべき問題は，果たして当該集団成員が自らに課した職務を，求められた質と定められた日程を守るために十分参加しているかどうかという点である。
- 成員が集団作業に投入する知識と能力の程度。ここで吟味すべき問題は，果たして集団成員が職務遂行のために必要な経験を持っているかどうか，さらにかれらの能力や知識が，効率的な方法で使われているかどうかという点である。
- 成員が使う問題解決策の職務関連の妥当性。問題は，果たして当該集団が解決すべき問題に十分対応した集団作業へのアクセス方法を開発してきたかどうか，そしてその進め方が適切に実行に移されるかどうかという点である。

つまり，*Hackman* の集団コンセプトの哲学は，直接的介入の過程において成果の変数に影響を及ぼすという試みではなく，むしろ以下の三つのデザイン変数に関する '自然な集団開発' の実現を試みることに本質があった。

- 問題解決単位として集団のデザイン。
 変数として，集団成員に影響を及ぼすために，集団職務の構成，当該集

団の構成ならびに成員行動に影響を及ぼす集団規範が考慮された。
● 企業文脈のデザイン。
デザイン変数は，誘因・職業教育・情報システムの構造ならびに当該集団が利用できる物的経営資源の構成およびその規模である。
● 集団作業のためのシナジー条件のデザイン。
デザイン措置を，ここでは，集団シナジーを生み出す職務遂行に際し集団成員の相互作用へ方向づける。集団シナジーは *Hackman* によれば，二通りの仕方で現れる。
  1. 作業集団の成員は，'プロセス・ロス'を避けるために革新的方法を開発できるし，この方法で成員の時間・エネルギーおよび能力の浪費を少なくし，もしくはそれらの浪費が回避できる。
  2. 集団成員は何らかの方法で協働できるから，その協働を通じて従来使えなかった内部の集団潜在能力が生まれる。

上述の効率的集団プロセスの諸基準に対し影響力を行使するため *Hackman* は，その都度，デザイン変数の三つのグループのうちの一つに分類される多くの道具を提案した。その際，個々の道具からの影響の可能性がその都度，集団プロセスの特定の決定因に限定されることは注目しなければならない。つまり，一つの道具を他と道具から切り離して，幾つかの決定因に影響を及ぼすことはこのような理由から実現不可能である。さらにこの事実から，個々の道具間に何ら代替関係は存在しないという結論が出る。したがってむしろ，道具全体を組み合わせて使うことだけが集団作業の効率上昇を約束する。

一覧表 12 は *Hackman* の提案を，集団プロセスの三つの決定因に対する上述のデザイン変数を細分化して纏めたものである。

プロセス関連の効率基準 / デザイン変数	職務関連の給付努力	職務遂行の際，投入される能力および知識量	適用される問題解決策の職務妥当性
問題解決単位としての集団デザイン	職務構成に関する集団成員の動機づけ 　－分離 　－要求内容 　－集団の自律性	－集団成員の豊富な職務関連の知識量 －職務に適した集団規模 －成員の職務に相応し	以下に関する集団規範の教育を通じて集団行動に影響を及ぼす 　－自己組織化能力 　－適切な職務遂行策の

E．構造を特徴づけるデザイン原則　339

	－他の組織単位に対する集団アウトプットの意義 －目標達成度に関するフィードバック	い権限と社会的権限 －成員構成の適度な細分化	状況の把握および判断ならびにその職務遂行策の開発の把握と判断
企業の文脈	以下の構成要素を考慮したインセンティブ・システムの実装化 －高い要求内容を持つ，正確に要約された目標 －抜群の業績に対してはポジティブに評価し支持する －（個人的でない）集団的インセンティブの重視	企業は以下の点を保証しなければならない －組織に，何らかの資格付与制度（職業教育・キャリア助言制度）があること －必要に応じてこの集団の資格付与制度を使う	－職務遂行状況の枠組み条件の透明性 －二者択一的職務遂行戦略の推定できる論理的帰結を見積るための各種情報へのアクセス
集団内のシナジー条件	－調整ロスと動機づけロスの最小化 －集団とその集団に課せられた職務に対するすべての集団成員の義務感	－職務遂行に対する集団成員の貢献度の不当なウエイトづけの回避 －集団的学習の奨励	－戦略実現の際の支障ロスの回避 －革新的職務遂行戦略および革新的問題解決戦略の創出

一覧表 12：集団プロセスのデザイン変数

Hackman は，上述した'規範モデル'を拡大するために時間次元を明示的に含めることにより，作業集団のデザインに当たり一つの考えられる進め方を意味するいわゆる'実践モデル'を考案した。集団開発の個々の段階を，その本質的内容を含めて重点的に一覧表 13 に記載した。

段階　1	段階　2	段階　3	段階　4
下準備	職務遂行の枠組み条件のデザイン	集団の編成とデザイン	集団による連続的支援の準備
－遂行すべき集団職務の分析 －集団の必要な自律性の程度の規定 －集団による職務遂行に関わる実行可能性の研究および費用・便益の分析	－集団職務のデザイン －集団成員の選抜 －他の組織単位からの支援の保証 －必要な経営資源の調達および配分	－インターフェースの定義とそのデザインの際の集団の支援 －遂行すべき職務の集団内定義の際の当該集団の支援 －集団規範と個々の成員の役割開発の際の支援	－必要に応じ，職務遂行状況の重要な観点を新たに確定する方法を集団内に作り出す －シナジー効果達成のためのプロセス面からの支援の準備 －枠組み条件を設定すれば，その枠組み条件のなかで集団は自

| | | | らの経験から学習し，学習したことを実行に移すことができる |

一覧表 13：集団開発の諸段階

c. ライン‐スタッフ原則による単一人解決の根拠づけ

集団の構築とスタッフの投入は，ある程度まで一つの代替的関係にある。両方の組織形態は，個人の問題解決に関わる意思決定単位の能力的限界を，追加情報や追加的方法ノウハウを取り入れることにより克服することを目指している。しかし多人数単位の構造志向と異なり，スタッフ・コンセプトの場合，単一人活動に重点がおかれる。

スタッフの投入は確かに組織理論の一つの古典的問題であるが，スタッフ概念の限定やスタッフ思想の組織的評価に関する統一的見解はない。さらに考察を進めるために，意思決定問題を分業によって解決する場合，それぞれの機能によって区別されるライン職務とスタッフ職務の対比を通じて[8]，概念的に厳密に規定される。

すべての活動の志向点は，上位の企業目標から導き出される意思決定の複合である。ライン活動は，この意思決定複合の逐次的構造化とセグメント化およびその意思決定複合の実現可能な定式化のために直接貢献している。すなわち，図 57 に示したライン単位 E_1，E_2 および E_3 のどれもが，かれらのライン職務の遂行を通じて実現プロセスの構造に関する意思決定裁量余地を制限する。スタッフ職務はライン職務から導き出される。スタッフ職務を委嘱された職位は，この職位の意思決定裁量余地を狭めることなくライン単位 E_1 に対して意思決定の支援をする。それゆえスタッフ活動は，場合によってはライン単位の意思決定を通じ，企業の物的目標から導かれる意思決定複合の実現可能な定式化に間接的に影響を及ぼす。

したがってライン‐スタッフ原則の場合，当該意思決定システムが為すべきことに合わせた分業の特別な一形態を問題にする。複合した意思決定職務は，

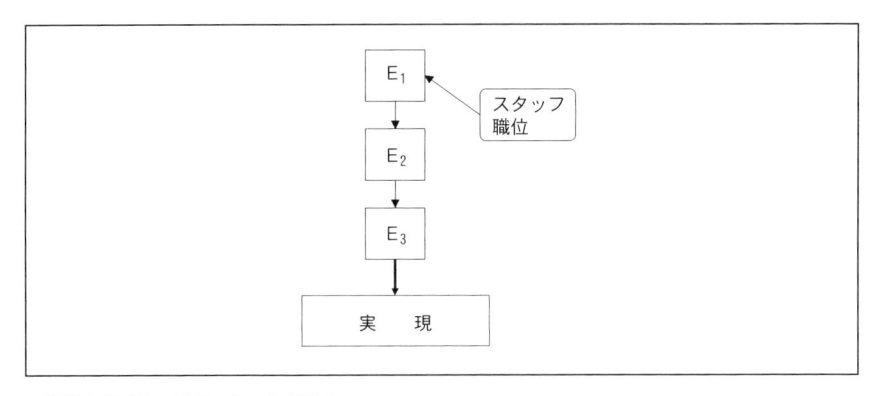

E. 構造を特徴づけるデザイン原則　　341

```
    ┌─────┐
    │ E₁  │←──── スタッフ
    └──┬──┘      職位
       │
    ┌──▼──┐
    │ E₂  │
    └──┬──┘
       │
    ┌──▼──┐
    │ E₃  │
    └──┬──┘
       │
  ┌────▼────┐
  │ 実  現  │
  └─────────┘
```

図57：ライン‐スタッフ・システム

　意思決定の準備と決定に分けられる。意思決定準備はスタッフ単位の職務であり，意思決定はライン単位の職務である。その際，情報収集と情報処理のプロセスは分業によって実施される[9]。

　文献でしばしばスタッフ職務を区別するために挙げる特徴，つまり'スタッフは意思決定を下さない'そして'スタッフは指示権を持たない'という特徴は，それゆえ紛らわしい。スタッフ職務の遂行にはすべての職務遂行と同様，経営資源の投入に関する意思決定が含まれる。ただしここでは，しばしば経費の掛かる外部情報の調達だけが指摘される。もっともスタッフのそれは，ライン単位の意思決定の準備の過程で下される意思決定に限定される。意思決定プロセスにおけるこれらのいわゆる仮決定により，ライン単位の意思決定の裁量余地が制限されることはない。むしろそれによって情報収集と情報処理の構造が規定される。スタッフ部門におけるスタッフ職務の遂行のために個人間の分業が必要な場合，スタッフ成員はさらにフォーマルな指示権を持ち得る。

　経営の現実において，もっぱらライン職務のみを履行するという職位は存在しない。どのライン単位も，程度の差はあるが他の単位のためにスタッフ機能を履行している。それに反して，もっぱらスタッフ職務だけを引き受ける職位は実務上極めて重要である。

　通常，実務ではライン単位の直属で，しかもこの単位に対してだけ補佐機能を引き受ける単位のイメージがスタッフ職の概念に結びつけられる。例えば，

企業の執行役会直属の'投資計画'室または課が挙げられる。もっとも一つの権限職位に明確に服務規程上帰属させないで，複数の組織単位に対して支援活動を行なうスタッフ職位もある。この特性を持つものとしては，例えば'法務'というスタッフ職位がある。

文献では，しばしば特定の管理部門 ～例えば'人材（人事）'および'組織'などの分野～ がスタッフの性格を持つものとされている。この分類をここでは採用しない。なぜなら，そのような分類をすると本書の基礎になっているスタッフ概念との本質的違いを隠蔽することになるからである。スタッフ単位は，一つのライン単位もしくは複数のライン単位の職務範囲に属する機能を履行している。つまり，スタッフおよびライン単位は実質的な職務の連関から見れば一つの単位を形づくっている。これに対して上述の管理部門の職務 ～例えば，購買・製造・販売部～ は，その他のいわゆる'専門領域'から分離，構成されたものである[10]。それによって，実現プロセスの確定に合わせた独自の意思決定権限を持つ部門が誕生する。～例えば，販売部は書式作りや報告制度作りを自己責任で行なえる権限を組織部に移管する。'人事'部は，特定の職務については投資計画のためのスタッフ課よりもむしろ購買部と対比される。

スタッフ-ライン原則の効率を巡る議論は，その原則のコンセプト自体と同様に古くから行われている。特に集団志向的解決の擁護者達は，スタッフの考え方に対し異議を唱えてきた。過去数十年の経過のなかで繰り返し大きな周期をもって表明されてきた批判は，次の二つの命題に要約される。

- スタッフの投入は，非効率なコンフリクトを生む。
- スタッフ原則は情報操作をもたらす。

スタッフとコンフリクト

スタッフ投入による負担軽減効果は，本質的な部分がラインとスタッフ間の協働が成功するかどうかにかかっている。それにも拘らずスタッフ-ラインの協働よりも，むしろスタッフ-ラインのコンフリクトのほうが話題になる[11]。スタッフとライン単位の協働がコンフリクトを孕むことについては，特に以下の三つの理由が挙げられる[12]。

1．傾向としてスタッフ単位に比べ，ライン単位には既存の規則や仕組みを

保持しようとする，より大きな性向が見られる。スタッフ成員はしばしば安定的であるという利点をより低く評価し，どちらかと云えば変更の必要性を強調する。かれらは改善提案を提示することが，本質的なかれらの一つの職務であると考えており，ユニークな改革の考えを示すことによって，かれらの地位の価値を高めようとする。しばしばその際，変更コストや安定の組織的意義を過小評価する。ラインの抵抗は，しばしばスタッフの変更提案がかれら自身の無能さを証明することではないか，との不安から説明される。

2. 年齢，職業教育および組織に対する姿勢などの違いが，〜特に中位および下位の階層レベルにおいて〜 さらに別のコンフリクトを引き起こしている。ラインの典型的な組織成員は，当該組織のなかでは下のランクから昇進している。組織との際立った一体感は，長年の経験と経営内の諸慣行を引き合いに出すことに現れる。スタッフの仕事の価値はしばしば低く評価される。この低評価の見方は，スタッフの仕事の'生産的な'貢献を，目に見えるようにすることの難しさから助長される。これに対して大抵のスタッフ成員は，外部から組織の中に登用される〈訳者注：著者は独米を想定して述べたものと思われる〉。かれらはかれらの職務を通例，比較的若くして 〜しばしば大学卒〈訳者注：ドイツの大学卒は日本の大学院修士課程修了に相当〉で〜 引き受ける。かれらの野心は，速く出世することに向けられている。スタッフ成員がライン単位の人々と同じように，かれらが，しばしば直ぐまた去っていくような組織と一体感を持つことはない。

3. ここに記述したコンフリクトを孕む状況が，しばしばスタッフ成員のイニシアティブにフラストレーションを起こし，したがってその状況が追加的なコンフリクトの原因にもなる。スタッフのポストには昇進の機会が限られているという認識が，事情によっては職務に対する無関心を強める。こうして発生するスタッフ部門における比較的高い転職率が，かれらサイドの効率のよい協働のための諸条件を悪化させ，新たなコンフリクトをもたらしている。

Golembiewski[13]は，ここに指摘したこれらの困難さの原因を，組織的シス

テムをデザインする際，伝統的組織理論の専門化思考の一面的な強調に求めた。かれは，この問題解決のためにライン単位と従来のスタッフ単位の統合を，一つの意思決定集団のなかで目指すというコンセプトを考案した。その際，組織の部分システムがデザインされる場合，集団の結束力と集団の一体感に対し適切な影響を与えながら，重要と思われる水平方向の情報交換を意思決定システムのなかで促進する[14]，という考えを重視した。*Golembiewski* は考察に当たり，特に階層の中位と下位部門に注目している。それも議論された大部分の事例は製造部門のものであった。統合の問題性は，主として相互依存関係に基づき持続的協働を強いられる組織単位に関連づけられる。しかし所属するライン部門の当面の要求次第で，さまざまに異なる組織の部分領域と協働を必要とするスタッフ業務の典型的なケースは，あまり考慮されない。果たしてこのような変則的相互作用に基づいて集団の一体感が育つかどうかは疑わしい。

スタッフと情報操作

スタッフ機能を批判的に取り扱った数少ないドイツ語文献の一つが *Irle*[15] の研究である。実態調査に基づくかれの研究結果から，かれは"ライン‐スタッフ原則を全面的に退ける"[16]ことを勧めている。*Irle* はこの過激な結論を，意思決定準備スタッフをライン単位に位置づける原則は，ラインがスタッフからの情報に依存していることを説明する命題の形で根拠づけた。スタッフはスタッフの専門性と，かれの情報活動をラインがコントロールする限られた可能性に基づいて情報面での'不当な'影響力を行使している[17]。組織の選択肢として *Irle* は一つの集団解決法として，それもいわゆる'タスクフォース'の投入を[18]提案した。つまり，集合的意思決定プロセスのなかで影響力と責任を統合することにより，情報の収集段階と選択肢の定式化の段階に参加するすべての'エキスパート'が，その他の行為の流れを確定する決議のなかにも参加できることを保証すべきだとするコンセプトを問題にした[19]。

情報についての依存性の存在は，ある程度までは意思決定問題の分業によるあらゆる解決の必然的結果である。しかし，その存在は疑いもなくラインとスタッフが協働するための一つの特別な問題を意味する。なぜなら，スタッフはラインのために大変な情報収集および情報処理の職務を引き受けているからで

ある。ラインのスタッフへの情報面での依存が果たして現実に，スタッフ・コンセプトの機能能力を深刻に犯す程の大きさになっているかどうかは，実証研究に基づき初めて回答し得る問題である。Irle はこの問題の評価のために，とりわけかれの調査研究が狭い経験的基礎に基づいていることと，不正確なスタッフ概念に基づいているため，〜なお詳細に検討してみるが〜 なんら解明的な貢献はしていない。

　情報の面の依存もしくは情報操作は，企業目標の実現に疑念を持たせる程になるという命題の経験的重要性の問題は別として，果たして Irle が 'タスク・フォース'・コンセプトを支持することをもって，かれが仮定した操作の危険性を回避するための解明的な貢献ができるのかどうかは疑問である。基礎になっている研究や，それらの研究の説明から明らかなように，Irle は 'タスク・フォース・コンセプトを根拠づける際，プロジェクトの性格を持つ問題から出発した。これに関連し，かれはプロジェクト組織のデザインに関し一つの貢献をしている。たとえ現実に，Irle が構想した手数のかかる集団メカニズムを全く実践する企業が存在しなくても，'タスク・フォース'・アプローチの基本的考え方は，完全にプロジェクト職務の組織のために提案された一連の解決案と一致する。しかし，Irle の論証のなかの決定的弱点は，考案されたプロジェクト職務が 〜しかもそれが不適切ではないとしても〜 業績達成能力を有する企業にスタッフを投入する場合，典型的に見られるものではない，という事実である。それゆえ Irle がスタッフ－ライン原則の代案として提案した 'タスク・フォース・コンセプトは，すでに指摘したスタッフの問題性の解決にはならない。

　結論的にスタッフ・コンセプトに対する反対の論拠を要約すると，それらの論拠がスタッフの給付能力の評価のためには，ほんの僅かしか貢献し得ないことが明らかである。コンフリクトの命題と操作の命題のなかで表明される批判の言明力は，とりわけ以下の三つの理由から限定的である。

- 論拠の経験的基礎が弱い。
- 言明力ある批判的分析に対する根拠となるスタッフ概念があまりにも不明確である。
- さらにその批判が極めて一面的であることは非難されるべきである。

諸論拠の経験的基礎

批判的異論の根拠になるような経験的調査研究は存在しない。たとえば Golembiewski は，このようにコンフリクト命題を定式化するに当たり，50年代の研究を回顧している。Dalton[20]は，1950年に'ライン-スタッフ'・コンフリクトに関する古典的・経験的研究を発表している。また，Irles は自らの命題を裏づけるために経験的研究を60年代の初めに行なっている。それ以上に問題なのは，これらの研究の基礎になる重要な意味を持つ調査がないことである。もっとも Irle は，かれの事例研究を評価する際にこの事実をはっきりと指摘している[21]。

不明確なスタッフ概念

'スタッフ職位'の概念を明確に定式化した研究はない。Golembiewski が引き合いに出した Dalton[22]の研究は，'ライン'および'スタッフ'間のコンフリクトを含め，結局は'製造部門'と'管理部門'間の対立関係を論じている。'スタッフ'と見なされるものは，化学物質取扱者，統計処理者，エンジニアなどの'スペシャリスト'ならびに'人事'および'経理'部門の成員などである。Irle は，かれの複数の研究のなかで特に人事部門の経営心理学者，'賃率・雇用契約担当者および人事統計担当者'，'人事課，労働協約室'および'販売促進'ならびに組織室などの職位を'スタッフ'と呼んでいる。この列挙からスタッフを巡る論議は，事情によってはスタッフ構想の危機というよりも，むしろスタッフ概念の危機を反映するものだということが明らかになる。ここで考察した諸研究のなかで定式化された命題を，簡単に，一つの'古典的な'スタッフ職位，～例えば，執行役会直轄の'本社投資計画'職に相当するような～ スタッフ職位に転用することはできない。この点はこれ以上議論の余地はない。

批判の一面性

スタッフ・コンセプトの批判家達は，この組織形態に対して完全に（推測で）否定的な見方をしている。しかし他方，考えられる長所もあるが，一方で例えば，そのコンセプトが持つ大きな実践的意義を説明し得るような専門化の利点は無視されている。ライン-スタッフ・コンセプトの最終的判断には，適

E. 構造を特徴づけるデザイン原則　347

切な組織的副次目標に基づく包括的な効率判断が前提になる[23]。リーン・マネジメントやビジネス・リエンジニアリングなど，近年流行する組織コンセプトを通じスタッフ－ライン原則を巡る論議に，このような意味での新たな重点が置かれた[24]。これらの今日的思潮から，自律的単位の構築が重視されている。それに応じて，本社諸部門が重大視される。それゆえ，多くの企業では新しい組織構造を実装化する過程で，しばしば発生する動機づけ問題や調整問題を解決するため，また市場アクセスや顧客アクセスを改善するため，本社のスタッフ領域をも解体するかまたは少なくとも，はっきりと縮小してきた。本社スタッフ領域は，その職位の短所が経営資源利用の際の明確な長所をもって過剰補償されるか，または事業諸部門の調整が期待通りに改善され，過剰補償されて初めて構築され得るのである。

注
1) 概要は，Wiswede［Gruppen］; Fischer / Wiswede［Grundlagen］552 頁および次頁以下を参照。
2) Kelley / Thibaut［Group］61 頁および次頁以下を参照。
3) 詳細は，Zepf［Führungsstil］65 頁および次頁以下を参照。
4) この問題に関しては Zander / Wolfe［Rewards］51 頁を参照。
5) これについては歴史的事例として，Chandler の，20 世紀初頭のスタンダード石油会社の精製所間の調整の諸問題に関する叙述［Strategy］169 頁を参照。
6) その際注目すべき点は，これらの研究のなかでは，どの組織にも日常，広範囲に見られる 3 名ないしはそれ以上の人数から構成された会合（会議，カンファレンス，委員会，ミーティング；これに関しては形別に Mag［Ausschusse］および Seidel［Gremienorganisation］を参照）などの多様な，実際の現象形態に関しては全く考慮されてない点である。Schwartzman［Meeting］を見ると，そのような会議体の研究の現状と，その機能および形態の啓発的な分析に関する広範な概観が得られる。
7) Hackman［Teams］を参照。
8) ドイツ語および英語圏のスタッフ概念には様々な理解の仕方があるが，それについては例えば Grochla［Unternehmungsorganisation］69 頁および次頁以下；Kieser / Kubicek［Organisation］135 頁；Rühli［Unternehmungsführung］19 頁，196 頁および次頁以下；Golembiewski［Organizing］および Steinle［Stabssttelle］などを参照。
9) Theuvsen［Beratung］50 頁および次頁以下を参照。
10) その際しばしば，本書の原書 490 頁および次頁以下で論じたいわゆる本社部門が重要である。
11) 特に，Dalton［Conflicts］ならびに Mintzberg［Power］201 頁および次頁以下を参照。
12) 以下の分析は，部分的にライン・スタッフ・コンフリクトに関する文献を評価した Golembieski の研究に依拠している（Golembiewski［Organizing］60 頁および次頁以下，ならびに Browne / Golembiewski［Concept］をも参照）。
13) Golembiewski［Organizing］を参照。
14) Golembiewski［Organizing］90 頁を参照。
15) Irle［Macht］を参照。

16) Irle［Macht］212頁。
17) Irle［Macht］58頁を参照。
18) このコンセプトについては本書の原書510頁以下を参照。
19) 詳細はIrle［Macht］96頁および次頁以下を参照。
20) Dalton［Conflicts］を参照。
21) Irle［Macht］95頁を参照。
22) Dalton［Conflicts］を参照。
23) ライン‐スタッフ・コンセプトの異なる現象形態の効率を包括的に評価するためには，Theuven［Beratung］221頁および次頁以下，ならびに247頁および次頁以下を参照。
24) 以下の諸コンセプトと比較する。例えばFrese / v. Werder［Organisation］; Frese 他［Restrukturierungswelle］; Theuvsen［Reengineering］; Theuvsen［Merkmale］および'組織'研究会［Organisation］を参照。

II. 一次元的構造志向または多次元的構造志向

　意思決定権限を論究する際，その権限内容の様々な範囲限定を場の要素，行為要素および目標要素に従って意思決定複合の細分化を行なうという点に求めた[1]。一つの意思決定の構成要素は場，行為および目標に分けられ，これらが根幹を作り次元を構成し，現実のあらゆる組織構造が，これらの諸次元の固有な個人間分割へ還元され得るのである。企業において実際に構築された組織構造をより詳細に分析してみると，たいていの組織的諸規則が細分化に際し複数の次元を'同時に'考慮することが，それらの規則の基礎になるという意味で'多次元的'であることが分かる。実際の多次元的な組織的解決を考察してみると，少なくとも方法上の理由から，どの組織構造も一つの中心的次元に合わせる，という理に適った仮定を想定することができる。その際，既存の組織構造を修正する形で導き出せるような中心的構成が問題になる。本節では，この組織構造の次元性のコンセプトに関して詳述してみたい。その際，特に多次元的構造の概念理解とその構造の説明に重点を置くが，実際に存在する諸形態[2]を再び取り上げてみる。

a. 組織構造の諸次元

　確かに文献における'次元'の概念的範囲限定は個々にさまざまに異なるが，一次元的構造と多次元的構造との区別は，通例所与のシステム（企業全体または部分領域）の部分システムへの分解をただ一つの基準に従って行うか，それとも複数の基準に従って行なうかという問題から出発する。その分解基準を，意思決定職務の構成要素から導き出すことができる（図58）。
　一次元的構造は，一つの複合的意思決定職務が，例えば企業の全体職務が唯一つの基準に従って，その都度，或る階層段階の一定の組織的部分単位に割り振られるような部分職務に分解されるときに発生する（図59）。

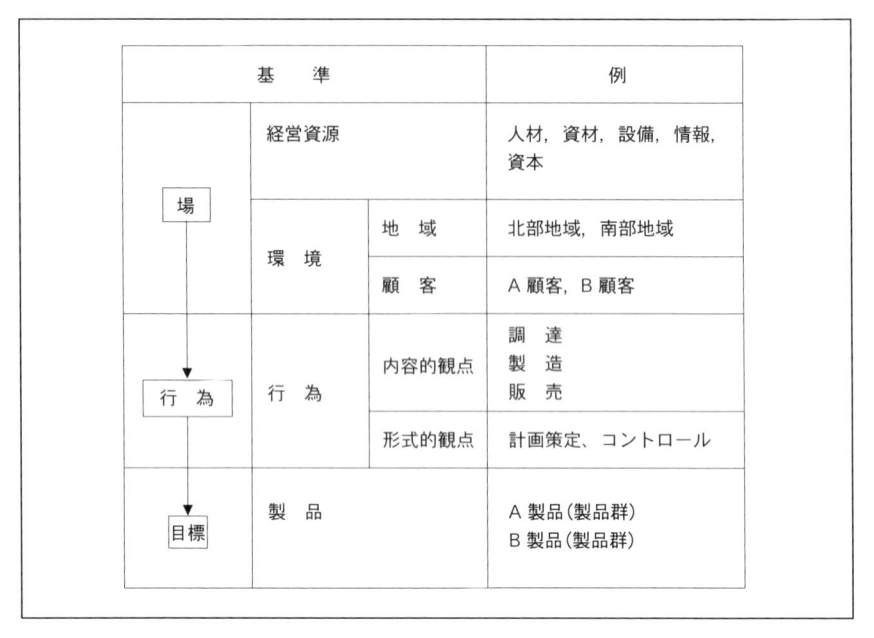

350　第2部　意思決定志向的組織理論の根本要素

基　準			例
場	経営資源		人材，資材，設備，情報，資本
	環　境	地　域	北部地域，南部地域
		顧　客	A顧客，B顧客
行　為	行　為	内容的観点	調　達 製　造 販　売
		形式的観点	計画策定、コントロール
目標	製　品		A製品（製品群） B製品（製品群）

図 58：意思決定職務の構成要素と次元

```
        複合的意思決定職務
        ┌──────┼──────┐
      A製品    B製品    C製品
```

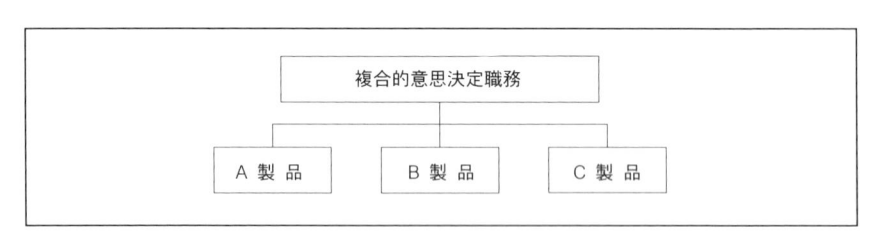

図 59：一基準（製品）による分解

　多次元的構造は，一つの複合的意思決定職務を分解する場合，一基準以上の基準に同時に依拠し，かつ組織諸単位への相応の割当てが行なわれる場合に発生する（図60）。

　多次元的構造が構築される場合，一つの階層段階に一基準を適用し'一つの手順'だけで導き出せない複数の組織単位が発生する。多次元的組織構造の場合，さまざまに異なる構成基準を使って発生する組織単位は，～なお説明を要する多次元的構築原則を背景に～　程度はさまざまに異なるが，相互に依存し

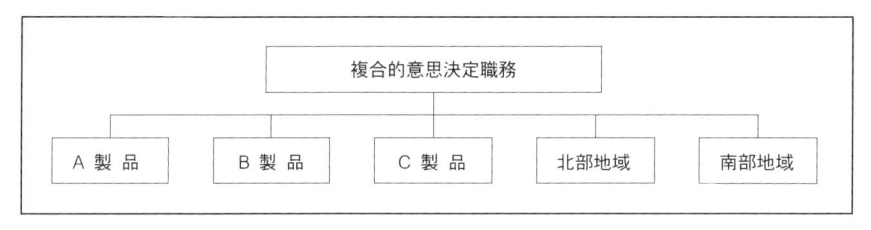

```
              複合的意思決定職務
   ┌────┬────┬────┬────┬────┐
 A製品  B製品  C製品  北部地域  南部地域
```

図60：二基準（製品，地域）による分解

合っている。多次元的解決の場合（スタッフによる解決は別として），その時々の次元について包括的であるような権限は発生し得ない。どの組織単位もその単位の次元志向的問題観点から，責任をもって複合的意思決定職務の解決に貢献している。図60に示した事例の場合，当該単位，製品Aは，市場AおよびB地域の権限を除き，当該製品に対する全ての権限を持つ。一つの組織単位に割り振った次元特有の職務については広範囲な責任を課し，多次元的構造の構築に関連し制限することが，この組織的多次元性の基本的特徴である。

多次元的組織構造の概念規定的特徴（同一な職務複合の細分化のための，少なくとも二つの独立した基準）のほかに，文献ではしばしば多次元的構造によって満たさなければならないその他の必要で十分な条件が挙げられている。ここで指摘すべき点は，多次元単位の'権限の重複'，多次元単位間の権限配分に関する'均衡'もしくは'釣り合い'そして'複合ライン・システム'である。このような背景から，多次元構造が議論される場合，なぜしばしばマトリックス組織（または二つ以上の細分化基準を有するテンソル型組織）だけが問題になるのかが分かる。このような狭い見方をここで追う心算はない。特に'複合ライン・システム'の条件から外れるからである。

多次元性の問題は，つねに一つの階層レベルに関係し，かつ組織諸単位の意思決定関連的職務内容をテーマにする。一方，直系システムおよび複合ライン・システムは，二つの階層レベル間の〜無条件に重なり合っているものではないが〜指示権のデザインに関係しており，職務分類の（直系／複合）の'次元性'には左右されない。その際，下位の意思決定単位に対して指示権を持つ単位が，一つの階層レベルに所属している必要はない。

したがって直系システムおよび複合ライン・システムを，一次元および多次

352　第2部　意思決定志向的組織理論の根本要素

	一次元性	多次元性
直系システム	経営執行者／A製品・B製品・C製品	経営執行者／A製品・B製品・A顧客
複合ラインシステム	経営執行者／A製品・B製品・C製品・D製品／A単位・B単位	経営執行者／A製品・B製品・A顧客・B顧客／A単位・B単位

（一階層レベルの考察／二階層レベルの考察）

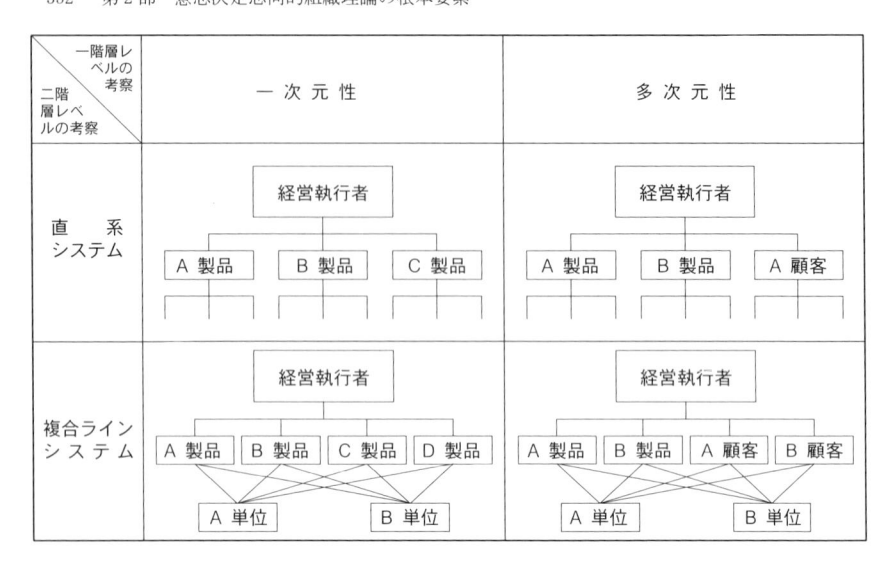

図61：一次元性と多次元性　対　直系システムと複合ライン・システム

元組織構造のなかで使用することができる（図61）。

　指示権の配分のなかで議論した専門的指示権と服務規程上の指示権の分離についても，ここで行った多次元性の定義との必然的関連は確認できない。

　組織構造の次元性を分析する場合，時間的次元の観点から永続的職務と期限付きの職務に区別することができる。永続的職務とは，結局つねに製品に関わる職務を意味する。製品職務は直接，企業が産み出そうとする財およびサービスに関係がある。これらの職務は通例，いわゆる'製品ライフサイクル'が存在するにも拘らず，製品関連活動が当初から時間的に制限されていないという意味で必ずしも時間的に制限されていない。次に期限付き職務をプロジェクト職務の形で考察してみよう。これとの関連で云えばプロジェクトは，時間的に制限された複合的計画として理解できる。プロジェクト別分類構成は，ここで考察した細分化基準のほかに，もう一つ別の次元を意味するという文献によって流布された見解を本書では採用しない。むしろプロジェクト組織を論じる場合は，次の二つの問題分野に区別される[3]）。

　一つの問題は，その都度両方の職務分野（製品職務，プロジェクト職務）の

なかで，どのように組織的デザインが行なわれるかという問題と取り組むものである。その際，以下では'場'，'行為'，および'目標'の三つの細分化基準を考えに入れた。もう一つの問題は，既存の永続的職務の履行に合わせたシステム[4]の枠組みのなかでプロジェクト職務を組織的に独立させることを論じたものである。

b. 一次元的組織構造

本節では，一次元的組織構造を実際の具体的構造として取り上げ，例えば企業全体の構成の観点から述べることにした。しかし第二階層レベルに対して指摘した原則は，一般的にどの部分領域の組織的デザインにも有効である。つまりそれらの原則は，永続的職務だけでなく期限付き職務の分析の場合にも適用されるからである。それゆえ以下の叙述は，プロジェクト職務の組織的デザインのためにも同じように有効である。

図58に再現した体系図から明らかなように，一次元的構造は，場・行為の構成要素または目標の構成要素に合わせて構築できる。

1. 場志向構造

考察対象の企業の意思決定の場に合わせると，特定の経営資源または環境領域，特に市場に関わるあらゆる意思決定が一つの領域に分類される。

場志向の範囲限定は，とりわけ市場志向もしくは顧客志向の分類構成の形で行なわれる。これに対して，経営資源志向の基準は実際には証明できない。

第二階層レベルで意思決定権限が市場志向的に細分化される場合，通例，地域別組織が発生する（図62を参照）。顧客別構成は原則的に可能であるが，実際にはあまり重要でない。

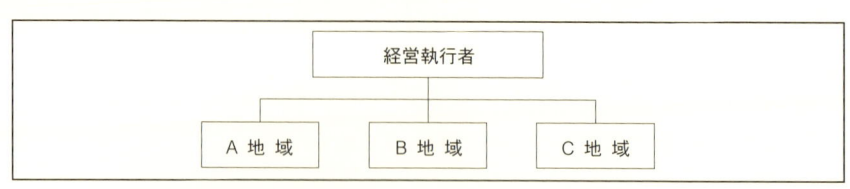

354　第2部　意思決定志向的組織理論の根本要素

```
            経営執行者
          ┌─────┼─────┐
       A 地域   B 地域   C 地域
```

図 62：市場志向の組織構造（地域別組織）

さらに，全体システムはその都度，特定の市場地域に対し意思決定権限を与える部分システムに分解される。例えば，市場志向の構成原則は *Bayer* 株式会社の場合，製薬事業部門の基礎を成している。同社の企業活動は，第二階層レベルが場志向的で'北米','日本','欧州'および'その他の地域'の市場セグメントに分割されている。それに比べ，'研究','製品開発','技術','品質保証'ならびに'事業計画策定および管理'などの機能は，独立した組織単位として固定されている。このような仕方で市場志向的基本構造を，行為志向的に補っている（図 63 を比較）。

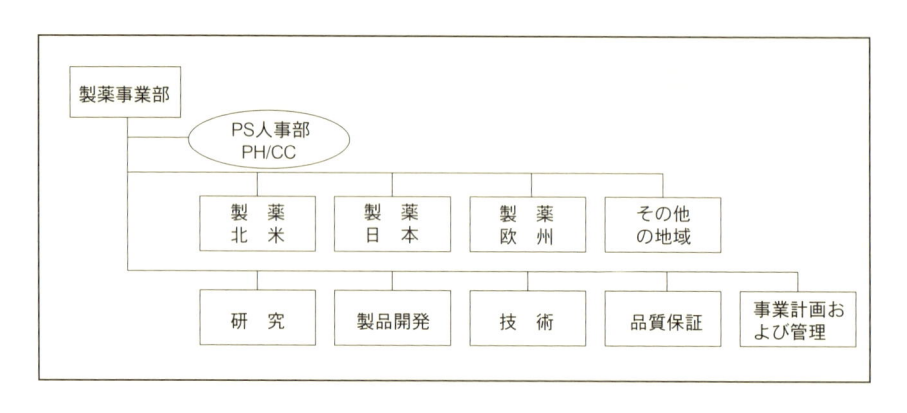

```
製薬事業部
    │
    │──（PS人事部 PH/CC）
    │
    ├──────┬──────┬──────┬──────┐
  製薬    製薬    製薬   その他
  北米    日本    欧州   の地域
    │
    ├──────┬──────┬──────┬──────┐
  研究   製品開発  技術   品質保証  事業計画お
                                    よび管理
```

図 63：Bayer（株）の製薬事業部の基本構造（1998 年）

2．行為志向構造

一事業部の意思決定をこの基準に方向づける場合，同種行為の確定に合わせている。行為志向的構成基準が職能的組織構造（職別組織）の基礎を成し，この構造は，経営資源志向構造と並び歴史的には最も古く，今日でもなお実際に普及した組織形態である（図64を参照）。

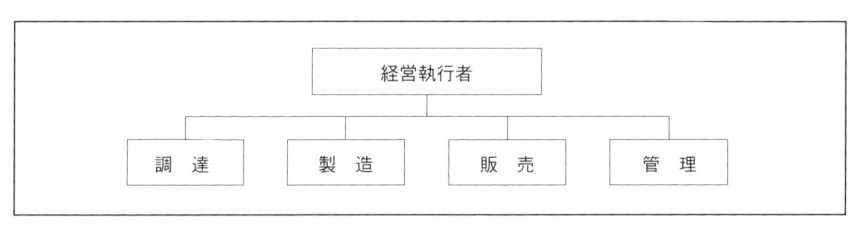

図64：職能別組織構造

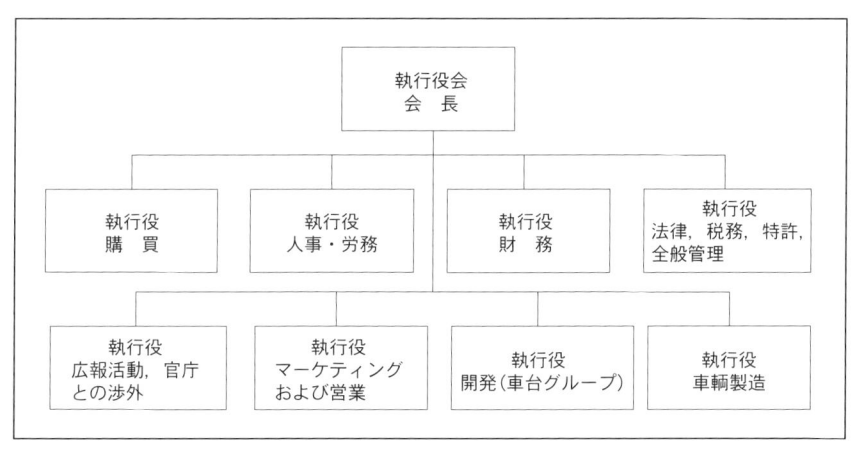

図65：Ford-Werke（株）の簡素化された組織構造（1998年）

職能基準に従って組織構成を行った一例として，*Ford-Werke* 株式会社の執行役会の構造が挙げられる。特に，'購買'，'車両製造'，'マーケティングおよび販売'，'広報活動および官庁との渉外'，'財務' ならびに '人事および労務' などの分野が，一つの行為志向的細分化の具体例である。

356　第2部　意思決定志向的組織理論の根本要素

3．目標志向構造

　一定の物的目標の実現，特にその時々の製造品目のさまざまな構成要素に関わる物的目標の実現に合わせたあらゆる意思決定は，この原則が適用される場合一つの部門に纏められる。企業全体を見ると，そのような製品志向の意思決定権限の細分化は，第二階層レベルにおいて行なわれる。この仕方で製品志向の事業部制組織が生まれる。このケースの場合，全体システムがその都度，別の製品もしくは別の製品群を取り扱う部分システムに分解される（図66を参照）。

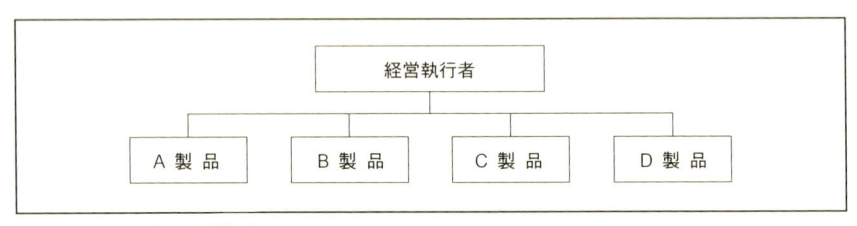

図66：製品志向の組織構造

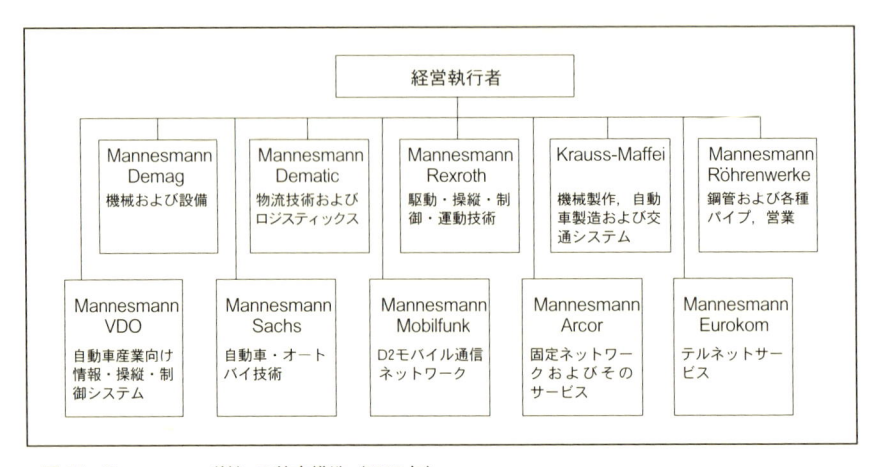

図67：Mannesmann（株）の基本構造（1997年）

　事業部制組織を実践した一例が*Mannesmann*（株）の組織構造である（図67を参照）。

c. 多次元的組織構造

　意思決定の質の改善目標が，多次元的構造導入の基礎になっている。われわれは，とにかくすべての組織システムにおいて分業と専門化の原則を通じて擁護しようとする問題視点に立てば，一次元的構造の或る種の一面性がもたらすと予想されるマイナス結果を予防しようとする。さまざまに異なる次元に合わせていく組織単位の構築のためには，意思決定問題の解決に際し複眼的物の見方を含め組織的に固定すべきである。その際重要な点は，さまざまに異なる志向性を持つ組織単位を，一つの意思決定レベル，つまり一つの階層レベルで構築するということである。したがって，意思決定プロセスのなかに多次元性を持続的に含めることが保証されているのである。

１．多次元的構造志向の原則

　多次元性を構造的に定着させるためには，根本的に二通りの構築の原則，つまり'職務の重複'と'職務の分離'の原則がある。両者の特徴の違いは，一定の多次元的要求に依存する経営資源の投入について配分された意思決定権の大きさに求めることができる。

1.1　職務の重複構成

　企業の全体職務または或る固有な職務部分（例えば販売職務）は，その都度一つ以上の組織単位によって，さまざまに異なる視点（次元）から手を加えられる。当該単位への意思決定権限の配分の如何によっては，'意思決定準備'（助言，支援）および'決定'の部分職務が，さまざまに異なる単位に組分けされるか，または意思決定が，もっぱら当該の意思決定権能を有する単位を通じてのみ共同で下される。

1.1.1　スタッフ原則

　スタッフ原則の枠組みの中では，或る特定次元を代表する組織単位は，多次

元的視点から投入しなければならない経営資源について、何らの権限も持たない。或る所与の複合職務は、（意思決定システムの情報収集および情報処理プロセスに合わせて）第一段階では部分複合、つまり'意思決定準備'と'意思決定発見'とに分解される。こうして発生する部分複合は、第二段階ではその都度異なる細分化の基準に従い、さらに部分職務に分解される。

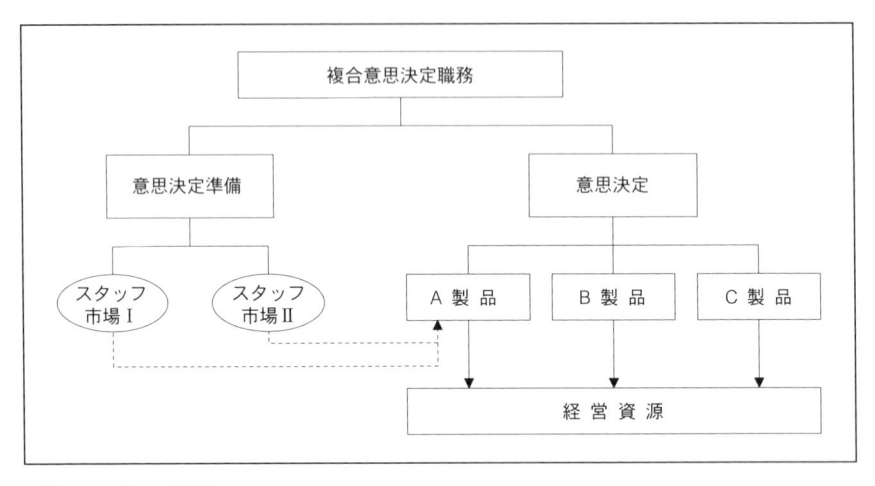

図68：スタッフ原則

　例えば、（図68）に見られる市場志向のスタッフ単位は、市場情報の選別やより優れた市場志向の意思決定選択肢の開発を通じて、製品志向のライン単位の意思決定プロセスを支援する。

　すでに述べたように[5]、スタッフは（スタッフ業務のために投入される経営資源を除き）経営資源の投入に何ら直接的影響は与えない。つまりスタッフ活動は、権限を有するライン単位の意思決定を経由し初めて実現効果を発揮する。したがってこのモデルのなかでは、意思決定権限の範囲限定問題は起こらない。すなわち、経営資源投入に関する実現効果のある利用についての意思決定はライン単位によってのみ下される。

　Bayer（株）の場合、スタッフ職務はいわゆる'サービス部門'に固定している（図69を参照）。したがって例えば、'コンツェルン計画およびコントローリング'または'コンツェルン監査'など例示した職務がどの程度までス

E. 構造を特徴づけるデザイン原則　359

図69：定着したBayer（株）のスタッフ職務（1997年）

タッフの性質をもつかは，それぞれの意思決定権能を知ることによって初めて判断できることである。

1.1.2　マトリックス原則

　マトリックス構造[6]は，独立した細分化基準にしたがって一つの意思決定複合を平行方向に細分化することによって作られる（図70を参照）。スタッフ-ライン原則と異なり，このようにして導き出されるあらゆる課業が各意思決定単位に対して割り当てられる。その結果，さまざまに異なる単位の特定経営資源について，いろいろな視点から経営資源の投入法に関わる意思決定が下される。それゆえマトリックス構造の場合，常に経営資源の相互依存が根底にある。この方法でさまざまに異なる次元を遂行しようとする各組織単位の意思決定が，経営資源の投入の観点から権限を計画的に重複させ，相互に結びつけ

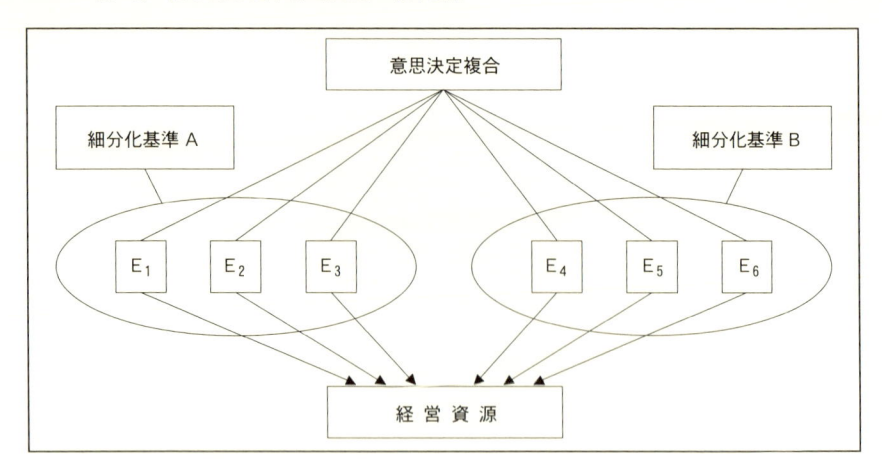

360　第2部　意思決定志向的組織理論の根本要素

図70：マトリックス構造の生成

て，各単位の意思決定が一致せざるを得ないようにする。

　したがってマトリックス原則の場合，さまざまに異なる次元によって明らかにされる組織単位の特徴は，多次元的視点に考慮を払いながら投入しなければならない制限された経営資源の利用権を持つという点である。共通な多次元的意思決定問題について権限分割が意図されているのである（製品権限と市場権限の重複を示す図71を参照）。

　両マトリックス単位は，各単位の意思決定が独立して行われる場合，多分発生するであろう意思決定の相互依存をはっきりと考慮し，かつかれらの意思決定発見のなかにその相互依存を含めるために，協力して意思決定を下さなければならない。

　意思決定権を有する単位が追加的次元を考慮することにより，重要な意思決定職務に関する問題の見方が拡大する。確かにこのことはスタッフ原則によって実現できるであろうが，マトリックス単位の拒否権が問題次元をより一層強く固定化する。

　この関連で，これまで多く引用されてきた*Taylor*の職能的職長制が'マトリックス'による解決策としては解釈できないことを指摘しておかなければならない。権限の重複は生じないのである。つまり権限はむしろ，専門化効果を確保するため職能別に相互に限定して各職能別職長に配分されている。*Taylor*

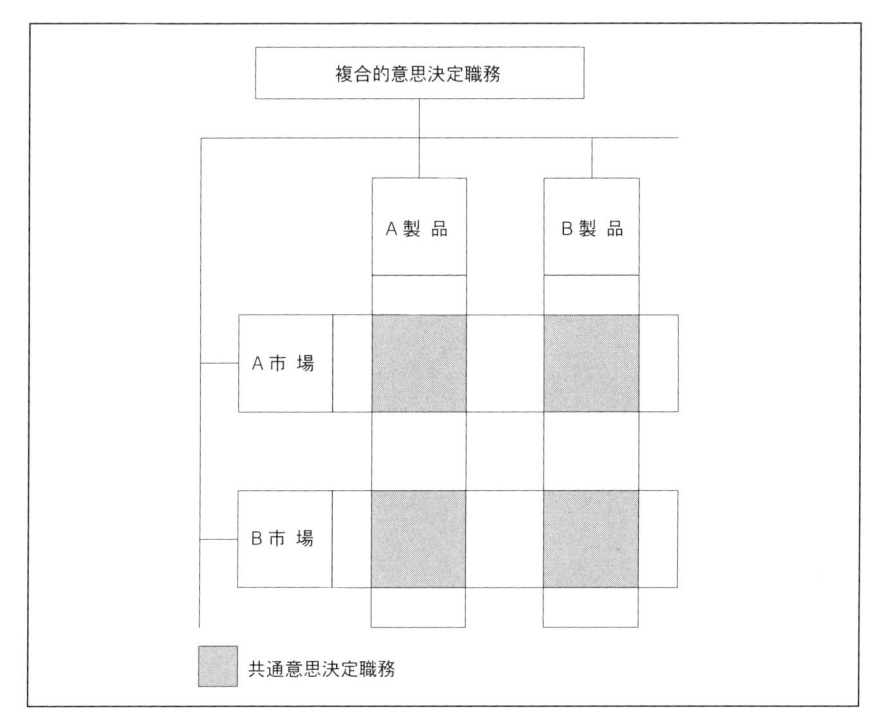

E. 構造を特徴づけるデザイン原則　361

```
                ┌─────────────────┐
                │  複合的意思決定職務  │
                └─────────────────┘
                    │         │
                ┌───┴──┐  ┌───┴──┐
                │ A製品 │  │ B製品 │
                └──────┘  └──────┘
        ┌──────┐  ▓▓▓▓▓▓    ▓▓▓▓▓▓
        │ A市場 │  ▓▓▓▓▓▓    ▓▓▓▓▓▓
        └──────┘  ▓▓▓▓▓▓    ▓▓▓▓▓▓

        ┌──────┐  ▓▓▓▓▓▓    ▓▓▓▓▓▓
        │ B市場 │  ▓▓▓▓▓▓    ▓▓▓▓▓▓
        └──────┘  ▓▓▓▓▓▓    ▓▓▓▓▓▓

         ▓▓  共通意思決定職務
```

図71：マトリックス原則

は，かれのモデルを使い，内在する調整プロセスを伴う多次元性を組織的に決して定着させようと考えたわけではない。つまりかれが説く業務の合理化哲学ともこの点は矛盾しているように思われる。マトリックス構想に典型的なコンフリクトが，Taylor システムのなかでは障害要因として作用する。

　マトリックス構造は，必然的な複合ライン・システムではない。しかしこのことは，ある単位（インターフェース）がさまざまに異なる次元の上位のマトリックス職位から指示を受け，したがってこれらの次元の結合と自己調整が当該の共通領域を介して行なわれる場合にのみ当てはまる。しかし仮に，異なった視点（次元）から解決しなければならないマトリックス職位の共通の意思決定問題が，直接これらのマトリックス職位間で調整されるなら，構造上の共通領域単位を設ける必要はない。その場合，マトリックス職位と下位単位間の関係構造は直系システムに相当する。

マトリックス構造の中に生じる経営資源を巡る意思決定権限の重複は，調整に向けて特別な要求をする。すなわち，どのマトリックス解決策の場合でも定義によれば，経営資源は相互依存関係にある。効率をはばむコンフリクト，意思決定をお互いに妨害すること，上位単位が委譲した権限を再び取り上げることから発生する負担過剰などは，意思決定プロセスに関与する人々がこの多次元的モデルの高い要求に応えられる場合にのみ回避され得る。

マトリックスによる解決は実際には極めてさまざまな形をとる。したがって全体の構想を理解するための重要なディーテールは，具体的な事例でしか説明できない。それゆえマトリックス構造の従来の分析では，現実に採用されているマトリックス構想を表示することによって補っていくしかない。その際，とりわけ意思決定権限の規定化が分析されなければならない[7]。ここでは，Leumann[8]の研究に依拠するが，かれは1970年代末に，スイスの機械メーカー *Gebrüder Sulzer*（株）が採用した当時の組織構造との関連で，マトリックス組織の根本的な問題性を論じた。

Sulzer（株）のコンツェルン本社の経営層には当時，本社部門としての職能別単位（部門）のほかに，地域別および製品別単位としての'スタッフ'も配置されていた。確かに職能別単位は厳密に云えば，テンソル型組織の第三次元を意味するが，以下の考察では両方の次元，'地域'および'製品'に集中したい。マトリックス構造を論じるに当たり，*Leumann*と同じく，製品および地域単位を'マトリックス職位'とし，現地子会社の当該単位を'共通領域'と呼ぶことにする。既に非常に多くの特別な整理の仕方があるが，以下ではそれらを無視する。つまり一製品職位および一地域職位の下位にある共通領域だけを考察する。

製品のマトリックス職位の一般的権限は，*Sulzer*社の管理方針に従えば次のよう定式化される[9]。"プロダクト・マネージャーは，コンツェルン内における特定製品のあらゆる利害関係の計画策定および調整を通じ，全世界的な長期的視点に立ち担当する製品の経済的成功を確保しなければならない。プロダクト・マネージャーは，市場に適した製品の開発および設計を指示し，説得力ある販売組織を作り，かつ決済を受けた中期計画書に基づき，設定された目標の達成に必要な製品関連の方針および製造予定計画を発布する"。

E. 構造を特徴づけるデザイン原則   363

　地域別マトリックス職位に対しては，次の範囲限定が適用される[10]。"地域マネージャーは，かれが管轄する地域においてプロダクト・マネージャーおよび専門領域マネージャー[11]の支援を得ながら，経済的成功をもたらす最大可能なマーケット・シェアを長期的に確保できるように組織上・営業上の諸前提を作る"。

　マトリックス単位による意思決定権限行使のための管理方針のなかで定式化された諸規則は示唆に富むものである。五つの規則を定めているが，その際'A'および'B'は二つの異なる次元，例えば'市場'および'製品'を表している（一覧表14をも参照）[12]。

　これらの意思決定諸規則[13]の適用のためにLeumannの論述を分析してみると，規則1と規則5が規定されることは極めて稀であることが確認される。技術的リスクおよび／または経済的リスクを含まない現地子会社の経常業務の場合にのみ，現地子会社は当該製品分野から情報を得ながら，つまりこれらの製品部門の助言に従って意思決定を下す。同じことが製品分野にも当てはまる。多次元的なこの規定は，結局はライン－スタッフ・モデルに大幅に似ている。その他の規則に関しては明らかに規則3が支配的である。

意思決定規則1（情報を伴う決定）
　マトリックス職位Aは，単独で無条件の意思決定権を有する。この職位は関心のある，もしくは関与する職位に対し情報を提供し，かつそれらの職位から助言を求める義務がある。
意思決定規則2（協議による決定）
　マトリックス職位Aは，決定前にマトリックスBと協議し，その意見を求める義務がある。決定に対して重大な疑念がある場合，マトリックスBは，すぐ上位の担当職位に異議を申し立てる権利・義務を持つ。この異議には決定を延期する効果がある。
意思決定規則3（合意による決定）
　マトリックス職位AおよびBは，共同して決定する。つまり一種の'共同決定'が行われる。合意に達しなければ，その次の上位の担当職位によって決定されなければならない。
意思決定規則4（協議による決定）
　マトリックス職位Bは，決定前にマトリックスAと協議し，その意見を求める義務がある。決定に対して重大な疑念がある場合，マトリックス職位Aは，すぐ上位の担当職位に異議を申し立てる権利・義務を持つ。この異議には決定を延期する効果がある。
意思決定規則5（情報を伴う決定）
　マトリックス職位Bは，単独で無条件の意思決定権を有する。この職位は，関心を持つ，もしくは関与する職位に対し情報を提供し，かつそれらの職位から助言を求める義務がある。

一覧表14：マトリックス単位に対する管理方針

意思決定権を細かく規定化すると，マトリックスによる解決が多くの等級に区分できることが分かる。さらにわれわれは，すべての関与者が明確な協働意欲を持つ場合にのみ，マトリックス構造が実際に機能するということを考えれば，マトリックスによる解決と，その他の多次元的形態との厳密な区別を疑問視する，より強いきっかけになる。それゆえ，実際にはさまざまに異なる製品生産活動の地域的調整が，しばしば'スタッフ'解決と呼ばれる構造の場合，意思決定権の事実上の行使の点では，'マトリックス'による解決と比較し本質的には変わらないという一つの経験的精査をしているかも知れない。

1.2 職務の分離構成

マトリックス原則の場合と同様，分離原則の場合も一つの職務複合が同時並行的に，少なくとも二つの細分化基準に従って分解される。その際，一定の構成基準（例えば製品）に従って設けられる一つの複合的意思決定職務の職務範囲から，同時に別の基準（例えば行為）にも合致した一つの職務構成要素が引き出される。こうして導き出された職務部分は，〜マトリックス原則とは反対に〜投入すべき経営資源の無制限な使用権を持つ一つの独立した組織単位に分類される。経営資源投入に関する他の単位との権限の重複は意識的に回避される（図72）。

さまざまに異なる次元の結合は，マトリックス原則の場合のように共同で意思決定問題の解決に当たるのではなく，むしろ意識的に引き起こす内部経営的給付結合を通して行なう。図72では，研究・開発部門がすべての製品事業部のために研究・開発の成果を提供する。組織規定化の結果は，この場合，'研究・開発'機能は別として，製品目標の達成のために重要なあらゆる機能を備えた製品領域（事業部）ということになる。

このような解決は実際に広く普及している。事業部制原則にしたがって組織されるほとんどすべての企業が，'本社部門'構築の形でこの分離原則を応用している。例えば，*Bayer*（株）では，'中央研究所'（行為構成要素）と'情報処理部'（経営資源構成要素）の部門を事業部門から分離した（図94）。*Hoechst*（株）は，1997年に行なった組織再編成の結果，"ノウハウ技術の発展の継続，補充，内部移転"などを法的に独立した単位（Corporate Research and

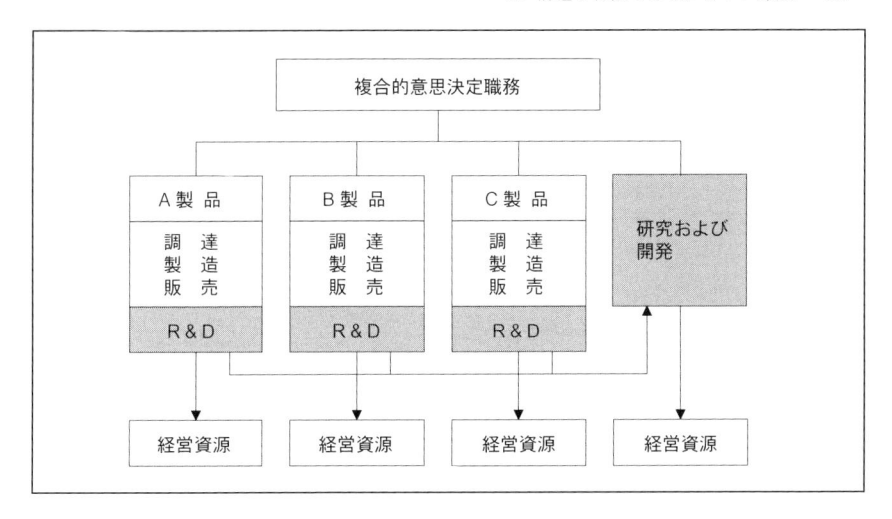

E. 構造を特徴づけるデザイン原則　365

```
                    ┌──────────────────┐
                    │  複合的意思決定職務  │
                    └──────────────────┘
         ┌──────────┬──────────┬──────────┐
    ┌────────┐ ┌────────┐ ┌────────┐ ┌────────┐
    │ A 製 品 │ │ B 製 品 │ │ C 製 品 │ │研究および│
    │ 調　達 │ │ 調　達 │ │ 調　達 │ │  開発   │
    │ 製　造 │ │ 製　造 │ │ 製　造 │ │        │
    │ 販　売 │ │ 販　売 │ │ 販　売 │ │        │
    │ R&D   │ │ R&D   │ │ R&D   │ │        │
    └────────┘ └────────┘ └────────┘ └────────┘
        ↓          ↓          ↓          ↓
    ┌────────┐ ┌────────┐ ┌────────┐ ┌────────┐
    │ 経営資源 │ │ 経営資源 │ │ 経営資源 │ │ 経営資源 │
    └────────┘ └────────┘ └────────┘ └────────┘
```

図72：分離原則

Technology) に分離した。また，コンツェルン全体に及ぶ資材管理の諸機能に対する相応の規定化を行なった[14]。Siemens（株）の場合，1980年代末までに営業活動（市場構成要素）が大幅に本社部門に'集中'されている。

　図72が示しているように，分離原則はマトリックス原則と異なり特定経営資源について権限が重複することはない。どの組織単位も，与えられた経営資源の投入について独自に決定することができる。この規定化により，明らかに調整は簡略化する。しかしそれは，多次元的マトリックス構造がもたらす重要な利点を制限する。つまり，マトリックス原則の場合に当然とされるような，共同で問題解決を行なうための組織的に保証された強制力がない。これらの構造上の特性に直面するとき，さまざまに異なる単位間の協働が，つまり，われわれの事例で云えば'研究／開発部門'と製品事業部間の協働が，内部的給付結合があるため実際にはしばしば問題を提起し，例えば委員会設置のような追加的組織的措置が必要になることは驚くに当たらない。

1.3 調整と動機づけの観点

　多次元的構造の導入が，調整要求および考えられる動機づけ措置の構造に及ぼす影響は複合的であり，したがって，その都度存在する状況条件についてのみ把握できるものである。それにもかかわらず，論理的帰結に対して若干の一般的言明が可能である。

　調整に関し，多次元構造は，その特性からさまざまに異なる問題視点を意識的に考慮するため傾向として調整に対し高い要求をする。この事態は必然的に複合的意思決定問題の多面性を，より良く理解しようとする努力から生じる。このことは，さまざまに異なる次元関連の権限の厳密な範囲限定やその権限の確定が，実際に，特にマトリックスによる解決の場合，困難であることが証明できるだけになおさら当て嵌まる。結果は，一致した協働を難しくする不明確さ（'グレーゾーン'）を生むかも知れない。しかし，まさにこのマトリックス原則が，重大な相互依存の調整をも容易にしている。仮に例えば，販売分野で'地域フィールド・サービス'と'主要得意先（別）マネジメント'[15]の単位間で，市場相互依存が発生すれば，共同して意思決定を見つけていく義務が，両単位を顧客に対し一致して行動するように基本的に仕向けていくかも知れない。認知的動機づけモデルから導かれる原則に従えば，給付能力のある誘因システムのデザインのための権限内容および裁量余地を制限する傾向を持つ多次元構造が，動機づけ効果をしばしば低下させることが予想される。マトリックス原則には，権限の共通領域の計画により，意思決定プロセスの遅滞や競争思考の抑制の危険，および類似の機能障害現象の危険を伴う葛藤の潜在性が隠されている。この分離原則を通して誘発される経営内給付結合は，例えば，事業部制組織では事業部長の部門自律性を制限する。そのことによって相互に依存する各単位の成果の判断が困難になる。スタッフ原則の場合の意思決定権限の欠如は，前節においてしばしば取り上げ議論したライン‐スタッフ間の葛藤を生じ得る。総じてわれわれは，多次元構造が給付能力の有る動機づけシステムの形成に対し高い要求を課すことを確認することができる。

2. 多次元的組織構造の現象形態

前節では，複合職務の分解に関するさまざまな可能性と多次元的な構造の方向づけについて異なる原則を導入したので，以下では多次元的組織構造の実際の現象形態に関し体系的な概観を行なってみたい。

2.1 概要

図73において説明した通り，多次元的組織構造はつねに二つの相互に無関係な組織的デザインに関する意思決定を介して生成する。すなわち一方では，適用すべき細分化基準の規定を通じて，他方では，重要な固定化原則の確定を通じて発生する。まず，場 (F)，行為 (H) および目標 (Z) の三つの特徴に方向づけられた純粋な一次元的基本構造から出発し，その他の次元として前述のスタッフ (S)，マトリックス (M) および分離 (A) の原則の適用を通じて固定できる。ただし，追加的に考慮される次元が意思決定発見に対してどの程度強く影響するかにより固定される次元は異なる。

例えば目標構成要素は，場志向次元について補うことができる。そのためには意思決定権限を，環境範囲が（例えば，地域別マネジメントの範囲内で）同質であるとか，あるいは経営資源（例えば，情報マネジメント）が同種であるなどの観点から束ねられる組織単位を作る。この場志向の拡大を，スタッフ解決 (S_F)，マトリックス解決 (M_F)，または分離解決 (A_F) として行うことができるが，その際，指標 'F' は，選択された第二の（または，別の）次元を示す（矢印の方向をも見よ）。二次元的構造は，この同じ原則に従ってさらに別の次元だけ補充できる。企業の実務における多次元的組織構造が多様な特徴を示すのは，さまざまに異なる細分化基準や確定原則を，この仕方で特有な組み合わせ方を採るからである。以下では簡略化し，実務で重要な多次元的組織構造が，職能別マネジメント，プロダクト別・プロジェクト別マネジメントおよび市場・顧客別マネジメントのコンセプトに分類されることを仮定した。

職能別マネジメントは，製品志向の基本構造か，または市場・顧客志向の基本構造のほかに，スタッフ解決か，マトリックス解決か，あるいは分離解決の

368　第2部　意思決定志向的組織理論の根本要素

```
記号説明
F：場の要素
Z：目標要素
H：行為要素
S：スタッフ原則
M：マトリックス原則
A：分離原則
```

場の要素 (F)
例：'純粋な' 地域別組織

市場・顧客別マネジメント　S_F　M_F　A_F　S_Z　M_Z　A_Z　プロダクト・プロジェクト別マネジメント

職能別マネジメント　S_H　M_H　A_H　A_F　M_F　S_F　市場・顧客別マネジメント

目標要素 (Z)
例：'純粋な' 事業部制組織

職能別マネジメント　S_H　M_H　A_H　→
←　A_Z　M_Z　S_Z
製品・プロジェクト別マネジメント

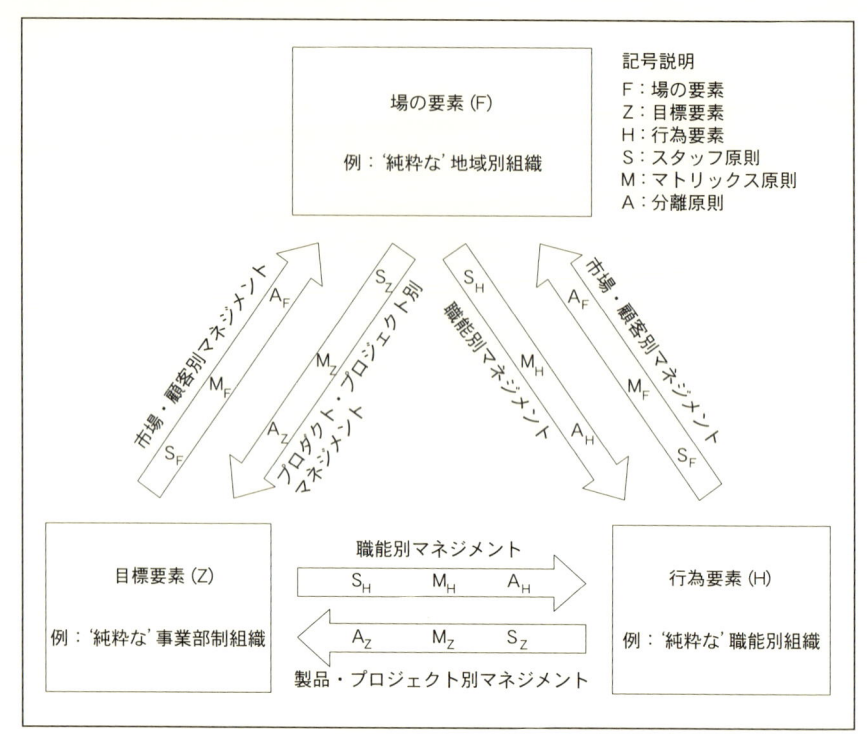

行為要素 (H)
例：'純粋な' 職能別組織

図73：実用的に重要な多次元的組織構造

　形で行為志向の次元を確定するような一つの組織コンセプトとして特徴づけられる。原則として，経営のすべての部分職能は職能別マネジメントの枠組みのなかで組織的に確定される。したがって経営の実践において観察できる組織的解決は，それ相応に多様な形を採る。したがって僅かな職能だけが，特に'ロジスティックス'，'コントローリング'，'人事'においてのみ比較的，統一的なデザイン・パターンが認識できる[16]。ここで例示した職務は，〜職能別マネジメントの一般的特徴でもあるが〜 部門全般にわたる調整効果があるのが特徴である。職能別マネジメントの範囲内では，特に企業全体にとって重要な部分職能，いわゆる横断的職能を確定する。フォーマルな観点では，プロダクト・マネジメントおよび市場別・顧客別マネジメントの場合と同様，原則的にスタッフ原則，マトリックス原則あるいは分離原則などに従って行なわれる職

能別マネジメントの組織的形成があるが，ここではこれ以上論点とはしない。つまりこの問題提起の議論の基礎には，いわゆる統括事業部モデルと呼ばれる特別なデザイン・モデル[17]がある。

'職能別マネジメント'とは対照的に組織の理論と実践では，'プロダクト・マネジメント'および'市場別マネジメント'の名称が 〜個別ケースでは企業特有の独自性があるにも拘らず〜 比較的統一的なイメージを与える。このことは恐らく，製品活動や市場活動の調整を部門全体にわたって対象にすることが，ある程度まで普遍妥当な分析とか固有なデザイン提案を受け入れる比較的同質な職務を生む原因になっている。職能別マネジメントを適用するポイントは，部門を越えた調整効果を根拠としているので企業全体のレベルに置かれるが，次に紹介するプロダクト別・市場別／顧客別マネジメントの構想では，特に経営の販売部門と同時に部分領域レベルを重視している。

2.2 プロダクト・市場・顧客マネジメント

企業の販売部門の意思決定には，常にきわめて異質な企業の内外の情報が必要とされる。それゆえ，ここでは異った問題視点を考慮するために，多次元的組織構造が特に重要である。したがってまさにこの販売分野において，以下で取り上げるプロダクト・市場／顧客マネジメントの形態と共に，非常に細かく差別化された多次元的コンセプトが発生することは驚くに当たらない。

2.2.1 定義づけ

プロダクト・マネジメント

プロダクト・マネジメントの場合，製品志向次元を追加し，職能志向もしくは市場志向／顧客志向の基本構造のなかに固定する。構造選択肢としては，スタッフ－製品組織，マトリックス－製品組織，および分離原則に従った製品構成要素の固定化が問われる。

プロダクト・マネジメントの組織的コンセプトは，〜プロダクト・マネージャー制とも呼ばれるが〜 プロジェクト・マネジメント・コンセプトと同様，USAに起源がある。前世紀の三十年代の初めにアメリカで体系的に応用され特に第二次大戦後に非常に広く普及した[18]。その後ドイツにおいてもこの考

え方がさまざまな分野に導入され特に消費財産業において広く普及した[19]。

発生の理由として，特に以下の二つの経済発展の傾向が指摘できる。
- 製品の販売に必要な部分活動の複合性の増大。その原因は，特に競争激化により制約された売り手市場から買い手市場への一般的趨勢のなかにある。その結果，例えば販売促進や市場調査など固有のマーケティング機能に関する経営職務が拡大した。
- 多品目製造企業への傾向。競争激化の結果，個々の製品の寿命は絶えず短くなり，そのため多くの工業部門では企業存続の確保のために製造品目の扇状的拡大が必要になった。

これらの傾向から高まる組織構造への要求が，職能別構成もしくは市場志向構成[20]を同時に維持しながら，その都度，一つの製品または一つの製品グループごとに職務を特別な組織単位，いわゆるプロダクト・マネージャーに委譲することによって克服すべきという方向へ向った。その結果，プロダクト・マネジメントの組織コンセプトが，職務分類の際，製品志向，つまり目標志向の細分化基準を追加適用するという特徴を持つものとなった[21]。

プロダクト・マネジメントの組織的解決は，とりわけ市場志向の企業管理の具体化に役立ち，しばしば，いわゆる'マーケティング・インプリメンテーション'の問題と関連づけて議論される。しかしマーケティングの視点から，つまり意識的に消費者の願望やニーズに合わせた企業政策から捉えるこのコンセプトの根拠づけは，必ずしも説得力を持つものではない。プロダクト・マネジメントの義務は，むしろ一般的に，職能別もしくは市場志向別に構成された多品目企業において，通常なら定められていない一つの製品に対するさまざまな活動を調整し，一致させることにある。

プロダクト・マネージャーの職務は，個々の企業における前提がさまざまに異なるため著しく変化する。しかししばしば，次の職務領域が指摘される[22]。
- 製品関連の企業内外の情報の収集およびその処理。特に市場の観察，すなわち買い手の行動および競争相手の行動の観察。市場予測の作成。製品のシェアおよびそのライフサイクルの分析。
- 個々の製品に対する長期的成長戦略と長期的競争戦略の開発。計画書作成の際の協力。決められた予算の枠内でのマーケティング・プログラム

の立案。
- 製品計画書の発行のチェック。分類された製品が利益を生むように，さまざまな部門に対して働きかける。変化する市場需要に対する適応措置の導入。

プロダクト・マネジメント・コンセプトの現象形態はさまざまに異なるので，原則としてすべてが同じ組織的基本現象を示すような多くの概念が生まれるのである。

'プロダクト・マネージャー'の代わりに用いられる名称に，'プロダクト・アテンダント'，'ブランド・マネージャー'，'プロダクト・マーケティング・マネージャー'および'プロダクト・プランニング・マネージャー'などがあり，企業ごとにさまざまであり，またその時々の現職者の職務や権限はそれぞれに異っている。

市場マネジメント／顧客マネジメント

プロダクト・マネジメントと同様，市場マネジメント，または顧客マネジメントも，職務の投入の重点は販売領域にある。職能志向もしくは製品志向の基本構造のほかに，組織の'特別な'単位を通じて顧客特有の要求，および市場の要求を考慮することが重要であればあるほど，顧客志向性もしくは市場志向性が企業の目標体系のなかでますます強くなる。

組織的意味での市場マネジメントとは，一つの市場セグメント[23]のために，特に顧客や顧客群のために，さらに続いて〜その都度，考察される適用範囲の概念が選択されなければ〜 市場マネージャーと呼べるような特別な組織単位へ職務を移すことを意味している。市場マネジメントの組織形態は，その時々に存在する組織の基礎構造とは無関係に，したがって企業全体の職能志向的・製品志向的または市場志向的基本形態の枠組みのなかで実現される。こうして構想される市場マネジメントこそ，市場志向的企業管理に極めて特徴的な一つの道具と云える。

たしかに近年，市場マネジメントの組織的展開について盛んに議論されるが，その基本的考えは決して新しくはない[24]。特に投資財産業では，組織作りの方向づけが特定の買い手群，例えば，設備製造業者や部材供給業者など大

口の顧客に向けて行なわれることが長い伝統になっている。しかし市場志向の企業政策を追求すればするほど，組織的帰結がどのようになるかという問題との取り組みが盛んになり，その結果間違いなくこの組織モデルの今日的意義は高まっている。この議論は，従来は主として製品志向的な考え方であったものが市場志向的な考え方へ移るという本質的に多くの業界で確認できる傾向に左右される。つまりこの傾向はしばしば単純化され，売り手市場が買い手市場によって交代させられ，しかもこの買い手市場を伴って規則的に買い手特有の'関係マネジメント'の方向へ行動変化が同時に起こるという傾向である。

　市場に対する考え方の変化は，恐らく過去最も持続的に消費財産業において〜そしてここではブランド産業において〜 起こっている。'商業における集中'のスローガンは，ブランド品分野におけるメーカーと商業部門の関係に深刻な変化をもたらした。メーカーと商業部門の力関係の変化は，必然的に組織的な論理的帰結をもたらし，しかもこの論理的帰結がプロダクト・マネージャーの従来の職務の再検討に対し極めて明確に示されたことは示唆に富む[25]。ブランド品産業における変化は，主として以下の三つの形で現われている[26]。

1. 小売業レベルの店舗の集中：
   この種の集中は販売店舗数の減少に顕著に現われている。その際，集中により残された店舗の売上高シェアは上昇した。1971年に食料品の店舗数は17万3000店であったが，1994年時点でもなお5万9950店あった。この傾向の持続から出発することができる[27]。

2. 物流グループの集中：
   ここでは特に商業のさまざまな協業形態が挙げられる。その場合，小売業者と／または卸売り業者との購買協同組合の結成（例えば *Edeka*），あるいは，いわゆるボランタリー・チェーン（例えば *Spar*）が挙げられる。

3. 物流グループ内の意思決定構造の集中：
   協業形態の構成員は，かれらの法的独立性を引き続き損なうことなく，例えば，購買決定などの重要な意思決定は構成員である'本部'へ委譲する。構成員の売上高が増加するにつれ，本部における意思決定は少な

くなる。したがって同時に，購買管理の専門化が進む。

　一般にわれわれは，企業がきめ細かなマーケティングを必要とする把握可能な数の市場セグメントを対象にする場合，市場マネージャーを～ブランド品の分野なら顧客マネージャー，顧客グループマネージャー，主要得意先マネージャーまたは外商マネージャーを～ 投入することが組織的につねに有意であることが確認できる。

　個々には非常に異なるが，市場マネージャーの職務は比較的全般に当てはまるが，以下の二点が重視される。

1. 担当しなければならない市場セグメントに合わせた市場戦略の開発：これについては先ず，市場調査の範囲内で重要な顧客関連情報を収集し，そして処理することが重視される。この職務には，例えば買い手側の購買決定構造の分析や，買い手にとって重要な市場の顧客の態度調査が含まれる。これらの情報に基づいて顧客固有のマーケティング目標およびマーケティング戦略が策定される。次のステップでは，これらの目標達成のために必要な企業内部におけるプロセスを構想化し，それらのプロセスの流れを整然とコントロールしなければならない。

2. 交渉マネジメントと人間関係：市場マネージャーの職務は，極めて強く'外部志向的'である。すなわち彼の職務は直接，考察対象の販売市場に向かっている。重要な格付けにした顧客に対して市場マネージャーは，良好な人間関係の維持と交渉マネジメントの職務を引き受ける。すなわち，顧客からの引き合いがあれば，かれは仲介者としての役割りを果す。企業内の意思決定プロセスでは，顧客関連の情報や買い手の問題視点が十分に考慮されるようにすることがかれの義務である。その意味では，提供側の企業と顕在的・潜在的な買い手側との間の外部共通領域を調整することが市場マネージャーの職務である。

　近年，経営の販売分野ですでに'古典的'と云われている組織形態の他に，さらに，'カテゴリー・マネジメント'（製品種類別マネジメント）の名称で，もう一つ別の多次元的組織コンセプトが定着している[28]。この組織的解決の際の特徴は，特定の基準に従って区別できる製品グループに対して意思決定権限を切り離して定めるというものである。どの程度，この'新しい'組織的ア

プローチが，製品志向もしくは市場志向の問題解決視点を定着させる方向に向かわせるかという問題は，具体的な個別ケースにおいてのみ判断できることである。特に製品特性（例えば，製品カテゴリーとしての洗剤またはボディケア品）に合わせて製品のカテゴリーを設ける限り，いわゆる'プロダクト・マネジメント'に強く類似する。

これに対して基礎になっている需要カテゴリー（例えばヘアケア品）が，製品（シャンプー，ブラシ，カール用ヘアカラー）を一つのカテゴリーにまとめるためのものであれば，このケースでは経営の意思決定プロセスで市場次元を追加し考慮する努力がこのコンセプトの基礎になる。

2.2.2 組織の諸形態

プロダクト・マネジメントも市場マネジメントも原則として，スタッフ原則かマトリックス原則かまたは分離原則の形で組織的に考察される[29]。経営の実際を見ると，しばしばプロダクト・マネジメントや市場マネジメントが企業の販売部門に位置づけられていることが看取できる[30]。

プロダクト・マネジメントないしは市場マネジメントに関する膨大な文献のなかで，これらの制度の組織的特徴について解明しようとする読者は混乱するイメージを持つであろう。かりに例えば，プロダクト・マネージャーの職務領域について知ろうと努めると，かれは直ちに，そのポストに関し夥しい概念があることに直面する。例えば，準企業家，コーディネーター，スタッフ，連絡マネージャーなどの名称に出会う。また，プロダクト・マネージャーや市場マネージャーの権限に関する解釈も同じように多種多様であり，それらの大部分は対立関係にある。たしかに部分的にこれらの見解が異なるのは，実践志向の論文が個人の体験から出発していて，具体的な解決の特殊性を引き合いに出すか，または個別的観点が強調されることに原因を求めることができる。さらにプロダクト・マネージャーや市場マネージャーの意思決定権に関するさまざまな経験的調査を見ても，かれらの意思決定自律性に関する明確な結論は認められない。しかも無作為抽出法やその調査の手法の観点から調べてみても，共通分母が見当たらないほどそれらの調査方法は異なっている。したがって，その基本的な部分で若干の一般的傾向言明だけを定式化できるということである。

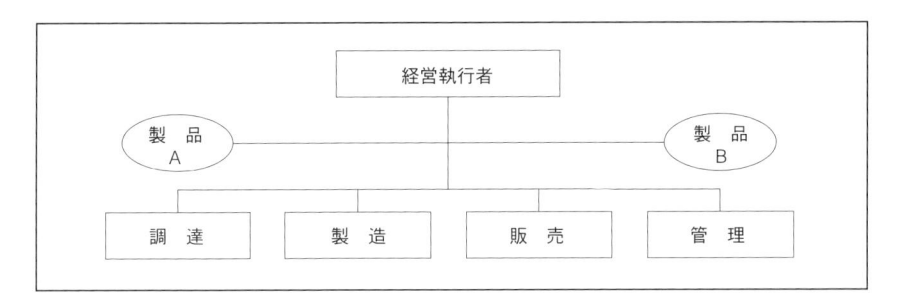

E. 構造を特徴づけるデザイン原則　375

```
              ┌──────────┐
              │ 経営執行者 │
              └────┬─────┘
      ╭────╮       │       ╭────╮
     ╱ 製品 ╲──────┼──────╱ 製品 ╲
     ╲  A  ╱      │      ╲  B  ╱
      ╰────╯   ┌──┴──┐    ╰────╯
         ┌─────┼─────┼─────┐
      ┌──┴─┐┌──┴─┐┌──┴─┐┌──┴─┐
      │調達││製造││販売││管理│
      └────┘└────┘└────┘└────┘
```

図74：スタッフ型製品組織

スタッフによる解決

　プロダクト・マネジメント・システムまたは市場マネジメント・システムがスタッフ原則に従って編成されると（図74もしくは図75を参照），製品志向単位も市場志向単位もすべてのフォーマルな指示権を失う[31]。

　プロダクト・マネジメント・コンセプトもしくは市場マネジメント・コンセプトがスタッフ原則に従って組織的に変更される場合，情報収集業務および計画準備業務の製品関連的もしくは市場関連的履行が特に重視される[32]。

　プロダクト・マネージャーの情報収集機能は，製品志向単位に企業内部で情報ターンテーブルの役割をさせる。つまり，すべての製品関連情報が分析され，さらに伝達される前にそれらの情報がそこに集まるからである。市場マネージャーは，かれが受け持つ顧客セグメントに関する情報を収集し，分析し，次へ伝達することを通じてこの役割を引き受ける。

　プロダクト・マネージャーもしくは市場マネージャーの計画準備機能は，情報機能と極めて密接な関係にある。すなわち，計画策定は十分な情報の基盤が無ければ考えられない。プロダクト・マネージャーはその機能を果すために，例えば，販売政策用具の投入のために製品関連の計画書を起案するが，計画準備段階における市場マネージャーの典型的職務は，顧客別に異なる製品やサービスをオファーするケースでは，さまざまに異なる企業活動を製品全般に亙って相互に調整し，かつ顧客特有の製品・サービスの束にまとめることにある。プロダクト・マネージャーもしくは市場マネージャーが立案する計画書に大幅な修正が無く，販売担当役員もしくは経営執行役員に受け入れられ，そして実

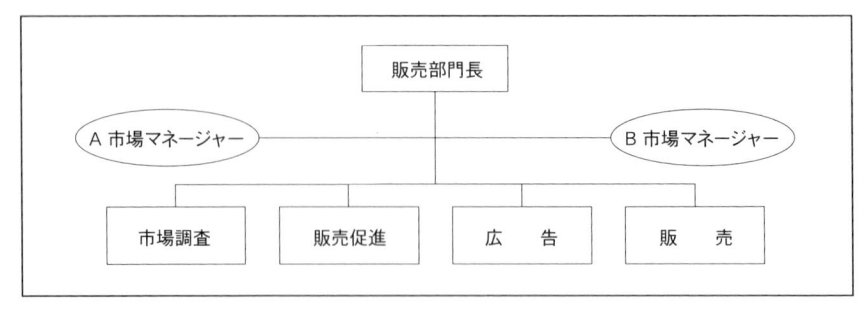

```
                          ┌──────────┐
                          │ 販売部門長 │
                          └──────────┘
         ┌────────────────────┼────────────────────┐
  ( A 市場マネージャー )                      ( B 市場マネージャー )
         ┌──────────┬──────────┬──────────┐
     │ 市場調査 │ 販売促進 │  広 告  │ 販 売 │
```

図75：スタッフ型市場組織

　行に移すべく，プロダクト・マネージャーもしくは市場マネージャーに差し戻される程度により，この単位の影響力は高まる。スタッフ原則に従ってプロダクト・マネジメントや市場マネジメントを定着させる場合，スタッフ単位は通例，事実上，かれらの情報量や専門知識が豊富なので，スタッフ構想にふさわしいとされる[33]以上に本質的に，より強い影響を及ぼす。フォーマルにラインの職能部門に留保された意思決定に対し積極的に介入できる限界は流動的である。この点に関して一人の製品マネージャーが及ぼし得る影響可能性の，あらゆる多様性について説明した実証研究は示唆に富む[34]ものである。

　プロダクト・マネジメントもしくは市場マネジメントが，市場志向の企業管理の基本理念を定着させるための一つの有望な方法であるという命題から出発する一方で，実用的マネジメントの文献のなかでは時折，プロダクト・マネージャーもしくは市場マネージャーに対して，できるだけ大幅な意思決定裁量余地を与えるという（比較的大まかな）要請が提起されている。これに反して，多くの実際の諸規程や実証研究の分析を見ると，企業の現場は意思決定権限を規定する際多種多様な仕方を採用しており，かつこの問題提起をする場合，処理すべき職務内容に沿って行なわれる[35]という結論を示している。プロダクト・マネジメント・コンセプトもしくは市場マネジメント・コンセプトを制度化するに際し，情報機能と計画準備機能に重点が置かれるなら，追加次元は，いつもスタッフ解決の形で根づかせる。しかしプロダクト・マネージャー，もしくは市場マネージャーが効果的な交渉を進めるためとか，企業内の諸活動の調整を確保するために，より大きな意思決定の自律性を必要とするケースで

は，マトリックス原則が重要視される。

　市場次元を個別に考慮した一例として，*Daimler Benz*（株）の営業部門'輸送用トラック'のなかに設けられたターゲット・グループ・マネジメント[36]が挙げられる。特に重要な市場セグメントに対し，例えば工業／手工業，個人ユーザー，キャンパー／レジャー，運送／郵便，レンタカー，公共輸送，商業／建設業などに対し，とりわけそれぞれのセグメント関連の情報を収集し，分析することを義務づけた組織単位が挙げられる。したがって意思決定プロセスにおいては，ターゲット・グループ・マネージャーはマーケティング・ミックスを構築するとき，かれらが担当する顧客の要求を十分に考慮することを保証しなければならない。ターゲット・グループ・マネージャーは具体的には以下の職務を担当する。

- ターゲット・グループ特有のノウハウのプール：
  ターゲット・グループ・データの作成に必要な情報の基礎資料を得るため，ターゲット・グループ・マネージャーが顧客，セールスマンおよびコンサルタントとの話し合いを系統立てて行い，さらに企業の内外の情報源から情報を集める。
- マーケティング・ミックスをターゲット・グループ特有の成功要因に合わせる：
  詳細な顧客関連情報に基づき，ターゲット・グループ・マネージャーは戦略的・業務的意思決定プロセスにおいて顧客の利益を擁護しなければならない。併せて，ターゲット・グループ特有の認知的・情緒的要因を考慮しながら，適切なマーケティング活動を展開しなければならない。
- 分類されたターゲット・グループの潜在性発展の分析：
  担当するターゲット・グループの魅力を，ターゲット・グループ・マネージャーが輸送用トラックの事業部門の視点から調査する。さらに，分類された市場セグメントの将来的発展を予測し，かつ適切な行為提案の仕上げが重要である。

　通常，プロダクト・マネージャーもしくは市場マネージャーに対しては，かれのその他の職務に加え，追加してターゲット・グループ・マネジメントの職務をゆだねる。はたして顧客次元が，ターゲット・グループ・マネージャー制

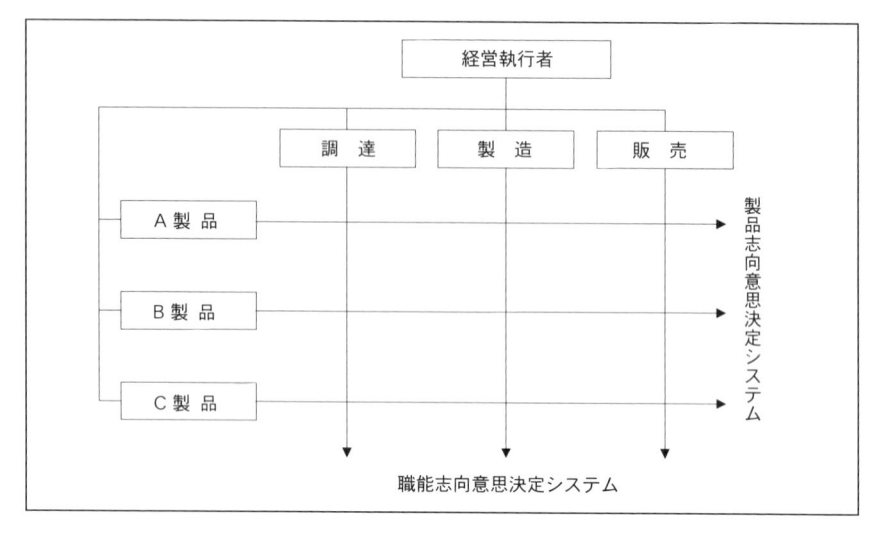

図76：マトリックス型製品別組織

```
                    ┌─────────────┐
                    │  経営執行者  │
                    └──────┬──────┘
           ┌───────────────┼───────────────┐
        ┌──┴──┐         ┌──┴──┐         ┌──┴──┐
        │調 達│         │製 造│         │販 売│
        └──┬──┘         └──┬──┘         └──┬──┘
┌─────┐    │               │               │      ┐
│A製品├────┼───────────────┼───────────────┼────→ │製
└─────┘    │               │               │      │品
┌─────┐    │               │               │      │志
│B製品├────┼───────────────┼───────────────┼────→ │向
└─────┘    │               │               │      │意
┌─────┐    │               │               │      │思
│C製品├────┼───────────────┼───────────────┼────→ │決定
└─────┘    ↓               ↓               ↓      │システム
                職能志向意思決定システム           ┘
```

の導入によって，より容易にスタッフ・モデルまたはマトリックス・モデルに従って定着するかどうかは，結局，経営の現場における意思決定の流れを知ることによって始めて判断できることである。

マトリックスによる解決

マトリックス原則に従ってプロダクト・マネジメントもしくは市場マネジメントを定着させる場合，意思決定職務は，物的目標（製品）または場の要素（市場）および，別の一つ，または複数の次元に従って細分化される。すなわち，このようにして発生する部分職務が各意思決定単位に割り振られる。経営の意思決定プロセスにおいては，このような仕方で定着させる次元（製品もしくは市場）のほうがスタッフによる解決に比べて，より一層重要視される。

マトリックス型製品志向組織の場合，職能志向もしくは市場志向管理システムと，製品志向管理システムとの間で何らかの権限分割が行われる。図76は職能志向の基本形を示したものである。職能関連の単位には特に経営資源の管理が義務づけられ，それらの単位の下位では特に人事に関わる職務担当者が配置されるが，プロダクト・マネージャーの意思決定権限は，主として製品関連

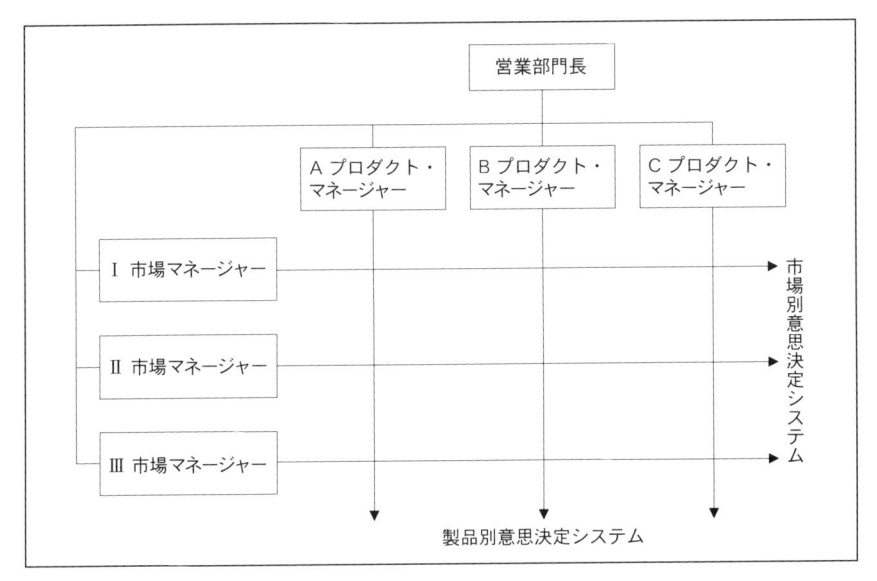

E. 構造を特徴づけるデザイン原則　379

図77：マトリックス型市場組織

　の経営資源[37)]の投入に関わっている。
　マトリックス型市場組織は，市場志向管理システムと，一つまたは複数の別次元（例えば製品次元および／または地域次元）志向管理システムとの間で権限の分割が行われるという特徴を持つ。こうして生まれる権限の結び付きを通して，意思決定プロセスにおける市場関連の諸要求が考慮できる（図77を参照）。
　市場関連業務を制度化するためのマトリックス構造は，消費財産業でも投資財産業でも採用されてきた。以下では，Henkel 社の顧客グループ・マネジメントおよびSiemens Nixdorf 社の主要得意先マネジメント・システムの二つの例を挙げてみよう。ここでは，さまざまに異なる問題次元を代表する意思決定単位をどのような方法で共通な意思決定へ導くかという問題が重要である。
　Henkel 社の化粧品‐ブランド品の統括部門では，顧客グループ・マネジメントが営業部門長の管轄下に置かれ，ブランド化粧品の管轄は法的に独立した販売会社　Schwarzkopf & Henkel Cosmetics（有）内にある（図78を参照）。顧客を顧客グループ・マネージャーの担当に割り振ることは，一定の営

380　第2部　意思決定志向的組織理論の根本要素

```
                        営業部門長
        ┌──────────┬──────────┬──────────┐
    顧客チームⅠ  顧客チームⅡ  顧客チームⅢ    地域別組織
        │           │                ┌──────┬──────┬──────┐
    顧客マネー   顧客マネー       セールス  セールス  国内セールス コンツエルン
    ジャー       ジャー           マネー    マネー    マネージャー  内セールス
    国内         国内             ジャー    ジャー    カテゴリーⅡ
    (カテゴリーⅠ)(カテゴリーⅡ)   北部カテ  南部カテ
                                  ゴリーⅠ   ゴリーⅠ
                                     │         │
                                  地域セールス 地域セールス
                                  マネージャー マネージャー

    記号説明
    顧客チームⅠ：ドラッグストア市場
    顧客チームⅡ：百貨店
    顧客チームⅢ：食料品卸・小売店
    カテゴリーⅠ：
    カテゴリーⅡ：
```

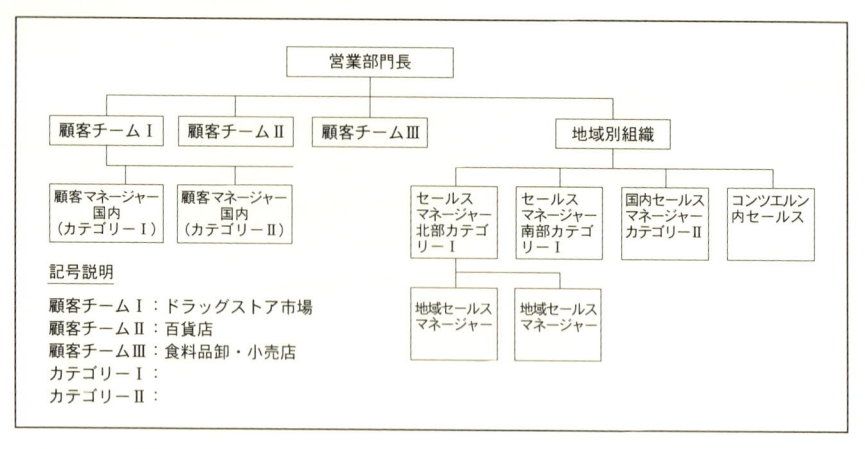

図78：Henkel 株式合資会社の"化粧品‐ブランド品"部門の営業部門組織（1997年現在）

業のレールに乗せることを狙ったものである。顧客チームⅠはドラッグストアを管轄し，顧客チームⅡは百貨店を，顧客チームⅢは食料品小売を管轄する。これらの顧客チームは商品グループ別に細分化されている。カテゴリーⅠにはヘアケア，ボディケアおよびマウスケアの製品が含まれ，カテゴリーⅡには'スキン／パフューム'の範囲の提供品がまとめられる。マトリックスの結合部分は，地域別およびニーズ別に構成された外交販売員から成り立つ。特定の顧客に対応する場合，例えば当該顧客マネージャー（カテゴリーⅠ）は，外交販売員をコントロールする優先順位の観点から北部セールス・マネージャー（カテゴリーⅠ）と調整しなければならない。目標が異なるために必要な調整プロセスにおいてコンフリクトが発生することがあり得る。それゆえ顧客マネージャーは，特にかれが担当する顧客グループに対する適切な対応の意義を当該の外交販売員を通して指摘する。他方，担当地域で（および特定顧客グループをも含めて）一定の売り上げ目標と貢献利益目標の達成を責務とする販売マネージャーは，外交販売員の労働時間の使い方について判断を下す場合，併せてその他の目標，例えば新規顧客の獲得目標をも考慮する。

　したがって顧客チームの代表者と場の組織の代表者との定期会合は，意思決定において'顧客'と'地域'の両方の次元が十分に考慮されることが期待される。

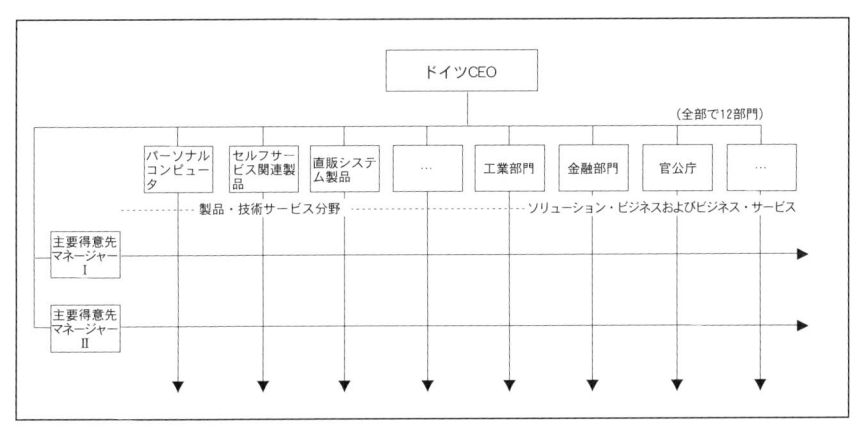

図 79：Siemens Nixdorf Informationssysteme 株式会社（1997 年現在）の主要得意先マネジメント・システム

投資財市場における市場次元を組織的に定着させた一例が *Siemens Nixdorf Informationssysteme*（株）の主要得意先マネジメント・システムである（図 79 を参照）。主要得意先マネージャーはこの会社の場合，営業執行役員の直属になっている。マトリックスの結合点を見ると，さまざまな製品部門が結合していることが分かる。受け持つ顧客の利益を経営の意思決定プロセスにおいて代弁する得意先マネージャーは，企業内では各製品部門の経営資源に依存している。例えば，顧客特有の問題解決（製品開発）のために異なる製品部門のスペシャリストの動員が必要な場合，当該得意先マネージャーは製品部門の各部門長と人材の配置について一致しなければならない。この問題に関して直接的指示権を持たない場合，得意先マネージャーは各製品単位の協力態勢に依存する。マトリックス原則に従って意思決定権限が分与されれば，主要な顧客の注文処理を行う場合，製品志向単位と顧客志向単位間に協力が生まれる。

2.2.3 調整と動機づけの論理的帰結

プロダクト・マネジメントもしくは市場マネジメントの職務の固定化が及ぼす組織への影響については，以下で調整次元または動機づけ次元ごとに別個に検討してみたい。

2.2.3.1 調整

　プロダクト・マネジメントもしくは市場マネジメントのさまざまな組織形態が抱える調整上の問題点は，その都度，組織的解決に伴い発生する相互依存と潜在性分割の構造を通じて規定される。それゆえ以下で考察する前に，これらの相互依存と潜在性の諸問題の分析を行っておきたい。たしかに基本的に，企業の他の諸領域もプロダクト・マネジメントや市場マネジメント・システムにとって重要ではあるが[38]，ここは販売部門に集中したい。ということは以下の考察のなかでは，先ず市場の相互依存と経営資源の相互依存を，販売部門における意思決定プロセスに対しそれらの相互依存が及ぼす影響のなかで検討し[39]，次に現有の市場潜在性を使い切ることを，どの程度，或る特定の組織的解決が可能にするかという問題を追ってみたい。

　経営資源の相互依存は，販売部門では主として金銭的資源と人的資源の利用の過程で発生する。金銭的資源を根拠とする相互依存の一例は，さまざまな組織単位が利用する限られた広告予算が挙げられる。人的資源に起因する相互依存は，例えば，いくつかの組織単位が人的キャパシティが限られていて市場調査部門のサービスに依存する場合に発生する。

　販売部門では市場相互依存に格別な役割がある。市場相互依存は基本的に，次の二つの特徴に区別される。

1．その都度，他の製品に対して意思決定を下す単位間で生じる市場相互依存：
　　この形態の市場相互依存は，例えば，同じ買い手に対し自らの製品を売り込み，その結果，代替競争関係にあるようなプロダクト・マネージャーが，自分の製品に対して価格政策的意思決定を下す場合に発生し得る。
2．同一製品について，その都度別の販売政策用具の投入について決定するような単位間の市場相互依存：
　　例えば，一つのブランド商品に対する広告の意思決定は，販売促進の仕方に関する事後の意思決定に影響を及ぼす。

　既存の市場相互依存を考慮し，かつ現有の市場潜在性を十分に使い切る企業の能力は，販売部門のその時々の組織的デザインを通じて強く規定される。例

えば，仮に，或る企業がその都度独自の販売単位を経由して，さまざまな機能的に異なる個別構成部品を提供し，そしてまた，或る潜在的買い手がユニット全体の納入にのみ関心を示すとすれば，顧客別の活動の調整は，潜在性分割回避のための必須の条件であり，〜この場合は〜 市場取引を成立させるための不可欠な条件になる[40]。ここで，さまざまに異なる販売部門が調整されないまま登場すれば，既存の結合効果の考慮不足が企業全体の営業成績を妨げ，また部門の販売業績も達成できなくなるであろう。

企業の販売部門の活動は多様に相互に結びつき，かつ異なった仕方で相互に影響し合うという認識は決して新しいものではない。この認識は，経営経済学ではかなり前から企業の販売品目に対する販売政策用具の最適投入のための同時計画モデルの開発努力のなかに示されている。販売政策的意思決定によって根拠づけられる相互依存構造の複合性と，所与の市場潜在性の十分な活用のための一定の組織的解決と結びつく広範囲な論理的帰結が，企業の販売部門の分業による意思決定の調整がなぜ極めて困難な仕事であるかを説明してくれる。

プロダクト・マネジメント・システムおよび市場マネジメント・システムにおける調整の問題性に関する議論には，計画策定と調整との間の密接な関係を考察のなかに含めなければならない。その際，二つの観点が区別されるべきである。まず，プロダクト・マネージャーもしくは市場マネージャーは，既存の販売計画書の範囲内でのみ，かれの決定権限が行使できる[41]ということを確認しておかなければならない。あらかじめ定められた計画データに沿わない個別意思決定を下すと，販売部門に内在する複合した関係構造を前にして，実際には解決できない調整問題を生んでしまう。プロダクト・マネージャーと市場マネージャーの意思決定は，確かに販売計画の達成を成功に導くことはできるが，かれらの意思決定がその販売計画書の代わりをすることはできない。他方，かれらの意思決定権限を認容することは，細部まで確定された計画書が提示されていないことを前提にする。つまり，既存の計画策定の裁量余地は，意思決定権限の行使を通じて埋められる。

プロダクト・マネジメント

すでに指摘した相互依存と潜在性の問題性について，まず販売部門の一部の

職務が製品別単位，つまりプロダクト・マネージャーに委嘱されるとき，どのような調整問題が発生するかという問題を検討してみたい。相互依存の問題性についてはスタッフ型製品組織の形は問題がない。スタッフは指示権を持たないからである。それゆえスタッフ活動は，意思決定の相互依存を生まない。それに対して，プロダクト・マネージャーがマトリックス型の製品組織のなかでライン職務を引き受けるとき，経営資源の相互依存および／または市場の相互依存が発生し得る。それゆえ，相互依存に関連したプロダクト・マネジメント・システムにおける調整の問題性に関する議論では，マトリックス型製品組織の組織形態に専念しなければならない。

プロダクト・マネージャーによる意思決定権限の行使は，他の単位との意思決定権限の相互依存が存在しなければ問題とはならない。問題になるのは例えば，複数のプロダクト・マネージャーが意思決定に際し，制限されていない経営資源に手をつける場合である。もっともこのような状況は実務では例外であろう。つまり，相互依存は販売部門の大部分の意思決定を通じて生じる。このような事情のもとで意思決定権限をプロダクト・マネージャーに委譲するためには，相互依存の問題性の解決が前提になる。その問題解決のためには原則，三つの可能性がある。

1. 特別な組織的措置を通じて既存の意思決定の相互依存が考慮されるようにする。この特別なケースにおいてはいろいろな調整の可能性を探るか，特に意思決定を階層上位の職位へ戻すか，または調整委員会の設置が必要である[42]。その場合にはプロダクト・マネージャーの意思決定権限は，厳密に云うと他の組織単位へ移管される。

2. 意思決定権限の行使を通じ，発生する相互依存の考慮を意識的に断念する。この規定化は，しばしば市場の相互依存への対応の仕方に当て嵌まる。例えば，当該企業が或る別の製品販売に影響を及ぼす製品価格の決定を行うケースである。経営資源の相互依存に対して生じる相互依存を軽視してもあまり意味がない。経営資源の相互依存を簡単には無視できない。なぜなら相互依存は通例，コンフリクトを引き起こし，かつ意思決定を相互に'妨害'するからである。

3. 既存の相互依存を組織的措置を通じて解消するか，または制限すること

を試みる。この関連では，特に経営資源の区別や割り当てを通じ特に既存の経営資源の相互依存に影響を及ぼす措置は実践的意義がある。一つの好例は（資金の）予算配分である。そこではプロダクト・マネージャーが，既存の予算制限の枠内で配分された経営資源の投入について意思決定を下すことができる[43]。この方法で比較的簡単にプロダクト・マネージャーの社外志向活動を，例えば市場調査，広告，販売促進[44]等の措置を，社外の諸機関に委託することが規定できる。しかし，非貨幣的経営内の資源の範囲限定やその割り当ては，例えば，アクセスできる可能性を広告部門のサービスに限定したり，具体化することは，はるかに困難である。これらのケースでは意思決定権限の行使には，一つの経営資源の利用方式を比較的細かく計画することが前提になる。安定した環境条件下では，環境の不確実性が高い計画策定状況下に比べると前提条件は良い。後者のケースでは，絶えず適応措置が強制されるので，固定した経営資源の分離は難しくなる[45]。

市場潜在性を使い切る問題の場合も，それ相応の調整問題が生じる。つまり企業内の万一の個別給付間の結合効果がどのような戦略的重要性を持ち，これらの効果の実現が，どのような調整コストに結びつくかを検討してみなければならない。プロダクト・マネージャーが一種類の製品のみを担当するという極端な特徴を持つ製品志向構造だけを採用する場合，さまざまに異なる製品オファー間に潜在的・相補的諸関係のあることが十分認識されなくなる。製品給付間の，考えられるシナジー効果を，経営の意思決定プロセスにおいて明確に考慮しようとすれば，組織的視点から次の二つの可能性が考えられる。

- 一つの可能性は，階層上位単位の製品全般にわたる問題視点に立つという方法である。階層上位単位は，意思決定論理的視点から原則的に，企業のさまざまな給付間の（潜在的）結合効果を見分けることができる。さらに，既存の結合効果を考慮し，例えばコミュニケーション・ルートの標準化や，顧客からの'典型的な'問い合わせの取り扱い規則を定めることにより，階層下位の構成単位の活動を相互に調整することができる。
- 第二の可能性は，水平レベルでさらにもう一つの問題次元を取り入れ，

意思決定プロセスが製品関連的に偏よる事態に対処できるという方法である。このケースで特に重要なことは，追加的な場志向の細分化が行われることである。もし例えば，顧客志向単位がスタッフ原則またはマトリックス原則に従って設けられる場合，経営の意思決定においては市場志向の観点も強く考慮される。例えば，市場志向単位が実施する買い手行動の製品全般にわたる分析に基づき潜在的な需要の結びつきを知ることができる。

市場マネジメント

　市場マネジメントの調整の問題性は，経営資源の相互依存および市場の相互依存の存在を通じて規定される。優先してここで述べたブランド品部門の市場マネジメントは大方，営業志向コンセプトとして理解され，それゆえ市場マネージャーには，あらゆる販売活動について意思決定権限が与えられていないから，市場単位と職能単位間の経営資源の相互依存は，プロダクト・マネジメント・システムと比べて重要度はより低い[46]。むしろ当該の市場単位が，その単位の市場セグメントに関連するあらゆる販売意思決定に関して意思決定自律性を意のままにできない場合つねに発生する市場相互依存のほうが特に重要になる。市場マネジメント・コンセプトを組織的に実行する場合，通例，市場マネージャーとプロダクト・マネージャーとの間にこの種の市場相互依存は存在する。それゆえ，職務を一方で取引マネジメントまたは顧客マネジメントに分類し，他方で地域フィールド・サービスに分類することが調整の必要条件の根拠になり得る。この調整必要条件は，地域フィールド・サービスおよび取引マネジメント，もしくは顧客マネジメントが相互に関係の無い部門である場合は特に問題がある。

　ブランド品メーカーの場合は，市場権限は通例さまざまな製品単位，市場単位に分割される。その際，プロダクト・マネージャーに対しては特にプロダクト・ミックスとコミュニケーション・ミックスを製品に関連づけて構成する責任が与えられる。市場マネージャーに対してこの種の職務分割が行われる場合，流通ミックスと契約ミックスの観点から主要得意先との交渉の場で当該製品が有利な立場に立てるように，必要な意思決定権限を与える。市場参入が確

実にできるようにするため，このような状況下では通例，市場の相互依存が考慮されなければならない。

さらに，両方の構成単位に対して同一顧客を担当するように決められている場合は，地域フィールド・サービスと市場マネージャーとの間に潜在的な調整要求が存在し得る。意思決定の場における重複を避けるため企業の現場では職務分類が厳格に行われる。この点について市場マネージャーの職務もしくは地域フィールド・サービスの職務が詳細に記述される[47]。この種の規定化の場合，市場マネージャーはむしろ年間の取り決め（'純売上高'）の範囲内で特定製品の出荷量や共同販売促進策に関する交渉管理のような長期的職務を受け持つ。このような仕方で定められた環境のなかで地域フィールド・サービスは，さまざまな営業所における取り決めが実効性のある売上に結びつくように誘導することに責任がある（'処分売り'）。

複合した相互依存構造に直面すると，ブランド品メーカーの販売部門に委員会やチーム・システムが存在することは驚くに当たらない[48]。これらの集団的単位において，すべての販売政策活動の基礎になる顧客計画書や製品計画書の調整と定式化が行われる。その際，意思決定権限行使のフォーマルな規定化が，詳細な計画書により調整が行われる程度に応じてその意味を失っていくことは重要である。

2.2.3.2 動機づけ

プロダクト・マネジメントもしくは市場マネジメントのさまざまな組織形態の動機づけ効果に関する経験的研究は，今のところ全く公刊されていない[49]。この点に関する文献上の論議は大幅に推測に基づくものか，または実際の経験に依拠した個別問題に限定されている。したがって，これを背景にした今後の継続的考察は，組織諸形態の構造的特徴に関連づけることによって初めて可能になる。

確かに，製品志向または市場志向の細分化を通じて達成された職務諸領域の相対的分離に基づいて企業内部の報酬を大きく期待できるが[50]，プロダクト・マネジメント・システムのなかに存在する諸問題のためにプロダクト・マネージャーと職能別部門間で共同作業をする場合，プラスの動機づけ効果を重

複させるように思われる。また，これと類似した難点が市場マネジメント・システムにおいて，地域フィールド・サービスと共同作業を行う場合に観察される。この確認は，両方の組織コンセプトをスタッフ原則だけでなく，マトリックス原則に従って固定する場合にも当て嵌まる。

　一方で，マトリックス構造を採ることにより発生するプロダクト・マネージャーと職能別マネージャーとの間の権限の重複と，他方で，しばしば見られる不足経営資源を巡るプロダクト・マネージャー間の争いは，個人の動機づけを損なう極めて大きな潜在的な非生産的コンフリクトを発生させる。もしかすると動機づけのマイナス作用が職能別マネージャーにも，かれらが感じる権力喪失の結果として発生するかも知れない。

　スタッフであることを証明されたプロダクト・マネージャーや市場マネージャーにとって，これまで多く引用されてきた責任と権限の相違が一つの中心課題になる。*Molitor*[51]が，或るプロダクト・マネージャーの状況を具体的にパラフレーズした如く，ライン環境のなかにおけるスタッフとしての生活は，一方で，プロダクト・マネージャーの能力資格や人格に対し極めて厳しい要求を課すが，他方で，プロダクト・マネジメント・システムは，職能別部門の組織成員に対しても，協働しながら実質的にコンフリクト解決に取り組む意欲を求めている。コンフリクトは，もともと 〜実質的に根拠づけられた相違とは無関係に〜 プロダクト・マネージャーと職能別マネージャーの態度および姿勢の違いから生じるものである[52]。これとの関連で云えば，職能別部門に一人または数名のプロダクト・マネージャーと接触する権限を持った，いわゆるリエゾン・マネージャーを投入する試みは言及に値する[53]。

　動機づけに及ぼすスタッフ解決およびマトリックス解決の一般的影響に結びつくこれまでの説明が，市場マネジメント・システムにも適用できるかも知れないとすれば，プロダクト・マネジメント・システムと市場マネジメント・システムとの本質的違いが強調されなければならない。プロジェクト・マネージャーと比較し，より強く外部志向的な，そしてしばしば顧客と直接接触する市場マネージャーは，かれの交渉機能を発揮するために必要な意思決定権限を使わなければならない。かれがこの役目を果たすに当たり，規準に縛られない範囲内で，かれの意思決定自律性は 〜動機づけのためにプラスになる，あら

E. 構造を特徴づけるデザイン原則　389

ゆる論理的帰結を伴って～ 高くなる。

　企業の実務の場では通例，プロダクト志向の単位もマーケット志向の単位もプロフィット・センター・コンセプトの意味において管理されるべきだという命題が支持される。この種のインセンティブ・システムが，長期的に望ましい動機づけ効果を生み出せるように，当該の組織単位に対し必要な意思決定自律性が与えられることが必要である。しかしこの前提がプロダクト・マネジメント・コンセプトやマーケット・マネジメント・コンセプトが採用される時に，必ずしもつねに満たされているわけではない。つまり極めて稀なケースにおいてのみ，プロダクト・マネージャーやマーケット・マネージャーが，あらゆる製品志向活動もしくは市場志向活動のために必要な権限を広範囲に亙り行使しているに過ぎない。製品がヒットするか，顧客関係から成果を上げるために欠かせない要因の影響力が不足する場合，プロダクト・マネージャーやマーケット・マネージャーを動機づけるために導入されるプロフィット・センター・コンセプトが適しているという考えは，控え目に評価しなければならない[54]。

　動機づけの論理的帰結についてはさんざん問題にされてきたが，プロダクト・マネージャーや市場マネージャーのポストから明らかになるプラスの動機づけの観点を見落としてはならない。つまりこれらのポストは，たびたびより高い管理ポストへのスプリング・ボードと見なされるものであり，したがってこれらのポストは有能な従業員にとっては魅力的であり，かつ挑戦的な活動分野である。

注
1) 本書71頁を参照。
2) これについては，Bleicher［Organisation］の包括的な叙述を参照。
3) 原書500頁および次頁以下を参照。
4) 原書511頁および次頁以下を参照。
5) 本書340頁を参照。
6) Scholz［Matrix］の要約を参照; Schreyögg［Organisation］176頁および次頁以下。
7) 原書473頁および次頁以下で述べたABB社の組織構造の叙述をも参照。
8) Leumann［Matrix］およびLeumann［Sulzer］を参照。
9) Leumann［Matrix］193頁。
10) Leumann［Matrix］198頁。
11) ここではコンツェルン本社のスタッフを無視してある。
12) Leumann［Matrix］202頁を参照。
13) Leumann［Matrix］204頁を参照。

390　第2部　意思決定志向的組織理論の根本要素

14) 前掲書[Neuordnung] 37 頁を参照。
15) この構想については本書の 371 頁を参照。
16) ここに挙げた部分職能の組織については，例えば，Pfohl [Logistik], Wildemann [Logistik] 413 頁および次頁以下, Solaro [Controller], Domsch / Gerpott [Personalwesen] を参照。
17) これに関しては，原書 490 頁および次頁以下 Frese / v. Werder [Zentralbereiche] および Kreisel [Zentralbereiche]を参照。
18) このコンセプトは明らかに，*Procter & Gamble* のブランド品産業の中で開発された (Schisgall [Eyes] 157 頁および次頁以下，ならびに Low/Fullerton [Brands] 180 頁を参照)。このコンセプトに関する概要を Tietz [Produktmanagement] および Bliemel/ Fassott [Produktmanagement] が示している。
19) さまざまな業界におけるプロダクト・マネジメントのコンセプトの普及については Gruner / Garbe / Homburg [Formen] およびその文献の中で引用された諸論考を参照。
20) この確認は，企業全体が事業部制原則にしたがって組織されていることを例外としない。その場合，職能的に構成されたさまざまな事業部にプロダクト・マネージャーが配置される。
21) Köhler [Beiträge] 174 頁および次頁以下を参照。
22) Conner / Garbe / Homburg [Formen] 235 頁をも参照。
23) 以下では'市場'をもっぱら販売市場と解釈する。
24) 市場マネジメントの普及と，さまざまな業界への，そのマネジメントの導入に関する重点は Gruner / Garbe / Homburg [Formen] およびその文献のなかで引用された経験的研究を参照。Meffert [Kundenmanagement] および Diller [Kundenmanagement] の，このコンセプトについての概要を見よ。
25) Meffert [Kundenmanagement] 1215 欄以下を，また，市場マネジメントの組織諸形態の普及に及ぼす商取引の市場支配力の影響については，併せて Gaitanides / Diller の実証研究 [Großkundenmanagement] 186 頁および Köhler / Tebbe / Uebele [Einfluß] 43 頁および次頁以下をも参照。
26) これについては，Dr．Krähe 研究会の[Geschäftsbeziehungen] 180 頁以下，または，Westphal [Konsumgüterindustrie] 33 頁および次頁以下を参照。
27) 引用した数字は，旧西独地域のものである（前掲研究会 [Geschäftsbeziehungen] 180 頁以下）。さらに Kemna [Key Account Management] 32 頁をも参照。
28) カテゴリー管理は，とりわけ，Procter & Gamble 社がプロダクト・マネジメント構想の先鞭をつけたことから，既存の組織的な解決法を一部変更した，という事実に基づき大きく注目された。カテゴリー管理については，Köhler [Marketing-Organisation] の概要 1642 欄および次欄以下ならびに Hahne [Category Management] を参照。
29) プロダクト・マネジメントの定着化に関するさまざまな可能性については，例えば，Bliemel / Fassol [Produktmanagement] を，また，市場別マネジメントの組織形態については Meffert [Kundenmanagement] を参照。さまざまな形態の普及に関しては Gruner / Garbe / Homburg [Formen] および，この文献のなかで引用された諸研究を参照。分離原則に基づく製品別または市場別マネジメントの定着化は確かに理論的には考えられるが，実際には極めて稀にしか存在しないので，以下では詳しく論じていない。
30) 企業の既存の部分職能のなかにプロダクト・マネジメントを組織的に投入した事例については，例えば，Bliemel / Fassott [Produktmanagement] 2124 欄以下の 〜業種別に区別して述べた〜 概要ならびに Hüttel の実証研究 [Zeiten] 54 頁を参照。
31) この確認では，スタッフ部内における指示権を除外していない。
32) プロダクト・マネジメントに対しては例えば，Tietz [Produktmanagement] 2068 欄を参照。

E. 構造を特徴づけるデザイン原則　391

顧客マネジメントのさまざまな機能については例えば，Diller［Kundenmanagement］1370 欄および次欄以降を参照。
33) 本書 340 頁および次頁以下をも参照。
34) 例えば，Bristow / Frankwick［Tactics］およびこの論文のなかで挙がっている研究書を参照。
35) Gaitanides / Diller［Großkundenmanagement］192 頁，Gaitanides / Westphal / Wiegels［Strategie］19 頁，Tuttel［Produkt-Manager］98 頁などの経験的調査結果を参照。意思決定権限の把握の問題性については，例えば Josten［Determinanten］27 頁および次頁以下を参照。
37) このことについては Köhler［Beiträge］178 頁以下を参照。
38) 例えば，Ruekert / Waler［Interaction］または Lim / Reid［Linkages］および本書 392 頁までの指摘を参照。
39) 経営の販売部門では，さらにプロセス相互依存が重要である（この点については例えば，Cespedes［Linkages］19 頁を参照。
40) 潜在性問題については本書の 54 頁を，そして Noetel［Geschäftsfeldstrategie］21 頁および次頁以下を参照。
41) これについて，Köhler［Führung］1477 欄以下および Clewett / Stasch［Role］69 頁を参照。
42) 本書 392 頁および次頁以下を参照。
43) これについては，Gruner / Garbe / Homburg［Formen］244 頁および次頁以下，ならびに Hüttel［Produkt-Manager］95 頁および次頁以下などの経験的調査結果を参照。
44) これについては，Clewett および Stasch の経験的研究の結果を参照。かれらの研究結果では，環境に適応したそのような諸活動に及ぼすプロダクト・マネージャーの大きな影響を確認することができる（Clewett / Stasch［Role］72 頁を参照）。
45) これについては，Clewett / Stasch［Role］67 頁および次頁以下の経験的研究の結果を参照。
46) 例えばこの点については，Garbe / Gruner / Homburg［Formen］246 頁以下の経験的研究を参照。この研究のなかで，かれらは市場マネジメントのためにはケアと助言の仕事が特に重要な職務であると強調している。また，Gaitanides / Westphal / Wiegels［Strategie］17 頁以下，および Gaitanides / Diller［Großkundenmanagement］190 頁を参照。さらに市場マネジメントの調整の問題性に関する議論の場合も，マトリックスによる解決が重視される。
47) 例えば，Zentes［Verkaufsmanagement］26 頁および次頁以下，Cespedes［Linkages］123 頁および次頁以下を参照。
48) 例えば，Boehm / Phipps［Flatness］153 頁，ならびに George / Freeling / Court［Organization］59 頁を参照。
49) プロダクト・マネジメントの動機づけに及ぼす影響に関する Murphy および Golrchels の経験的研究は，せいぜい間接的に組織構造に言及したものである（Murphy / Gorches［Effectiveness］を参照）。
50) 本書 160 頁を参照。
51) Molitor［Produkt］505 頁を参照。
52) この次元の意義については，Cespedes［Linkages］128 頁および Wood / Tandon［Components］28 頁以下をも参照。
53) これについては，Clewett / Stasch［Role］72 頁以下ならびに Corey / Star［Organization］42 頁および次頁以下，ならびに 60 頁および次頁以下の具体例を参照。
54) Lehmann［Kunde］90 頁をも参照。

Ⅲ. インターフェースの観点： 統合モジュール

　組織的枠組み構造が確定されたとしても，ここで基礎になっているデザイン・ヒューリスティックス（発見的方法）の視点から見て，必ずしも調整のためのすべての措置が講じられたことにはならない。したがって第二のデザイン措置において，発生するインターフェースの取扱に関する問題，つまり実際の組織デザインにおいて，ますます重要な意味を持つ[1]問題が提起される。

　二つの組織的単位間に一つの潜在的調整要求が存在する場合，一つのインターフェースが存在する。これは'水平的'観点から考察対象単位間に相互依存，ないしは調整上重要な潜在性の分離が存在するケースである。'垂直的'観点から見ると，二つの単位間で一つの意思決定が階層上分割されるときに一つのインターフェースが発生する。インターフェース・マネジメントのための諸道具投入は，分業による意思決定活動の目標と一致した調整（統合）を意図するものである。したがってインターフェース・マネジメントの概念のなかには，相互依存，潜在性分離および階層分割など，機能障害作用を減少させることに貢献するあらゆる措置が含まれる。

　問題提起を限定し，かつ実践で支配的な考察方法を考慮に入れるため，インターフェース概念を二重の視点から制限したい。一つは，権限内容と権限裁量余地が与えられた一つの階層レベルの単位間に生じる水平的インターフェースのみを考察してみる。もう一つのインターフェース・マネジメントは，考察対象の意思決定単位の情報または方法的ノウハウに基づいて行なわれるものである。それゆえ組織の基本構造によって基準設定された上位の階層レベルが，構造化の措置を通じて調整に介入することはない。もっとも，考察対象レベルにおける（例えば，意思決定委員会とか，別途設けられる統合単位による）構造化措置は例外である。その限りでは，インターフェース・マネジメントの実用的定義づけは重要である。

　インターフェース・マネジメントの具体的構成は，以下において略述する三

E. 構造を特徴づけるデザイン原則

つの問題領域に言及したものである。
1．インターフェース・マネジメントの措置投入の必要性判断
2．インターフェース・マネジメントに適した措置の選択
3．インターフェースの調整職務を任せられる単位の選択

1について：インターフェース・マネジメントに関するすべての考察の出発点は，同一視されたインターフェースが果たして調整されるべきかどうかという問題である。調整のための選択肢として，積極的なインターフェース・マネジメントの断念を考慮に入れなければならないという点である。経済的観点からこの意思決定にとって決定的なことは，はたしてインターフェース・マネジメントのための諸道具の投入から生じる分業による意思決定の改善（自律性コストの削減）が，これに伴う経営資源の投入（調整コストの増加）を上回るかどうかという点である。それゆえインターフェースの調整を断念することは，次の事情のもとでは合理的であり得る。すなわち一方では，当該のインターフェースが必ずしも特に批判されるものではなく，したがってまた自律性コストを，'不作為の代案' の選択が行われる場合でも無視できることが考えられる。他方では，関与する単位の調整が経費のかかる調整コンセプトの実施によってのみ達成できるような状況が考えられる。その結果，このコンセプトの実施によって発生する調整コストが，減少する自律性コストを過剰補償する。

インターフェース・マネジメントによって統合を断念することは，当該単位がその都度，その意思決定権限の範囲内で決定することを意味する。調達部門と製造部門間のインターフェースについては，例えば調達部門に対してその意思決定裁量余地を，最大・最小量の基準を設けて制限することができる。調達部門は自らの意思決定目標に沿い，その都度与えられた意思決定の場に基づき調達市場において問題を処理する。その場合，その処理は製造への部材供給の形で行われるが，製造は自らの意思決定の場において結果的に発生する変更要求に適応しなければならない。

2について：考察対象のインターフェースの調整が支持されるなら，次に適切な道具を選択しなければならない。或る所与の職位構成から出発する（権限内容と権限裁量余地は確定している）から，意思決定内容と相互依存構造の変化に基因する細分化コンセプトは，ここで理解されているようなインター

フェース・マネジメントの道具とはみなされない。それゆえ，インターフェース・マネジメントの諸措置は，構造化コンセプトとコミュニケーション・コンセプト，およびもっぱら意思決定準備の範囲に関係した細分化コンセプトに基づいている[2]。

職位構造のなかで明らかになるこれらの構造的措置のほかに，いわゆる'技術万能主義的'調整用具を投入することができる。これに数えられるものとしては例えば，短・中期計画書，または書式類およびデータ処理システムによって確定されたコミュニケーション手段がある。これらの道具に共通する点は，これらの道具が明確な行為プログラムとか行動諸規程を定めることにより，直面する調整問題を解決しようと試みる点である。つまりこれらの道具は，以下で別個に論じる必要のない程その作用の仕方という点で，'構造上の'統合措置に似ている。このように簡略化することにより，以下ではコミュニケーション措置，構造化措置および細分化措置の三つの調整用具について考察してみたい。

- まず，当該の単位間のコミュニケーションを規定化することにより調整の必要性を減らすことができる。意思決定に依存する情報が転送される場合（意思決定に依存しない情報は無視し），例えば調達部門は自らが下した調達決定情報を製造部門へ伝える。当該単位はここでは製造部門になるが，その単位自身の意思決定によってのみ変化した状況に適応することができる。情報が早めに伝えられるほど，この仕方で拡大した時間的処理余地の活用により自律性コストの削減可能性は，より大きくなる。例えば，調達部門が製造部門に対して資材が使用可能になる時点についてより早く知らせるほど，製造予定計画の確定に当り製造部門の裁量余地はより大きくなる。

  コミュニケーション措置の投入には既存の枠組み構造を変更せず，しかも追加的なデザイン経費を程々に抑えられるという長所がある。もっとも，コミュニケーションの規定化による給付能力について云うと限定的ではあるが，〜特に部門間の目標が葛藤状態にある場合〜 当該単位の全体目標に沿った調整は保障できないことを付言しておかなければならない。

● 構造化によって，インターフェース・マネジメントの枠組みのなかで二つの単位間に存在する調整の必要性は無くなる。意思決定問題を領域全般に亙って考察し，かつ意思決定するようなケースを定義する（例えば，参加する単位によって構成される委員会を通じて，あるいは別個の統合単位を通じて行う）。コミュニケーション・プロセスでは，参加する単位が，その都度，他の構成単位の計画行為，またはすでに実行された行為に関する情報量を高めることだけを保障するが，構造化措置にはより一層広範囲な調整効果が有る。

● もう一つは，考察対象の階層レベルで追加的な細分化基準を適用することにより'分野無知'が減少するという結果を期待し，部門全般に亙る問題視点を意思決定プロセスのなかに持ち込むことができる。所与の職位構成から出発し，同時に意思決定内容が決まっていれば，細分化措置に基づくインターフェース・マネジメントの枠組みのなかで構築される単位は，もっぱら意思決定準備の範囲内だけで権限を持つことができる。ここでは例えば，諮問委員会とか助言権（専門スタッフ）を持つ統合単位が重視される。その限りでは，一次元的細分化コンセプトや分離・マトリックス原則は考慮されない。なぜならここで採用されたデザイン発見法を基礎にしているためインターフェース・マネジメントは問題にならず，むしろ当該枠組み構造の一部修正か，またはその枠組み構造の完全な新規デザインが重要になるからである。

3 について：適切な統合用具の選択とは別に，インターフェースの調整職務を，どの単位に任せるかを明らかにしなければならない。この関連で云えば二つの理念型のコンセプト，つまり自己調整と他者調整が問題になる。

自己調整とは，存在する構造枠組みのなかか，または特別に調整目的で設けられた合議機関（委員会）に代表者を送り込み，当該単位間で直接，相互作用し合うことを狙ったインターフェース・マネジメントの措置を指す。自己調整措置は，インターフェースが原因で発生するコンフリクトの潜在性の扱いが取り立てて言うほどの問題を起こさなければ，一般論として推奨に値する。しかし自己調整措置は，特に相互依存構造や潜在性構造の複雑さが増大するとき，また職務の力動性が大きく作用する場合は，その限界に突き当たる[3]。

他者調整とは，第三者をインターフェースの調整のために動員する場合を云う。

他者調整に基づく措置は，特にコンフリクトの調和（構造化）もしくは統合単位（細分化およびコミュニケーション）を介した非生産的コンフリクトの解消を狙っている[4]。以上に挙げた諸道具は前者の場合，追加された単位が積極的に調整上重要な意思決定に参加し，後者の場合は，調整プロセスの中庸化に重点が置かれるということで区別される[5]。その際，コンフリクトの解消がどの程度成功するかは，まとめ役の役割と，かれの人柄によって大きく左右される。またその際，次のような状況であれば，特に成功したと云える[6]。

- まとめ役の影響は，かれのフォーマルな権威ではなく，むしろかれの自主独立性，かれの専門知識およびかれの経験に基づくものである。
- まとめ役の知覚パターンおよび目標志向性は，調停役としてのかれの役割に相当するから，かれは当該諸部門の異なる立場を等しく評価することができる。
- 調停結果で，まとめ役の業績評価を行なう。
- まとめ役は，コンフリクトのオープンな解決を促し，しかし存在するコンフリクトの巧みな隠ぺいをせず，意思決定の強要をしないようにする。

一覧表15に，インターフェース・マネジメントの組織的諸規定をまとめ，体系化しておいた。その際，グループ化は，一方でどのような構造的インターフェース措置（コミュニケーション，構造化，細分化）を投入し，他方でどのような調整原則（自己調整，他者調整）を採用するかに応じて行なわれる[7]。

措置＼原則	自己調整	他者調整
コミュニケーション	－直接的情報交換 －情報委員会	－コミュニケーション支援のための統合単位
構造化	－意思決定委員会	－意思決定権限を持つ統合単位 －成員として統合単位を持つ意思決定委員会
細分化	－諮問委員会	－諮問目的の統合単位

一覧表15：インターフェース・マネジメントの諸形態

E. 構造を特徴づけるデザイン原則　397

注

1) 階層の無い（水平的）組織形態におけるインターフェース・マネジメントの今日的意義については一般的に Galbraith [Competing] を参照。さらに最近の文献を見ると，具体的な職能部門間のインターフェース・マネジメントに関する多くの論稿について，例えば，研究開発と製造 (Adler [Interdependence])，研究／開発とマーケティング (Brockhoff [Schnittstellen-management])，Brockhoff [Management]) ならびにマーケティングと製造 (Wermeyer [Marketing]) などを参照。
2) コミュニケーション・構造化・細分化コンセプトに関する詳細は，Heppner [Wissens-transfer] 301 頁および次頁以下を参照。
3) インターフェース・マネジメントの不確実性，複雑性および諸道具の関連に関する更なる考察は Adler [Interdependence] および Van de Ven / Delbecq / Koenig [Determinants] 323 頁および次頁以下を参照。
4) この点について，また次の点については，Frese / Heppner [Ersatzteilversorgung] 62 頁および次頁以下を参照。
5) Galbraith [Organization] 155 頁以下を参照。
6) これについては Lawrence / Lorsch [Environment] 55 頁および次頁以下を参照。
7) 組織理論においては，さまざまに異なる名称のもとにさらに一連の体系化が行われている。例えば，Brockhoff / Hauschild [Schnittstellen-Management] 400 頁および次頁以下。Frese / Noetel [Auftragsabwicklung] 36 頁および次頁以下。Galbraith [Organization] 111 頁および次頁以下ならびに Laßmann [Koordination] 285 頁および次頁以下を参照。

記号説明

1. 数学・論理記号

{...}	„Menge"	"集合"
∈	„Element aus"	"からなる要素"
⊂	„Teilmenge von"	"の部分集合"
A×B	kartesisches Produkt der Mengen A und B　集合 A と集合 B の直積（デカルト積）
	{(a, b)/a ∈ A, b ∈ B}	
P(A)	Potenzmenge (Menge aller Teilmengen) von A　A のべき集合（すべての部分集合の全体）
⋃, ∪	(mengentheoretische) Vereinigung　（集合論的）和
⋂, ∩	(mengentheoretischer) Durchschnitt　（集合論的）積
⌢	(logische) Implikation　（論理的）含意
⌢	(logische) Äquivalenz　（論理的）同値
∃	Existenzquantor:　存在記号
	„Es gibt mindestens ein...„　"少なくとも或る...が存在する"
∀	Allquantor:　全称記号　„Für alle...„　"すべての...に対して"
≡	„entspricht"　"同一"

2. 意思決定モデル記号

R	Menge der Ressourcensituationen　経営資源状況の集合
ρ(∈ R)	Ressourcensituation　経営資源状況
X	Menge der möglichen Umweltzustände　可能な環境状態の集合
ξ(∈ X)	Umweltzustand　環境状態
x(⊂ X)	Umweltereignis　環境事象
H*	Menge der technisch möglichen Handlungen　技術的に可能な行為の集合
ϑ(∈ H*)	Handlung　行為
h(⊂ H)	Handlungskomplex　行為複合

E*	Menge der technisch möglichen Endzustände	技術的に可能な終結状態の集合
E($\subset$ E*)	Menge der relevanten Endzustände	有意な終結状態の集合
Sa($\subset$ E)	Sachziel	物的目標
η($\in$ E*)	Endzustand	終結状態
e($\subset$ E)	Ergebnisbereich	収益範囲
E $\subset$ P(E)	Menge aller von der Entscheidungseinheit betrachteten Ergebnisbereiche	意思決定単位により検討されたすべての収益範囲の集合
F	Formalziel F=(($Z,\leq$),ν)	形式目標 F=(($Z,\leq$),ν)
($Z,\leq$)	Präferenz 選好 (beliebige, geordnete Menge, zumeist Z=$\Re$ Menge der reellen Zahlen)	(任意順序集合, ふつうZ=$\Re$ 実数の集合)
ν	Nutzenfunktion ν: E$\to$Z	効用関数 ν: E$\to$Z
τ	Handlungsfunktion	行為関数 t: X×H*$\to$E* (ξ,ϑ)$\to\eta$
p(A)	Partition (Zerlegung) der Menge A	集合 A の分割（分解）
γ	„feiner als"	"…よりも細かい"

参考文献

【A】

ABBOTT, Andrew : The System of Professions. An Essay on the Division of Expert Labor. Chicago - London 1988.

ACKERMAN, Robert W. : Influence of Integration and Diversity on the Investment Process. In : Administrative Science Quarterly, 15. Jg. 1970, S. 341-351.

ACKOFF, Russell L. : Corporate Perestroika. The Internal Market Economy. In : Internal Markets. Bringing the Power of Free Enterprise Inside Your Organization, hrsg. v. William E. Halal, Ali Gernmayeh und John Pourdehnad, New York u. a. 1993, S. 15-26.

ACKOFF, Russell L. : The Democratic Corporation. A Radical Prescription for Recreating Corporate America and Rediscovering Succsess. New York - Oxford 1994.

ADAM, Dietrich : Koordinationsprobleme bei dezentralen Entscheidungen. In : Zeitschrift für Betriebswirtschaft, 39. Jg. 1969, S. 616-632.

ADAM, Dietrich : Kurzlehrbuch Planung. 2. Aufl., Wiesbaden 1983.

ADLER, Paul S. : Interdepartmental Interdependence and Coordination. The Case of the Design / Manufacturing Interface. In : Organization Science, 6. Jg. 1995, Nr. 2, S. 147-167.

AGUILAR, Francis J. : Scanning the Business Environment. New York - London 1967.

ALBACH, Horst : Entscheidungsprozeß und Informationsfluß in der Unternehmensorganisation. In : Organisation, TFB-Handbuchreihe, Erster Band, hrsg. von Erich Schnaufer und Klaus Agthe, Berlin - Baden-Baden 1961, S. 355-402.

ALBACH, Horst : Die Koordination der Planung im Großunternehmen. In : Rationale Wirtschaftspolitik und Planung in der Wirtschaft von heute, Schriften des Vereins für Sozialpolitik, Neue Folge, Band 45, hrsg. von Erich Schneider, Berlin 1967, S. 332-438.

ALBAUM, Gerald : Horizontal Information Flow : An Exploratory Study. In : Academy of Management Journal, 7. Jg. 1964, S. 21-33.

ALBAUM, Gerald : Information Flow and Decentralized Decision Making on Marketing. In : California Management Review, 9. Jg. 1967, Nr. 4, S. 59-70.

ALBRECHT, Karl : Successful Management by Objectives. Englewood Cliffs, NJ. 1978.

ALCHIAN, Armen A. ; Woodward, Susan : The Firm is Dead ; Long Live the Firm : A Review of Oliver E. Williamson 'the Economic Institutions of Capitalism'. In : Journal of Economic Literature, 26. Jg. 1988, Nr. 2, S. 65-79.

ALLEN, Stephen A. : Corporate - Divisional Relationships in Highly Diversified Firms. In : Studies in Organization Design, hrsg. von Jay W. Lorsch und Paul R. Lawrence, Homewood, IL. 1970, S. 16-35.

Allen, Thomas J.: Organizational Structure, Information Technology and R&D Productivity.

In : IEEE, Transactions on Engineering Management, Jg. EM-33 1986, S. 212-217.

ALLEN, Thomas J.; HAUPTMAN, Oscar : The Influence of Communication Technologies on Organizational Structure : A Conceptual Model for Future Research. In : Information Technology and the Corporation of the 1990s, hrsg. von Thomas J. Allen,und Michael S. Scott Morton, New York-Oxford 1994, S475-483. 富士総合研究所訳『アメリカ再生の「情報革命」マネジメント：MITの新世紀企業マネジメント・レポートに学ぶ』白桃書房, 1995年.

ANSOFF, H. Igor ; BRANDENBURG, R. G. : A Language for Organization Design. In : Management Science, 17. Jg. 1971, B-705-B-731.
(Deutsche Übersetzung in : Elemente der organisatorischen Gestaltung. hrsg. von Erwin Grochla, Reinbek bei Hamburg 1978, S. 262-288.)

ANTHONY Robert N. : Planning and Control Systems : A Framework for Analysis. Boston 1965. 高橋吉之助訳『経営管理システムの基礎』ダイヤモンド社, 1968年.

APPLEGATE, Lynda M. ; CASH, James I. ; MILLS, D. Quinn : Visionen verwirklichen – mit dem Computer. Die Informationstechnik von morgen sorgt für mehr Effizienz, Flexibilität und Kreativität. In : Harvard manager, 11. Jg. 1989, Nr. 2, S. 54-59.

ARBEITSKREIS DR. KRÄHE : Konzern-Organisation. Aufgaben- und Abteilungsgliederung im industriellen Unternehmungsverbund. Köln - Opladen 1952.

ARBEITSKREIS „DAS UNTERNEHMEN IM MARKT" : Vertikale Geschäftsbeziehungen zwischen Industrie und Handel. In : Kontrakte, Geschäftsbeziehungen, Netzwerke. Marketing und Neue Institutionenökonomie, hrsg. von Klaus Peter Kaas, Zeitschrift für betriebswirtschaftliche Forshung, Sonderheft 35, Düsseldorf - Frankfurt / M. 1995, S. 179-203.

ARBEITSKREIS „ORGANISATION" : Organisation im Umbruch. (Was) Kann man aus den bisherigen Erfahrungen lernen ? In : Zeitschrift für betriebswirtschaftliche Forschung, 48. Jg. 1996, S. 621-665.

ARCHIBALD, Russell D. : Managing High-Technology Programs and Projects. 2 Aufl. New York u. a. 1992. 藤田恒夫, 中神芳夫（共訳）『高技術プロジェクトの管理』産業能率大学出版部, 1981年.

ARMOUR, Henry O. ; TEECE, David J. : Organizational Structure and Economic Performance : A Test of the Multidivisional Hypothesis. In : Bell Journal of Economics, 9. Jg. 1978, S. 106-122.

ARTHUR D. LITTLE (HRSG.) : Management in vernetzten Unternehmen. Wiesbaden 1996.

【B】

BAARS, Bodo A. ; BAUM, Karl B. ; FIEDLER, Jobst : Politik und Koordinierung. Untersuchung ausgewählter Verfahren der Ziel- und Programmkoordination innerhalb und zwischen Ressorts sowie zwischen Bund und Ländern. Göttingen 1976.

BAKER, George P. ; JENSEN, Michael C. ; MURPHY, Kevin J. : Compensation and Incentives : Practice vs. Theory. In : The Journal of Finance, 43. Jg. 1988, Nr. 3, S. 593-616.

BAKER, Michael J. ; MCTAVISH, Ronald : Product Policy and Management. London / Basingstoke 1976.

BAMBERG,G. ; COENENBERG, Adolf G. : Betriebswirtschaftliche Entscheidungslehre. 9. Aufl., München 1996.

BARRIF, Martin L. ; GALBRAITH, Jay R. : Intraorganizational Power Considerations for Designing Information Systems. In : Accounting, Organizations and Society, 3. Jg. 1978, Nr. 1, S. 15-27.

BARTLETT, Christopher A. ; GHOSHAL, Sumantra : Arbeitsteilung bei der Globalisierung. In : Harvard manager, 9. Jg. 1987, Nr. 2, S. 49-59.

BASS, Bernard M. : Leadership and Performance beyond Expectations. New York – London 1985.
 (Deutsche Übersetzung : Charisma entwickeln und zielführend einsetzen. Landsberg / Lech 1986.)

BECK, Thomas : Die Projektorganisation und ihre Gestaltung. Diss., Berlin 1996.

BERELSON, B. ; STEINER, G. A : Human Behavior. New York 1964. 犬田充訳『行動科学』誠信書房, 1968 年。

BERLE Adolf A. ; MEANS, Gardiner C. : The Modern Corporation and Private Property. New York 1932. 北島忠男訳『近代株式会社と私有財産』文雅堂書店, 1958 年。

v. BERTALANFFY, Ludwig : An Outline of General Systems Theory. In : The British Journal for the Philosophy of Science, 1. Jg. 1950, S. 134-165.

BEUERMANN, Günter : Zentralisation und Dezentralisation. In : Handwörterbuch der Organisation, 3. Aufl., hrsg. von Erich Frese, Stuttgart 1992, Sp. 2611-2625.

BIERMANN, Klaus ; WITTIGER, Dietmar : Zentralisation oder Dezentralisation ? Informationsverarbeitung unter besonderer Berücksichtigung der Rechnergröße. In : Versicherungswirtschaft, 1986, S. 1308-1313.

BLAKE, Robert R. ; MOUTON, Jane S. : Corporate Excellence Through Grid Organization Development. Houston 1968. 上野一郎訳『動態的組織づくり』産業能率短期大学出版部, 1969 年。

BLAU, Peter M. et al. : Technology and Organization in Manufacturing. In : Administrative Science Quarterly, 21. Jg. 1976, S. 20-40.

BLEICHER, Knut : Aufgabengliederung und Abteilungsgliederung. In : Organisation, TFB-Handbuchreihe, Erster Band, hrsg. von Erich Schnaufer und Klaus Agthe, Berlin – Baden-Baden 1961, S. 197-250.

BLEICHER, Knut : Zentralisation und Dezentralisation von Aufgaben in der Organisation der Unternehmungen. Berlin 1966.

BLEICHER, Knut : Organisation. Strategien – Strukturen – Kulturen. 2. Aufl., Wiesbaden 1991.

BLEICHER, Knut ; LEBERL, Diethard ; PAUL, Herbert : Unternehmungsverfassung und Spitzenorganisation. Führung und Überwachung von Aktiengesellschaften im internationalen Vergleich. Wiesbaden 1989.

BLIEMEL, Friedhelm W. ; FASSOT, Georg : Produktmanagement. In : Handwörterbuch des Marketing, 2. Aufl., hrsg. von Bruno Tietz, Richard Köhler und Joachim Zentes, Stuttgart 1995, Sp. 2120-2135.

BOEHM, Rodger ; PHIPPS, Cody : Flatness Foray. In : The McKinsey Quarterly, o. Jg. 1996, No. 3, S. 128-143.

BORGHOFF, Uwe M. ; SCHLICHTER, Johann H. : Rechnergestützte Gruppenarbeit. Eine Einführung in verteilte Anwendungen. Berlin u. a. 1995.

BOWEN, David E. ; SIEHL, Caren ; SCHNEIDER, Benjamin : A Framework for Analyzing Customer Service Orientations in Manufacturing. In : Academy of Management

Review, 14. Jg. 1989, Nr. 1, S. 75-95.
BOWER, Joseph L. : Managing the Resource Allocation Process. A Study of Corporate Planning and Investment. Boston 1970.
BRAND, Michael : Projektmanagement. Wintethur 1974.
BRAUN, Günther E. : Funktionalorganisation. In : Handwörterbuch der Organisation, 3. Aufl., hrsg. von Erich Frese, Stuttgart 1992, Sp. 640-655.
BRECH, E. F. L. :The Balance between Centralization and Decentralization in Managerial Control. In : The Balance between Centralization and Decentralization in Managerial Control, hrsg. von H. J. Kruisinga, Leiden 1954, S. 8-23.
BRENNER, Walter : Grundzüge des Informationsmanagements. Berlin - Heidelberg 1994.
BRETZKE, Wolf R. : Der Problembezug von Entscheidungsmodellen. Tübingen 1980. 栗山盛彦, 風間信隆（共訳）『構成主義経営経済学：意思決定モデル形成の方法的基礎』文眞堂, 1986年。
BRINK, Hans-Josef : Die Koordination funktionaler Teilbereiche der Unternehmung. Stuttgart 1981.
BRISTOW, Dennis, N. ; FRANKWICK, Gray L. : Product Managers' Influence Tactics in Marketing Strategy Development and Implementation. In : Journal of Strategic Marketing, Vol. 2, 1994, No. 3, S. 211-227.
BROCKHOFF, Klaus : Schnittstellenmanagement. Abstimmungsprobleme zwischen Forschung und Entwicklung und Marketing. Stuttgart 1989.
BROCKHOFF, Klaus : Management organisatorischer Schnittstellen - unter besonderer Berücksichtigung der Koordination von Marketingbereichen mit Forschung und Entwicklung. Göttingen 1994.
BROCKHOFF, Klaus ; HAUSCHILDT, Jürgen : Schnittstellen-Management. Koordination ohne Hierarchie. In : Zeitschrift Führung und Organisation, 62. Jg. 1993, Nr. 6, S. 396-403.
BROWN, Donaldson : Centralized Control with Decentralized Responsibilities. American Management Association, Annual Convention Series, Nr. 57, New York 1927.
 (Wiederabdruck in : Managerial Innovation at General Motors, hrsg. von Alfred D. Chandler, New York 1979.)
BROWNE, Philip J. ; GOLEMBIEWSKI, Robert T. : The Line - Staff Concept Revisited : An Empirical Study of Organizational Images. In : The Academy of Management Journal, 17. Jg. 1974, S. 406-417.
BRUCKSCHEN, Hans-Hermann : Verrechnungspreise in Spartenorganisationen. Frankfurt - Bern 1981.
BÜHNER, Rolf : Management-Holding. In : Die Betriebswirtschaft, 47. Jg. 1987, S. 40-49.
BÜHNER, Rolf : Spartenorganisationen. In : Handwörterbuch der Organisation, 3. Aufl., hrsg von Erich Frese, Stuttgart 1992, Sp. 2274-2287.
BÜHNER, Rolf : Strategie und Organisation. Analyse und Planung der Unternehmensdiversifikation mit Fallbeispielen. 2. Aufl., Wiesbaden 1993.
BURGELMAN, Robert A. : A Process Model of Internal Corporate Venturing in the Diversified Major Firm. In : Administrative Science Quarterly, 28. Jg. 1983, S. 223-244.
BURGELMAN, Robert A. : Intraorganizational Ecology of Strategy Making and Organizational Adaption : Theory and Field Research. In : Organization Science, 2. Jg.

1991, S. 239-262.
BURGELMAN, Robert A.: Fading Memories: A Process Theory of Strategic Business Exit in Dynamic Environments. In: Administrative Science Quarterly, 39. Jg. 1994, S. 24-56.
BURGELMAN, Robert A.; MAIDIQUE, Modesto A.; WHEELWRIGHT, Steven C.: Strategic Management of Technology and Innovation. 2. Aufl. Chicago u.a. 1996. 小野寺薫 [ほか] 訳『ハーバードで教える R&D 戦略：技術と革新の戦略的マネジメント』日本生産性本部, 1994年。

　　※ただし，訳書は初版 Burgelman, Robert A.; Maidique, Modesto A.: Strategic management of technology and innovation. 1987. の抄訳。

BURGHARDT, Manfred: Projektmanagement. Leitfaden für die Planung, Überwachung und Steuerung von Entwicklungsprojekten. 4. Aufl., Bern - München 1997.
BURLINGAME, John F.: Information Technology and Decentralization. In: Harvard Business Review, 39. Jg. 1961, Nr. 6, S. 121-126.
BURNS, James: Effective Management of Programs. In: Studies in Organization Design, hrsg. von Jay W. Lorsch und Paul R. Lawrence, Homewood, IL. 1970, S. 140-152.

【C】

CABLE, John: Capital Market Information and Industrial Performance: The Role of West German Banks. In: The Economic Journal, 95. Jg. 1985, S. 118-132.
CABLE, John; YASUKI, Hirohiko: Internal Organization, Business Groups and Corporate Performance. In: International Journal of Industrial Organization, 3. Jg. 1985, S. 401-420.
CAMPBELL, John P. et al.: Managerial Behavior, Performance and Effectiveness. New York 1970.
　　(Auszugsweise übersetzt in: Organisationstheorie, 1. Teilband, hrsg. von Erwin Grochla, Stuttgart 1975, S. 158-197.)
CAMPBELL, John P.; PRITCHARD, Robert D.: Motivation Theory in Industrial and Organizational Psychology. In: Handbook of Industrial and Organizational Psychology, hrsg. von Marvin D. Dunnette, Chicago 1976, S. 63-130.
CESPEDES, Frank V.: Managing Marketing Linkages, Upper Saddle River 1996.
CHANDLER, Alfred D.: Management Decentralization. A Historical Analysis. In: The Business History Review, 30. Jg. 1956, S. 111-174.
CHANDLER, Alfred D.: Strategy and Structure. Chapters in the History of the Industrial Enterprise. Cambridge, Mass. 1962.
　　(Auszugsweise übersetzt in: Entscheidungstheorie, hrsg. von Eberhard Witte und Alfred Thimm, Wiesbaden 1977, S. 147-180.) 有賀裕子訳『組織は戦略に従う』ダイヤモンド社, 2004年。
CHANDLER, Alfred D.: The Visible Hand. The Managerial Revolution in American Business. Cambridge, MA. - London 1977. 鳥羽欽一郎・小林袈裟治訳『経営者の時代―アメリカ産業における近代企業の成立』ダイヤモンド社, 1979年。
CHILD, John: Organizational Structure, Environment and Performance - The Role of Strategic Choice. In: Sociology, 6. Jg. 1972, S. 1-22.
CHMIELEWICZ, Klaus: Unternehmungsverfassung, Gremien der. In: Handwörterbuch der Organisation. 2. Aufl., hrsg. von Erwin Grochla, Stuttgart 1980, Sp. 2272-2282.

CHMIELEWICZ, Klaus : Unternehmungsleitung, Organisation der. In : Handwörterbuch der Organisation. 3. Aufl., hrsg. von Erich Frese, Stuttgart 1992, Sp. 2464-2480.

CLARK Kim B.; FUJIMOTO Takahiro : Product Development Performance. Strategy, Organization, and Management in the World Auto Industry. Boston, MA. 1991. 田村明比古訳『製品開発力：実証研究：日米欧自動車メーカー 20 社の詳細調査』ダイヤモンド社，1993 年。

CLARK Kim B.; WHEELWRIGHT, Steven : Organizing and Leading „Heavyweight" Development Teams. In : California Management Review, 34. Jg. 1992, Spring, S. 9-28.

CLELAND, David I. ; KING, William R. : Systems, Analysis, and Project Management. 3. Aufl., New York 1983. 上田惇生訳『システム・マネジメント：システム分析とプロジェクト組織』ダイヤモンド社，1969 年。
※ただし、訳書は初版に基づくもの。

CLEWETT, Richard M. ; STASCH, Stanley F. : Shifting Role of the Product Manager. In : Harvard Business Review, 53. Jg. 1975, Nr. 1, S. 65-73.

COENENBERG, Adolf G. : Die Kommunikation in der Unternehmung. Wiesbaden 1966.

COENENBERG, Adolf G. : Kostenrechnung und Kostenanalyse. 3. Aufl., Landsberg / Lech 1997.

COOPER, Robin : When Lean Enterprises Collide. Competing through Confrontation. Boston, Mass. 1995.

CORDES, Hans-Peter : Das Problem der Berücksichtigung von Interdependenzen in der Planung. Diss., Münster 1976.

CORDINER, Ralph J. : New Frontiers for Professional Managers. New York - Toronto - London 1956. 川村欣也訳『これからの経営者』東洋経済新報社，1958 年。

COREY, E. Raymond ; STAR, Steven H. : Organization Strategy. A Marketing Approach. Boston 1971.

CULNAN, Mary J. ; MARKUS, Lynne M. : Information Technologies. In : Handbook of Organizational Communication, hrsg. von Frederic M. Jablin et al., Newbury Park u. a. 1987, S. 420-443.

CYERT, Richard M. ; MARCH, James G. : A Behavioral Theory of the Firm. Englewood Cliffs, NJ. 1963.
　　(Auszugsweise übersetzt in : Entscheidungstheorie, hrsg. von Eberhard Witte und Alfred Thimm, Wiesbaden 1977, S. 127-143.) 松田武彦監訳，井上恒夫訳『企業の行動理論』ダイヤモンド社，1967 年。

【D】

DAFT, Richard L. ; LENGEL, Robert H. ; TREVINO, Linda K. : Message Equivocality, Media Selection and Manager Performance : Implications for Information Systems. In : Management Information Systems Quarterly, 11. Jg. 1987, S. 355-366.

DAFT, Richard L. ; LEWIN, Arie Y. : Where are the „new" Theories for the new Organizational Forms ? An Editorial Essay. In : Organization Science, 4. Jg. 1993, S. I -VI.

DALE Ernest : Planning and Developing the Company Organization Structure. New York 1952. 野田信夫，塩原禎三監修；経済同友会訳『経営組織の立案と実施』ダイヤモンド社，1953 年。

DALTON, M. : Conflicts between Staff and Line Managerial Officers. In : American Sociological Review, 15. Jg. 1950, S. 342-351.
DALTON, Gene W. ; BARNES, Louis B. ; ZALEZNIK, Abraham : The Distribution of Authority in Formal Organizations. Boston 1968.
DANIELS, John D. ; PITTS, Robert A. ; TRETTER, Marietta J. : Strategy and Structure of U.S. Multinationals : An Exploratory Study. In : Academy of Management Journal, 27. Jg. 1984, S. 292-307.
DANIELS, John D. ; PITTS, Robert A. ; TRETTER, Marietta J. : Organizing for Dual Strategies of Product Diversity and International Expansion. In : Strategic Management Journal, 6. Jg. 1985, S. 223-237.
DANSEREAU, F. ; GRAEN, G. ; HAGA, W. J. : A Vertical Dyad Linkage Approach to Leadership within Formal Organizations. In : Organizational Behavior and Human Performance, 13. Jg. 1975, S. 46-78.
DEAN, Joel : Decentralization and Intracompany Pricing. In : Harvard Business Review, 33. Jg. 1955, Nr. 4, S. 65-74.
DEAN, Joel : Profit Performance Measurement of Division Managers. In : The Controller, 25. Jg. 1957, Nr. 9, S. 423-449.
DEARDEN, John : Problem in Decentralized Profit Responsibility. In : Harvard Business Review, 38. Jg. 1960, Nr. 3, S. 79-86.
DEARDEN, John : Mirage of Profit Decentralization. In : Harvard Business Review, 40. Jg. 1962, Nr. 6, S. 140-154.
DEARDEN, John : Appraising Profit Center Managers. In : Harvard Business Review, 46. Jg. 1968, Nr. 3, S. 80-87.
DEARDEN, John : The Case against ROI Control. In : Harvard Business Review, 47. Jg. 1969, Nr. 3, S. 124-135.
DEMSETZ, Harold : The Structure of Ownership and the Theory of the Firm. In : The Journal of Law and Economics, 26. Jg. 1983, S. 375-390.
DENIS, Helene : Is the Matrix Organization a Cumbersome Structure for Engineering Projects ? In : Project Management Journal, 17. Jg. 1986, March, S. 49-55.
DERIGS, Ulrich ; EMS, Stefan : Konzept für ein unternehmensweites Datenmanagement. In : WISU, 1995, S. 1019-1024.
DEUTSCHE GESELLSCHAFT FÜR PERSONALFÜHRUNG e. V. : Neue Wege der Vergütung. Köln 1995.
DIMAGGIO, Pan J. ; POWELL, Walter W. : The Iron Cage Revisited : Institutional Isomorphism and Collective Rationality in Organizational Fields. In : American Sociological Review, 48. Jg. 1983, S. 147-160.
DILLER, Hermann : Produkt-Management und Marketing- Informationssysteme. Berlin 1975.
DILLER, Hermann : Kundenmanagement. In : Handwörterbuch des Marketing, 2. Aufl., hrsg. von Bruno Tietz, Richard Köhler und Joachim Zentes, Stuttgart 1995, Sp. 1363-1376.
DINKELBACH, Werner : Entscheidungsmodelle. Berlin - New York 1982.
DLUGOS, Günter : Das Unternehmungsinteresse - kritische Analyse eines fragwürdigen Konstruktes. In : Zukunftsaspekte der anwendungsorientierten Betriebswirtschaftslehre, hrsg. von Eduard Gaugler, Hans Günther Meissner und Norbert Thom, Stuttgart

1986, S. 23-35.

DOMSCH, Michel ; GERPOTT, Torsten J. : Personalwesen(s), Organisation des. In : Handwörterbuch der Organisation, 3. Aufl., hrsg. von Erich Frese, Stuttgart 1992, Sp. 1934-1949.

DONALDSON, Lex : Divisionalization and Size : A Theoretical and Empirical Critique. In : Organization Studies, 3. Jg. 1982, S. 321-337.

DORALT, Peter ; GRÜN, Oskar ; NOWOTNY, Christian : Die Rechtsform. Entscheidung in der Projektorganisation. Wien 1978.

DORMANN, Jürgen : Geschäftssegmentierung bei Hoechst. In : Zeitschrift für betriebswirtschaftliche Forschung, 45. Jg. 1993, S. 1068-1077.

DRUCKER, Peter F. : Praxis des Management. 3. Aufl., Düsseldorf 1962. 現代経営研究会訳『現代の経営（上）（下）』ダイヤモンド社, 1965 年。

DRUMM, Hans J. : Zu Stand und Problematik der Verrechnungspreisbildung in deutschen Industrieunternehmungen. In: Verrechnungspreise, Zwecke und Bedeutung für die Spartenorganisation in der Unternehmung, hrsg. von Jürgen Danert, Hans J. Drumm und Karl Hax, Sonderheft 2/ 1973 der Zfbf, Opladen 1973, S. 91-107.

(Wiederabdruck in : Unternehmungsrechnung, Betriebliche Planungs- und Kontrollrechnungen auf der Basis von Kosten und Leistungen, hrsg. von Adolf G. Coenenberg, München 1976, S. 305-320.)

DRUMM, Hans J. : Das Paradigma der Neuen Dezentralisation. In : Die Betriebswirtschaft. 56. Jg. 1996, S. 7-20.

DÜLFER, Eberhard : Kultur und Organisationsstruktur, in : Handwörterbuch der Organisation, 3. Aufl., hrsg. von Erich Frese, Stuttgart 1992, Sp. 1201-1214.

DÜLFER, Eberhard : Projekte und Projektmanagement im internationalen Kontext. Eine Einführung. In : Projektmanagement - International, hrsg. von Eberhard Dülfer, Stuttgart 1982, S. 1-30.

【E】

ECCLES, Robert G. : Control with Fairness in Transfer Pricing. In : Harvard Business Review, 61. Jg. 1983, Nr. 6, S. 149-161.

ECCLES, Robert G. : The Transfer Pricing Problem. A Theory for Practice. Lexington - Toronto 1985.

ECCLES, Robert G. : Transfer Pricing as a Problem of Agency. In : Principals and Agents : The Structure of Business, hrsg. von v. John W. Pratt und Richard J. Zeckhauser, Boston 1985, S. 151-186.

ECCLES, Robert G. : Price and Authority in Inter-Profit Center Transactions. In : American Journal of Sociology, 94. Jg. 1988, Supplement, S.17-S.51.

ECCLES, Robert G. : The Performance Measurement Manifesto. In : Harvard Business Review, 69. Jg. 1991, Nr. 1, S. 131-137.

ECCLES, Robert G. ; NOHRIA, N. : Beyond the Hypo. Rediscovering the Issue of Management. Cambridge, MA. 1992.

EFFELSBERG, Wolfgang ; FLEISCHMANN, Albert : Das ISO-Referenzmodell für offene Systeme und seine sieben Schichten. In : Informatik Spektrum, 9. Jg. 1986, Nr. 5, S. 280-299.

EGELHOFF, William G. : Strategy and Structure in Multinational Corporations : An Information-Processing Approach. In : Administrative Science Quarterly, 27. Jg. 1982, S. 435-458.
EGELHOFF, William G. : Organizing the Multinational Enterprise. An Information-Processing Perspective. Cambridge, MA. 1988.
EISENFÜHR, Franz : Zur Entscheidung zwischen funktionaler und divisionaler Organisation. In : Zeitschrift für Betriebswirtschaft. 40. Jg. 1970, S. 725-746.
EISENFÜHR, Franz : Lenkungsprobleme der divisionalisierten Unternehmung. In : Zeitschrift für betriebswirtschaftliche Forschung, 26. Jg. 1974, S. 824-842.
EISENFÜHR, Franz : Budgetierung. In: Handwörterbuch der Organisation, 3. Aufl., hrsg. von Erich Frese, Stuttgart 1992, Sp. 363-373.
EISENFÜHR, Franz ; WEBER, Martin : Rationales Entscheiden. 2. Aufl., Berlin u. a. 1994.
EISENHARDT, Kathleen M. : Control : Organizational and Economic Approaches. In : Management Science, 31. Jg. 1985, S. 134-149.
EISENHARDT, Kathleen M. : Agency Theory. Assessment and Review. In : American Management Review, 14. Jg. 1989, S. 57-74.
ELIASSON, Gunnar : Business Economic Planning. Theory, Practice and Comparison. Stockholm u. a. 1976.
ELLIS, Lynn W. : Temporary Groups : An Alternative Form of Matrix Management. In : Matrix Management System Handbook, hrsg. von David I. Cleland, New York 1984, S. 132-150.
EMMANUEL, Clive ; OTLEY, David ; MERCHANT, Kenneth : Accounting for Management Control. 2. Aufl., London u. a. 1995.
EMERY, James C. : Organizational Planning and Control : Theory and Technology. London 1969.
ENGELHARDT, Hans Werner : Dienstleistungsorientiertes Marketing - Antwort auf die Herausforderung durch neue Technologien. In : Integration und Flexibilität. Eine Herausforderung für die Allgemeine Betriebswirtschaftslehre, hrsg. von Dietrich Adam et al., Wiesbaden 1989, S. 269-288.
ENGELS, Maria : Unternehmen im Unternehmen. Ein organisatorisches Konzept im internationalen Vergleich. In : Zeitschrift Führung und Organisation, 66. Jg. 1997, S. 218-223.
EVERSHEIM, Walter : Fertigung, Organisation der. In : Handwörterbuch der Organisation, 2. Aufl., hrsg. von Erwin Grochla, Stuttgart 1980, Sp. 680-690.
EWERT, Ralf ; WAGENHOFER, Alfred : Interne Unternehmensrechnung. 3. Aufl., Berlin-Heidelberg 1997.
EWERT, Ralf ; WAGENHOFER, Alfred : Interne Unternehmensrechnung. 4. Aufl., Berlin-Heidelberg 2000.

【F】
FAMA, Eugene F. ; JENSEN, Michael C. : Separation of Ownership and Control. In : Journal of Law and Economics, 26. Jg. 1983, S. 301-325.
FARLEY, John ; KOBRIN, Stephen : Organizing the Global Multinational Firm. In : Redesigning the Firm, hrsg. von Edward H. Bowman und Bruce M. Kogut,

New York - Oxford 1995, S. 197-217.
FESLER, James W. : Approaches to the Understanding of Decentralization. In : The Journal of Politics, 27. Jg. 1965, S. 536-566.
FESTINGER, Leon : A Theory of Cognitive Dissonance. Stanford, CA. 1957. 末永俊郎監訳『認知的不協和の理論：社会心理学序説』誠信書房, 1965年。
FIEDLER, Fred E. : A Theory of Leadership Effectiveness. New York u. a. 1967.
FISCHER, Lorenz ; WISWEDE, Günter : Grundlagen der Sozialpsychologie. München - Wien 1997.
FLAMENT, Claude : Applications of Graph Theory to Group Structure. Englewood Cliffs, N.J. 1963. 山本国雄訳『グラフ理論と社会構造』紀伊国屋書店, 1974年。
FLEISHMAN, E. A. ; HARRIS, E. F. : Patterns of Leadership Behavior Related to Employee Grievances and Turnover. Wiederabdruck in : Leadership. Selected Readings, hrsg. von C. A. Gibb, Harmondsworth 1969, S. 346-358.
FLIGSTEIN, Neil : The Spread of the Multidivisional Form among Large Firms, 1919-1979. In : American Sociological Review, 50. Jg. 1985, S. 377-391.
FORD, Robert C. ; RANDOLPH, Alan W. : Cross-Functional Structures : A Review and Integration of Matrix Organization and Project Management. In : Journal of Management, 18. Jg. 1992, S. 267-294.
FOURAKER, Lawrence E. ; STOPFORD, John M. : Organizational Structure and the Multinational Strategy. In : Administrative Science Quarterly, 13. Jg. 1968, S. 47-64.
FRAME, J. Davidson : Managing Projects in Organizations. 2. Aufl., San Francisco - London 1995.
FRANKO, Lawrence G. : The Move toward a Multidivisional Structure in European Organizations. In : Administrative Science Quarterly, 19. Jg. 1974, S. 493-506.
FRANKO, Lawrence G. : The European Multinationals : A Renewed Challenge to American and British Big Business. London u. a. 1976.
FREELAND, Robert F. : The Myth of the M-Form ? Governance, Consent, and Organizational Change. In : American Journal of Sociology, 102. Jg. 1996, S. 483-526.
FREIDSON, Eliot : The Theory of Professions : State of the Art. In : The Sociology of the Professions. Layers, Doctors and Others, hrsg. von Robert Dingwall und Philip Lewis, London - Basingstoke 1983, S. 19-37.
FREIDSON, Eliot : Professional Powers. A Study of the Institutionalization of Formal Knowledge. Chicago - London 1986.
FREIDSON, Eliot : Professionalism Reborn. Theory, Prophecy, and Policy. Cambridge - Oxford 1994.
FREMGEN, James M. ; LIAO, Shu S. : The Allocation of Corporate Indirect Costs. New York 1981.
FRESE, Erich : Kontrolle und Unternehmungsführung. Entscheidungs- und organisationstheoretische Grundlagen. Wiesbaden 1968.
FRESE, Erich : Management by Exception. In : Handwörterbuch der Organisation, 1. Aufl., hrsg. von Erwin Grochla, Stuttgart 1969, Sp. 956-959.
FRESE, Erich : Heuristische Entscheidungsstrategien der Unternehmungsführung. In : Zeitschrift für betriebswirtschaftliche Forschung, 23. Jg. 1971, S. 283-307.
FRESE, Erich : Ziele als Führungsinstrumente. Kritische Anmerkungen zum „Management

by Objectives". In : Zeitschrift für Organisation, 40. Jg. 1971, S. 227-238.

FRESE, Erich : Aufgabenanalyse und -synthese. In : Handwörterbuch der Organisation, 2. Aufl., hrsg. von Erwin Grochla, Stuttgart 1980, S. 207-217.

FRESE, Erich : Marktinterdependenzen in Unternehmungen der Investitionsgüterindustrie als organisatorisches Problem. Ergebnisse einer empirischen Untersuchung. In : Zeitschrift für betriebswirtschaftliche Forschung, 37. Jg. 1985, S. 267-290.

FRESE, Erich : Organisationstheorie. Historische Entwicklung - Ansätze - Perspektiven. 2. Aufl., Wiesbaden 1992.

FRESE, Erich : Produktion, Organisation der. In : Handwörterbuch der Organisation, 3. Aufl., hrsg. von Erich Frese, Stuttgart 1992, Sp. 2039-2058.

FRESE, Erich : Führung, Organisation und Unternehmungsverfassung. In : Handwörterbuch der Betriebswirtschaft, 5. Aufl., hrsg. von Waldemar Wittman et al., Stuttgart 1993, Sp. 1284-1299.

FRESE, Erich : Geschäftssegmentierung als organisatorisches Konzept. Zur Leitbildfunktion mittelständischer Strukturen für Großunternehmungen. In : Zeitschrift für betriebswirtschaftliche Forschung, 45. Jg. 1993, S. 999-1024.

FRESE, Erich : Die organisationstheoretische Dimension globaler Strategien. Organisationstheoretisches Knowhow als Wettbewerbsfaktor. In : Unternehmensstrategie und Wettbewerb auf globalen Märkten und Thünen-Vorlesung, hrsg von Manfred Neumann, Berlin 1994, S. 53-80.

FRESE, Erich : Zum Einfluß der „neuen" Produktions- und Organisationskonzepte auf die Standortentscheidungen international tätiger Unternehmungen. In : Vereinfachen und Verkleinern. Die neuen Strategien in der Produktion, hrsg. von Gert Zülch, Stuttgart 1994, S. 123-146.

FRESE, Erich : Aktuelle Organisationskonzepte und Informationstechnologie. In : Management und Computer, 2. Jg. 1994, Nr. 2, S. 129-134.

FRESE, Erich : Profit Center. In : Handwörterbuch des Marketing, 2. Aufl., hrsg. von Bruno Tietz, Richard Köhler und Joachim Zentes, Stuttgart 1995, Sp. 2160-2171.

FRESE, Erich : Profit Center. : Motivation durch internen Marktdruck. In : Kreative Unternehmen. Spitzenleistungen durch Produkt- und Prozeßinnovationen, hrsg. von Ralf Reichwald und Horst Wildemann, Stuttgart 1995.

FRESE, Erich : Anmerkungen zum Outsourcing aus organisatorischer Sicht. In : Organisation im Unternehmen zwischen Tradition und Aufbruch, hrsg. von Ulrich von Hoven und Rainhart Lang, Frankfurt / Main, Berlin u. a. 1996, S. 17-26.

FRESE, Erich : Unternehmungsinterne Märkte. Konzeptionelle Überlegungen zu einem akuellen Thema. In : Das Rechnungswesen im Spannungsfeld zwischen strategischem und operativem Management, hrsg. von Hans-Ulrich Küpper und Ernst Troßmann, Berlin 1997, S. 129-146.

FRESE, Erich : Dezentralisierung um jeden Preis? Aktuelle Anmerkungen zu einem Schmalenbach-Thema. In : Betriebswirtschaftliche Forschung und Praxis. 50. Jg. 1998, S. 169-188.

FRESE, Erich : Internes Rechnungswesen und verborgene Handlungen. Zur konzeptionellen Integration offizieller Verhaltenserwartungen und individueller Verhaltenspräferenz. In : Rechnungswesen als Instrument für Führungsentscheidungen., hrsg. von Hans

Peter Möller und Franz Schmidt, Stuttgart 1998, S. 3-29.

FRESE, Erich : Ausgleichsgesetz der Planung und Pretiale Lenkung. Betrachtugen zur Entwicklung der Betriebswirtschaftslehre aus Anlass der Geburtstage von Eugen Schmalenbach und Erich Gutenberg. In : Das Unternehmen im Spannungsfeld von Planung und Marktkontrolle, hrsg. von Erich Frese und Herbert Hax, Zeitschrift für betriebswirtschaftliche Forschung, Sonderheft 44, Düsseldorf - Frankfurt 2000, S. 1-37.

FRESE, Erich : Organisatorische Strukturkonzepte im Wandel. Aussagen der Organisationstheorie zu Änderung und Innovation. In : Innovative Organisationsformen. Neue Entwicklungen in der Unternehmensorganisation, hrsg. von Franz Wojda, Stuttgart 2000, S. 59-88.

FRESE, Erich ; BLIES, Peter : Konsequenzen der Internationalisierung für Organisation und Management der Muttergesellschaft. In : Handbuch Internationales Management, hrsg. von Klaus Macharzina und Michael-Jörg Oesterle, Wiesbaden 1997, S. 287-306.

FRESE, Erich et al. : Nach der ersten Restrukturierungswelle. Überlegungen zu Kurskorrekturen und Entwicklungsbedarf. In : Die Unternehmung, 49. Jg. 1995, S. 293-319.

FRESE, Erich ; GLASER, Horst : Verrechnungspreise in Spartenorganisationen. In : Die Betriebswirtschaft. 40. Jg. 1980, S. 109-123.

FRESE, Erich ; HEPPNER, Karsten : Ersatzteilversorgung. Strategie und Organisation. München 1995.

FRESE, Erich ; LEHMANN, Patrick : Outsourcing und Insourcing : Organisationsmanagement zwischen Markt und Hierarchie. In : Organisationsmanagement. Neuorientierung der Organisationsarbeit, hrsg. von Erich Frese, Stuttgart 2000, S. 199-238.

FRESE, Erich ; LEHNEN, Marc ; VALCÁRCEL, Sylvia : Dienstleistugen und regionale Reichweite - Zum strategischen Stellenwert von Serviceleistungen bei der Erschließung von Auslandsmärkten. In : Dienstleistungsoffensive - Wachstumschancen intelligent nutzen, hrsg. von Hans-Jörg Bullinger und Erich Zahn, Stuttgart 1998.

FRESE, Erich (unter Mitarbeit von Helmut MENSCHING und Axel v. WERDER) : Unternehmungsführung. Landsberg / Lech 1987.

FRESE, Erich ; NOETEL, Wolfgang : Geschäftsfeldstrategie und Organisation der Auftragsabwicklung. Ergebnisse einer empirischen Untersuchung. In : VDI-Zeitschrift, 133. Jg. 1991, Nr. 10, S. 32-40.

FRESE, Erich ; NOETEL, Wolfgang : Kundenorientierung in der Auftragsabwicklung. Strategie, Organisation, Informationstechnologie. Düsseldorf - Stuttgart 1992.

FRESE, Erich ; SIMON Robert : Kontrolle und Führung. In : Handwörterbuch der Führung, hrsg. von Alfred Kieser, Gerhard Gerber und Rolf Wunderer, Stuttgart 1987, Sp. 1247-1257.

FRESE, Erich ; v. WERDER, Axel : Kundenorientierung als organisatorische Gestaltungsoption der Informationstechnologie. In : Kundennähe durch moderne Informationstechnologien, hrsg. von Erich Frese und Werner Maly, Zeitschrift für betriebswirtschaftliche Forschung, Sonderheft 25, Düsseldorf 1989, S. 1-26.

FRESE, Erich ; v. WERDER, Axel : Bürokommunikation. In : Handwörterbuch der Organisation, 3. Aufl., hrsg. von Erich Frese, Stuttgart 1992, Sp. 374-390.

FRESE, Erich ; v. WERDER, Axel : Zentralbereiche. Organisatorische Formen und

Effizienzbeurteilung. In : Zentralbereiche. Theoretische Grundlagen und praktische Erfahrungen, hrsg. von Erich Frese, Axel v. Werder und Werner Maly, Stuttgart 1993, S. 1-50.

FRESE, Erich ; v. WERDER, Axel : Organisaiton als strategischer Wettbewerbsfaktor. Organisationstheoretische Analyse gegenwärtiger Umstrukturierungen. In : Organisationsstrategien zur Sicherung der Wettbewerbsfähigkeit. Lösungen deutscher Unternehmungen, hrsg. von Erich Frese und Werner Maly, Zeitschrift für betriebswirtschaftliche Forschung, Sonderheft 33, Düsseldorf - Frankfurt 1994, S. 1-27.

FRESE, Erich ; v. WERDER, Axel ; MALY, Werner(Hrsg.) : Zentralbereiche. Theoretische Grundlagen und praktische Erfahrungen. Stuttgart 1993.

FREY, Bruno S. ; OSTERLOH, Margit : Sanktionen oder Seelenmassage ? Motivationale Grundlagen der Unternehmensführung. In : Die Betriebswirtschaft. 57. Jg. 1997, S. 307-321.

FRIEDRICH, Jürgen ; JANSEN, Klaus-Dieter ; MANZ, Thomas : Organisationsmodelle für das Büro von morgen. In : Office Management. 35. Jg. 1987, Nr. 3, S. 16-22.

[G]

GAGSCH, Siegfried: Probleme der Partition und Subsystembildung in betrieblichen Informationssystemen. In: Management-Informationssysteme, hrsg. von Erwin Grochla, Wiesbaden 1972, S. 623-652.

GAITANIDES, Michael: Prozeßorganisation. München 1983.

GAITANIDES, Michael; DILLER, Herrmann: Großkundenmanagement. Überlegungen und Befunde zur organisatorischen Gestaltung und Effizienz. In: Die Betriebswirtschaft, 49. Jg. 1989, S. 185-197.

GAITANIDES, Michael; WESTPHAL, Jörg; WIEGELS, Ina: Zum Erfolg von Strategie und Struktur des Kundenmanamegents. In: Zeitschrift für Führung und Organisation, 60. Jg. 1991, S. 15-21 und S. 121-124.

GALBRAITH, Jay R.: Environmental and Technological Determinants of Organizational Design. In: Studies in Organization Design, hrsg. von Jay W. Lorsch und Paul R. Lawrence, Homewood, IL. 1970, S. 113-139.

GALBRAITH, Jay R.: Matrix Organization Designs. In: Business Horizons, 14. Jg. 1971, Nr. 1, S. 29-40.

GALBRAITH, Jay R.: Designing Complex Organizations. Reading, MA. 1973. 梅津祐良訳『横断組織の設計―マトリックス組織の調整機能と効果的運用―』ダイヤモンド社，1980 年。

GALBRAITH, Jay R.: Organization Design. Reading, MA.-Menlo Park 1977.

GALBRAITH, Jay R.: Competing with Flexible Lateral Organizations. 2. Aufl., Reading, MA. u. a. 1994.

GALBRAITH, Jay R.; KAZANIJIAN, Robert K.: Strategy Implementation. Structure, Systems and Process. 2. Aufl., St. Paul u. a. 1978.

GEBERT, Diether: Kommunikation. In: Handwörterbuch der Organisation, 3. Aufl., hrsg. von Erich Frese, Stuttgart 1992, Sp. 1110-1121.

GEIBEL, Richard: Computergestützte Gruppenarbeit. Die Förderung von Gruppenentscheidungen durch „Groupe Decision Support Systems". Stuttgart 1993.

GELLERMAN, Saul W.: Management by Motivation, New York 1968. 高橋達男訳『続人間発

見の経営―やる気を起こさせるには』産業能率短期大学出版部, 1968年。

GEMMILL, Gary R.; THAMHAIN, Hans J.; The Effectiveness of Different Power Styles of Project Managers in Gaining Project Support. In: IEEE Transactions on Engineering Management, Jg. EM-20 1973, S. 38-44.

GEMÜNDEN, Hans-Georg: Informationsverhalten. In: Handwörterbuch der Organisation, 3. Aufl., hrsg. von Erich Frese, Stuttgart 1992, Sp. 1010-1029.

GENEEN, Harold (mit Alwin MOSCOW): Manager müssen managern. Landsberg/Lech 1985.

GEORGE, Joey; KING, John L.: Examining the Computing and Centralization Debate. In: Communications of the ACM, 34. Jg. 1991, Nr. 7, S. 62-72.

GEORGE, Michael; FREELING, Anthony; COURT, David: Reinventing the Marketing Organization. In: The McKinsey Quarterly, o. Jg. 1994, No. 4, S. 43-62.

GERPOTT, Torsten J.; MEIER, Helmut: F+E: Der Sprung über nationale Grenzen. In: Harvard manager, 12. Jg. 1990, Nr. 2, S. 59-66.

GERUM, Elmar: Aufsichtsratstypen. Ein Beitrag zur Theorie der Organisation der Unternehmungführung. In: Die Betriebswirtschaft, 51. Jg. 1992, S. 719-731.

GERUM, Elmar; STEINMANN, Horst; FEES, Werner: Aufsichtsrat. Stuttgart 1988.

GHISELLI, Edwin E.: Explorations in Managerial Talent. Pacific Palisades, CA. 1971.

GHOSHAL, Sumantra; KORINE, Harry; SZULANSKI, Gabriel: Interunit Communication in Multinational Corporations. In: Management Science. 40. Jg. 1994, S. 96-110.

GOBELI, David H.; LARSON, Erik W.: Relative Effectiveness of Different Project Structures. In: Project Management Journal, 18. Ig. 1987, Nr. 8, S. 81-85.

GÖTZER, Klaus Georg: Workflow. Unternehmenserfolg durch effizientere Arbeitsabläufe. Technik, Einsatz, Fallstudien. München 1995.

GOLEMBIEWSKI, Robert T.: Organizing Men and Power: Patterns of Behavior and Line-Staff-Models. Chicago 1967.

GOMBER, P.; SCHMIDT, C.; WEINHARDT, C.: Synagie und Koordination in dezentral planenden Organisationen. In: Wirtschaftsinformatik, 38. Jg., 1996, S. 299-307.

GOODMAN, Richard A.: Organization and Manpower. Utilization in Research and Development. In: IEEE Transactions on Engineering Management, 15. Jg. 1968, S. 198-204.

GOODMAN, Richard A.: Ambiguous Authority Definition in Project Management. In: Academy of Management Journal, 10. Jg. 1969, S. 395-407.

GOVINDARAJAN, Vijay; GUPTA, Anil K.: Linking Control Systems to Business Unit Strategy: Impact on Performance. In: Accounting, Organizations and Society, 10. Jg. 1985, S. 51-66.

GRAUMANN, Mathias: Organisationstheoretische Untersuchung der Rückversicherung. Ein entscheidungslogisch orientierter Ansatz. Berlin 1999.

GRESOV, Christopher; DRAZIN, Robert: Equifinality: Functional Equivalence in Organization Design. In: Academy of Management Review, 22. Jg. 1997, S. 403-428.

GRIFFIN, Lynn: The Effects of Participatory Budgeting on Both the Attractiveness of Budgetary Compliance and Motivation. In: Advance in Management Accounting 1996, S. 169-187.

GROCHLA, Erwin: Zur Diskussion über die Zentralisationswirkung automatischer

Datenverarbeitungsanlagen. In: Zeitschrift für Organisation, 38. Jg. 1969, S. 47-53.
GROCHLA, Erwin: Auswirkungen der automatisierten Datenverarbeitung auf die Unternehmungsplanung. In: Zeitschrift für betriebswirtschaftlicher Forschung, 23. Jg. 1971, S. 719-733.
GROCHLA, Erwin: Unternehmungsorganisation -Neue Ansätze und Konzeptionen, Reinbek bei Hamburg 1972. 清水敏允訳『総合的組織論』建帛社、1977 年。
GROETSCHEL, Eberhard: Matrixprojektorganisation: Bedingungen für den erfolgreichen Einsatz in industriellen Großunternehmen. München 1989.
GROSCH, Klaus; ROTENHÖFER, Bernd; KRIESEL, Kennig: Zentralbreiche der VOLKSWAGEN AG. In: Zentralbereiche, hrsg. von Erich Frese, Axel v. Werder und Werner Maly, Stuttgart 1993, S. 221-233.
GRÜN, Oskar: Projektorganisation. In: Handwörterbuch der Organisation, 3. Aufl., hrsg. von Erich Frese, Stuttgart 1992, Sp. 2102-2116.
GRÜNEWALD, Hans-Günter: Integrierte Planungsrechnng im Planungssystem der Henkel KgaA. In: Hahn, Dietger: Planungs- und Kontrollrechnung -Puk. 3. Aufl., Wiesbaden 1985, S. 791-827.
GRUNER, Kjell; GARBE, Bernd; HOMBURG, Christian: Produkt- und Key-Account-Management als objektorientierte Formen der Marketingorganisation. In: Die Betriebswirtschaft, 57. Jg. 1997, Heft 2, S. 234-251.
GULICK, Luther: Notes on the Theory of Organization. In: Papers on the Science of Administration, hrsg. von Luther Gulick and Lyndall Urwick, New York 1937, S. 1-45.
GUTENBERG Erich : Unternehmensführung -Organisation und Entscheidungen, Wiesbaden 1962. 小川 洌 / 二神恭一訳『企業の組織と意思決定』ダイヤモンド社、1964 年。

【H】

HABERFELLNER, Reinhard: Systems Engineering (SE). Eine Methodik zur Lösung komplexer Probleme. In: Zeitschrift für Organisation, 42. Jg. 1973, S. 373-386.
HACKMAN, J Richard: The Design of Work Teams. In: Handbook of Organizational Behaviour, hrsg. von Jay W. Lorsch, Englewood Cliffs, NJ. 1987, S. 315-342.
HACKMAN, J Richard; LAWLER III, Edward E.: Employee Reactions to Job Characteristics. In: Journal of Applied Psychology Monograph, 51 Jg. 1971, S. 259-286.
HACKMAN, J Richard; OLDHAM, Greg R.: Work Redesign. Reading, MA. u. a. 1980.
HAGE, Jerald: An Axiomatic Theory of Organizations. In: Administrative Science Quarterly, 10. Jg. 1965, S. 289-320.
(Deutsche Übersetzung: Eine axiomatische Theorie der Organisationen. In: Organisationstheorie, hrsg. von Klaus Türk, Hamburg 1975, S. 103-123.)
HAGE, Jerald; AIKEN, Michael: Relationship of Centralization to other Structural Properties. In: Administrative Science Quarterly, 12. Jg. 1967, S. 72-92.
HAHN, Dietger: Planungs- und Kontrollrechnung -Puk. 3. Aufl., Wiesbaden 1985.
HAHN, Dietger: Planungs- und Kontrollrechnung -Puk. 4. Aufl., Wiesbaden 1996.
HAHN, Dietger; LAßMANN, Gert: Produktionswirtschaft -Controlling industrieller Produktion. Band 1: Grundlagen, Führung und Organisation, Produkte und Produktprogramm, Material und Dienstleistungen. 2. Aufl., Heidelberg 1990.
HAHNE, Henric: Category Management aus Herstellerschaft. Ein Konzept des Vertikalen

Marketing und dessen organisatorische Implikationen. (im Druck).
HALAL, William, E.; GERNMAYEH, Ali; POURDEHNAD, John (Hrsg.): Internal Markets. Bringing the Power of Free Enterprise Inside Your Organization. New York u. a. 1993.
HALL, Arthur D.: A Methodology for Systems Engineering. Princeton, NJ. 1962.
HALL, Arthur D.; FAGEN, R. E.: Definition of a System. In: General Systems, 1. Jg. 1950, S. 18-28.
HAMEL, Winfried: Zielsysteme. In: Handwörterbuch der Organisation, 3. Aufl., hrsg. von Erich Frese, Stuttgart 1992, Sp. 2634-2652.
HANSEN, Hans R.: Wirtschaftsinformatik I -Grundlagen betrieblicher Informationsverarbeitung. 7. Aufl., Stuttgart 1996.
HART, Oliver; HOLMSTRÖM, Bengt: The Theory of Contracts. In: Advance in Economic Theory, Teil 1, hrsg. von Truman E. Bewley, Cambridge 1987, S. 71-155.
HAUSCHILDT, Jürgen: Entscheidungsziel. Zielbildung in innovativen Entscheidungsprozessen: Theoretische Ansätze und empirische Prüfung. Tübingen 1977.
HAUSCHILDT, Jürgen: Innovationsmanagement. 2. Aufl., München 1997.
HAUSCHILDT, Jürgen; KEIM, Gesch: Vom Promotorenmodell zum Projektmanagement in Innovationsprozessen. In: Individualisierung als Paradigma. Festschrift für Hans Jürgen Drumm, hrsg. von Christian Scholz, Stuttgart-Berlin-Köln 1997, S. 475-483.
HAX, Herbert: Die Koordination von Entscheidungen. Ein Beitrag zur betriebswirtschaftlichen Organisationslehre. Köln u. a. 1965.
v. HAYEK, F. A.: Die Ergebnisse menschlichen Handelns, aber nicht menschlichen Entwurfs. In: Freiburger Studien. Gesammelte Aufsätze von F. A. v. Hayek. Tübingen 1969, S. 97-107.
HEDLUND, Gunnar; ROLANDER, D.: Action in Heterarchies. New Approaches to Managing the MNC, in: Managing the Global Firm, hrsg. von C. A. Bartlett, Y. Doz und G. Hedlund, London u. a. 1990, S. 15-46.
HEFLEBOWER, Richard B.: Observations on Decentralization in Large Enterprises. In: The Journal of Industrial Economics, 9. Jg. 1960/61, S. 7-22.
HENNART, Jean-Francois: Explaining the Swollen Middle: Why most Transactions Are a Mix of "Market" and "Hierarchy". In: Organization Science, 4. Jg. 1993, S. 529-547.
HEPPNER, Karsten: Organisation des Wissenstransfers. Grundlagen, Barrieren und Instrumente. Wiesbaden 1997.
HERZBERG, Frederick: Der weise alte Türke. In: Fortschrittliche Betriebsführung / Industrial Engineering, 24. Jg. 1975, S. 5-12.
HILDEBRAND, Knut: Informationsmanagement -Wettbewerbsorientierte Informationsverarbeitung. München-Wien-Oldenburg 1995.
HILL, C. W. L: Oliver Williamson and the M-Form Firm: A Critical Review. In: Journal of Economic Issues. 19. Jg. 1985, S. 731-751.
HILL, Raymond E.; SOMERS, Trudy L.; Project Teams and the Human Group. In: Project Management Handbook, 2. Aufl., hrsg. von David Cleland und William R. King, New York 1988, S. 771-801.
HIRSHLEIFER, Jack: On the Economics of Transfer Pricing. In: The Journal of Business, Vol. 29, 1956, S. 172-184.

HIRSHLEIFER, Jack: Economics of the Divisionalized Firm. In: The Journal of Business, Vol. 30, 1957, S. 96-108.

HIRSHLEIFER, Jack: Internal Pricing and Decentralized Decisions. In: Management Controls, hrsg. v. Charles P. Bonini, Robert K. Jaedicke und Harvey M. Wagner, New York u. a. 1964, S. 27-37.

HODGETTS, Richard M.: Leadership Techniques in the Project Organization. In: Academy of Management Journal, 11. Jg. 1968, S. 395-407.

HOFER, Charles; SCHENDEL, Dan: Strategy Formulation: Analytical Concepts. St. Paul u. a. 1978. 奥村昭博・榊原清則・野中郁次郎訳『戦略策定 —その理論と手法—』千倉書房, 1981年。

HÖHN, Siegfried: Der Einsatz der Informationstechnik für Planung und Kontrolle. In: Zeitschrift für Betriebswirtschaft, 55. Jg. 1985, S. 515-541.

HÖLLER, Johann; PILS, Manfred; ZLABINGER, Robert (Hrsg.): Internet und Intranet. Betriebliche Anwendungen und Auswirkungen. Berlin u. a. 1997.

HOMMELHOFF, Peter; MECKE, Thomas: Mitbestimmung, unternehmerische. In: Handwörterbuch der Organisation, 3. Aufl., hrsg. von Erich Frese, Stuttgart 1992, Sp. 1379-1393.

HOPPE, Uwe; KRACKE, Uwe: Internet und Intranet: Anwendungsperspektiven für Unternehmen. In: Zeitschrift für betriebswirtschaftlicher Forschung, 50. Jg. 1998, S. 390-404.

HOSKISSON, Robert E.; GALBRAITH, Craig S.: The Effect of Quantum Versus Incremental M-form Reorganization on Performance: A Time-Series Exploration of Invention Dynamics. In: Journal of Management, 11. Jg. 1985, S. 55-70.

HOUT, Thomas; PORTER, Michael E.; RUDDEN, Eileen: How Global Companies Win Out. In: Harvard Business Review, 60. Jg. 1982, Nr. 5, S. 98-108.

HUBER, George P.: A Theory of the Effect of Advanced Information Technologies on Organizational Design, Intelligence, and Decision Making. In: Academy of Management Review, 15. Jg. 1990, Nr. 1, S. 47-71.

HUCKERT, Klaus: Zum Verbund von individueller und zentraler EDV (I). In: WISU, 1991, S. 273-282.

HÜSCH, Hans-Jürgen: Kundenorientierte Angebotsabwicklung in der Investitionsgüter-Industrie. Theoretische und empirische Untersucung des Zusammenhangs zwischen Wettbewerbsstrategie und Organisationsstruktur. Diss., Köln 1992.

HÜTTEL, Klaus: Rosige Zeiten für Produktmanager. In: Harvard manager, 11. Jg. 1989, S. 48-55.

HÜTTEL, Klaus: Produkt-Manager in den neunziger Jahren: Für die Zukunft gerüstet. In: Absatzwirtschaft, 25. Jg. 1993, Nr. 9, S. 94-100.

HUNGENBERG, Harald: Zentralisation und Dezentralisation. Strategische Entscheidungsverteilung in Konzern. Wiesbaden 1995.

【I】

IMAI, Kenichi; ITAMI, Hiroyuki: Interpretation of Organization and Market. Japan's Firm and Market in Comparison with the U. S. In: International Journal of Industrial Organization, 2. Jg. 1984, S. 285-310.

IRLE, Martin: Macht und Entscheidungen in Organisationen. Studie gegen das Linie-Stab-Prinzip. Frankfurt/M. 1971.
ITTNER, Christopher D.; KOGUT, Bruce: How Control Systems Can Support Organization Flexibility. In: Redesigning the Firm, hrsg. von Edward H. Bowman und Bruce M. Kogut, New York-Oxford 1995, S. 155-180.

【J】

JACQUES, Elliott: Measurement of Responsibility. A Study of Work, Payment, and Individual Capacity. London 1956.
JACQUES, Elliott: In Praise of Hierarchy. In: Harvard Business Review, 68. Jg. 1990, Nr. 1, S. 127-133.
JAGO, Arthur G.: Führungstheorien -Vroom/Yetton-Modell. In: Handwörterbuch der Führung, hrsg. von Alfred Kieser, Gerhard Reber und Wolf Wunderer, 2. Aufl., Stuttgart 1995, Sp. 1058-1075.
JANIS, Irving L.: Victims of Groupthink. A Psychological Study of Foreign-Policy Decision and Fiascoes. Boston u. a. 1972.
JANSEN, Holger: Flexibilitätsmanagement. Theoretische Fundierung und Gestaltungsmöglichkeiten in strategischer Perspektive. Stuttgart 1997.
JOLLY, Vijay K.: Global Competitive Strategies. In: Strategy, Organization Design, and Human Resource Management, hrsg. von Charles G. Snow, Greenwich-London 1989, S. 55-109.
JOSTEN, Franz A.: Determinanten von Product-Management-Strukturen. Eine empirische Untersuchung in den USA. Frankfurt-Bern-Las Vegas 1979.

【K】

KAPLAN, Robert S.; COOPER Robin: Cost and Effect -Using Integrated Cost Systems to Drive Profitability and Performance. Boston, Mass. 1998. 櫻井通晴訳『コスト戦略と業績管理の統合システム』ダイヤモンド社，1998年。
KAPLAN, Robert S.; NORTON, David P.: The Balanced Scorecard -Measure that Drive Performance. In: Harvard business Review, 70. Jg. 1992, Nr. 1, S. 71-79. 本田圭子訳「新しい経営尺度"バランスド・スコアカード"」『DIAMOND ハーバード・ビジネス』第17巻第3号，1992年，81-90頁。
KASPER, Helmut: Sozialisation, Betriebliche. In: Handwörterbuch des Personalwesens, hrsg. von Eduard Gaugler und Wolfgang Weber, 2. Aufl., Stuttgart 1992, Sp. 2056-2065.
KATZ, Ralph; ALLEN, Thomas J.: Project Performance and the Locus of Influence in the R&D Matrix. In: Academy of Management Journal, 28. Jg. 1985, S. 67-87.
KAUFFELS, Franz-Joachim: Alternativen der PC-Mainframe-Kopplung. Bonn u. a. 1987.
KEBSCHULL, Dietrich: Internationalisierungsmotive. In: Handwörterbuch Export und Internationale Unternehmung, hrsg. von Klaus Macharzina und Martin K. Welge, Stuttgart 1989, Sp. 973-982.
KEIL, Clemens; LANG, Carsten: Standardsoftware und organisatorische Flexibilität. Eine Untersuchung am Beispiel der Siemens AG. In: Zeitschrift für betriebswirtschaftliche Forschung, erscheint vorraussichtlich im September 1998.
KEIM, Gesche: Projektleiter in der industriellen Forschung und Entwicklung -Theoretische

Ansätze und empirische Prüfung. Wiesbaden 1997.
KELLEY, Harold H; THIBAUT, John W.: Group Problem Solving. In: The Handbook of Social Psychology, Band 4, 2. Aufl., hrsg. von Gardner Lindzey und Elliot Aronson, Reading, MA. u. a. 1969, S. 1-101.
KEMNA, Harald: Das Key Account Management der 90er Jahre. In: Thexis, 7. Jg. 1990, Nr. 1, S. 29-35.
KERZNER, Harold: Project Management: A Systems Approach to Planning, Scheduling, and Controlling. 5. Aufl., New York 1996.
KHANDWALLA, Pradip N.: Uncertainty and the "Optimal" Design of Organizations. Unveröff. Beitrag, TIMS XIX. Meeting, Houston, TX. 1972.
KIESER, Alfred: Organisationsstruktur, empirische Befunde. In: Handwörterbuch Export und Internationale Unternehmung, hrsg. von Klaus Macharzina und Martin K. Welge, Stuttgart 1989, Sp. 1574-1590.
KIESER, Alfred (Hrsg.): Organisationstheorien. 3. Aufl., Stuttgart-Berlin-Köln 1999.
KIESER, Alfred: Moden und Mythen des Organisierens . In: Die Betriebswirtschaft, 56. Jg. 1996, S. 21-39.
KIESER, Alfred; KUBICEK, Herbert: Organisation. 3. Aufl., Berlin-New York 1992.
KLATZKY, Sheila R.: Automation, Size, and the Locus of Decision-Making: The Cascade Effect. In: Journal of Business, 43. Jg. 1970, S. 141-151. (Deutsche Übersetzung in: Organisationstheorie, 2. Teilband, hrsg. von Erwin Grochla, Stuttgart 1976, S. 518-529.)
KLEIN-GUNNEWYK, Willi; GREUBEL, Bernhard: Dezentrale Organisation und Strategie im PWA-Konzern, In: Zeitschrift für Führung und Organisation, 58. Jg. 1989, S. 245-255.
KLEINBECK, Uwe; QUAST, Hans-Henning: Motivation. In: Handwörterbuch der Organisation, 3. Aufl., hrsg. von Erich Frese, Stuttgart 1992, Sp. 1420-1434.
KLOOCK, Josef: Verrechnungspreise. In: Handwörterbuch der Organisation, 3. Aufl., hrsg. von Erich Frese, Stuttgart 1992, Sp. 2554-2572.
KNIGHT, Kenneth E.: A Descriptive Model of the Intra-Firm Innovation Process. In: The Journal of Business, Vol. 40, 1967, S. 478-496.
KOCH, Helmut: Die zentrale Globalplanung als Kernstück der integrierten Unternehmensplanung. In: Zeitschrift für betriebswirtschaftliche Forschung, 24. Jg. 1972, S. 222-252.
v. KOERBER, Eberhard: Geschäftssegmentierung und Matrixstruktur im internationalen Großunternehmen. Das Beispiel ABB. In: Zeitschrift für betriebswirtschaftliche Forschung, 45. Jg. 1993, S. 1060-1067.
KÖHLER, Richard: Beiträge zum Marketing-Management. Planung, Organisation, Controlling. 3. Aufl., Stuttgart 1993.
KÖHLER, Richard: Marketingbereich, Führung im. In: Handwörterbuch der Führung, hrsg. von Alfred Kieser, Gerhard Reber und Wolf Wunderer, 2. Aufl., Stuttgart 1995, Sp. 1468-1483.
KÖHLER, Richard: Marketing-Organisation. In: Handwörterbuch des Marketing, hrsg. von Bruno Tietz, Richard Köhler und Joachim Zentes, 2. Aufl., Stuttgart 1995, Sp. 1636-1653.
KÖHLER, Richard; TEBBE, Klaus; UEBELE, Herbert: Der Einfluß objektorientierter Organisationsformen auf die Gestaltung absatzpolitischer Entscheidungsprozesse.

Forschungsbericht, Köln 1983.
KÖHLER, Richard; UEBELE, Herbert; TEBBE, Klaus: Objektorientierte Organisationsformen im Absatzbereich von Industrieunternehmen. Forschungsbericht, Köln 1983.
KÖNIG, K.: Das Batá Vertriebssystem. Diss., Köln 1942.
KOSIOL, Erich: Organisation der Unternehmung. Wiesbaden 1962.
KOSSIAKOFF, Alexander: The Systems Engineering Process. In: Operations Research and Systems Engineering, hrsg. von Charles D. Flagle, William H. Huggins und Robert H. Roy, Baltimore 1960, S. 82-118.
KOTTER, John P.: The General Managers. New York/London 1982. 金井壽宏他訳『ザ・ゼネラル・マネージャー──実力経営者の発想と行動──』ダイヤモンド社, 1984 年。
KREIKEBAUM, Hartmut: Zentralbereich. In: Handwörterbuch der Organisation, 3. Aufl., hrsg. von Erich Frese, Stuttgart 1992, Sp. 2603-2610.
KREISEL, Hennig: Zentralbereich. Wiesbaden 1995.
KRÜGER, Wilfried: Grundlagen, Probleme und Instrumente der Konflikthandhabung in der Unternehmung. Berlin 1972.
KRÜGER, Wilfried: Organisation der Unternehmung. 3. Aufl., Stuttgart 1994.
KRÜGER, Wilfried; HOMP, Christian: Kernkompetenzmanagement -Steigerung von Flexibilität und Schlagkraft im Wettbewerb. Wiesbaden 1997.
KRÜGER, Wilfried; v. Werder, Axel: Zentralbereich -Gestaltungsmuster und Entwicklungstrends in der Unternehmungspraxis. 3. Aufl., Stuttgart 1994.
KUBICEK, Herbert: Informationstechnologie und Organisationsforschung. Eine kritische Bestandsaufnahme der Forschungsergebnisse. In: Mensch und Computer. Zur Kontroverse über die ökonomischen und gesellschaftlischen Auswirkungen der EDV, hrsg. von Hans R. Hansen, Klaus T. Schröder und Hermann J. Weihe, München-Wien 1979, S. 55-79.

[L]
LARNER, Robert J.: Management Control and the Large Corporation. New York 1970.
LARSON, Erik W.; GOBELI, David: Project Management Structures: Is there a Common Language? In: Project Management Journal, 16. Jg. 1985, Nr. 2, S. 40-44.
LARSSON, Rikard; BOWEN, David E.: Organization and Customer: Managing Design and Coordination of Services. In: Academy of Management Review, 14. Jg. 1989, S. 213-233.
LAßMANN, Arndt: Organisatorische Koordination. Konzepte und Prinzipien der organisatorischen Einordnung von Teilaufgaben. Wiesbaden 1992.
LAUX, Helmut: Organisationstheorie, entscheidungslogische orientierte. In: Handwörterbuch der Organisation, 3. Aufl., hrsg. von Erich Frese, Stuttgart 1992, Sp. 1733-1745.
LAUX, Helmut; LIERMANN, Felix: Grundlagen der Organisation. Die Steuerung von Entscheidungen als Grundproblem der Betriebswirtschaftslehre, 4. Aufl., Berlin u. a. 1997.
LAWLER III, Edward E.: Motivierung in Organisationen. Ein Leitfaden für Studenten und Praktiker. Bern-Stuttgart 1977.
LAWLER III, Edward E.: The Design of Effective Reward Systems. In: Handbook of Organizational Behavior, hrsg. von Jay W. Lorsch, Englewood Cliffs, NJ. 1987, S. 255-271.

LAWRENCE Paul R.; LORSCH, Jay W.: Organization and Environment -Managing Differentiation and Integration. Boston 1967. 吉田 博訳『組織の条件適応理論 ―コンティンジェンシー・セオリー―』産業能率短期大学出版部, 1977 年。

LEAVITT, Harold J.; WHISLER, Thomas L.: Management in the 1980's. In: Harvard Business Review, 36. Jg. 1958, Nr. 6, S. 41-48.

LEE, John; MONDEN, Yasuhiro: Kaizen Costing: Its Structure and Cost Management Functions. In: Advances in Management Accounting 1996, S. 27-40.

LEHMANN, Patrick: Kunde und Produkt im Mittelpunkt: Eine Gratwanderung. In: Dynamisierung der Organisation -Markt und Mitarbeiter als treibende Kräfte, hrsg. von Erich Frese, Arbeitsbericht Organisationsseminar, Universität zu Köln, 1995, S. 81-115.

LEUMANN, Peter: Die Matrix-Organisation. Unternehmungsführung in einer mehrdimensionalen Struktur. Theoretische Darstellung und praktische Anwendung. Bern-Stuttgart 1979.

LEUMANN, Peter: Sulzer-Konzern. In: Zeitschrift für Organisation, 49. Jg. 1980, S. 133-145.

LEWIN, Arie; MINTON, John W.: Determining Organizational Effectiveness: Another Look, and an Agenda for Research. In: Management Science, 32. Jg. 1986, S. 514-538.

LEWIN, Kurt; LIPPITT, R.; WHITE, R. K.: Patterns of Aggressive Behavior in Experimentally Created "Social Climates". In: Journal of Social Psychology, 10. Jg. 1939, S. 271-299.

LIKERT, Rensis: New Patterns of Management. New York-Toronto-London 1961. (Deutsche Übersetzung: Neue Ansätze der Unternehmungsführung. Bern-Stuttgart 1972.) 三隅二不二訳『経営の行動科学 ―新しいマネジメントの探求―』(第 3 版) ダイヤモンド社, 1965 年。

LIM, Jeen-Su; REID, David A.: Vital Cross-Functional Linkages with Marketing. In: Industrial Marketing Management, 21. Jg. 1992, S. 159-165.

LOCHESTAMPFER, Peter: Funktionale Organisation. In: Handwörterbuch der Organisation, 2. Aufl., hrsg. von Erwin Grochla, Stuttgart 1992, Sp. 756-766.

LOCKE, Edwin A. et al.: Goal Setting and Task Performance: 1969-1980. In: Psychological Bulletin, 90. Jg. 1981, S. 125-152.

LOCKE, Edwin A; LATHAM, Gary P.: A Theory of Goal Setting and Task Performance, Englewood Cliffs, NJ. 1990.

LONG, Richard J.: New Office Information Technology. Human and Managerial Implications. London-New York-Sydney 1987.

LORSCH, Jay W.; ALLEN, Stephen A.: Managing Diversity and Interdependence. An Organizational Study of Multidivisional Firms. Boston 1973.

LORSCH, Jay W. (unter Mitarbeit von Elizabeth MACIVER): Pawns or Potentates. The Reality of America's Corporate Boards. Boston, MA. 1989.

LOW, George S.; FULLERTON, Ronald A.: Brands, Brand Management, and the Brand Manager System: A Critical-Historical Evaluation. In: Journal of Marketing Research, 31. Jg. 1994, S. 173-190.

LUCAS, Henry C.; OLSON, Margrethe: The Impact of Information Technology on Organizational Flexibility. In: Journal of Organizational Computing, 4. Jg. 1994, S. 155-176.

LUHMANN, Niklas: Funktionen und Folgen formaler Organisation. 3. Aufl., Berlin 1976.

沢谷 豊/ 関口光春 / 長谷川幸一訳『公式組織の機能とその派生的問題』新泉社, 1992 年 (上巻) /1996 年 (下巻)。

【M】

MACCRIMMON, Kenneth R.; TAYLOR, Ronald N.: Decision Making and Problem Solving. In: Handbook of Industrial Organizational Psychology, hrsg. von Marvin D. Dunnette, Chicago 1976, S. 1397-1453.

MACHARZINA, Klaus: Unternehmungsführung. Das internationale Managementwissen. Konzepte-Methoden-Praxis. 2. Aufl., Wiesbaden 1995.

MADAUSS, Bernd J.: Handbuch Prokektmanagement. 5. Aufl., Stuttgart 1994.

MAG, Wolfgang: Ausschüsse. In: Handwörterbuch der Organisation, 3. Aufl., hrsg. von Erich Frese, Stuttgart 1992, Sp. 252-262.

MAG, Wolfgang: Planung. In: Vahlens Kompendium der Betriebswirtschaftslehre, Band 2, 3. Aufl., hrsg. von Michael Bitz et al., München 1993, S. 1-57.

MARCH, James G.: Ambiguity and Accounting: The Elusive Link Between Information and Decisions. In: Accounting and Culture, hrsg. von Barry E. Cushing, (o. Ort) 1987, S. 31-47 und S. 76-77.

MARCH, James G.; Simon, Herbert A.: Organizations. New York/London/Sydney 1958. (Deutsche Übersetzung: Organisation und Individium. Menschliches Verhalten in Organisationen. Wiesbaden 1976.) 土屋守章訳『オーガニゼーションズ』ダイヤモンド社, 1977 年。

MARKUS, Lynne M.; ROBEY, Daniel: Information Technology and Organizational Change: Causal Structure in Theory and Research. In: Management Science, 34. Jg. 1988, S. 583-598.

MARSCHAK, Jacob: The Payoff‐Relevant Description of States and Acts. In: Econometrica, 31. Jg. 1963, S. 719-725.

MARSCHAK, Jacob; RADNER, Roy: Economic Theory of Teams. New Haven-London 1972.

MARSCHAK, Thomas A.: Centralization and Decentralization in Economic Organizations In: Econometrica, 27. Jg. 1959, S. 399-430.

McCONKEY, Dale D.: How to Manage by Results. 3. Aufl., New York 1976.

McGREGOR, Douglas : The Human Side of Enterprise. New York 1960. 高橋達男訳『企業の人間的側面 ―統合と自己統制による経営―』(新版・新訳) 産業能率短期大学出版部, 1970 年。

McKINNON, Sharon M.; BRUNS, William J.: The Information Mosaic. Boston, Mass. 1992.

McNAIR, C. J.; CARR, Lawrence P.: Responsibility Redefined: Changing Concepts of Accounting-Based Control. In: Advance in Management Accounting 1994, S. 85-117.

MEFFERT, Heribert: Globalisierungsstrategien und ihre Umsetzung im internationalen Wettbewerb, In: Die Betriebswirtschaft, 49. Jg. 1990, S. 445-463.

MEFFERT, Heribert: Kundenmanagement(s), Organisation des. In: Handwörterbuch der Organisation, 3. Aufl., hrsg. von Erich Frese, Stuttgart 1992, Sp. 1215-1228.

MEFFERT, Heribert; ALTHANS, Jürgen: Internationales Marketing. Stuttgart u. a. 1982.

MELLIS, Werner: Praxiserfahrungen mit CASE ―Eine systematische Analyse von Erfahrungsberichten. In: CASE-Technologie in Deutschland. Orientierungshilfe und Marktüberblick für Anbieter und Anwender, Studien zur Systementwicklung, Band

2, hrsg. von Georg Herzwurm, Köln 1994, S. 51-96.
MENSCHING, Helmut: Desinvestition von Unternehmungsteilen. Grundlagen der Gestaltung des Entscheidungsprozesses. Frankfurt-Bern-New York 1986.
MENZIES, Hugh D.: Westinghouse Takes Aim at the World. In: Fortune, 102. Jg. 1980, Nr. 1, S. 48-53.
MERCHANT, Kenneth A.: Budgeting and the Propensity to Create Budget Slack. In: Accounting, Organizations and Society, 10. Jg. 1985, S. 201-210.
MERCHANT, Kenneth A.: Organizational Controls and Discretionary Program Decision Making: A Field Study. In: Accounting, Organizations and Society, 10. Jg. 1985, S. 67-85.
MERCHANT, Kenneth A.; MANZONI, Jean-Francois: The Achievability of Budget Targets in Profit Centers: A Field Study. Working Paper 88-029, Harvard Business School 1988.
MERTENS, Peter et al.: Grundzüge der Wirtschaftsinformatik. 4. Aufl., Berlin u. a. 1996.
MERTENS, Peter; BORKOWSKI, Volker; GEIS, Wolfgang :Betriebliche Expertensystemanwendungen. 3. Aufl., Berlin u. a. 1993.
MESAROVIC, M. D.; MACKO, D.; TAKAHARA, Y.: Theory of Hierarchical, Multilevel Systems. New York-London 1970. 研野和人監訳，木村靖夫・中村達也・小島俊雄訳『階層システム論』共立出版，1974年。
MINTZBERG, Henry: The Nature of Managerial Work. New York u. a. 1973. 奥村哲史／須貝　栄訳『マネジャーの仕事』白桃書房，1993年。
MINTZBERG, Henry: The Structuring of Organizations. A Synthesis of the Research. Englewood Cliffs, NJ. 1979.
MINTZBERG, Henry: Power in and around Organizations. Englewood Cliffs, NJ. 1983.
MINTZBERG, Henry: Zwischen Fakt und Fiktion -der schwierige Beruf Manager. In: Harvard manager, 12. Jg. 1990, Nr. 4, S. 86-98. (Wiederabdruck mit Kommentar von: The Manager's Job: Folklore and Fact. In: Harvard Business Review, 53. Jg. 1975, Nr. 4, S. 49-61.)
MODER, Joseph J.: Network Techniques in Project Management. In: Project Management Handbook, 2. Aufl., hrsg. von David I. Cleland und William R. King, New York 1988, S. 324-373.
MOLITOR, H.-J.: Schaffen Sie ihr Projekt-Management wieder ab! In: Marketing Journal, 7. Jg. 1974, Nr. 6, S. 505-508.
MORGENSTERN, Oskar: Prolegomena to a Theory of Organization. The Rand Corporation, RM 734, Santa Monica 1951.
MORRIS, William T.: Decentralization in Management Systems. O. O. 1968.
MOTT, C. S.: Organizing a Great Industrial. Tuning-up General Motors. In: Management and Administration, 7. Jg. 1924, S. 523-527. Wiederabdruck in: Managerial Innovation at General Motors, hrsg. von Alfred D. Chandler, New York 1979.
MÜLLER, Angela: Produktionsplanung und Pufferbildung bei Werkstattfertigung. Wiesbaden 1987.
MÜLLER, Stefan; KORNMEIER, Martin: Motive und Unternehmensziele als Einflußfaktoren der einzelwirtschaftlichen Internationalisierung. In: Handbuch Internationales Management. Grundlagen-Instrumente-Perspektiven, hrsg. von Klaus Macharzina

und Micheal-Jörg Oesterle, Wiesbaden 1997, S. 71-101.
MURPHY, William H.; GORCHELS, Linda: How to Improve Product Management Effectiveness. In: Industrial Marketing Management, 25. Jg. 1996, S. 47-58.

[N]

zur NEDDEN, Corinna: Internationalisierung und Organisation. Konzepte für die international tätige Unternehmung mit Differenzierungsstrategie. Wiesbaden 1994.
NEGANDHI, Anant R.; REIMANN, Bernard C.: Task Environment, Decentralization and Organizational Effectiveness. In: Human Relations, 26. Jg. 1973, S. 203-214.
NEUFELD, E. P.: A Global Corporation. A History of the International Development of Massey-Ferguson Limited. Toronto 1969.
NEUHAUS, Patricia: Interne Kunden-Lieferanten-Beziehungen. Wiesbaden 1996.
NEUS, Werner: Einführung in die Betriebswirtschaftslehre aus institutionenökonomischer Sicht. Tübingen 1998.
NEWMAN, William H.; SUMMER, Charles A.; WARREN, Kirby E.: The Process of Management -Concepts, Behavior, and Practice. 2. Aufl., Englewood Cliffs, NJ., 1967. 高橋達男他訳『経営の過程―概念，行動および実際―』日本生産性本部，1965 年。
NOETEL, Wolfgang: Geschäftsfeldstrategie und Fertigungsorganisation. Eine Analyse der Fertigungsplanung. Wiesbaden 1993.
NORDSIECK, Fritz: Grundlagen der Organisationslehre. Stuttgart 1934.

[O]

ODIORNE, George S.: *Management* by Objectives. A System of Managerial Leadership. New York-Toronto-London 1965.
ODIORNE, GEORGE S.: MBO: A Backward *Glance*. In: Business Horizons, 1978, October, S. 14-24.
OEKING, Christian; HEPPNER, Karsten: Die *Organisation* der Teilfunktionen Controlling, Informationsverarbeitung, Marketing und Personalwesen bei der HENKEL KGaA. In: Zentralbereiche, hrsg. von Erich Frese, Axel v. Werder und Werner Maly, Stuttgart 1993, S. 139-153.
ÖSTERLE, Hubert: *Integration*: Schluessel zur Informationsgesellschaft. In: Österle, Hubert; Riehm, Rainer; Vogler, Petra (Hrsg.): Middleware. Grundlagen, Produkte und Anwendungsbeispiele für die Integration heterogener, Welten. Braunschweig-Wiesbaden 1996.
OHNE VERFASSER: The Rebirth of *Ford*. In: Fortune, 35. Jg. 1947, Nr. 5, S.82-89 und S.204-211.
OHNE VERFASSER: Der interessante Fall: Chemische Werke *Hüls*. In: Wirtschaftswoche, 1972, Nr.20, S.26-34.
OHNE VERFASSER: ZO Firmenprofil: *Bertelsmann* die Organisation der Gruppe. In: Zeitschrift für Organisation, 46. Jg. 1977, S.133-135.
OHNE VERFASSER: ZO Firmenprofil: Otto *Versand*. In: Zeitschrift für Organisation, 48. Jg. 1979, S. 25-29.
OHNE VERFASSER: ZO Firmenprofil: Die *Organisation* der Wella AG. In: Zeitschrift für Organisation, 48. Jg. 1979, S. 71-75.

OHNE VERFASSER: Die *Neuordnung* des Hoechst Konzerns. Erläuterungen zu den Tagesordnungspunkten 6, 7 und 8 der ordentlichen Hauptversammlung der Hoechst Aktiengesellschaft am 6. Mai 1997.

ONDRACK, Daniel A. : *Entgeltsysteme* als Motivationsinstrument. In: Handwörterbuch der Führung, hrsg. von Alfred Kieser, Gerhard Reber und Rolf Wunderer, 2. Aufl., Stuttgart 1995, Sp. 307-328.

ORDELHEIDE, Dieter: Institutionelle *Theorie* und Unternehmung. In: Handwörterbuch der Betriebswirtschaft. 5. Aufl., hrsg. von Waldmar Wittmann et al., Stuttgart 1993, Sp. 1838-1855.

OSTERLOH, Margit: *Handlungsspielräume* und Informationsverarbeitung. Bern-Stuttgart-Wien 1983.

OSTERLOH, Margit: *Mitbestimmung*, empirische Forschung. In: Handwörterbuch der Organisation, 3. aufl., hrsg. von Erich Frese, Stuttgart 1992, Sp. 1361-1378.

OSTERLOH, Margit: Unternehmensinterne *Märkte*. Je mehr, desto besser? In: Organisation im Wandel der Maerkte, hrsg. von Horst Glase, Ernst F. Schröder und Axel v. Werder, Wiesbaden 1998, S. 287-315.

OSTERLOH, Margit; Frost, Jetta: *Buchbesprechung.*, Erich Frese: Grundlagen der Organisation. Konzept-Prinzipien-Strukturen. 6. Aufl., Wiesbaden 1995. In: Management Review, 7. Jg. 1996, S. 211-218.

OUCHI, William G. : The Relationship between Organizational *Structure* and Organizational Control. In: Administrative Science Quarterly, 22. Jg. 1970, S. 95-113.

OUCHI, William G. : A Conceptual *Framework* for the Design of Organizational Control Mechanismus. In: Management Science, 25. Jg. 1979, S. 833-848.

OUCHI, William G. : *Markets*, Bureaucracies, and Clans. In: Administrative Science Quarterly, 25. Jg. 1980, S. 129-141.

【P】

PATEL, Parimal; PAVITT, Keith: Uneven (and Divergent) Technological *Accumulation* among Advanced Countries: Evidence and a Framework of Explanation. In: Technology, Organization, and Competitiveness, hrsg. von Giovanni Dosi, David J. Teece und Josef Chytry, Oxford-New York 1998, S. 280-317.

PATTERSON, Richard L. : Developing the *Role* of the Assistant Project Manager by Assessing the Needs of Project Clients. In: Project Management Handbook, 2. Aufl., hrsg. von David I. Cleland und William R. King, New York 1988, S. 111-125.

PAUSENBERGER, Ehrenfried: Internationale(n) *Unternehmung*, Organisation der. In: Handwörterbuch der Oraganisation, 3. Aufl., hrsg. von Erich Frese, Stuttgart 1992, Sp. 1052-1066.

PEISL, Anton; LUETTGE, Bodo: *Konzeption* und Organisation der Unternehmensplanung der Siemens AG. In: Zeitschrift für betriebswirtschaftliche Forschung, 27. Jg. 1975, S. 349-365.

PETERS, THOMAS J. ; WATERMAN, Robert H. : In *Search* of Excellence. Lessons from America's Best-Run Companies. New York u. a. 1982. (Deutsche Übersetzung: Auf der Suche nach Spitzenleistungen. Was man von den bestgeführten US-Unternehmen lernen kann. 4. Aufl., Landsberg/Lech 1982.) 大前研一訳『エクセレント・カンパニー』

講談社，1983 年。
PETTIGREW, Andrew; WEBB, David: Espoused *Business* Strategy and Structure Change in the UK and German Insurance Industries. Paper presented at the Annual Meeting of the Academy of Management, Cincinnati, OH. 1996.
PFAFF, Dieter: *Kostenrechnung*, Verhaltenssteuerung und Controlling. In: Die Unternehmung, 49. Jg. 1995, S. 437-455.
PFAFF, Dieter; WEBBER, Jürgen: *Zweck* der Kostenrechnung? Eine neue Sicht auf ein altes Problem. In: Die Betriebswirtschaft. 58. Jg. 1998, S. 151-165.
PFOHL., Hans-Christian: *Logistik*, Organisation der . In: Handwörterbuch der Organisation, 3. Aufl., hrsg. von Erich Frese, Stuttgart 1992, Sp. 1255-1270.
PICOT, Arnold: Die neuen Informations-und *Kommunikationstechniken*-Eigenschaften, Ausbreitungsbedingungen und Wirkungen aus betriebswirtschaftlicher Sicht. In: Das Bildungswesen in der dritten industriellen Revolution, München 1986, S. 43-75.
PICOT, Arnold; DIETL, Helmut; FRANCK, Egon: *Organisation*. Eine ökonomische Perspektive. Stuttgart 1997. 丹沢安治，榊原研互，田川克生，小山明宏，渡辺敏雄，宮城 徹 ［共訳］『新制度派経済学による組織入門-市場・組織・組織間関係へのアプローチ』白桃書房，1999 年。
PICOT, Arnold; FRANCK, Egon: *Informationsmanagement*. In: Handwörterbuch der Organisation, 3. Aufl., hrsg. von Erich Frese, Stuttgart 1992. Sp. 886-900.
PICOT, Arnold; REICHWALD, Ralf; *Bürokommunikation*. Leitsätze für den Anwender. 3. Aufl., Hallbergmoos 1987.
PICOT, Arnold; REICHWALD, Ralf; WIGAND, Rolf T. : Die grenzenlose *Unternehmung*: Information, Organisation und Management, 3. Aufl., Wiesbaden 1998. 宮城 徹訳『情報時代の企業管理の教科書―組織の経済理論の応用』税務経理協会，2000 年。
PINTO, Mary B.; PINTO, Jeffrey K. : *Determinants* of Cross-Functional Cooperation in the Project Implementation Process. In: Project Management Journal, 22. Jg. 1991, June, S. 13-20.
PIORE, Michael J. : Corporate *Reform* in American Manufacturing and the Challenge to Economic Theory. In: Information Technology and the Corporation of the 1990s. Research Studies, hrsg. v. Thomas J. Allen und Michael S. Scott Morton, New York−Oxford 1994, S. 41-60. 富士総合研究所訳『アメリカ再生の「情報革命」マネジメント―MIT の新世紀企業マネジメント・レポートに学ぶ』白桃書房，1995 年。
POENSGEN, Otto H. : *Geschäftbereichsorganisation*. Opladen 1973.
POENSGEN, Otto H. : *Geschäftsbereichsstruktur*, Rendite und Unternehmungswachstum. In: Unternehmensführung und Organisation, hrsg. von Werner Kirsch, Wiesbaden 1973, S. 194-230.
POENSGEN, Otto: *Profit* Center. In: Handwörterbuch des Rechnungswesens, 2. Aufl., hrsg. von Erich Kosiol, Klaus Chmielewicz und Marcell Schweitzer, Stuttgart 1981, Sp. 1378-1388.
PORTER, Lyman W. ; LAWLER III, Edward E. ; HACKMAN, J. Richard: *Behavior* in Organizations. New York u. a. 1975.
PORTER, Michael E. : *Wettbewerbsstrategie*. Methoden zur Analyse von Branchen und Konkurrenten. 5. Aufl., Frankfurt−New York 1988. (Deutsche Übersetzung von: Competitive Strategy. Techniques for Analyzing Industries and Competitors. New

York -London 1980) 土岐　坤，中辻萬治，服部照夫（訳）『競争の戦略』ダイヤモンド社, 1982 年。

PORTER, Micheal E.: *Wettbewerbsvorteile*. Spitzenleistung erreichen und behaupten. Frankfurt‐New York 1989. (Deutsche Übersetzung von: Competitive Advantage. Creating and Sustaining Superior Performance. New York‐London 1985) 土岐　坤，中辻萬治，小野寺武夫（訳）『競争優位の戦略』ダイヤモンド社，1985 年。

PORTER, Michael E.: Der *Wettbewerb* auf globalen Märkten: Ein Rahmenkonzept. In: Globaler Wettbewerb. Strategien der neuen Internationalisierung, hrsg. von Michael E. Porter, Wiesbaden 1989, S. 17-68.

PORTER, Michael E.: Towards a Dynamic *Theory* of Strategy. In: Strategic Management Journal, 12. Jg. 1991, Winter Special Issue, S. 95-117.

PORTER, Michael E.; MILLAR, Victor E.: How *Information* gives you Competitive Advantage. In: Harvard Business Review, 63. Jg. 1985, Nr. 4, S. 149-160.

PREIS, Ulrich: *Direktionrecht*. In: Handwörterbuch der Organisation, 3. Aufl., hrsg. von Erich Frese, Stuttgart 1992, Sp. 513-521.

PRIBILLA, Peter; REICHWALD, Ralf; GOECKE, Robert: *Telekommunikation* im Management. Strategien für den globalen Wettbewerb. Stuttgart 1996.

PROKOP, Heinz; V. KORTZFLEISCH, Harald F. O.: Organisatorische *Gestaltung* von Zentralbereichen und Teilfunktionen bei der ALLIANZ VERSICHE‐ RUNGS-AG. In: Zentralbereiche, hrsg. von Erich Frese, Axel v. Werder und Werner Maly, Stuttgart 1993, S. 55-67.

PUTZ-OSTERLOH, Wiebke: *Entscheidungsverhalten*. In: Handwörterbuch der Organisation, 3. Aufl., hrsg. von Erich Frese, Stuttgart 1992, Sp. 585-599.

【R】

RAIA, Anthony P.: *Management* by Objectives. Glenview, IL. -Brighton 1974.

RAUBOLD, Peter: Entwicklungen der *Informationstechnologie* und ihre Wirkungen auf das Controlling. In: Unternehmensführung und Controlling, hrsg. von Ulrich Küpper et al., Wiesbaden 1990, S. 19-39.

RAUH, Otto; STICKEL, Eberhard: Konzeptuelle *Datenmodellierung*. Stuttgart‐Leipzig 1997.

REESER, Clayton: Some Potential Human *Problems* of the Project Form of Organization, In: Academy of Management Journal, 12. Jg. 1969, S. 459-467.

REINEKE, Rolf-Dieter: *Akkulturation* von Auslandsakquisitionen. Eine Untersuchung zur unternehmenskulturellen Anpassung, Wiesbaden 1989.

REIß, Michael: *Projektmanagement*. In: Handbuch zur Unternehmensführung・Konzepte, Instrumente, Schnittstellen. Hrsg. von Hans Corsten und Michael Reiß, Wiesbaden 1995.

RICKERT, D.: *Multi-Projektmanagement* in der industriellen Forschung und Entwicklung. Wiesbaden 1995,

RIEBEL, P.; PAUDTKE, H.; ZSCHERLICH, W.: *Verrechnungspreise* für Zwischen-Produkte. Opladen 1973.

ROCKART, John F.; EARL, Michael J.; Ross, Jeanne W.: Eight *Imperatives* for the New IT Organization. In: Sloan Management Review, 37. Jg 1996, Fall, S. 43-55.

ROCKART, John F.; DE LONG, David W.: Executive Support *Systems*. The Emergence of

TOP Management Computer Use. Homewood, IL. 1988. 吉川武男訳『経営戦略支援システムムートップマネジメントに役立つ情報システム―』日経 BP 社, 1989 年。
ROMAN, Daniel D. : Managing *Projects*: A Systems Approach. New York u. a. 1986.
RUEHLI, Edwin: *Koordination*. In: Handwörterbuch der Organisation, 3. Aufl., hrsg. von Erich Frese/, Stuttgart 1992, Sp. 1164-1175.
RUEHLI, Edwin: *Unternehmungsführung* und Unternehmungspolitik. Band 1, 3. Aufl., Bonn - Stuttgart -Wien 1996.
RUEKERT, Robert W. ; WALKER, Orville C. : Marketing's *Interaction* with Other Functional Units. In: Journal of Marketing, 51. Jg. 1987, Nr. 1, S. 1-19.
RUMELT, Richard P. : *Strategy*, Structure, and Economic Performance. Boston 1974. 鳥羽欽一郎, 山田正喜子, 川辺信雄, 熊沢　孝（共訳）『多角化戦略と経済成果』東洋経済新報社, 1977 年。

[S]

SABIDUSSI, Gert: The *Centrality* Index of a Graph. In: Psychometrica, 31. Jg. 1966, S. 581-603.
SCHANZ, Günther: *Organisationsgestaltung*. Management von Arbeitsteilung und Koordination. 3. Aufl., München 1994.
SCHATZ, J. : *Projektmanagement* wehrtechnischer Entwicklungsvorhaben. Teil II: Praktische Durchführung eines Projektmanagements. In: Wehrtechnik. Zeitschrift für Wehrtechnik und Verteidigungswirtschaft, 1970, Nr. 6, S. 254-260.
SCHEER , August-Wilhelm; HOFFMANN, Wolfgang; WEIN, Ralf: *Customizing* von Standardsoftware mit Referenzmodellen. In: Handwörterbuch der modernen Datenverarbeitung, Heft 180/ 1994, S. 92-103.
SCHEIN, Edgar H. : Organizational *Psychology*. Englewood Cliffs, NJ. 1965. (Auszugsweise übersetzt in: Management, hrsg. von Erwin Grochla・Düsseldorf-Wien 1974, S. 69-91.)
SCHEIN, Edgar H. : Organizational *Culture* and Leadership. San Francisco-Washington-London 1985. 清水紀彦, 浜田幸雄（共訳）『組織文化とリーダーシップ：リーダーは文化をどう変革するか』ダイヤモンド社, 1989 年。
SCHIFF, Michael; LEWIN, Arie Y. : The Impact of People on *Budgets*. In: The Accounting Review, 45. Jg. 1970, S. 259-268.
SCHIRMER, Frank: *Funktionswandel* im mittleren Management. In: Die Unternehmung, 41. Jg. 1987, Nr. 5, S. 353-364.
SCHISGALL, Oscar: *Eyes* on Tomorrow. The Evolution of Procter & Gamble. Chicago 1981.
SCHMALENBACH, Eugen: Über *Verrechnungspreise*. In Zeitschrift für handelswissenschaftliche Forschung, 3. Jg. 1908/ 09, S. 165-185.
SCHMALENBACH, Eugen: Pretiale *Wirtschaftslenkung*. Bd. 2: Pretiale Lenkung des Betriebes. Bremen-Horn 1948.
SCHMIDT-LEITHOFF, Christian: Die *Verantwortung* der Unternehmungsleitung. Tübingen 1989.
SCHMIDTKUNZ, Hans-Walther: Die *Koordination* betrieblicher Finanzentscheidungen. Zur Organisation des finanzwirtschaftlichen Entscheidungsprozesses. Wiesbaden 1970.
SCHMOLLER, Gustav: Über *Wesen* und Verfassung der größten Unternehmungen. In: Schmoller, Gustav: Zur Social-und Gewerbepolitik der Gegenwart. Leipzig 1890, S.

372-440.
SCHNEIDER, Dieter: Betriebswirtschaftslehre. Band 2: *Rechnungswesen* München – Wien 1994.
SCHOLZ, Christian: *Effektivität* und Effizienz, organisatorische. In: Handwörterbuch der Organisation, 3. Aufl., hrsg. von Erich Frese, Stuttgart 1992, Sp. 533-553.
SCHOLZ, Christian: *Matrix* - Organisation. In: Handwörterbuch der Organisation, 3. Aufl., hrsg. von Erich Frese, Stuttgart 1992, Sp. 1302-1315.
SCHOLZ, Christian: Strategische *Organisation*. Prinzipien zur Vitalisierung und Virtualisierung. Landsberg/ Lech 1997.
SCHOMBURG, Eckart: Entwicklung eines betriebstypologischen *Instrumentariums* zur systematischen Ermittlung der Anforderungen an EDV-gestützte Produktionsplanungs- und-steuerungssysteme im Maschinenbau. Diss., Aachen 1980.
SCHREYÖGG, Georg: *Unternehmenskultur* zwischen Globalisierung und Regionalisierung. In: Globalisierung der Wirtschaft. Einwirkungen auf die Betriebswirtschaftslehre. hrsg. von M. Haller, et al., St. Gallen 1993, S. 149-170.
SCHREYÖGG, Georg: *Organisation*. Grundlagen moderner Organisationsgestaltung. 3. Aufl., Wiesbaden 1999.
SCHUMACHER, E. F. : *Small* is Beautiful. A Study of Economics as if People Mattered. London-New York 1973. 小島慶三, 酒井 懋 (共訳)『スモール イズ ビューティフル 人間中心の経済学』講談社, 1986年。
SCHWABE, Hartmut; V. WERDER, Axel: *Zentralbereiche* und organisatorische Gestaltung von Teilfunktionen bei der DEUTSCHE BP AG. In: Zentralbereiche, hrsg. von Erich Frese, Axel v. Werder und Wemer Maly, Stuttgart 1993, S. 87-100.
SCHWARTZMAN, Helen B. : The *Meeting* as an Neglected Social Form in Organizational Studies. In: Research in Organizational Behaviour, 8. Jg. 1986, S. 233-258.
SCHWARZ, Horst: *Arbeitsplatzbeschreibungen*. 5. Aufl., Freiburg 1972.
SCHWEITZER, Marcell: *Planung* und Kontrolle. In: Allgemeine Betriebswirtschaftslehre, 2. Band: Führung, 5. Aufl., hrsg. von Franz Xaver Bea, Erwin Dichtl und Marcell Schweitzer, Stuttgart 1991, S. 17-100.
SCHWEITZER, Marcell: *Profit*-Center. In: Handwörterbuch der Organisation, 3. Aufl., hrsg. von Erich Frese, Stuttgart 1992, Sp. 2078-2089.
SCHWEITZER, Marcell: KÜPPER, Hans-UIrich: *System* der Kosten- und Erlösrechnung. 6. Aufl., München 1995.
SCHWEITZER, Manfred; V. WERDER, Axel: *Zentrallbereiche* und Organisation von Teilfunktionen bei der DRESDNER BANK AG. In: Zentralbereiche, hrsg. von Erich Frese, Axel. v. Werder und Werner Maly, Stuttgart 1993, S. 121-138.
SCOTT, Bruce R. : The Industrial *State* : Old Myths on New Realities. In: Harvard Business Review, 51. Jg. 1973, Nr. 2, S, 133-148.
SCOTT MORTON, Michael S. : *Management* of Tomorrow's Corporation and the Role of Information Technology. In: Business Success and Information Technology. Strategies for the 1990s. Proceedings of the second Amdahl Executive Institute Conference, London 1988, S. 105-133.
SCOTT MORTON, Michael S. (Hrsg.): The *Corporation* of the 1990s. Information Technology and Organizational Transformation. New Tork - Oxford 1991. 宮川公

男・上田　泰訳『情報技術と組織変革』富士通ブックス，1992年。
SEIBT, Dietrich: Individuelle *Datenverarbeitung*. In: Handwörterbuch der Organisation, 3. Aufl., hrsg. von Erich Frese, Stuttgart 1992, Sp. 479-499.
SEIBT, Dietrich: Begriff und Aufgaben des Informationsmanagements -ein Überblick. In: Informationsmanagement, hrsg. von Dieter B. Pressmar, Wiesbaden 1993, S. 3-30.
SEIDEL, Eberhard: *Gremienorganisation*. In: Handwörterbuch der Organisation・3. Aufl., hrsg. von Erich Frese, Stuttgart 1992, Sp. 714-724.
SELOWSKY, Rolf; MÜLLMANN・Helmut; HÖHN, Siegfried: Integrierte *Planungsrechnung* im Planungssystem des Volkswagen-Konzerns. In: Hahn, Dietger: Planungs-und Kontrollrechnung-PuK, 3. Aufl., Wiesbaden 1985, S. 715-789.
SEMLER, Ricardo: *Managen* ohne Manager -ein Paradebeispiel. In: Harvard Business Manager, 12. Jg. 1990, Nr. 2, S. 87-97.
SHEPARD, Herbert A.: Innovation-Resisting and Innovation-Producing *Organization*. In: The Journal of Business, 40. Jg. 1967, S. 470-477. (Deutsche Übersetzung in: Änderung des Sozialverhaltens, hrsg. von Warren G. Bennis, Kenneth D. Benne und Robert Chin, Stuttgart 1975, S. 458-467 sowie in: Gruppendynamik. 2. Jg. 1971, Nr. 4, S. 375-382.)
SIMON, Herbert A.: The Shape of *Automation* for Men and Management. New York-Evanston-London 1965. (Deutsche Übersetzung: Perspektiven der Automation für Entscheider. Quickborn 1966.)
SIMON, Herbert A.: Administrative *Behavior*. A Study of Decision-Making Processes in Administrative Organization. 3. Aufl., New York-London 1976. (Deutsche Übersetzung: Entscheidungsverhalten in Organisationen. Eine Untersuchung von Entscheidungsprozessen in Management und Verwaltung. Landsberg/ Lech 1981.)松田武彦，二村敏子，高柳　暁（共訳）『経営行動：経営組織における意思決定プロセスの研究』ダイヤモンド社，1989年。
SIMON, Herbert A.: The new *Science* of Management Decision. Englewood Cliffs, NJ. 1977. 稲葉元吉，倉井武夫（共訳）『意思決定の科学』産業能率大学出版部，1979年。
SIMON, Herbert A.: The Consequences of Computers for Centralization and Decentralization. In: The Computer Age: A Twenty Year Review, hrsg. von Michael L. Dertouzos und Joel Moses, Cambridge, MA. 1979, S. 212-228.
SIMON, Herbert A.: Models of my *Life*. O. O. 1991. 安西祐一郎，安西徳子（共訳）『学者人生のモデル』岩波書店，1998年。
SIMON, Herbert A. et al.: *Centralization* vs. Decentralization in Organizing the Controller's Department. New York 1954.
SIMON, Herbert A.; SMITHBURG, Donald W.; THOMPSON, Victor A.: Public *Administration*. New York 1950. 岡本康雄，河合忠彦，増田孝治（共訳）『組織と管理の基礎理論』ダイヤモンド社，1977年。
SLEVIN, Dennis P.; PINTO, Jeffrey K.: *Leadership*, Motivation, and the Project Manager. In: Project Management Handbook, 2. Aufl., hrsg. von David l. Cleland und William R. King, New York 1988, S. 739-770.
SLOAN, Alfred P.: My *Years* with General Motors. New York 1965. (Deutsche Übersetzung: Meine Jahre mit General Motors. München 1965.) 田中融二，狩野貞子，石川博友（共訳）『GMとともに』ダイヤモンド社，1967年。

SOLARO, Otto: *Controller.* In: Handwörterbuch der Organisation, 3. Aufl., hrsg. von Erich Frese, Stuttgart 1992, SP. 432-441.
SPREMANN, Klaus: Asymmetrische *Information.* In: Zeitschrift für Betriebswirtschaft, 60. Jg. 1990, S. 561-586.
STAEHLE, Wolfgang H. : *Führungstheorien* und -konzepte. In: Handwörterbuch der Organisation, 3. Aufl., hrsg. von Erich Frese, Stuttgart 1992, Sp. 655-676.
STAEHLE, Wolfgang H. : *Management.* Eine verhaltenswissenschaftliche Perspektive. 8. Aufl., München 1999.
STAHLKNECHT, Peter; HASENKAMP・Ulrich: Einführung in die *Wirtschaftsinformatik.* 8. Aufl., Berlin u. a. 1997.
STEINER, George A.; RYAN, William G. : Industrial *Project* Management. New York 1968.
STEINLE, Claus: *Delegatiion.* In: Handwörterbuch der Organisation, 3. Aufl., hrsg. von Erich Frese, Stuttgart 1992, Sp. 500-513.
STEINLE, Claus: *Stabsstelle.* In: Handwörterbuch der Organisation, 3. Aufl., hrsg. von Erich Frese, Stuttgart 1992, Sp. 2310-2321.
STEINLE, Claus: Effiziente *Projektarbeit*: Erfolgsfaktoren und ausgewählte Steuerungsinstrumente. In: Projektmanagement. Instrument moderner Dienstleistung, hrsg. von Claus Steinle, Frankfurt/ M. 1995, S. 23-36.
STOKES, Stewart L. Jr. : Building Effective Project *Teams.* In: Journal of Information Systems Management, 7. Jg. 1990, Nr. 3, S. 38-45.
STONE, Christopher D. : Where the *Law* Ends. The Social Control of Corporate Behavior. New York 1975.
STOPFORD, John M. : *Growth* and Change in the Multinational Firm. Diss., Harvard University 1968.
STOPFORD, John M. ; WELLS, Louis T. : *Managing* the Multinational Enterprise. Organization of the Firm and Ownership of the Subsidiaries. New York 1972. 山崎清訳『多国籍企業の組織と所有政策』ダイヤモンド社, 1976 年。
STOPFORD, John M. : Competing Globally for *Resources.* In: Transnational Corporations. 4. Jg. 1995, S. 34-57.
STREHL, Franz: Organisatorische *Effektivität* - ein Modellvergleich. In: Die ganzheitlich-verstehende Betrachtung der sozialen Leistungsordnung, hrsg. von Wilhelm Bühler et al., Wien -New York 1985.
STEIBL, Ulrich: *Organisationsgestaltung* in der Kommunalverwaltung. Aufgaben - Ziele - Strukturen. Wiesbaden 1996.
STREIM, Hannes: Profit Center-Konzeption und *Budgetierung.* In: Die Unternehmung, 29. Jg. 1975, S. 23-42.
STUCKENBRUCK, Linn C. : *Integration*: The Essential Function of Project Management. In: Project Management Handbook. 2. Aufl., hrsg. von David I. Cleland und William R. King, New York 1988, S. 56-81.
SÜCHTING, Joachim: *Verrechnungspreise* im Bankbetrieb. In: Rechnungswesen im Dienste der Bankpolitik, hrsg. von Jürgen Krumnow und Matthias Metz, Stuttgart 1987, S. 199-221.
SUNDERMANN, Werner: *Mitbestimmung,* betriebliche. In: Handwörterbuch der Organisation, 3. Aufl., hrsg. von Erich Frese, Stuttgart 1992, Sp. 1344-1361.

SWIERINGA, Robert J.; WATERHOUSE, John H.: Organizational *Views* of Transfer Pricing. In: Accounting, Organizations and Society, 7. Jg. 1982, S. 149-165.
SYDOW, Jörg: Strategische *Netzwerke*. Wiesbaden 1992.
SZYPERSKI, Norbert et al.: *Bürosysteme* in der Entwicklung. Studien zur Typologie und Gestaltung von Bueoarbeitsplätzen. Braunschweig -Wiesbaden 1982.

【T】
TANNENBAUM, Robert; SCHMIDT, Warren H.: How to Choose a *Leadership* Pattern. In: Harvard Business Review, 36. Jg. 1958, Nr. 2, S. 95-101.
TEECE, David J.: Internal *Organization* and Economic Performance: An Empirical Analysis of the Profitability of Principal Firms. In: The Journal of Industrial Economics, 30. Jg. 1981, S. 173-199.
TEUBNER, Gunther: 'Corporate *Responsibility*' als Problem der Unternehmensverfassung. In: Zeitschrift für Untemehmens-und Gesellschaftsrecht, 12. Jg. 1983, S. 34-56.
THEISEN, Manuel René: Die *Aufgabenverteilung* in der mitbestimmten GmbH. Königstein/Ts. 1980.
THEISEN, Manuel René: Der *Konzern*. Betriebswirtschaftliche und rechtliche Grundlagen der Konzernuntenehmung. Stuttgart 1991.
THEISEN, Manuel René: *Grundsätze* einer ordnungsmässigen Informationsversorgung des Aufsichtsrates. Stuttgart 1991.
THEUVSEN, Ludwig: Interne *Beratung*. Konzept - Organisation - Effizienz. Wiesbaden 1994.
THEUVSEN, Ludwig: Business *Reengineering*. Möglichkeiten und Grenzen einer Prozessorientierten Organisationsgestaltung. In: Zeitschrift für betriebswirtschaftliche Forschung, 48. Jg. 1996, S. 65-82.
THEUVSEN, Ludwig: *Merkmale* und Problemfelder aktueller Organisationskonzepte. In: Implementierungsmanagement. Über die Kunst Reengineeringskonzepte erfolgreich umzusetzen, hrsg. von Michael Nippa und Heinz Scharfenberg. Wiesbaden 1997, S. 103-131.
V. THIENEN, Wolfhard: *Client*/Server Technologie und Realisierung im Unternehmen. Wiesbaden 1995.
THOM, Norbert: *Stelle*, Stellenbildung und -besetzung. In: Handwörterbuch der Organisation, 3. Aufl., hrsg. von Erich Frese, Stuttgart 1992, Sp. 2321-2333.
THOME, Rainer; SCHINZER, Heiko: Electronic *Commerce*. Anwendungsbereiche und Potentiale der digitalen Geschäftsabwicklung. München 1997.
THOMPSON, James D.: *Organizations* in Action. Social Science Bases of Administrative Theory. New York 1967. 高宮　晋監訳、鎌田伸一・新田義則・二宮豊志訳『オーガニゼーション　イン　アクション』同文舘、1987年。
TIETZ, Bruno: *Produktmanagement*(s), Organisation des. In: Handwörterbuch der Organisation, 3. Aufl., hrsg. von Erich Frese, Stuttgart 1992, Sp. 2067-2077.
TURBAN, Efraim: Decision Support and Expert Systems: Management Support Systems. 2. Aufl., New York 1990.

【U】
UGRAS, Y. Joseph: Factors Affecting *Allocation* of Noncontrollable Costs for Performance

Evaluation Use: A Survey. In: Advances in Management Accounting 1994, S. 255-278.

ULRICH, Peter: Die *Grossunternehmung* als quasi-öffentliche Institution: Eine Politische Theorie der Unternehmung. Stuttgart 1977.

【V】

VANCIL, Richard F. : *Decentralization*: Managerial Ambiguity by Design. Homewood, IL. 1979.

VAN DE VEN, Andrew H. ; DELBECQ, André L. ; KOENIG, Richard, Jr. : *Determinants* of Coordination Modes Within Organizations. In: American Sociological Review, 41. Jg. 1976, Nr. 1, S. 322-328.

VOLPP, Ulrich: *Reintegration* des Projektpersonals in die Linienorganisation. In: Journal für Betriebswirtschaft, 41. Jg. 1991, Nr. 5, S. 194-207.

VROOM, Victor H. : *Work* and Motivation. New York -London-Sydney 1964. (Auszugsweise übersetzt in: Organisationstheorie, 1. Teilband, hrsg. von Erwin Grochla, Stuttgalt 1975, S. 198-211.) 坂下昭宣, 榊原清則, 小松陽一, 城戸康彰 (共訳)『仕事とモティベーション』千倉書房, 1982年。

VROOM, Victor H. ; YETTON, Philip W. : *Leadership* and Decision-Making. Pittsburgh 1973.

VROOM, Victor H. ; JAGo, Arthur G. : The *New Leadership*. Managing Participation in Organizations. Englewood Cliffs, NJ 1988.

【W】

WAGENHOFER, Alfred: Verursachungsgerechte Kostenschlüsselung und die *Steuerung* dezentraler Preisentscheidungen. In: Unternehmensrechnung als Instrument der internen Steuerung, hrsg. von Thomas Schildbach , Zeitschrift für betriebswirtschaftliche Forschung, Sonderheft 34, Düsseldorf -Frankfurt/ M. 1995, S. 81-118.

WAGENHOFER, Alfred: Kostenrechnung und Verhaltenssteuerung. In: Kostenmanagement. Aktuelle Konzepte und Anwendungen, hrsg. von Carl-Christian Freidank et al., Berlin -Heidelberg 1997, S. 57-78.

WALKER, Arthur H. ; LORSCH, Jay W. : Organizational *Choice*: Product vs. Function. In: Harvard Business Review, 46. Jg. 1968, Nr. 6, S. 129-138.

WEICK, Karl E. ; DAFT, Richard L. : The *Effectiveness* of Interpretation Systems. In: Organizational Effectiveness. A Comparison of Multiple Models, hrsg. von Kim S. Cameron und David A. Whetten, New York u. a. 1983, S. 71-93.

WEITZIG, Joachim K. : Gesellschaftsorientierte *Unternehmenspolitik* und Unternehmensverfassung. Berlin -New York 1979.

WELGE, Martin K. : *Profit*-Center-Organisation. Organisatorische Analyse von Strukturbewertungsproblemen in funktionalen und Profit-Center-orientierten Organisationen. Wiesbaden 1975.

WELGE, Martin K. : Globales *Management*. In: Globales Management. Erfolgreiche Strategien für den Weltmarkt, hrsg. von Martin K. Welge, Stuttgart 1990, S. 1-16.

v. WERDER, Axel: *Organisationsstruktur* und Rechtsnorm. Wiesbaden 1986.

v. WERDER, Axel: Die *Führungsorganisation* der GmbH. Grundtypen und Konsequenzen. In: Die Betriebswirtschaft, 47. Jg. 1987, S. 151-164.

v. WERDER, Axel : *Organisation* der Untemehrnungsführung. In: Frese, Erich (unter

Mitarbeit von Helmut Mensching und Axel v. Werder): Unternehmungsführung. Landsberg/ Lech 1987, S. 299-383.
v. WERDER, Axel: Organisation der *Unternehmungsleitung* und Haftung des Top-Managements. In: Der Betrieb, 40. Jg. 1987, S. 2265-2273.
v. WERDER, Axel: *Delegation* im Konzern. Rechtlicher Gestaltungsspielraum und organisatorische Konsequenzen im Vergleich zur Einheitsunternehmung. In: Betriebswirtschaftliche Forschung und Praxis, 41. Jg. 1989, S. 410-426.
v. WERDER, Axel : *Unternehmungsführung* und Argumentationsrationalität. Grundlagen einer Theorie abgestufter Entscheidungsvorbereitung. Stuttgart 1994.
v. WERDER, Axel: *Shareholder* Value-Ansatz als (einzige)Richtsschnur des Vorstandshandelns? In: Zeitschrift für Unternehmens-und Gesellschaftsrecht, 27. Jg. 1998, S. 61-91.
WERMEYER, Frank: Marketing und *Produktion*. Schnittstellenmanagement aus unternehmensstrategischer Sicht. Wiesbaden 1994.
WESTPHAL, Jörg: Vertikale Wettbewerbsstrategien in der *Konsumgüterindustrie*, Wiesbaden 1991.
WHEEL. WRIGHT, Steven; CLARK, Kim B. : *Revolutionizing* Product Development. Quantum Leaps in Speed, Efficiency, and Quality. New York u. a. 1992.
WHISLER, Thomas L. : Measuring *Centralization* of Control in Business Organizations. In: New Perspectives in Organization Research, hrsg. von William W. Cooper, Harold J. Leavitt und Maynard W. Shelly II, New York - London - Sydney 1964, S. 314-333.
WILDEMANN, Horst: *Organisation* und Projektabwicklung für das Just-In-Time- Konzept in F&E und Konstruktion. In: Zeitschrift Führung und Organisation, 63. Jg. 1994, S. 27-33 und S. 128-133.
WILDEMANN, Horst: *Logistik*-Prozessmanagement, München 1997.
WILEMON, David L. ; BAKER, Bruce N. : Some Major *Research* Findings Regarding the Human Element in Project Management. In: Project Management Handbook, 2. Aufl., hrsg. von David I. Cleland und William R. King, New York 1988, S. 847-866.
WILEMON, David L.; CICERO, John P. : The *Project* Manager -Anomalies and Ambiguities, In: Academy of Management Journal, 13. Jg. 1970, S, 269-282.
WILEMON, David L. ; GEMMILL, Gary R. : Interpersonal *Power* in Temporary Management Systems. In: The Journal of Management Studies, 8. Jg. 1971, S. 315-328.
WILKINS, Alan. L. ; OUCHI, William G. : Efficient *Cultures*: Exploring the Relationship Between Culture and Organizational Performance. in: Administrative Science Quarterly, 28. Jg. 1983, S. 468-481.
WILLIAMSON, Oliver E. : Corporate *Control* and Business Behavior. Englewood Cliffs, NJ. 1970. 岡本康雄、高宮　誠（共訳）『現代企業の組織革新と企業行動』丸善、1975 年。
WILLIAMSON, Oliver E. : *Markets* and Hierarchies: Analysis and Antitrust Implications. New York -London 1975. 浅沼萬里、岩崎　晃（共訳）『市場と企業組織』日本評論社、1980 年。
WILLIAMSON, Oliver E. : The Economic *Institutions* of Capitalism. Firms, Markets, Relational Contracting. New York -London 1985.
WISWEDE, Guenter: *Gruppen* und Gruppenstrukturen. In: Handwörterbuch der Organisation, 3. Aufl., hrsg. von Erich Frese, Stuttgart 1992, Sp. 735-754.

WISWEDE, Günter: *Einführung* in die Wirtschaftspsychologie. 2. Aufl., München - Basel 1995.
WITTE, Eberhard: Das Informationsverhalten in Entscheidungsprozessen. Tübingen 1972.
WOLF, Martin: *Erfahrungen* mit der Profit-Center-Organisation. Frankfurt - Bonn -New York 1985.
WOOD, Van R.; TANDON, Sudhir: Key *Components* in Product Management Success (and Failure). In: Journal of Product and Brand Management, 3. Jg. 1994, Nr. 1, S. 19-38.
WRAPP, H. Edward: Good *Managers* Don't Make Policy Decisions. In: Harvard Business Review, 45. Jg. 1967, Nr. 5, S. 91-99.
WRIGLEY, Leonard: Divisional *Autonomy* and Diversification. Diss., Harvard University 1970.
WUNDERER, Rolf: Laterale *Kooperation* als Selbststeuerungs- und Führungsaufgabe. In: Kooperation, hrsg. v. Rolf Wunderer, Stuttgart 1991, S. 205-219.

【Z】
ZANDER, Alvin; WOLFE, Donald: Administrative *Rewards* and Coordination Among Committee Members. In: Administrative Science Quarterly, 9. Jg, 1964, S. 50-69.
ZANNETOS, Zenon S.: On the *Theory* of Divisional Structures: Some Aspects of Centralization and Decentralization of Control and Decision Making. In: Management Science, 12. Jg. 1965, S. B49 -B-68.
ZENTES, Joachim: *Verkaufsmanagement* in der Konsumgüterindustrie. In: Die Betriebswirtschaft, 46. Jg. 1986, Nr. 1, S. 21-28.
ZEPF, Günter: Kooperativer *Führungsstil* und Organisation. Wiesbaden 1972.
ZIMMERMAN, Jerold L.: The *Costs* and Benefits of Cost Allocations. In: The Accounting Review, 54. Jg. 1979, S. 504-521.

監訳者あとがき

　Erich Frese（ケルン大学退官教授）の "Grundlagen der Organisation. Konzept - Prinzipien - Strukturen"（邦訳名）『組織デザインの原理　コンセプト - 原則 - 構造』の初版が刊行されたのは1980年であった。すでに9回に亘り版を重ね，その間，改訂版，増補版，全面改定版が上梓された。なかでもこの邦訳書（第8改定版，2000年8月）では，フレーゼ氏の重要な意思決定志向的組織デザインのコンセプト - 原則 - 構造に関する考え方の基底が，より具体的に呈示されている。しかし原書が大著であるため，フレーゼ氏の了解をとり，株式会社文眞堂出版との相談の上，原書の主要部分（本文1～404頁）に限定して訳出することになった。

　この日本語版の翻訳には，私（神奈川大学名誉教授）の外に，井藤正信氏（愛媛大学教授），宮田将吾氏（京都学園大学専任講師），山縣正幸氏（近畿大学准教授），柴田明氏（香川大学准教授）の5名が加わった。立場上，私が監訳者になり，邦訳書全体の内容的統一のための作業を行なった。なお，邦訳の担当頁等については監・訳者紹介欄に表記した。

1） ドイツ語圏における経営経済学の教科書としての『組織デザインの原理　コンセプト－原則－構造』"Grundlagen der Organisation. Konzept-Prinzipien-Strukturen" の特徴：

　本書は，過去25年以上に亘り（改訂・増補版を含め），ドイツ語圏ヨーロッパの組織理論分野における卓越した教科書として高く評価されている。組織研究者はもとより，学生，実務家の間において広く読まれてきたもので，この分野ではいわゆる必読書に数えられている。本書に対する多数の高い評価は，まず企業の意思決定活動に焦点を合わせたフレーゼ氏独自のコンセプトに基づいており，さらに組織デザインに関する氏の言明が，意思決定理論に依拠した組織の実践的基礎論として方法論的にも十分根拠づけられたところが称賛に値する点である。

監訳者あとがき

　Margit Osterloh チューリッヒ大学教授および Jetta Frost 博士（同大学経営経済研究所所長代行）は，DBW 60（2000 年）4 号誌（485-511 頁）所収の論文（'Der schwere Weg von der Organisation zum Organisationsdesign'「組織理論から組織デザインへの困難な道程」と題する包括的書評集）の中で，ドイツ語圏および英語圏の組織に関する 14 の代表的な教科書を選定し，それらを一定の評価基準に従って比較分析を行なった。評価基準の詳細についての論評は，ここでは省略するが，少なくとも本邦訳書の中で両氏のフレーゼ説の捉え方については紹介しておかなければならない。結論を先に言えば，フレーゼ氏の組織論が理論的にも実践的にも成功している，という氏らの評価を強調しておきたい。「フレーゼは，調整問題に取り組むための効率基準を考案し，ドイツ語圏で唯一と言える組織的構造選択肢のデザインとその評価のための詳細な道具を創出した。その道具は，理論的，論理的に首尾一貫しているだけでなく同時に読者に対し直接，現実の諸問題解決のためのツールをも提供した」(M. Osterloh ／J. Frost の前掲論文 490 頁)，と両者は述べている。

　フレーゼ氏が，過去 25 年の間に上梓した本書の増補版，改訂新版を読むと，意思決定理論的な組織コンセプトが版を重ねるごとに精緻化され，より実践的となり，組織的言明およびその推論，結論も，より具体的かつ鮮明になっている。彼のこの言明，推論の持続的発展プロセスが，戦略－構造連関への調整，動機づけの統合と，計画および市場に基づく組織諸規定の中で提示されてきた。日本の読者が入手できるこの版は，フレーゼ氏が指導してきたケルン大学の組織研究科における彼の精力的かつ集中的な研究活動の結実である，と言ってよい。ケルン大学のこの研究科は，すでに半世紀余の期間，組織科学の分野ではドイツで最も主要な学術研究所の一つに数えられている。

　比較のために M. Osterloh ／ J. Frost が前掲論文で取り上げた文献は，以下の単書または共著であり，これらは 1990 年代から 2000 年の頃までの間，英米語圏およびドイツ語圏で出版された企業の組織論に関する重要な文献である。取り上げた多くの著書はその後，版を重ねており現時点では，さらに改訂・増補版が出版されている筈である。因みに，フレーゼ氏はすでに 9 版を上梓している。氏の各版が単なる増刷でないことは言うまでもない。Osterloh ／ Frost が取り上げた著書を出版年順に挙げておく。参考になればと思う。

Kieser, A. / Kubicek, H.: Organisation, 3. Aufl. (1992);

Milgrom, P. / Roberts. J.: Economics, Organization and Management, 2. edit. (1992);

Schanz, G.: Organisationsgestaltung, 2. Aufl. (1994);

Bolman, Lee G. / Deal, Terence E.: Reframing Organizations. Artistry, Choice and Leadership. 2. edit. (1997);

Laux, H / Liermann, F.: Grundlagen der Organisation. Die Steuerung von Entscheidungen als Grundproblem der Betriebswirtschaftslehre, 4. Aufl. (1997);

Schloz, C.: Strategische Organisation. Prinzipien zur Vitalisierung und Virtualisierung. (1997);

Daft, Richard L.: Organization Theory and Design, 6. edit. (1998);

Frese, E.: Grundlagen der Organisation. Konzept-Prinzipien-Strukturen, 7. Aufl. (1998);

Hill, W. / Fehlbaum, R. / Ulrich, P.: Organisationslehre 1 + 2 (1994 / 1998);

Bea. F. X. / Göbel, E.: Organisation. Profile, Dynamik, Methoden. 4. Aufl. (1999);

Gomez, P / Zimmermann, T.: Unternehmensorganisation. 4. Aufl. (1999);

Picot, A. / Dietl, H. / Franck, E.: Organisation. Eine ökonomische Perspektive. (1999);

Schreyögg, G.: Organisation. Grundlagen moderner Organisationsgestaltung. Mit Fallstudien. 3. Aufl. (1999);

因みに1980年代半ばまでのドイツ語圏の組織論のアプローチ，もしくは学派に，どのようなものがあったかは，例えば，Hoffman, F. (1980年の単著), Bleicher, K. (1981年の単著), Hill, W. / Fehlbaum, R. / Ulrich, P. (1981年の共著), Grochla, E. (1982年の単著), Kieser, A. / Kubicek, H. (1983年の共著) 及び Frese, E. (1984年の本邦訳書の原書第2版) などの研

究を通して知ることができる。

2） Erich Frese の功績：

　フレーゼ氏は，ドイツ語圏の組織科学の分野では重鎮であり，産業界においても広く十分に認知されている。氏の人となりは，極めて個性的である。かの有名なドイツの経営経済学者 Erich Gutenberg および Erwin Grochla の門下生として彼は，組織科学の理論的な，更なる発展と実践的組織デザインの方法的基礎づけのために数々の重要な業績を残している。氏が及ぼした学問的影響は，特に彼の多くの著作から，そしてまた定評のある "Zeitschrift für betriebswirtschaftliche Forschung"『経営経済研究誌』の共同編集者としての活動の軌跡を追えば明白である。

　氏の教えを受けた多くの人達は，すでにドイツの経済産業界で指導的・管理的ポストに就いている。今日，一流の経営経済学者として位置づけられている人達のなかにもフレーゼの門下生が少なくない。フレーゼ氏は長年に亘り，近代経営経済学の創始者とされる Eugen Schmalenbach の創設によるシュマーレンバッハ協会の中の「組織研究部会 'Arbeitskreis Organisation' の部会長を務めてきた。この協会は，当時，シュマーレンバッハの門下生であった学者や実業家がかれらの師とともに 1933 年に創設した組織である。この組織は，単なる親睦団体を超えた理論と実践の交換の場であり，ほぼ毎年，年次大会を開催している。これはいわゆる親睦団体ではなく，むしろ広く世界に認知された国際的レベルの研究学会と呼ばれるべきものである。毎年開かれる年次大会は，実務と理論の共同討議の場となっており，両者による共同研究成果は必ず公刊される。《ドイツ経営経済大学教師協会，Verband der Hochschullehrer für Betriebswirtschaft e. V.》とのジョイント年次大会も開催されている。

　フレーゼ氏は，歴史の流れに対する優れた感度を持ち，それがかれの論文，論集，単著，共著，編纂などに顕著に反映されており，それらの業績を通じて組織理論分野の第一人者と称される。氏は，『経営経済学百年の発展史』（2002年）の中に「ドイツにおける経営経済学の組織科学百年史」（223-246 頁）と

題する論文を寄稿し非常に注目されている。第二次世界大戦後の20余年の期間は，Fritz Nordsieck および Erich Kosiol によって代表される伝統的経営経済的組織論が支配したが，しかしフレーゼ氏は，早い時期からその伝統的組織論を，もっぱら職務次元の考察に限定したアプローチに過ぎないと評し，現代企業の諸要請には，もはや対処し得ないもの，と認識していた。

　フレーゼ氏は早期に，米国における組織理論の新たな発展 〜特に Herbert A. Simon を中心とするピッツバーグ学派の研究〜 に集中的に取り組んでいた。フレーゼ氏はケルン大学で博士号取得後，研究奨学金を得て，サイモンの当時の活動拠点であるピッツバーグのカーネギー・メロン大学に滞在した。その時以来，米国の研究者仲間との精力的交流が続いている。フレーゼ氏は，とりわけ数年間，"Organization Science"誌の Senior Editor を務め，Academy of Management の年次大会においては定期的に研究報告をも行っていた。

3) 邦訳に際しての留意点：

　原書の中で引用されているイタリック体の人名および会社名は，英語またはドイツ語表現のままイタリック体で表記した。文章の段落のつけ方は，日本の読者が読み易いようにするため，原書の段落のつけ方とは異なっている。原書のゴシック文字は，邦訳の中でもゴシック文字を用いた。数式のギリシャ文字は，原書のそれとは一部異なる形になっているが，文字そのものは同じである。原書と同じく邦訳においても人名に敬称はつけなかった。用語索引の中のいくつかの用語に頁数の表記が無いものがあるが，関連する用語説明から頁数の表記が必要ないものと考え，省略した（原著の表記法に従った）。

4) 深謝：

　まず，邦訳出版を快諾してくださった著者 Erich Frese 氏，およびその許諾者である寛大な TH. GABLER 社の MS. Ute Grünberg 氏，そして邦訳出版に多額の経費を支出された株式会社文眞堂に対して，私の計画推進力の不

足と私の手際の悪さから多大な迷惑をおかけしたことを心よりお詫び申し上げる。しかし，Frese 氏，Grünberg 氏，そして文眞堂の幹部の方々は，忍耐強く，今日までお待ち下さった。心から深甚なる謝意を表したい。

　また，共訳者である井藤正信氏，山縣正幸氏，宮田将吾氏，柴田明氏には，完成するまでの期間，熱意あるご協力を頂いた。私の作業の進捗については，共訳者の方々に度々ご心配をかけ，申し訳なく思っている。ともかく本邦訳書は，私を含めた 5 人の共同作業の成果と言ってよい。

　さらに，私の共訳者の 4 人の方々の恩師に当たる高橋俊夫氏，水原煕氏，海道ノブチカ氏，榊原研互氏には，この場を借りて，この邦訳作業に対するご理解とご支援を戴いたことに対し深く感謝申し上げる。

　私が監訳者として本書にかかわるようになって以来，レック株式会社代表取締役社長・青木光男氏には，面談の度に，邦訳の完成についてご質問を受けた。私共に対する励ましのお言葉と受け止めていた。お心遣いに対し厚くお礼を申し上げる。以上

平成 22 年 3 月 31 日　　　　　　　　　　　　　　　　　監訳者　清水敏允

用語索引

(注：以下のアルファベット文字 f. は~頁および次頁を指し、ff. は~頁および次頁以下を指す。)

【ア行】

アイティーティー・コンツェルン　ITT-Konzern　153
アイビーエム　IBM　177ff.

委員会　Ausschuß　81; 83; 91ff.; 102f.; 366; 387
一括受注メーカー　Rahmenauftragsfertiger　276ff.
意思決定　Entscheidung　39ff.; 48ff.; 49f.; 53ff.; 70ff.
意思決定権限　Entscheidungskompetenz　63; 67f.; 91ff.; 139
意思決定次元　Entscheidungsdimension　67ff.
意思決定準備　Entscheidungsvorbereitung　91ff.
意思決定自律性　Entscheidungsautonomie　74; 78ff.; 81ff.; 94; 109ff.; 160ff.; 302f.
意思決定相互依存　Entscheidungsinterdependenz　57ff.; 64ff.; 97ff.; 114ff.; 122ff.
意思決定の裁量余地　Entscheidungsspielraum
　意思決定自律性を見よ　*Siehe Entscheidungsautonomie*
意思決定プログラム　Entscheidungsprogramm　73
意思決定モデル　Entscheidungsmodell　39ff.
インセンティブ（誘因）・システム　Anreizsystem　19ff.; 155ff.; 169ff.; 250
　―計画志向的　-planorientiertes　20; 172ff.
　―市場志向的　-marktorientiertes　20; 172; 195ff.; 203ff.
インターフェース　Schnittstelle　392ff.
インターフェース・マネジメント　Schnittstellenmanagement　15; 17; 392ff.

エキスパート・コントロール　Expertensteuerung　320ff.; 323ff.
エージェンシー理論　Agency Theorie　178

大型計算機システム　Großrechnersysteme　127ff.

【カ行】

概観可能性（透明性）　Überschaubarkeit　270ff.
会計制度，内部　Rechnungswesen, internes　307ff.
下位目標（副次的目標）　Subziel　251ff.; 256ff.; 275
学習曲線効果　Lernkurveneffekt　146
カフェテリア方式（選択的福利厚生制度）　Cafeteria-Prinzip　158

規格品メーカー　Standardfertiger　277ff.
企業戦略　Unternehmungsstrategie　281ff.
企業文化　Unternehmungskultur　183ff.; 186ff.; 305ff.
給付結合（製品・サービスの結合）　Leistungsverflechtung

用語索引

—企業内の　innerbetriebliche
　プロセス相互依存を見よ　Siehe Prozeßinterdependenz
競争戦略　　Wettbewerbsstrategie　27; 275ff.; 281ff.; 295ff.
協働の命題　　Kooperationsthese　8f.

経営資源効率　　Ressourceneffizienz　23; 29; 266ff.; 288ff.
経営資源潜在性（潜在力）　Ressourcenpotential　261ff.
経営資源相互依存　　Ressourceninterdependenz　54f.; 61ff.; 114ff.; 118ff.; 264ff.; 287ff.; 359ff.; 382

計画策定　　Planung　91; 95ff.; 161ff.; 173ff.
計画策定原則　　Planungsprinzip　98ff.
計画策定システム　　Planungssystem　70f.; 91; 93ff.; 98
計画策定方法（手続き）　Planungsverfahren
　計画策定原則を見よ　Siehe Planungsprinzip
形式目標　　Formalziel　41f.; 50ff.; 74f.; 77; 92f.
結合効果（規模の経済性）　Verbundeffekt　202; 265f.; 383; 385
ゲブリューダー・ズルツァー株式会社　　Gebrüder Sulzer AG　362f.
権限委譲　　Delegation　143ff.; 268
権限委譲効率　　Delegationseffizienz　23; 261ff.; 268f.; 289f.
権限裁量余地　　Kompetenzspielraum
　意思決定自律性を見よ　Siehe Entscheidungsautonomie
権限システム　　Kompetenzsystem　70ff.
権限内容　　Kompetenzinhalt　70f.; 75ff.; 393f.
現地子会社　　Landesgesellschaft　295; 299ff.; 302ff.

コア職務　　Kernaufgabe (primäre Aufgabe)　245f.
行為　　Handlung　39ff.; 41; 51f.; 76; 190ff.
行為欠陥　　Handlungsdefizit　310ff.; 312f.; 313; 322ff.
行為コントロール　　Handlungssteuerung　311ff.; 314ff.
構成　　Konfiguration
　—地域別　-regionale　295ff.
構造化　　Strukturierung　11; 54ff.; 70f.; 74f.; 82ff.; 142ff.; 261ff.; 395ff.
構造組織　　Aufbauorganisation　7
行動影響力　　Verhaltensbeeinflussung
　—内発的　-Endogene　310ff.; 316f.; 321
　—外発的　-Exogene　310ff.; 317f.; 320ff.
行動会計　　Behavioral Accounting　178
行動仮定　　Verhaltensannahme　8; 248ff.
行動基準　　Verhaltensvorgabe　191ff.
効率　　Effizienz　178; 253f.
効率基準　　Effizienzkriterien　252ff.; 256ff.; 261ff.; 270ff.; 287ff.; 336
顧客志向　　Kundenorientierung　283ff.; 298f.
顧客（別）マネジメント　　Kundenmanagement　368ff.; 371ff.
国際化　　Internationalisierung　295ff.

用語索引　443

コスト・リーダーシップ　　Kostenführerschaft　281; 285ff.; 297
個別受注メーカー　　Einzelauftragsfertiger　279ff.
コミュニケーション　　Kommunikation　12f.; 64f.; 107ff.; 139ff.; 247; 304; 392ff.
コミュニケーション・コスト　　Kommunikationskosten
　　調整コストを見よ　　Siehe Abstimmungskosten
コミュニケーション次元　　Kommunikationsdimension　67ff.
コミュニケーション・システム　　Kommunikationssystem　107ff.
コントロール　　Kontrolle　112; 175ff.; 188ff.
コントロール，階層組織による　　Steuerung, hierarchische　311f.; 314f.; 323ff.

【サ行】
細分化　　Segmentierung　11; 54ff.; 70f.; 75ff.; 82ff.; 114ff.; 145ff.; 244ff.; 261ff.; 395f.
差別化　　Differenzierung　6; 281ff.; 290ff.
参加　　Partizipation　165ff.; 174ff.

事業部制組織　　Spartenorganisation　93f.; 102; 356
事業分野戦略　　Geschäftsfeldstrategie
　　競争戦略を見よ　　Siehe Wettbewerbsstrategie
事業領域組織　　Geschäftsbereichsorganisation
　　事業部制組織を見よ　　Siehe Spartenorganisation
自己コントロール　　Selbststeuerung　311f.; 314f.; 323ff.
自己責任　　Eigenverantwortung　270ff.
自己調整（当事者調整）　　Selbstabstimmung　395f.
市場圧力　　Marktdruck　235f.; 270ff.
市場効率　　Markteffizienz　267f.; 288ff.
市場志向の組織構造　　Marktorientierte Organisationsstruktur
　　地域（別）組織を見よ　　Siehe Regionalorganisation
市場潜在力　　Marktpotential　54; 263ff.; 273; 282; 287ff.; 382
市場の相互依存　　Marktinterdependenz　55ff.; 61ff.; 114ff.; 267; 296ff.; 382ff.
市場マネジメント　　Marktmanagement　371ff.
指標　　Indikator　321ff.; 323ff.
ジーメンス株式会社　　Siemens AG　365f.
ジーメンス ニクスドルフ株式会社　　Siemens Nixdorf AG　379ff.
集権　　Zentralisation
　　分権を見よ　　Siehe Dezentralisation
集団作業　　Gruppenarbeit　333ff.; 336ff.
集団斉一性　　Gruppenuniformität　334
柔軟性　　Flexibilität　136
主要得意先（別）マネジメント　　Key-Account-Management　366f.; 371ff.
状況アプローチ　　Situativer Ansatz　126f.
条件理論（コンティンジェンシー理論）　　Kontingenztheorie
　　状況アプローチを見よ　　Siehe Situativer Ansatz
情報技術　　Informationstechnik　127ff.; 136ff.
情報構造　　Informationsstruktur　43ff.; 81ff.; 92

情報・コミュニケーション・システム　Informations- und Kommunikationssystem　126ff.; 304
情報自律性　Informationsautonomie　109ff.; 113ff.
情報デザイン　Informationsgestaltung　311ff.
　行動志向的ー　verhaltensorientierte-　316ff.; 320ff.
職能志向的組織構造　Funktionsorientierte Organisationsstruktur
　職能別組織を見よ　Siehe Funktionalorganisation
職能的職長制　Funktionsmeisterprinzip　360f.
職能別組織　Funktionalorganisation　355
職能別マネジメント　Funktionsmanagement　368ff.
職務デザイン（職務設計）　Aufgabengestaltung　19; 159ff.; 336ff.
所有者企業家　Eigentümer-Unternehmer　172f.
自律性　Autonomie
　意思決定自律性を見よ　Siehe Entscheidungsautonomie
自律性の幻想　Autonomieillusion　235ff.
自律性コスト　Autonomiekosten　22f.; 122ff.; 258ff.; 261ff.; 286ff.; 287ff.

スタッフ　Stab　81; 91ff.; 340ff.; 357f.
スタッフ原則　Stabsprinzip　340ff.; 357f.

成果報告（損益計算書）　Erfolgsausweis　203ff.; 206ff.; 208ff.
製品志向の組織構造　Produktorientierte Organisationsstruktur
　事業部制組織を見よ　Siehe Spartenorganisation
製品種類別マネジメント　Category Management　373
製品の多角化　Diversifikation　101f.
製品マネジメント　Produktmanagement　368ff.
ゼネラルモーターズ　General Motors　239
潜在性効率　Potentialeffizienz　261ff.
専門化　Spezialisierung　145ff.

相互依存　Interdependenz
　意思決定相互依存を見よ　Siehe Entscheidungsinterdependenz
相互依存効率　Interdependenzeffizienz　261ff.
組織構造　Organisationsstrukturen
　ーの次元　-Dimension von　349ff.; 353ff.; 357ff.; 367ff.
　ーの評価　-Bewertung von　21ff.; 243ff.; 250ff.
　ー行為志向の　-Handlungsorientierte
　　職能別組織を見よ　Siehe Funktionalorganisation
　ー場志向の　-Feldorientierte
　　地域別組織を見よ　Siehe Reginalorganisation
　ー目標志向の　-Zielorientierte
　　事業部制組織を見よ　Siehe Spartenorganisation

【タ行】
代替競争　Substitutionskonkurrenz　295ff.

用語索引　　445

ダイムラー・ベンツ株式会社　　*Daimler Benz AG*　377f.
ターゲット・グループ・マネジメント　　*Zielgruppenmanagement*　377
他者調整　　*Fremdabstimmung*　396ff.
脱官僚化　　*Entbürokratisierung*　270f.

地域（別）組織　　*Regionalorganisation*　353ff.
逐次原則　　*Sequenzprinzip*
　計画策定原則を見よ　　*Siehe Planungsprinzipien*
チーム組織　　*Teamorganisation*　246
注文生産　　*Kundenproduktion*　27ff.; 284ff.; 290ff.
調整　　*Koordination*　54ff.; 67; 70; 91; 188ff.; 299ff.
調整効率　　*Koordinationseffizienz*　22f.; 256ff.; 261ff.; 272f.; 287f.
調整コスト　　*Abstimmungskosten*　22f.; 259ff.; 260ff.; 282ff.; 285ff.; 396f.
調整次元　　*Koordinationsdimension*　7ff.; 10ff.
直系システム　　*Einliniensystem*　358f.
賃金支払い　　*Entlohnung*　169f.

デザイン哲学　　*Gestaltungsphilosophie*　199ff.; 322; 327ff.
デザイン発見的方法　　*Gestaltungsheuristik*　244ff.; 275ff.
デュポン　　*Du Pont*　239
テンソル型組織　　*Tensor-Organisation*　351; 362

統括部門　　*Zentralbereich*　346
動機づけ　　*Motivation*　17ff.; 153ff.; 171ff.; 181ff.; 190ff.
動機づけ効率　　*Motivationseffizienz*　24ff.; 256ff.; 269ff.
動機づけ次元　　*Motivationsdimension*　7ff.
動機づけモデル　　*Motivationsmodell*
　―認知的　　*-kognitives*　18; 155ff.
統合　　*Integration*　6f.
統合単位　　*Integrationseinheit*　395ff.
取引コスト理論　　*Transaktionskostentheorie*　196ff.
取引メカニズム　　*Transaktionsmechanismus*　155ff.; 193

【ナ行】
内部市場　　*Interner Markt*　195ff.; 198ff.; 319f.
　―擬制的　　*-fiktiver*　201; 234ff.; 319f.
　―実在的　　*-realer*　201f.; 230ff.
内部振替価格　　*Verrechnungspreis*　216ff.

ニクスドルフ　　*Nixdorf*　178ff.
人間関係論　　*Human-Relations-Bewegung*　154; 165

ネットワーク化　　*Vernetzung*
　―組織間の　　*-Interorganisationale*　133ff.

―組織内の　-Intraorganisationale　129ff.
ネットワーク構成　Netzwerk-Konfiguration　296

【ハ行】
バイエル株式会社　Bayer AG　354; 359; 364f.

PC 支援システム　PC-basiertes System　128f.

フィードバック　Rückkopplung　160f.; 165f.; 188
フォードヴェルケ株式会社　Ford-Werke AG　355
不確実（性）　Ungewissheit　28; 48ff.; 54f.; 70; 92; 112f.; 140ff.; 279: 285ff.
不確定（性）　Unsicherheit
　不確実（性）を見よ　Siehe Ungewissheit
複合性　Komplexität　50ff.; 244; 250ff.
複合ライン・システム　Mehrliniensystem　352; 362
物的目標　Sachziel　41f.; 48ff.; 73f.; 77
プロジェクト組織　Projektorganisation　345f.
プロジェクト・マネジメント　Projektmanagement　368f.
プロセス効率　Prozeßeffizienz　23f.; 28ff.; 268ff.; 278ff.; 288ff.
プロセス相互依存　Prozeßinterdependenz　13; 54; 58ff.; 63ff.; 114; 215ff.; 261ff.; 278ff.; 288ff.; 295ff.; 304ff.
プロセス組織　Ablauforganisation　7
プロフィット・センター・コンセプト　Profit-Center-Konzept　172ff.; 203ff.
分業　Arbeitsteilung　53ff.
分権　Dezentralisation　83ff.; 85ff.; 137ff.; 170
分権度　Dezentralisationsmaß　85; 87ff.; 90ff.
分離（性）　Abgeschlossenheit　19; 160ff.; 271f.
分離原則　Ausgliederungsprinzip　357; 364ff.

ベー・アー・エス・エフ株式会社　BASF AG　304
並行原則　Parallelprinzip
　計画策定原則を見よ　Planungsprinzip
ヘキスト株式会社　Hoechst AG　364f.
ヘンケル合資会社　Henkel KgaA　380f.
ベンチマーキング　Benchmarking　272f.

【マ行】
マネージャー（管理者）　Manager　141
マトリックス原則　Matrixprinzip　359
マンネスマン株式会社　Mannesmann AG　356

目標　Ziel　161; 172; 312
目標管理　Management by Objectives　172ff.
目標基準　Zielvorgabe　191ff.

目標志向的組織構造　　Zielorientierte Organisationsstruktur
　─事業部制組織を見よ　　-Siehe Spartenorganisation

【ヤ行】
有効性　　Effektivität　254

予算　　Budget　173ff.

【ラ行】
リーダーシップ　　Führung　164ff.
リード・カントリー・コンセプト　　Lead-Country-Konzept　303

著者・監訳者・訳者プロフィール

著者：エーリッヒ・フレーゼ
    1969－1970 年：カーネギー メロン大学研究滞在
    1970 年：　　　　ケルン大学教授資格取得
    1973－1986 年：アーヘン工業大学（RWTH）工業経営論講座教授
    1986－2004 年：ケルン大学教授および同大学一般経営経済学・組織論研究所所長
    1988－1999 年：同大学経済・社会科学部学部長
    1995－1997 年：同大学副学長
    2003 年：　　　　退官
              （この年までの，他大学からの，'名誉博士号'授与申入れをすべて辞退。〈監訳者注〉）
    所属学会：　　　シュマーレンバッハ学術協会及び経営経済学大学教官連盟
               Academy of Management
               ポーランド学術アカデミー名誉会員
    共同編集者：Zeitschrift für betriebswirtschaftliche Forschung（1985－1998）
               Organization Science（1992－1996）
    専門分野：　　　組織理論，戦略・国際経営論
    主要著書：　　　Unternehmungsführung, Landsberg / Lech 1987
               Organisationstheorie. Historische Entwicklung, Ansätze, Perspektiven. 2. Aufl. Wiesbaden 2000
               Handwörterbuch der Organisation. 編者3. Aufl., Stuttgart 1992
               Grundlagen der Organisation. Konzept, Prinzipien, Strukturen. 9. Aufl. Wiesbaden 2005
               Plan- und Marktsteuerung in der Unternehmung. Wiesbaden 2004

監訳者：清水敏允　（担当箇所は，全体の監修と原書の 1～154 頁の翻訳）
    学・職歴：
        1956 年：上智大学文学部ドイツ文学科卒業
        1970 年：ケルン大学経済・社会科学部 博士課程修了，同年 2 月 10 日 経済・社会科学博士号取得
        1973 年：シュツットガルト大学工作機械所留学（類似集合記述の研究）
        1959－1969 年：(社)日本能率協会。在職中，二回ケルン大学留学
        1970－2003 年：獨協大学助教授・教授，福島大学教授，神奈川大学教授を経て 2003 年 4 月 神奈川大学名誉教授
        2003 年 6 月：　レック株式会社（元スルガ株式会社）監査役（現在に至る）

1976-1997 年の期間：慶應義塾大学商学部，筑波大学社会工学学類，静岡県立大学経営情報学部及び横浜国立大学経営学部，その他大学において非常勤講師を勤める。

関心領域：組織デザイン，システム論，マイスター制度.

主要著書：Japanische Direktinvestitionen im Ausland. Bundes stelle für Außenhandelsinformation". Köln 1973

『国際企業論 〜利益管理及び税務論的考察〜』東洋経済新報社，1974年（1981年3版）

"Sogo Shosha 〜Strukturen und Strategien japanischer Welthandelsunternehmungen〜" M. Eli unter Mitarbeit von H. Laumer und T. Shimizu. Econ Verlag 1977.

『ドイツ経営学』光文社，1978年（1979年，6版）

『工業経営学の基礎』コロナ社，1978年。

『現代経営学〜現代の経営管理 I 〜生産・人事労務・原価』中村常次郎編集，津田真澂・清水敏允・吉田彰共著，春秋社 1983年。その他論文多数。

主要訳書：Peter F. Drucker:"Gedanken für die Zukunft". EconVerlag, Düsseldorf 1959.『明日のための思想』ダイヤモンド社，1960年（1969年，6版）

Guido Fischer: "Partnerschaft im Betrieb". Quelle & Meyer, Heidelberg 1955.『労使共同経営』ダイヤモンド社，1961年（新訳版 同，1969年）

Guido Fischer: "Allgemeine Betriebswirtschaftslehre" 8. unveränderte Aufl., Quelle & Meyer, Heidelberg 1957,『経営経済学』(社)日本能率協会，1962年

Walter Pollak: "Alle Möglichkeiten der Wiederholung nutzen" Verband für Arbeitsstudien-REFA- Darmstadt 1972.『GTの理論と実際』建帛社，(1版2刷) 1974年

Erwin Grochla: "Unternehmungsorganisation". Rowohlt Verlag, Reinbek bei Hamburg.『総合的組織論』建帛社，1977年

Erwin Grochla: "Einführung in die Organisationstheorie" C. E. Poeschel Verlag Stuttgart 1978,『組織理論入門』清水敏允・小田章訳，文眞堂，1989年初版（1版3刷 1993年）

Helmut Koch: "Unternehmungstheorie als Entscheidungshilfe" Gabler Verlag, Wiesbaden 1987.『意思決定支援としての企業理論』千倉書房，1994年

H.Ulrich & Gilbert J. B. Probst: "Anleitung zum ganzheitlichen Denken und Handeln".『全体的思考と行為の方法 〜新しいネットワーク社会の可能性を問う〜』清水敏允・安西幹

夫・榊原研瓦訳，文眞堂，1997 年（1 版 4 刷 2003 年）

訳者：
 井藤正信　（翻訳担当箇所は 155〜242 頁）
  学・職歴：
   1988 年：明治大学大学院経営学研究科博士後期課程単位取得　満期
     退学
   2002 年：経営学（博士）明治大学
   1988 年：七尾短期大学専任講師
   1991 年：愛媛大学法文学部専任講師
   1993 年：同大学同学部助教授
   2001 年：同大学同学部教授
  主要業績：
   「ヨーロッパ諸国における科学的管理の展開」，札幌大学『産研論集』21 号，
    1999 年
   『ドイツ科学的管理発達史論』東京経済情報出版，2002 年
   「ドイツにおける労働市場の規制緩和〜シュレーダー政権の労働政策を中心
    にして〜」，愛媛大学『愛媛経済論集』第 28 巻第 1・2・3 号，2009 年

 山縣正幸　（翻訳担当箇所は 242〜337 頁）
  学・職歴：
   1999 年：関西学院大学商学部卒業
   2004 年：関西学院大学大学院商学研究科博士課程後期課程単位取得
     退学
   2008 年：博士（商学）関西学院大学
   2009 年：近畿大学経営学部准教授
  主要業績：
   『企業発展の経営学―現代ドイツ企業管理論の展開―』（単著）千倉書房，2007
    年
   『現代企業の新地平―企業と社会の相利共生を求めて―』（共著）千倉書房，
    2008 年
   『コーポレート・ガバナンスと経営学』（共著）ミネルヴァ書房，2009 年

 宮田将吾　（翻訳担当箇所は 338〜404 頁）
  学・職歴：
   1998 年：関西学院大学商学部卒業
   2000 年：関西学院大学大学院商学研究科博士課程後期課程
     単位取得満期退学
   現在，京都学園大学経営学部事業構想学科　専任講師
  主要業績：
   「組織構造の形成理論」（単著）関西学院大学大学院『関西学院商学研究』

第 48 号, 2001 年
「企業における組織構造とその能率」(単著) 関西学院大学大学院
　　『関西学院商学研究』第 49 号, 2001 年
「組織管理手段としての内部市場の形成」(単著) 関西学院大学大学院
　　『関西学院商学研究』第 50 号, 2002 年
「経営における意思決定と議論合理性　―合理性測定のコンセプト―」(単著)
　　『企業モデルの多様化と経営理論　―二十一世紀を展望して』経営学史
　　学会編 2006 年
「経営者の価値観と経営組織の研究　―国際比較の視点から―」(共著), 担当
　　部分のタイトル:「企業の内部市場に関する調査―ドイツにおける経験
　　的研究―」関西学院大学『社会学部紀要』第 99 号, 2005 年

柴田　明　(翻訳担当箇所は翻訳全体の校正及び用語索引の作成他)
　学・職歴:
　　2001 年:名古屋市立大学人文社会学部卒業
　　2009 年:慶應義塾大学大学院商学研究科後期博士課程単位取得退学
　　2009 年:香川大学経済学部講師
　　2010 年:香川大学経済学部准教授

　主要業績:
　　「進化的マネジメント論再考　―ザンクト・ガレン・アプローチの批判的検
　　　討―」(単著)『経営哲学』第 3 巻, 2006 年, 60－68 頁
　　「マネジメント論におけるオートポイエーシス理論の可能性　―ドイツ語圏
　　　経営経済学における議論を中心に―」(単著)『日本経営学会誌』第 21
　　　号, 2008 年, 3－14 頁
　　「ニックリッシュ経営共同体構想」E. Gaugler 著の翻訳 (森　哲彦との共訳)
　　　『名古屋市立大学人文社会学部研究紀要』第 12 号, 2002 年

組織デザインの原理
~構想・原則・構造~

2010年6月20日　第1版第1刷発行　　　　　　　　　　検印省略

監訳者	清水敏允
訳　者	井藤正信・宮田将吾
	山縣正幸・柴田　明
発行者	前野　弘
	東京都新宿区早稲田鶴巻町533
発行所	株式会社 文眞堂
	電話 03 (3202) 8480
	FAX 03 (3203) 2638
	http://www.bunshin-do.co.jp
	郵便番号(162-0041)振替00120-2-96437

印刷・モリモト印刷　製本・イマキ製本所
© 2010
定価はカバー裏に表示してあります
ISBN978-4-8309-4682-0　C3034